Band 594

Oliver Schmitt

Constantin der Große (275–337)

Leben und Herrschaft

Verlag W. Kohlhammer

Gerhard Wirth zum achtzigsten Geburtstag

Umschlagmotiv:
Constantin mit dem edelsteinbesetzten Diadem.
Bronzekopf aus Naissus (Nationalmuseum Belgrad)

Alle Rechte vorbehalten
© 2007 W. Kohlhammer GmbH
Umschlag: Data Images GmbH, Stuttgart
Gesamtherstellung:
W. Kohlhammer Druckerei GmbH + Co. KG, Stuttgart
Printed in Germany

ISBN–13: 978-3-17-018307-0

Vorwort

Den Auftrag, eine Biographie Kaiser Constantins des Großen zu verfassen, habe ich angesichts der Fülle der zu diesem Herrscher vorliegenden Literatur mit gemischten Gefühlen angenommen, denn die Aussicht, dem Verlag lediglich ein Konglomerat des bereits Erschienenen abliefern zu können, hatte wenig Verlockendes an sich. Während des Schreibens jedoch eröffneten sich zuvor ungeahnte Perspektiven und Möglichkeiten, die Gestalt Constantins in einem neuen Lichte zu sehen und zu interpretieren, was der Arbeit an dem vorliegenden Buch immer wieder einen großen Reiz verlieh. Freilich wuchs dadurch nicht nur der Umfang des Werkes über das ursprünglich geplante Limit hinaus an, auch die zu seiner Abfassung benötigte Zeitspanne dehnte sich viel stärker aus als anfangs vorgesehen. Mein Dank für eine verständnisvolle Unterstützung und wertvolle Hinweise, namentlich beim kritischen Lesen des Manuskriptes und der Beschaffung von Literatur, gilt vor allem Andreas Mehl, darüber hinaus (in alphabetischer Reihenfolge) Thomas Brüggemann, Christian Mileta, Gilda Palate und Winfried Thoma. Dem Verlag, namentlich der Lektorin Frau Monica Wejwar, bin ich für Geduld und Kulanz verpflichtet.

Halle, Januar 2007   Oliver Schmitt

Inhaltsverzeichnis

Vorwort 5

Einleitung:
Eine neue Constantinbiographie und ihre Quellen 9

Kapitel 1
Der Weg in die Krise:
Kaisertum und Kaiserreich von Augustus
bis Numerian 21

Kapitel 2
Diocletian und die Tetrarchie:
Das römische Reich als Sanierungsfall 59

Kapitel 3
Von Naissus nach Nikomedia:
Constantins Familie, Jugend und beruflicher
Werdegang 84

Kapitel 4
Jeder gegen jeden:
Der Zusammenbruch des diocletianischen
Herrschaftssystems 95

Kapitel 5
Es kann nur einen geben:
Constantin, Licinius und der Kampf
um die Alleinherrschaft 171

Kapitel 6
Ich und sonst keiner:
Die Zeit der Alleinherrschaft 214

Kapitel 7
Auf Alexanders Spuren:
Letzte Pläne, Tod und das Schicksal der Dynastie 260

Anmerkungen 281

Literaturverzeichnis 316

Karten

Karte 1: Der Feldzug gegen Maxentius 139

Karte 2: Der Krieg gegen Licinius 177

(Kartenzeichnungen: Angelika Kramer, Stuttgart)

Abbildungen

Abb. 1: Die Tetrarchen. Venedig, Piazza San Marco 67

Abb. 2: Soldanten Constantins mit Statuetten
         des Sol Invictus und der Victoria
         (Constantinsbogen, Rom) 149

Abb. 3: Der Untergang des Maxentiusheeres
         (Constantinsbogen, Rom) 157

Abb. 4: Sol-Invictus-Medaillon
         (Constantinsbogen, Rom) 191

Abb. 5a: Constantin mit dem Christusmonogramm
         am Helm
         (Staatliche Münzsammlung, München) 215

Abb. 5b: Constantin und Sol Invictus
         (Bibliothèque Nationale de France, Paris) 215

Abb. 6: Das alte Byzanz und die Sadt Constantins
         (Zeichnung: Angelika Kramer, Stuttgart) 233

Einleitung:
Eine neue Constantinbiographie und ihre Quellen

Caius Flavius Valerius Constantinus, der Nachwelt bekannt als Constantin der Große, war nächst Augustus der bedeutendste Herrscher, der auf dem römischen Kaiserthron gesessen hat. Die Entscheidungen und Maßnahmen, die er traf, haben das Imperium Romanum politisch, militärisch, wirtschaftlich und nicht zuletzt ideologisch in neue Bahnen gelenkt und seine Schicksale für länger als ein Jahrtausend bestimmt (nämlich bis zum Untergang des oströmischen oder byzantinischen Reiches im Jahre 1453). Darüber hinaus hat seine Hinwendung zum Christentum – von einer Bekehrung soll hier ganz bewusst nicht die Rede sein – welthistorische Dimensionen angenommen und ihre Auswirkungen sind bis heute spürbar. Eine Biographie Constantins zu schreiben, sollte daher keiner besonderen Begründung bedürfen, doch sind aus mehreren Gründen einige Bemerkungen im Voraus unerlässlich. Da ist zum einen die wahre Flut von Publikationen, die zu der Person des Kaisers und zu zahlreichen Aspekten, die mit ihr in Zusammenhang stehen, auf den Markt gekommen sind: allein in Deutschland erschienen innerhalb der letzten zehn Jahre vier Biographien.[1] Mit einem gewissen Recht kann sich der Leser darum fragen, ob eine erneute Beschäftigung mit dem Leben Constantins wirklich sinnvoll und notwendig ist. Der Gefahr, nur das zu wiederholen, was längst anderswo – und womöglich besser – gesagt worden ist, habe ich dadurch zu entgehen versucht, dass bestimmte Gesichtspunkte, die in den Werken meiner Vorgänger meines Erachtens zu kurz kamen, stärker in den Vordergrund gestellt wurden, während Altbekanntes nach Möglichkeit zusammenfassend behandelt und auf eine intensivere Diskussion verzichtet wurde. Überdies weichen meine Ansichten in einigen zentralen Aspekten, wie etwa der angeblichen Usurpation Constantins im Jahre 306, von denen anderer Autoren ab; der Leser, der das vorliegende Buch von einem wohlmeinenden Zeitgenossen zum Geschenk erhielt, braucht sich also nicht schon im Voraus zu ärgern, wenn er bereits eine Constantinbiographie im Bücherregal stehen hat.

Jegliche historische Forschung ist von den Quellen abhängig, das gilt für den Althistoriker nicht weniger als für den Mediävisten, den Neu- oder Zeithistoriker. Was die historiographischen Quellen angeht, so sind wir für die Zeit Constantins bestenfalls mittelmäßig versorgt. Zwar ist die Situation nicht derart dürftig wie für den größten Teil des zweiten und dritten Jahrhunderts, doch reicht die Informationsdichte nicht im entferntesten an die Zeit der ausgehenden Republik oder wenigstens der zweiten Hälfte des 4. Jahrhunderts heran. Ich gebe im Folgenden einen kurzen, chronologisch gegliederten Überblick über die wichtigsten der für uns relevanten Werke der antiken Geschichtsschreibung.

Beginnen wir mit Lucius Caecilius Firmianus Lactantius oder kurz Lactanz, dessen Werk „Über die Todesarten der Christenverfolger" (*De mortibus persecutorum*) eine Sonderstellung innerhalb der Historiographie einnimmt. Es handelt sich bei dieser Schrift nicht um ein Geschichtswerk im klassischen Sinn, sondern um eine zwischen 313 und 316 verfasste Geschichtsdeutung aus christlicher Sicht, die ihren Lesern das grässliche Ende aller Christenverfolger bis zum Jahre 313 vor Augen führen will. Der Darstellungsabsicht entsprechend trägt das Werk über weite Passagen den Charakter einer Schmähschrift, und Objektivität ist hier nicht zu erwarten; dazu treten immer wieder romanhafte Züge hervor, etwa wenn der Autor die wörtliche Rede verwendet. Trotz solcher Mängel bleibt *De mortibus persecutorum* eine unserer wichtigsten Quellen, mit großer Informationsdichte speziell für die Zeit der Tetrarchie, ihren Zerfall und die Anfänge Constantins bis zum Sieg über Maxentius, was vor allem mit der Person des Verfassers zusammenhängt. Um 250 geboren, kam Lactanz nach 284 als lateinischer Rhetor an den Hof Diocletians in Nikomedia. Ob er zu diesem Zeitpunkt bereits dem christlichen Glauben anhing oder erst zu Nikomedia konvertierte, ist umstritten. Jedenfalls entging er der diocletianischen Verfolgung und wurde vielleicht um 317 *tutor* des ältesten Constantinsohnes Crispus. Wir haben hier also einen Zeitgenossen und Augenzeugen erster Ordnung vor uns.[2]

Über Praxagoras von Athen wissen wir kaum etwas. In den letzten Lebensjahren Constantins verfasste er eine in griechischer Sprache geschriebene Biographie des Kaisers in zwei Büchern, von denen aber nur noch der überaus dürftige Auszug des Patriarchen Photios aus dem 9. Jahrhundert auf uns gekommen ist. Trotzdem gibt das Exzerpt vereinzelte Aufschlüsse speziell über die constantinische Selbstdarstellung.

In Sextus Aurelius Victor aus Nordafrika, der 361 als römischer Verwaltungsbeamter in Sirmium (heute Sremska Mitrovica in Serbien) nachgewiesen ist, haben wir den frühesten Vertreter der sogenannten Breviarien vor uns, kurzgefassten lateinischen Geschichtswerken, die bisweilen in regelrechtem Telegrammstil die römische Geschichte behandeln. In seinem Buch *De Caesaribus* widmet sich Victor dem römischen Kaiserreich von Augustus bis in seine Zeit; es endet 359 ohne eigentlichen Schluss. Das Werk zeichnet sich bei aller Kürze durch einen eigenwilligen, stark moralisierenden Stil aus und legt mit seinen deutlich ausgesprochenen Vorlieben und Abneigungen – namentlich gegen das Militär – von den persönlichen Erfahrungen seines Autors Zeugnis ab. Obwohl gegenüber Constantin grundsätzlich positiv eingestellt, werden weder das Christentum noch die neue Residenzstadt Konstantinopel mit einem Wort erwähnt, weshalb man vermuten kann, dass es sich bei Victor um einen Heiden handelte.[3] Eutrop, obwohl ursprünglich Militär, war gleichfalls in der Reichsverwaltung tätig. Er schrieb sein *Breviarium ab urbe condita* unter der Regierung des Kaisers Valens (364–378). Wie schon der Titel andeutet, setzt sein Werk mit der Gründung der Stadt Rom ein, es wird in zehn „Büchern" bis ins Jahr 364 geführt. Von allen Breviarien ist dasjenige Eutrops nicht nur das stilistisch ansprechendste, sondern zugleich auch das ausgewogenste und objektivste, die finstern Seiten Constantins werden bei ihm nicht verschwiegen. Auch dieser Autor scheint Heide gewesen zu sein, das Christentum erwähnt er sowenig wie Aurelius Victor.[4] Unser dritter Breviarist, Festus, schrieb ebenfalls unter Valens, und zwar um das Jahr 372, wie man einer Notiz entnehmen kann.[5] Sein Elaborat behandelt unter geographischen Gesichtspunkten das Wachstum des römischen Imperiums bis auf seine Zeit. Weder stilistisch noch inhaltlich hält es einen Vergleich mit den Werken des Aurelius Victor und des Eutrop aus. Obwohl als Pseudo-Aurelius Victor zitiert, hat das vierte und jüngste Breviarium, die anonyme *Epitome de Caesaribus* (Abriss der Kaisergeschichte), mit Aurelius Victor nur soviel gemein, dass ihm Victor passagenweise als Quelle diente und beide Autoren darüber hinaus eine gemeinsame Vorlage benutzten, die sich übrigens auch bei Eutrop und Festus nachweisen lässt. Die *Epitome* reicht bis ins Jahr 395 und bringt trotz aller Kürze und gelegentlicher Ungenauigkeiten Sondernachrichten, die in keiner anderen Quelle zu finden sind.[6]

Der sogenannte Anonymus Valesianus verdankt seinen Namen seinem ersten Herausgeber Henri de Valois (1603–1678). Wir haben hier keineswegs das geschlossene Werk eines einzelnen unbekannten Verfassers vor uns, sondern zwei kleinere, ganz verschiedene lateinische Schriften unterschiedlicher Autoren, von denen nur die erste, bekannt als *Origo Constantini*, hier für uns von Interesse ist, die die Abstammung und die Karriere Constantins bis zum Jahre 337 schildert. Ihre Entstehungszeit lässt sich nicht genau bestimmen, jedenfalls scheint sie nicht vor 381 und womöglich erst im 5. Jahrhundert entstanden zu sein. Bei dem anonymen Autor handelte es sich unübersehbar um einen der italischen Senatsaristokratie zumindest nahestehenden Heiden, wie kaum verhüllte skeptische Bemerkungen gegenüber dem Christentum und die abfällige Bemerkung, dass der Senat von Konstantinopel als Senat zweiten Ranges konstituiert wurde, deutlich machen. In ihren knappen, gedrängten Mitteilungen ähnelt die *Origo* den Breviarien, doch der anonyme Autor schöpfte aus guten Quellen und sein Werk zeigt sich gegenüber denen der Breviaristen an Informationsdichte und Zuverlässigkeit als weit überlegen. Unübersehbar ist die insgesamt constantinfreundliche Tendenz, die gängigen Klischees zur Charakterisierung der Gegner dieses Kaisers werden übernommen, die Katastrophe des Kaiserhauses im Jahre 326 wird mit keinem Wort erwähnt.[7]

Mit dem gegen Ende des 4. Jahrhunderts schreibenden Ammianus Marcellinus haben wir den bedeutendsten lateinischen Geschichtsschreiber der Spätantike vor uns. Von seinem 31 Bücher umfassenden Werk sind lediglich die Bücher 14–31 auf uns gekommen, die den Zeitraum von 353–378 zum Inhalt haben. Trotzdem ist Ammian wegen gelegentlicher informativer Rückverweise auf die constantinische Zeit eine wertvolle Quelle, die gelegentlich herangezogen werden muss, um die spärliche Überlieferung der übrigen Autoren zu ergänzen.

Orosius, der christliche Presbyter aus Bracara (Braga, Nordportugal), den die Wirren der Völkerwanderungszeit nach Nordafrika verschlagen hatten, verfasste dort um 417 im Auftrag des Bischofs Augustinus (des „Heiligen Augustinus") eine bis auf seine Zeit reichende Weltgeschichte, die er zugleich mit einer christlichen Deutung versah. Ob seine Hauptthese, dass es seit der Christianisierung mit dem Reich aufwärts gegangen sei, angesichts der chaotischen Gegenwart – man denke an die Plünderung Roms im Jahr 410 – viele Zeitgenossen zu überzeugen vermochte, sei dahingestellt. Informationsärmer und zugleich tendenziöser als die Breviarien oder gar die Origo, bietet die „Geschichte wider die Heiden" (*Historia adversus paganos*) doch eine interessante *interpretatio christiana* der Ereignisse um Constantin den Großen und kann als Supplement benutzt werden.[8]

Mit dem um das Jahr 500 schreibenden Beamten Zosimos kommt ein dezidiert heidnischer Autor zu Wort, der aus seiner Ablehnung des Christentums und Kaiser Constantins keinen Hehl macht. Von seinem als „Neue Geschichte" (ἱστορία νέα) bekannten historiographischen Oeuvre sind uns sechs Bücher bekannt, das zweite und sechste allerdings nur in stark verstümmeltem Zustand. Zu unserem Glück sind die Kapitel, die sich mit dem Aufstieg und der Herrschaft Constantins befassen, davon nicht betroffen; ihnen verdanken wir einen beträchtlichen Teil unserer Kenntnisse über diesen Zeitraum. Leider wissen wir nicht, welchen Gewährsleuten Zosimos seine Kenntnisse verdankte, beim Ausschreiben seiner Quellen lässt er zumeist jegliche Kritik vermissen und neigt darüber hinaus zu Ungenauigkeiten hinsichtlich der Chronologie und der Ereigniszusammenhänge. Ähnlich wie Aurelius Victor würzt er seine Schrift mit Kritik an den Zuständen im Reich, namentlich an der Steuerpolitik, den kaiserlichen Mitarbeitern und besonders dem Militär.[9]

Petrus Patricius ist für uns als Person besser fassbar denn als Historiker. Um 500 in Thessalonike (Saloniki, Nordgriechenland) geboren, begegnet er wiederholt im diplomatischen Dienst des oströmischen Kaisers Justinian, so 534–35 am ostgotischen Hof und 561–62 beim persischen Großkönig. Zu seinem schriftstellerischen Werk gehört unter anderem eine griechisch geschriebene Geschichte der römischen Kaiserzeit, die offenbar mit dem Jahr 43 v. Chr. (dem zweiten Triumvirat also) einsetzte und bis 358 reichte, sie ist uns nur in einer Reihe von Fragmenten erhalten, von denen einzelne für die diocletianisch-constantinische Epoche wichtige Sondernachrichten enthalten.[10]

Mit Petrus Patricius verlassen wir die Gruppe der Geschichtsschreiber, die im engeren Sinne der römischen Historiographie angehören; die nächsten Werke sind bereits dem byzantinischen Kulturkreis zuzurechnen. Das sogenannte Chronicon Paschale, die Osterchronik, entstand wahrscheinlich in den dreißiger Jahren des 7. Jahrhunderts und bietet seinem Anspruch entsprechend keine ausgefeilte historiographische Darstellung, sondern lediglich chronologisch gegliederte, mehr oder weniger kurze Notizen, die in unserem Zusammenhang vor allem für die Phase der Alleinherrschaft Constantins (324–337) von einem gewissen Wert sind.[11] Der Mönch Theophanes verfasste im ersten Fünftel des 9. Jahrhunderts ebenfalls eine Chronik, die von Diocletian bis ins Jahr 813 reichte. Das literarische Niveau dieses nach Jahren gegliederten, gegenüber seinen Quellen völlig unkritischen Machwerks muss als schlichtweg grauenhaft bezeichnet werden,[12] sein Wert für die uns interessierende Zeit liegt einzig und allein in den gelegentlichen Informationen, die Theophanes solchen Gewährsleuten entnahm, die nicht auf uns gekommen sind.[13] Auf einer ungleich höheren Stufe steht der in der ersten Hälfte des 12. Jahrhunderts schreibende Ioannes Zonaras. Sein „Abriss der Geschichte" (ἐπιτομὴ ἱστοριῶν) reicht von der Erschaffung der

Welt bis ins Jahr 1118. Gewiss beruht auch sein Quellenwert auf Sondernachrichten, die uns nicht mehr überlieferten Autoren entnommen wurden, doch in seinem kritischen Bewusstsein hebt sich Zonaras wohltuend von Theophanes ab. Er scheut nicht davor zurück, auch solche Traditionen zu zitieren, die für Constantin wenig schmeichelhafte Nachrichten enthalten.[14]

Neben den profangeschichtlichen Autoren existiert auch eine Kirchengeschichtsschreibung, deren Begründer Eusebios als Bischof von Caesarea in Palaestina an den innerkirchlichen Auseinandersetzungen während der Herrschaft Constantins beteiligt war. Aus der Fülle seiner in griechischer Sprache verfassten literarischen Produktion sind für unseren Zusammenhang zwei Werke von besonderer Bedeutung: die Kirchengeschichte und die Constantinsbiographie, die *Vita Constantini*. Erstere befasst sich mit der Entstehung und dem Schicksal der christlichen Kirche bis ins Jahr 324, sie übermittelt profanhistorische Ereignisse nur ganz knapp und nebenbei. Die *Vita Constantini* ihrerseits hat in der Forschung eine bemerkenswerte Laufbahn hinter sich. Im 19. Jahrhundert verdammt als ein Schund des „widerlichsten aller Lobredner" (J. Burckhardt), wird sie heutzutage von vielen durchaus ernst zu nehmenden Gelehrten als bedeutendes Werk eingeschätzt, was gelegentlich soweit geht, dass seine Aussagen kritiklos übernommen werden.[15] Burckhardts Verdikt darf zweifellos als übertrieben zurückgewiesen werden, doch kommt es der Wahrheit immer noch näher, als es die modernen Anhänger des Eusebios wahrhaben wollen. In Wirklichkeit handelt es sich bei der Constantinsvita um eine Mischung aus Panegyrik (s. u.) und Hagiographie, die überdies von den religionspolitischen Auseinandersetzungen der nachconstantinischen Zeit, als es galt, Constantin um jeden Preis für das Christentum in Anspruch zu nehmen, keineswegs unberührt geblieben ist, um es gelinde auszudrücken. Dennoch brauchen wir mit dem Verfasser nicht streng ins Gericht zu gehen, weil er sich selbst über seine lobpreisende Darstellungsabsicht ganz ehrlich äußert: nur über das wolle er schreiben, was sich auf das gottgefällige Leben des Kaisers beziehe.[16] Trotz dieser Einschränkungen findet sich in der Biographie eine Fülle wichtiger Informationen, die namentlich die Zeit der Alleinherrschaft betreffen.

In der Tradition des Eusebios stehen weitere griechisch schreibende kirchengeschichtliche Autoren aus dem 5. Jahrhundert, die bis zum Jahr 324 stark von ihm abhängig sind, speziell für die Zeit danach aber Sondernachrichten bieten; die Kirchengeschichten des Sokrates, des Sozomenos und des Theodoret. Von den genannten Autoren ist Sokrates aus Konstantinopel der älteste, sein Werk umfasste in sieben Büchern die Jahre von 305–439; auf ihm fußte zum großen Teil, aber nicht ohne unabhängige Passagen, Sozomenos aus Gaza, der sich als Fortsetzer des Eusebios verstand. Dagegen stellt die Kirchengeschichte des Theodoret von Kyrrhos, die die Zeit von 323–428 behandelt, ein weitgehend selbstständiges, allerdings profangeschichtliche Ereignisse vielfach vernachlässigendes Werk dar. Lediglich fragmentarisch bzw. in Auszügen späterer Autoren überliefert ist uns die Kirchengeschichte des Arianers Philostorgios, die eine auch profangeschichtlich wertvolle Ergänzung und ein Korrektiv zu unseren übrigen Autoren bietet.[17]

Außer der Historiographie besitzen noch andere literarische Quellen für die Geschichte Constantins des Großen erhebliche Bedeutung. In erster Linie sind das die sogenannten *Panegyrici Latini*, eine Sammlung von zwölf lateinischen Reden zu Ehren römischer Kaiser, von denen elf aus dem vierten Jahrhundert stammen. Obwohl sich die Tradition der panegyrischen Rede bis in die athenische Demokratie zurückverfolgen läßt, wo sie nichts weiter war als ein bei offiziellen Anlässen gehaltener Festvortrag, hat sie in der römischen Kaiserzeit den Charakter der gleisnerischen Lobrede auf die Person des jeweiligen Herrschers angenommen, für die feste stilistische und inhaltliche Regeln galten. Dazu gehörte die Klage des Redners über seine verglichen mit dem Gegenstand seines Vortrages (d. h. dem Kaiser) viel zu geringen rhetorischen Fähigkeiten ebenso wie die speichelleckerische Kritik unter dem Deckmantel des Freimuts, die schon Tacitus als widerwärtigste Form der Schmeichelei gebrandmarkt hat.[18] Trotzdem sind die *Panegyrici* für uns von hohem Quellenwert. Auch wenn die Redner den Herrschern lobhudelten, so bedeutet das noch nicht, dass sie über die Ereignisse, über die sie sprachen, schlecht informiert waren. Man kann im Gegenteil davon ausgehen, dass sie letzten Endes von den Kaisern selbst hinreichend darüber unterrichtet wurden, wovon sie zu reden hatten, was sie verschweigen und was sie besonders herausstellen sollten.[19] Aufgrund dessen liefern uns die *Panegyrici* nicht nur wertvolle Details über ansonsten nur spärlich dokumentierte Ereignisse, sondern wir können uns mit ihrer Hilfe auch ein Bild von der offiziellen, kaiserlichen Sichtweise machen. Die Interpretation der historiographischen Quellen wird dadurch erheblich erleichtert, weil wir so viel eher beurteilen können, wo diese nur die kaiserliche Selbstdarstellung widerspiegeln. Für die Herrschaft Constantins sind fünf diesem Kaiser gewidmete Lobreden von besonderem Interesse, die in den Jahren 307, 310, 311, 313 und 321 gehalten wurden. Nur im letzten Fall kennen wir den Namen des Autors, einen Rhetor namens Nazarius, aber das hilft uns nicht weiter, da über diesen Mann kaum etwas bekannt ist und wir keine weiteren von ihm verfassten Werke besitzen. Neben den lateinischen Rednern steuern auch die griechischen Rhetoren Libanios und Themistios gelegentliche Informationen zur Person und zur Zeit Kaiser Constantins bei, obwohl ihr auf uns gekommenes Wirken erst die nachconstantinische Zeit betrifft.[20]

Constantins Neffe Julian nimmt unter unseren Gewährsleuten eine Sonderstellung ein. Obwohl christlich erzogen, begann er sich unter dem Einfluss der griechischen Bildungstradition vom Christentum abzuwenden und während seiner kurzen Herrschaft (361–363) bemühte er sich, letztlich vergeblich, um eine Renaissance des Heidentums. Selbst eifrig publizistisch tätig, hinterließ er uns ein umfangreiches literarisches Oeuvre, zu dem neben einigen Reden und einem Briefcorpus auch polemische Schriften gehören, darunter das „Symposion" (auch als „Caesares" bekannt), in dem auf satirische Weise scharfe Kritik an den Leistungen Constantins geäußert wird.

Neben den Reden und der Polemik besitzen die lateinischen Gedichte des Publicius Porfyrius (nicht etwa Publius Porphyrius) Optatianus für uns eine gewisse Bedeutung. Er lebte in der Zeit Constantins, der ihn anlässlich der Zwanzigjahrfeier seines Herrschaftsantrittes aus der Verbannung zurückrief. Bei Optatianus handelte es sich um einen Meister der sogenannten Figurengedichte (*Carmina figurata*), deren Schriftbild in den einzelnen Zeilen bzw. Versen so gestaltet ist, dass dadurch ein Bild entsteht, das zum Inhalt in direkter Beziehung steht.

Über die Gesetzgebung Constantins sind wir vor allem durch den sogenannten Codex Theodosianus informiert, eine umfängliche Gesetzessammlung, die unter dem oströmischen Kaiser Theodosius II. im Jahre 438 veröffentlicht wurde.[21] Hier sind uns viele, aber längst nicht alle Gesetze unseres Protagonisten erhalten.

Über die übrigen Quellengattungen müssen hier einige kurze Bemerkungen genügen; von ihnen können wir die Papyri ganz vernachlässigen, weil sie in der vorliegenden Biographie praktisch keine Rolle spielen werden. Aus der Gruppe der epigraphischen Quellen sind die Ehren- Weihe- und Bauinschriften für uns von größter Bedeutung. Sie geben Auskunft über die kaiserliche Titulatur und damit in Zeiten des Bürgerkrieges auch über die Thronansprüche der Prätendenten, die aufgeführten Siegestitel über fremde Völker können wertvolle Aufschlüsse über sonst nicht bezeugte auswärtige Kriege geben. Bauinschriften unterrichten uns über kaiserliche Baumaßnahmen und in Verbindung mit den Bauwerken auch über politische und religiöse Zielsetzungen. Numismatische Quellen, also Münzen mit den zugehörigen Abbildungen und Münzinschriften, werden heute gelegentlich als Massenmedium der Antike bezeichnet,[22] doch ist in diesem Zusammenhang Vorsicht geboten. Der heutige Leser denkt bei dem Stichwort „Massenmedium" zuerst ans Fernsehen, an den Rundfunk, eine Zeitung oder Zeitschrift, die er einschaltet bzw. zu der er greift (im Idealfall), um sich über politische Geschehnisse zu informieren und auf dem Laufenden zu halten. Wohl kaum ein Mensch in der Antike nahm eine Münze zur Hand, um sich darüber zu unterrichten, was der römische Kaiser sagt und denkt. Bei Berücksichtigung dieser Einschränkungen können Münzen – namentlich die Abbildungen und Titulaturen –

selbstverständlich wertvolle Aufschlüsse über die ideologischen Prädispositionen derjenigen Herrscher geben, die sie prägen ließen; wenn sich etwa Constantin mit dem Christusmonogramm am Helm auf einem Medaillon abbilden ließ, so gestattet dieser Umstand schon gewisse Rückschlüsse auf seine Einstellung gegenüber dieser Religion. Darüber hinaus vermitteln auf Münzen verbreitete Siegestitulaturen, von entsprechenden Abbildungen begleitet, auch außenpolitische Informationen, die angesichts der Spärlichkeit literarischer Quellen nicht gering zu veranschlagen sind. Und *last, but not least*, muss das Edelmetall, aus dem die Münze geschlagen wurde, sowie der Feingehalt desselben in Rechnung gestellt werden, beides vermittelt wertvolle Kenntnisse über die Verfügbarkeit des entsprechenden Metalls und erlaubt Rückschlüsse auf die wirtschaftliche und steuerliche Situation des Imperiums. Bei archäologischen Quellen ist nicht bloß an Bauwerke, wie Paläste, Rennbahnen, Tempel, Kirchen und Triumphbögen zu denken, sondern auch an Abbildungen, wie die zeitgenössischen Friese auf dem Constantinsbogen, die in ihrer Ereignisschilderung und religiös-ideologischer Aussage durchaus gleichberechtigt neben denjenigen anderer Quellen stehen.

Zum Abschluss dieser Einleitung seien mir noch ein paar kurze Bemerkungen gestattet: Die vorliegende Biographie erhebt nicht den Anspruch, das ultimative Werk zu Leben und Herrschaft Kaiser Constantins zu sein. Es wird lediglich versucht, bestimmte – nach meiner Meinung wesentliche – Aspekte seiner Laufbahn einer neuen Interpretation zu unterziehen. Ebenso wenig wird versucht, für sämtliche Probleme, die mit der Person des Protagonisten verbunden sind, eine Lösung zu finden oder dieselben einer erschöpfenden Diskussion zu unterziehen. Wer nach dergleichen verlangt, der werfe einen Blick in die wissenschaftlichen Kommentare von Paschoud, König und Nixon – Rodgers, um eine Vorstellung von den Dimensionen eines derartigen Unterfangens zu bekommen, die den Rahmen einer Biographie schlicht und einfach sprengen würden. Dem entsprechend können auch die Literaturhinweise nicht als erschöpfende Bibliographie gewertet werden, sie sind lediglich als Anregung für Studenten und interessierte Leser gedacht und – entsprechend dem avisierten Lesepublikum – vorwiegend an in deutscher Sprache erschienenen Publikationen orientiert.

Kapitel 1
Der Weg in die Krise:
Kaisertum und Kaiserreich von Augustus bis Numerian

Wie alle historischen Phänomene existierte auch Constantin der Große nicht ohne Vorrausetzungen, sondern stand in einer Tradition römischer Kaiser, die ihm vom Begründer des römischen Kaisertums, Augustus, hinterlassen worden war. Um die Person Constantins, sein Handeln und seine Entwicklung beurteilen zu können, müssen wir zunächst die Entwicklung skizzieren, die das Imperium Romanum seit Augustus' Zeiten in ideologischer, politischer, wirtschaftlicher und mentaler Hinsicht genommen hatte.

Beim römischen Kaiserreich handelte es sich zuerst und zuletzt um eine Militärmonarchie. Geschaffen von Caius Iulius Caesar Octavianus Augustus am Ende eines Jahrhunderts voll blutiger Bürgerkriege unter der Fiktion der wiederhergestellten Republik, lag doch die wirkliche Macht im Imperium nicht länger bei Senat und Volk, sondern beim Augustus, dem Kaiser, hinter dem das von ihm kontrollierte Heer stand. Der in der Bürgerkriegszeit ausgebluteten Senatsaristokratie fehlte es an handgreiflicher Macht und zum Teil auch am politischen Willen, gegen den Monarchen aufzubegehren und die Bevölkerung Roms und der Provinzen, des endlosen Blutvergießens und der materiellen Belastungen überdrüssig, fand sich ohne weiteres mit der Situation ab, sofern nur eine halbwegs geordnete Regierung und Verwaltung gewährleistet blieben.[1] So konnte das von Augustus begründete iulisch-claudische Herrscherhaus fast ein Jahrhundert regieren, ohne jemals von einem auf Legionen gestützten Usurpator herausgefordert zu werden. Dazu trug freilich bei, dass sich die Kaiser der Rolle der Armee bewusst blieben, für ein hinreichendes militärisches Image ihrer Herrschaft Sorge trugen und sich in Kriegen nicht persönlich als Versager entpuppten. Erst das abgehobene Treiben des letzten iulisch-claudischen Augustus, Nero, der sich nicht nur die Senatoren, sondern auch Teile des Heeres entfremdete, darunter die in Rom stationierte Prätorianergarde, führte zu einem Militärputsch und zu neuen schweren inneren Auseinandersetzungen. Weil Nero bei seinem Selbstmord im Jahre 68 keine Erben zurückließ, war die Frage der Herrschernachfolge zum ersten Mal völlig offen und sogleich waren es die Streitkräfte, die ihr Recht geltend machten. Zum ersten Male treffen wir auf das Phänomen, dass die einzelnen Regionalarmeen ihre jeweils eigenen Thronkandidaten präsentierten, zwischen denen dann die Entscheidung mit Waffengewalt ausgekämpft werden musste.[2] Die im Bürgerkrieg des Jahres 69 mit Hilfe der Orient- und Donaulegionen an die Macht gekommene (erste) flavische Dynastie vermochte nur vorübergehend in die geordneten Bahnen der Iulier und Claudier zurückzulenken. Militärrevolten wurden nun zu einer ernsthaften Bedrohung und als nach erst 27 Jahren der letzte Flavier, Domitian, einer Palastverschwörung zum Opfer fiel, rettete lediglich die Hilfe des gestandenen Generals Traian den bejahrten, vom Senat erkorenen Kaiser Nerva vor der Intervention des Militärs. Derart bedenklich war die Lage, dass Nerva sich gezwungen sah, Traian zu adoptieren und ihn damit zum Nachfolger zu designieren. Als Traian nach dem Ableben seines Adoptivvaters dann im Jahre 98 tatsächlich den Thron bestieg, ersann er einen neuen Weg, das Heer unter Kontrolle zu halten, indem er etwas tat, was seine Vorgänger seit mehr als einem Jahrhundert nur noch ganz selten und kurzfristig getan hatten: er zog an der Spitze seiner Legionen in großangelegte Offensivkriege, wobei er sich gegenüber den Soldaten bewusst als Waffenkamerad (*commilitio*) gerierte.[3] Die Risiken und Grenzen einer solchen Politik zeigten sich schon zu seinen Lebzeiten. Mochte der Dakerkrieg im Donauraum noch der Beseitigung einer tatsächlichen Bedrohung dienen, so kann der Partherkrieg im Orient nur als Eskapismus gewertet werden, der die Kräfte des Imperiums überforderte, was Traian selbst kurz vor seinem Tode (117) noch erkennen musste. Sein gleichfalls adoptierter Nachfolger Hadrian vermochte in den ersten Jahren seiner Herrschaft sich und die Armee damit zu beschäftigen, die teilweise verheerenden

Begleit- und Folgeerscheinungen der traianischen Politik, namentlich die großen Aufstände im östlichen Mittelmeerraum, zu überwinden. Aber auch nachdem eine Beruhigung der Gesamtsituation eingetreten war, trug Hadrian Sorge, den Kontakt zu seinem Heer nicht zu verlieren. Er unternahm ausgedehnte Reisen durch die Provinzen, zeigte sich den Soldaten und beaufsichtigte ihre Übungen, wobei er Traians demonstratives *commilitio*-Auftreten beibehielt.[4] Der nächste Kaiser, Antoninus Pius, (138–161) folgte ihm hierin nicht, hatte jedoch das Glück, dass seine langjährige Herrschaft nie durch einen größeren Krieg, der die Frage nach einem persönlichen Eingreifen aufgeworfen hätte, auf die Probe gestellt wurde. Das änderte sich abrupt im Jahre 162, als die Parther im Osten zu einer Großoffensive antraten. Auf Antoninus Pius war zum ersten Male eine Doppelherrschaft zweier Herrscher – Marcus Aurelius und Lucius Verus – gefolgt, von denen Verus sofort die Leitung des Partherkrieges übernahm. Als 166 im Donauraum die Markomannenkriege begannen, zog der von seinen persönlichen Neigungen her unmilitärische Marc Aurel selbst ins Feld. Bis zu seinem Lebensende (180) sollte die Kriegführung seine hauptsächliche Beschäftigung bleiben und dies umso mehr, als Verus im Jahre 169 eines natürlichen Todes gestorben war und keinen Nachfolger erhalten hatte. Mit Marc Aurel endete die Reihe der sogenannten Adoptivkaiser, ein Herrschaftssystem, das seiner Propaganda nach auf einer bewussten Auswahl des Besten beruhte, das aber in Wirklichkeit aus der Not geboren war und von ihr aufrecht erhalten wurde: Nerva hatte Traian nur unter Zwang adoptiert und bis hin zu Marc Aurel hatte kein Kaiser mehr einen Sohn hinterlassen. Marc Aurel hingegen besaß bei seinem Tode den achtzehnjährigen Commodus als Erben. Unglücklicherweise wurde dieser von seinen Beratern und Hofschranzen sehr rasch politisch isoliert, seine späteren Versuche einer selbstständigen Herrschaft führten schließlich seinen Untergang durch eine Senats- und Palastverschwörung herbei. Außenpolitisch vermochte Commodus von der von seinem Vater geschaffenen stabilen Lage zu profitieren, sie ersparte ihm die Mühen einer Feldzugsteilnahme.[5] Mit seinem Tode Ende des Jahres 192 kam wieder das

Heer zum Zuge. Der Kandidat des Senats, Helvius Pertinax, fiel schon nach zwei Monaten einer Prätorianerrevolte zum Opfer, Didius Iulianus, der sich den Thron von den Prätorianern durch die Zusage enormer Geldspenden erkaufte, vermochte sich außerhalb Italiens nicht durchzusetzen. Gleich drei Regionalarmeen, die britannische, die Donau- und die Orientarmee erhoben ihre eigenen Kandidaten und es dauerte bis zum Jahre 197, bis sich der Prätendent der Donaulegionen, Septimius Severus, als Alleinherrscher durchgesetzt hatte.[6] Septimius Severus blieb sich stets der Tatsache bewusst, dass er den Thron der Ergebenheit seiner Soldaten verdankte und versuchte sich ihre Zuneigung mittels Solderhöhungen, einer Neuorganisation der Prätorianergarde und nicht zuletzt dadurch zu sichern, dass er noch als siecher Mann an Feldzügen teilnahm. Zu seinen beiden Söhnen, Caracalla und Geta, soll er im Jahre 211 auf dem Sterbebett die Worte gesprochen haben: „Seid einig, bereichert die Soldaten und kümmert euch einen Dreck um den Rest."[7] Diese Worte mögen fiktiv sein, deuten aber den Stellenwert an, den das Militär im römischen Imperium zu Beginn des 3. Jahrhunderts einnahm. Einig blieben die schon zu Lebzeiten des Severus verfeindeten Brüder Caracalla und Geta nicht, letzterer wurde binnen kurzem von seinem älteren Bruder ermordet. Den Rat, die Soldaten zu bereichern, nahm sich Caracalla hingegen zu Herzen, und unter seiner Herrschaft erreichte die *commilitio*-Attitüde immer neue Höhepunkte. Caracalla buk im Feldlager nicht nur sein eigenes Brot wie der letzte Legionär, er ging auch so weit, sein ziviles Habit militärischen Vorbildern, anzupassen und Porträtbüsten zeigen sein bärtiges Antlitz mit dem wilden Blick des *vir vere militaris*, mit dem sich der gemeine Soldat identifizieren konnte.[8] Außenpolitisch knüpfte er mit einem neuen Partherkrieg an den Eskapismus Traians an, wobei freilich nichts Positives herauskam und seine Beliebtheit bei den unteren Rängen schützte ihn nicht vor den Kabalen seiner hohen Offiziere. 217 erlag er einem Mordanschlag seines Prätorianerpräfekten Macrinus. Sein Ansehen beim Heer blieb freilich über seinen Tod hinaus derart groß, dass Angehörige seiner mütterlichen Familie schon im nächsten Jahr einen erfolgreichen Putsch ins

Werk setzen konnten, indem sie den Soldaten einen jungen Mann mit der Behauptung vorstellten, er sei Caracallas Sohn. Der vorgebliche Kaisersprössling, der Nachwelt bekannt als Elagabal, erfüllte jedoch nicht die von der Familie in ihn gesetzten Erwartungen und wurde schon 222 unter tatkräftiger Mitwirkung der Prätorianer gegen seinen Vetter Severus Alexander ausgewechselt. Dessen bis 235 dauernde Herrschaft gilt allgemein als ein Tiefpunkt des Kaisertums und Periode einer schrankenlosen Soldatenwillkür, gekennzeichnet durch eine außer Rand und Band geratene Prätorianergarde, die sich blutige Straßenkämpfe mit der stadtrömischen Bevölkerung lieferte und sich die Ermordung hoher Würdenträger ganz nach eigenem Belieben erlauben konnte, sowie durch Provinzlegionen, die dauernd am Rande der Meuterei standen.[9] Allerdings entspricht dieses von zeitgenössischen Quellen suggerierte Bild bestenfalls teilweise der Realität, denn in Wirklichkeit vermochte sich Severus Alexander trotz ungünstiger Voraussetzungen – er war Syrer, anfänglich minderjährig und stand Zeit seines Lebens unter dem Einfluss seiner Mutter – dreizehn Jahre lang gegen alle Widerstände durchzusetzen, bis er schließlich während eines Germanenfeldzuges in der Nähe von Mainz bei einer Militärrevolte mitsamt der Mutter erschlagen wurde. Seinen Mörder und Nachfolger Maximinus Thrax, einen Berufssoldaten, der Rom nie betreten hat, ereilte bereits drei Jahre später ein ähnliches Schicksal. Bis zum Jahre 253 löste sich eine ganze Reihe in der Regel vom Heer erhobener Kaiser ab, Berufssoldaten zumeist, von denen keiner länger als sechs Jahre regierte, die fast alle ein gewaltsames Ende fanden und von denen es keiner vermochte, das Reich einem Erben zu hinterlassen. Im Jahre 253 gelangte Valerian mit Unterstützung der Rheinarmee auf den Thron. Er überließ die Herrschaft im Westen seinem Sohn Gallienus und begab sich in den Orient, wo er erfolglos versuchte, der persischen Bedrohung Herr zu werden; 260 geriet er in persische Kriegsgefangenschaft und blieb seitdem verschollen. Gallienus dagegen konnte sich noch acht Jahre als Kaiser behaupten, doch sein tatsächlicher Herrschaftsbereich blieb weitgehend auf Italien, die Balkanprovinzen und Afrika beschränkt. Es half wenig, dass man die größeren Armeekommandos seit Septimius Severus immer stärker reduziert hatte und die Rolle des Senatorenstandes in der Armeeführung immer mehr zurückdrängte. Begünstigt von der chaotischen militärischen Gesamtlage des Reiches, das von gleichzeitigen Angriffen an Rhein, Donau und Euphrat bedroht wurde, glaubte bald jede Lokalarmee, ihren General zum Kaiser küren zu müssen. In Gallien und im Reichsosten bildeten sich zeitweilig regelrechte Sonderreiche unter eigenen Herrschern, instabile Gebilde, die ebenso wie die Reichszentrale von Usurpationsversuchen und Mordanschlägen heimgesucht wurden. Erst Kaiser Aurelian (270–275) gelang es, die Imperiumseinheit nach jahrelangen Kämpfen wieder herzustellen, an der labilen Situation des Kaisertums als solchem vermochte er indes nichts zu ändern, denn auch er wurde Opfer eines Attentats seiner militärischen Umgebung. Nur wenig länger als Aurelian war Kaiser Probus (276–282) imstande, sich zu behaupten, trotz erfolgreicher Kämpfe an Rhein und Donau erhoben sich seine Soldaten gegen ihn und brachten ihn um. Während der folgenden zwei Jahre lösten sich noch mehrere Kaiser und Prätendenten ab, bis 284 Diocletian auf den Thron gelangte, wie die meisten seiner Vorgänger mit Hilfe eines Attentats und nach einem kurzen Bürgerkrieg.[10] Dieser Kaiser sollte zur Stabilisierung seiner Herrschaft neue Wege beschreiten, von denen im zweiten Kapitel die Rede sein wird.

Gegen das Übergewicht von Kaiser und Heer konnten Senat und Volk nur selten zum Zuge kommen. Bereits zu republikanischen Zeiten waren die Aktivitäten der Volksversammlung auf die Stadt Rom selbst beschränkt gewesen und seit der Etablierung der Monarchie durch Augustus wurden ihre theoretisch wichtigsten Rechte, das der Beamtenwahl und der Entscheidung über Krieg und Frieden, vollends zur Makulatur, weil der Kaiser diese Kompetenzen an sich zog. Für den fehlenden Einfluss der Bevölkerung sind aber noch andere Faktoren ausschlaggebend gewesen. Das römische Imperium war ein Vielvölkerstaat, der schon auf den ersten Blick als kulturell gespalten erscheint. Im Reichswesten dominierte vielfach die lateinische Sprache und Kultur, während der Osten in dieser Hinsicht maßgeblich griechisch geprägt blieb, wobei die

Grenze der beiden Kulturen quer über die Balkanhalbinsel verlief. Bei näherem Hinsehen freilich stellt man fest, dass die Romanisierung bzw. Hellenisierung große Teile des Reichsgebietes, wenn überhaupt, nur dürftig erfasst hatte. Sie beschränkte sich – abgesehen natürlich von Italien und Griechenland – in erster Linie auf verkehrsgünstig gelegene, städtisch geprägte Regionen wie das Rheinland, Südfrankreich, Teile Spaniens und Nordafrikas, die kleinasiatische Westküste, Syrien und Palästina. In den abgelegeneren Landstrichen Galliens, Spaniens, der Balkanhalbinsel, aber auch Kleinasiens, großer Teile Ägyptens und in den Wüstenrandzonen blieben die Bewohner weitgehend von ihrer althergebrachten keltischen, illyrischen, thrakischen, isaurischen, ägyptischen etc. Kultur geprägt, sprachen ein bestenfalls krudes Latein oder Griechisch und bewahrten sich durchaus ein ethnisches Sonderbewusstsein. Dem *civis Romanus* entsprach keine Ethnie und angesichts des Fehlens moderner Massenmedien blieben die Interessen der Menschen lokal oder bestenfalls regional geprägt; das galt selbst für die stadtrömische Bevölkerung, der einzigen, die in der Lage war, unmittelbaren Druck auf den Kaiser auszuüben, solange dieser in Rom weilte. Wenn sie politisch aktiv wurde, das heißt, sich mit Demonstrationen, Krawallen und Unruhen bemerkbar machte, dann galt ihr Unmut zumeist Mängeln in der Lebensmittelversorgung. Der Senat, jenes altehrwürdige Regierungsgremium des republikanischen Rom, hätte theoretisch als die Körperschaft dienen können, die der Bevölkerung beim Kaiser Gehör verschaffte und dies umso mehr, als seit den Zeiten des Augustus immer mehr Senatoren aus den Provinzen des Imperiums stammten, anfänglich vornehmlich aus Gallien und Spanien, später auch aus dem östlichen Mittelmeerraum und aus Afrika. In der Praxis jedoch bestimmte der Kaiser, wer in den Senat gelangte. Mit dem allmählichen Aussterben der alten republikanischen Senatorengeschlechter konnten zunehmend soziale Aufsteiger, die sich im Militär- und Verwaltungsdienst bewährt hatten, durch die Gunst des Augustus senatorischen Rang erhalten, wie etwa der kurzfristige Kaiser Helvius Pertinax, ursprünglich der Sohn eines freigelassenen Sklaven.[11] Gefragt war nicht die Interessenvertretung für eine provinziale

Klientel, sondern Loyalität zum Kaiser, zur lateinischen Kultur, zur römischen Geschichte. Nicht zuletzt deswegen eignete sich der Senat keinesfalls zur Kontrollinstanz der kaiserlichen Autokratie oder gar zu deren politischer Alternative. Ein einziges Mal lehnte sich der Senat geschlossen gegen einen Kaiser auf, im Jahre 238 gegen den Soldatenkaiser Maximinus Thrax, aber nicht um das Kaisertum als solches abzuschaffen, sondern um einen dem Senat gewogenen Kaiser einzusetzen. Das – nach anfänglichem Erfolg – klägliche Scheitern der beiden Senatskaiser Maximus und Balbinus innerhalb weniger Monate reizte nicht zu Wiederholungen.

Wir haben bereits darauf hingewiesen, dass die chaotische Situation, in die das römische Imperium seit der Mitte des 3. Jahrhunderts geriet, sehr stark von der außenpolitischen Entwicklung beeinflusst wurde. Usurpationen wurden selten mit Hilfe einzelner Legionen, sondern mit Unterstützung größerer Armeen geplant, d. h. die Zusammenballung starker militärischer Macht unter einem anderen Kommando als dem des Kaisers bedeutete Usurpationsgefahr. Normalerweise standen die Legionen und Hilfstruppen entlang der Grenzen verteilt und wurden nur im Kriegsfall zu größeren Heeren vereint, aber die Zahl der Legionen in einer Grenzregion variierte im Laufe der Jahrhunderte als Folge einer sich ändernden Eroberungspolitik bzw. Bedrohungssituation. Beim Tode des Augustus stand die größte Armee, acht Legionen stark, am Rhein, weil der unter diesem Kaiser begonnene Germanenkrieg fortdauerte. Nach der Aufgabe der rechtsrheinischen Eroberungspläne im Jahre 16 verringerte sich die Bedeutung dieses Schauplatzes, zumal von den untereinander zerstrittenen Germanen damals keine ernsthafte Gefahr mehr ausging. Ungeachtet größerer Truppenabzüge waren die Römer unter Domitian sogar imstande, die Imperiumsgrenzen ohne Mühe weiter vorzuschieben und auf große Teile des heutigen Hessen und Baden-Württemberg auszudehnen. Außer in Germanien war im Reichswesten schon unter Kaiser Claudius (41–54) in Britannien ein neuer Kriegsschauplatz entstanden, der zeitweise mehr als vier Legionen band. Die Eroberung der Insel war nicht aus militärischer oder wirtschaftlicher Notwendigkeit eingeleitet worden, sondern um dem persönlich gänzlich unkriegerischen Kaiser militärisches Prestige zu verschaffen.[12] Völlig gelang die Besetzung der Insel nie, das heutige Schottland blieb frei und seine Bewohner, die Picten und Scoten, unternahmen immer wieder Raubzüge gen Süden ins römische Britannien, eine Angewohnheit, die sie – mutatis mutandis – bis in die Neuzeit beibehalten sollten. Seit der Mitte des 1. Jahrhunderts verlagerte sich dann der Schwerpunkt der römischen Militärpräsenz immer mehr in den Donauraum. Die Kriege trugen hier teilweise defensiven Charakter, weil die Gegner des Imperiums, die Sarmaten und Daker, die links der Donau auf dem Gebiet des heutigen Ungarn und Rumänien hausten, wiederholt Einfälle in die rechts des Flusses gelegenen römischen Provinzen unternommen hatten. Unter Traian wurde mit enormem Aufwand die Liquidierung des dakischen Königreiches in Angriff genommen, die 106 endgültig gelang. Große Teile des Karpatenbeckens wurden römische Provinz und der unverzüglich eingeleitete Romanisierungsprozess verhalf fast achtzehnhundert Jahre später Rumänien zu seinem Namen und zu dem Umstand, dass man dort bis heute eine romanische Sprache spricht. Im selben Jahr erfolgte die Annektion des arabischen Nabatäerreiches, auf dem Boden des heutigen Jordanien entstand die Provinz *Arabia*. Aber all das genügte noch nicht. 113 brach Traian mit riesigen Truppenmassen nach dem Orient auf, wo er einen Krieg gegen das Königreich der Parther (heute: Irak und große Teile des Iran) vom Zaun brach, dessen Territorium schon vor mehr als hundertfünfzig Jahren römische Begehrlichkeiten geweckt hatte. Dieser traianische Partherkrieg verhalf dem Imperium zu seiner größten Ausdehnung (man findet sie sehr häufig auf historischen Karten abgebildet): Armenien und Mesopotamien bis zum persischen Golf wurden römisch – für knapp drei Jahre. Damals mussten die Römer nach dem mehr als hundert Jahre früher gescheiterten augusteischen Germanenkrieg erneut erfahren, dass das Überrennen eines Gebietes und das Halten und effektive Kontrollieren desselben zwei ganz verschiedene Paar Schuhe sind.[13] Während ich diese Zeilen schreibe, machen die USA in eben dieser Region die gleiche Erfahrung. Mit Kaiser Hadrians raschem Verzicht auf die orientalischen Eroberungen wurde der Status quo ante wieder hergestellt, die Zeit der großräumigen Eroberungen war vorüber. Der Gegensatz zu den Parthern freilich blieb bestehen und erforderte eine starke Truppenpräsenz in der Euphratregion. Während der ersten Jahre der Herrschaft Marc Aurels sind die Parther sogar selbst offensiv geworden, aber der Krieg endete zu ihren Ungunsten mit kleineren römischen Annektionen östlich des Euphrat. Septimius Severus dehnte dann Ende des 2. Jahrhunderts das römische Territorium über das gesamte Obermesopotamien bis hin zum Tigris aus; diese beschränkten Eroberungen mussten jedoch durch zwei neu aufgestellte Legionen gesichert werden,[14] so dass zu Beginn des 3. Jahrhunderts vom Schwarzen Meer bis nach Arabien nicht weniger als zehn Legionen und zahlreiche Hilfstruppen an den Ostgrenzen standen. Bereits unter Marc Aurel war das Imperium an der Donaugrenze wieder in die Defensive geraten. Markomannen, Iazygen, Quaden und Sarmaten unternahmen massive Invasionen in das Reichsgebiet. Vor allem an der oberen Donau und im Donauknie spitzte sich die Lage bedrohlich zu, zwei neue Legionen wurden aufgestellt, von denen eine in Castra Regina (Regensburg) ihr Lager erhielt. Obwohl die Römer ihrerseits Strafexpeditionen in germanisches Siedlungsgebiet unternahmen, wurde der Krieg primär als Verteidigungskampf geführt, Belege für weitreichende Offensivpläne Marc Aurels, unter anderem zur Annektion des heutigen Böhmen, fehlen. Nicht weniger als zwölf Legionen plus Hilfstruppen standen Ende des 2. Jahrhunderts entlang des Donauufers und in Dakien verteilt, davon vier in Pannonien (am Donauknie). Auf diese geballte Macht gestützt, vermochte Septimius Severus sich aller seiner Rivalen im Kampf um die Macht zu entledigen.[15] Zu Beginn der zwanziger Jahre des 3. Jahrhunderts vollzog sich jenseits der römischen Ostgrenze ein bedeutender Umschwung: die parthische Dynastie der Asarkiden wurde durch die persische der Sāsāniden abgelöst. Dadurch verschärfte sich die politische Großwetterlage für Rom ganz erheblich, denn die Sāsāniden knüpften ideologisch an das alte Perserreich der Achaimeniden an, wie es vom 6. bis zum 4. Jahrhundert v. Chr. bestanden und fast den gesamten römischen Osten umfasst hatte. Es blieb nicht beim bloßen Anspruch: Durch eine gegenüber den Parthern verschärfte Zentralisierung zeigten sich die Sāsāniden imstande, wesentlich größere Kräfte für ihre Kriege zu mobilisieren. Seit der Regierung des Severus Alexander sah sich das Imperium immer wieder in aufreibende Defensivkriege gedrängt, bei denen es wenig oder nichts zu gewinnen gab und bestenfalls der Status quo gehalten werden konnte. Fast gleichzeitig traten an Rhein und Donau zu den alten Feinden die germanischen Völker der Franken, Alemannen, Heruler, Goten und Vandalen in Erscheinung und unternahmen entlang der ausgedehnten Grenzen immer neue Einfälle in das Imperium. Ihr Ziel war nicht die Eroberung von Land, sondern das Einbringen von Beute und damit waren sie zeitweise sehr erfolgreich. Große Teile Galliens und der Balkanhalbinsel wurden heimgesucht, die Stadt Athen wurde ebenso geplündert wie Städte an der kleinasiatischen Westküste und selbst Rom schien zeitweilig bedroht. Tausende Provinzbewohner kamen ums Leben oder wurden verschleppt, und die römischen Statthalter und Generale sahen sich gelegentlich gezwungen, die Hilfe improvisierter Landsturmkommandos in Anspruch zu nehmen. Es war die zeitliche Koinzidenz all dieser Invasionen, die seit der Mitte des 3. Jahrhunderts zu einer katastrophalen Gesamtsituation führten. Die Abwehr konnte bestenfalls noch auf regionaler und nicht selten nurmehr auf lokaler Basis geführt werden, weil die Zentralregierung alle Hände voll zu tun hatte, Italien selbst zu schützen. Das Bewusstsein, auf sich selbst gestellt zu sein, begünstigte wiederum regionale wie lokale Usurpationen und darüber hinaus separatistische Tendenzen, namentlich in Gallien, das für mehr als zehn Jahre eine Sonderexistenz unter eigenen Kaisern führte und im Osten, wo nach 260 das Sonderreich von Palmyra entstand. Bei Palmyra handelte es sich um eine Oasenstadt tief in der syrischen Wüstensteppe, die als Zentrum des Karawanenhandels mit dem Osten zu Wohlstand gekommen war und eine einzigartige kulturelle Entwicklung durchlaufen hatte. Ihre Bevölkerung war semitisch – sie sprach einen aramäischen Dialekt – hatte aber in großem Umfang erst hellenistische, später auch römische

Einflüsse in sich aufgenommen. Nach Valerians Gefangennahme spielte sie unter ihrem Fürsten Odainathos eine wichtige Rolle bei der Abwehr der Sāsāniden. Doch nach der 267 erfolgten Ermordung des Odainath wandte sich seine Witwe Zenobia, die für ihre unmündigen Söhne die Vormundschaftsregierung führte, von Rom ab und suchte ein eigenes vorderorientalisches Reich zu begründen. Ihr Traum wurde 272 von Kaiser Aurelian gewaltsam beendet und die Stadt nach einem weiteren Aufstand im folgenden Jahr geplündert und teilweise zerstört.[16] Trotz der militärischen Erfolge Kaiser Aurelians im Osten wie auch im Westen änderte sich an der außenpolitischen Situation nichts: Aurelian selbst sah sich gezwungen, Dakien militärisch zu räumen und das einst vom Limes geschützte Gebiet zwischen Rhein und Donau weitgehend preiszugeben.[17] Bereits ein Jahr nach Aurelians Ableben sah sich Kaiser Probus erneut in schwere Kämpfe an Rhein und Donau verstrickt, unternahmen fränkische Scharen ausgedehnte Raubzüge in Gallien. Im Orient bestand die persische Bedrohung fort, im Jahre 283 unternahm Carus, der Nachfolger des Probus, einen neuen Vorstoß tief nach Mesopotamien hinein. Nicht nur die innen- auch die außenpolitische Situation war also völlig ungeklärt, als Diocletian im Spätherbst 284 den Thron bestieg.

Werfen wir als nächstes einen Blick auf die wirtschaftliche Entwicklung des Imperiums. Seiner beeindruckenden Bauwerke, der prachtvollen Erzeugnisse seiner Handwerkskunst und seiner Geldwirtschaft ungeachtet blieb das römische Reich zuallererst ein Agrarstaat. Seine wichtigsten Produkte waren Getreide, Öl und Wein, die hauptsächlichen Grundnahrungsmittel des antiken Menschen, und sein Reichtum hing vom Umfang und Ertrag des bebauten Bodens ab. Die reichsten, d. h. die ertragreichsten Provinzen lagen in Afrika und Ägypten, hier wurde in der Tat für überregionale Märkte produziert.[18] Alle anderen Provinzen hatten in dieser Hinsicht bestenfalls regionale Bedeutung und in vielen abgelegeneren Gegenden wurde hauptsächlich Subsistenzwirtschaft betrieben. Obwohl die Römer schon in republikanischer Zeit einen entwickelten Landbau kannten, blieb die Anwendung wissenschaftlicher Anbaumethoden (z. B. Pflanzen-, Kalk- und Ammoniakdüngung) und die Benutzung fortschrittlicher technischer Hilfsmittel (wie der von Plinius beschriebenen Erntemaschine) hauptsächlich auf größere und Großgüter beschränkt, weil sie einige Investitionen erforderten, für die dem Kleinbauern die Mittel fehlten. Besonders in Italien, Sizilien und Afrika existierten solche riesigen Landgüter, die sich oft im Besitz senatorischer Familien befanden. Auch der Kaiser verfügte dort über zahlreiche Domänen, deren Anzahl unter Septimius Severus durch bürgerkriegsbedingte Vermögenskonfiskationen kräftig anstieg. Dieser Grundbesitz stand zumeist nicht unter direkter kaiserlicher Bewirtschaftung, sondern wurde an Kleinpächter (*coloni*; im Wortsinne eigentlich Bauern) verpachtet. Getreide, Öl und Wein dieser Güter dienten den Kaisern nicht zuletzt zur Versorgung des stadtrömischen Marktes mit kostenlosen bzw. preiswerten Grundnahrungsmitteln. Ein solches Kleinpachtsystem setzte sich auch auf nicht im kaiserlichen Besitz befindlichen Großgütern immer mehr durch. Freilich dominierte das Großgut vor allem in ertragreichen Regionen; in weiten Teilen des Imperiums, namentlich im Donauraum, in Britannien, Teilen Spaniens und in Innerkleinasien herrschte der kleine und mittlere Grundbesitz freier Bauern vor. Schon im früheren 2. Jahrhundert freilich treffen wir auf das Phänomen, dass vormals bebauter Boden brach lag, weil der Landbau als nicht mehr lohnend erschien. Dieser Missstand verschärfte sich wenig später noch erheblich, als Seuchen und die mit den feindlichen Einfällen einhergehenden Verwüstungen und Verschleppungen, namentlich in den Grenzregionen, zu einem Bevölkerungsrückgang führten. Durch steuerliche Anreize versuchten die Kaiser hier Abhilfe zu schaffen, denn unbebauter Boden bedeutete einen Rückgang der Staatseinkünfte.[19]

Verglichen mit der Landwirtschaft waren Gewerbe und Handel von untergeordneter Bedeutung. Obwohl die Römer die Massenproduktion durch Manufakturen kannten, hat sich eine auf reichsweite Bedürfnisse ausgerichtete Großproduktion nur bei ganz bestimmten Waren – vor allem bei der Töpferware, namentlich der sogenannten Terra sigillata – und selbst da nur sehr vorübergehend behaupten können. Dies lag daran, dass sich das notwendige *Know-how* zur Produktion solcher Waren – einen Patentschutz gab es nicht – innerhalb einiger Jahrzehnte im Imperium verbreiten konnte und man dann schnell zu regionaler oder lokaler Produktion überging. Ein groß angelegter, überregionaler Gütertransport existierte dauerhaft nur für das Getreide, das aus Afrika und aus Ägypten nach Rom und in andere Metropolen, wie zum Beispiel Antiochia, transportiert wurde. Selbst hier musste bereits Kaiser Claudius eingreifen, um durch die Gewährung von Steuervorteilen die Bereitstellung von genügenden Frachtkapazitäten zu erreichen.[20] Man hat in diesem Zusammenhang zu berücksichtigen, dass ein überregionaler Handel, der nicht auf ausgesprochene Luxuswaren – wie Gewürze, Weihrauch, Seide, Edelmetalle, Edelsteine und begehrte, schwer erhältliche Handwerkserzeugnisse – beschränkt blieb, nur dann lohnte, wenn er per Schiff erfolgte; das sollte bis zur Einführung des Eisenbahntransports im 19. Jahrhundert so bleiben. Ein Transport per Schiff war mit großen Risiken verbunden und schon allein aus Witterungsgründen nur zwischen April und Anfang November mit einiger Sicherheit möglich, der Frachtverkehr mit Ägypten hatte sich überdies an den mediterranen Windbedingungen zu orientieren, die Ausfahrt und Rückfahrt diktierten. All diese Faktoren wirkten einer Ausbreitung des Fernhandels und der Entstehung überregionaler Produktionszentren entgegen. Darüber hinaus hat sich im Imperium niemals eine Kapitalistenklasse entwickelt, das heißt eine gesellschaftliche Gruppe, die in der fortwährenden Vermehrung ihres Kapitals den obersten Zweck ihres ökonomischen Handels (wenn nicht des Daseins schlechthin) sieht, obwohl es einzelne Kapitalisten gegeben haben mag. Zu einer fortwährenden Förderung von technischem Fortschritt und Innovation zur Sicherung des „Wachstums" und zur Steigerung des Bruttosozialprodukts ist es darum weder auf privatwirtschaftlicher noch auf staatlicher Ebene gekommen.[21]

Des agrarischen Grundcharakters der römischen Wirtschaft ungeachtet, besaß das Imperium eine bereits aus der republikanischen Zeit überkommene, entwickelte Geldwirtschaft.

Deren Basis war in der Kaiserzeit der Denar, eine Silbermünze von anfänglich ca. 4 g Silbergewicht, dessen Prägung in der Regel das Porträt des jeweiligen Kaisers und seine Titulatur zeigte, was den offiziellen Charakter der Münze unterstrich. Neben dem Denar spielte noch der – in unserer Zeit durch die Asterixhefte populär gewordene – Sesterz eine Rolle, eine Messingmünze im Wert von einem viertel Denar, die zugleich als Rechnungseinheit diente. Dagegen kam dem *aureus*, einer Goldmünze von 8 g, die 25 Denare galt, im Geldverkehr nur eine untergeordnete Bedeutung zu. Lokale und regionale Münzprägungen verschwanden im Westen ziemlich rasch, im Reichsosten mit seiner langen Tradition der Geldwirtschaft hielten sie sich bis ins späte 3. Jahrhundert. Auf dieser monetären Grundlage entwickelte sich ein ausgedehntes Banken- und Kreditwesen, welches auch immer mehr den bargeldlosen Zahlungsverkehr einschloss. Voraussetzung blieb jedoch, dass das Vertrauen in die Münze, speziell den Denar, stabil blieb und dieser nicht willkürlich in Gewicht und Feingehalt herabgesetzt wurde. Bis gegen das Ende des 2. Jahrhunderts konnte diese Bedingung erfüllt werden. Zwar reduzierte der Verschwender Nero sowohl das Gewicht des Denars als auch das des Aureus auf 3,4 bzw. 7 g, der Feingehalt blieb aber unverändert hoch (95–100 %). Dann ging es Schlag auf Schlag. Unter Commodus, der das Geld mit vollen Händen zum Fenster herauswarf, sank der Feingehalt auf 70 %, Septimius Severus ließ ihn auf 50 % senken, nicht zuletzt, um die den Soldaten gewährten Solderhöhungen zu ermöglichen. Sein Sohn und Nachfolger Marcus Aurelius Antoninus Pius alias Caracalla sah sich aufgrund des Währungsverfalls bereits gezwungen, mit dem Doppeldenar oder *Antoninianus* von 5 g Gewicht und 40 % Feingehalt eine neue Silbermünze einzuführen, die den Denar rasch verdrängte, aber die Währungsmisere nicht beheben konnte. Im Gegenteil, unter dem Druck der durch die zunehmenden äußeren Bedrohungen gewachsenen Militärausgaben und vor allem aufgrund der zahlreichen, mit immer neuen Solderhöhungen und Geldspenden einhergehen Usurpationen verschärfte sich die Krise noch: um die Mitte des 3. Jahrhunderts besaß der *Antoninianus* gerade noch 2 % Silberanteil.[22] Wohl bekamen die Soldaten immer mehr Geld, aber das Geld war fast nichts mehr wert. Die Folgen dieser Entwicklung waren vorhersehbar: das Vertrauen in die Währung schwand dahin, statt zu investieren, versuchte man ältere Prägungen zu horten und schließlich ging man in wachsendem Ausmaß von der Geld- zur Naturalwirtschaft über. Auch die Steuern wurden immer mehr in Naturalien eingezogen, um Armee und Verwaltung wenigstens versorgen zu können. Grundlage der Besoldung wurde nicht mehr die Münze, sondern der nach Brotrationen berechnete Verpflegungssatz, zu dem weitere Naturalleistungen, wie Wein, Öl, Fleisch etc., aber z. B. auch Kleidung hinzutreten konnten.[23] Damit schien gegen Ende des 3. Jahrhunderts die monetäre Katastrophe perfekt. Bemühungen des Kaisers Aurelian, das Vertrauen in den *Antoninianus* wiederzubeleben, blieben erfolglos.

Vom Senat als politischer Institution ist bereits die Rede gewesen. Der Senatorenstand, das heißt die Senatoren nebst ihren Frauen und Kindern, bildete zugleich die oberste soziale Gruppe des Reiches, deren Angehörige nicht in jedem Falle die größten Vermögen repräsentierten, jedoch das höchste Sozialprestige besaßen. Wirtschaftlich gesehen stellten sie eine Schicht von Großgrundbesitzern und Rentiers dar, denen die Erträge ihrer Güter auf hohem Niveau materielle Unabhängigkeit sicherten. Mit Angehörigen der Senatorenschicht wurden anfänglich die meisten hohen Funktionärsstellen des Reiches besetzt, namentlich die der Provinzstatthalter. Das sollte nicht so bleiben. Weil das Verhältnis der Kaiser zum Senat nie völlig konfliktfrei blieb, stützten sie sich bei der Regierung und Verwaltung immer mehr auf die Ritter, während die Senatsaristokratie ihre administrative Bedeutung allmählich einbüßte. Diese Entscheidung zugunsten der Ritter wurde den Kaisern noch dadurch erleichtert, dass die alten republikanischen Patriziergeschlechter im Verlauf des 1. und frühen 2. Jahrhunderts nach und nach aussterben und der Senatorenstand durch einen sich immer mehr beschleunigenden Fluktuationsprozess seiner Mitglieder nicht länger mehr eine Funktionärselite repräsentierte, in der administrative wie militärische Erfahrung und

Kompetenz über die Generationen hinweg weitergegeben wurden. Der Abschluss dieser Entwicklung wurde in der Mitte des 3. Jahrhunderts erreicht. Seit der Regierung des Gallienus verschwanden die größeren senatorischen Kommandos, die mehr als eine Legion umfassten; durch diese Maßnahme sollten offensichtlich Usurpationen erschwert werden.[24] Der Senatorenstand war für die Regierung und Verwaltung des Gesamtreiches entbehrlich geworden, sein Wirkungskreis beschränkte sich immer mehr auf Italien.

Der Ritterstand, auf den sich die Kaiser mehr und mehr stützten, war kein Stand im eigentlichen Sinne, denn die Zugehörigkeit war nicht erblich. Man erlangte die Ritterwürde seit Augustus ausschließlich durch kaiserliche Ernennung. Ernannt wurden Personen, die den Kaisern als loyal und militärisch oder administrativ ausreichend begabt erschienen; was dem Aspiranten zum erforderlichen Mindestvermögen (100 000 Denare) fehlen mochte, konnte der Kaiser nötigenfalls aus eigener Tasche zuschießen. Aus Rittern setzte sich von Beginn der Kaiserzeit an das mittlere Offizierskorps (Tribunen, Präfekten) und vor allem die Finanzverwaltung zusammen. Bemerkenswerte Ausnahme bildeten das Amt des Prätorianerpräfekten und das des Präfekten von Ägypten, die bereits Augustus wegen ihrer sicherheitspolitischen Relevanz keinem Senatsaristokraten anvertrauen wollte. Mit der seit dem Ende des iulisch-claudischen Kaiserhauses immer weiter wachsenden Bedeutung der Armee wuchs konsequenterweise auch die Bedeutung der ritterlichen Offiziere, die zunehmend die höheren und höchsten Befehlshaberstellen besetzten. Da es zudem im Imperium keine Trennung zwischen militärischer und ziviler Laufbahn gab, drangen ritterliche Militärs in wachsendem Ausmaß in die Ziviladministration ein, die solcherart gleichsam militarisiert wurde. Unter den Soldatenkaisern erreichte dieser Prozess seinen Höhepunkt, als immer mehr erprobte Haudegen mit nurmehr rudimentärer Bildung zu Ritterwürden gelangten. Somit wurden die Ritter in der Praxis zu Repräsentanten des Militärs, während sie ihrer Herkunft nach an sich keine soziale oder durch wirtschaftliche Interessen geeinte Schicht bildeten.[25]

Wenn man von Senatoren und Rittern einmal absieht, bestand die eigentliche Oberschicht des Imperiums aus den sogenannten Decurionen oder auch Curialen, den lokalen Eliten, die überall im Reich in den Ratsgremien (*curiae*) der Städte und Gemeinden saßen und dort aufgrund ihres Reichtums und ihrer Beziehungen vor Ort und im Imperium einen maßgeblichen Einfluss auf Gesellschaft, Politik und Verwaltung ausübten. Der Zusammenhalt und das Gedeihen des Kaiserreiches waren vor allem dem Umstand zu verdanken, dass es den Kaisern im Laufe der Jahrhunderte gelungen war, diese örtlichen Führungsschichten einzubinden und an der Verwaltung des Reiches zu beteiligen. Das geschah anfangs durch Bürgerrechtsverleihungen, später zunehmend durch Aufnahme in Militär und Verwaltung, die Verleihung der Ritter- oder gar Senatorenwürde. Auf diese Weise entwickelten sich bei vielen Angehörigen der provinzialen Eliten, ihrer unterschiedlichen ethnischen und geographischen Herkunft ungeachtet, ein Bewusstsein und Verantwortungsgefühl für das Imperium als Ganzes, das sie, wenn schon nicht mit dem Kaiser als Person, so doch mit dem Kaisertum als Institution sowie mit römischer Geschichte und Kultur verband. Die Geschichtsschreiber Arrian (Erste Hälfte des 2. Jahrhunderts) und Cassius Dio (Ende des 2./Anfang des 3. Jahrhunderts), beide aus Kleinasien stammend und im Reichsdienst zu konsularischen Würden gelangt, sind Beispiele für eine solche gelungene Integration. Aber das römische Bürgerrecht hörte spätestens ab 212, als es durch Caracallas *Constitutio Antoniniana* auf die gesamte freie Reichsbevölkerung ausgedehnt wurde, auf, ein begehrtes Privileg zu sein, das als Lock- und Bindemittel die Kooperation der Provinzialbevölkerung hätte sichern können. Sehr wahrscheinlich hatten sich die im Reichsdienst aufgestiegenen Decurionen ihrer Heimat auch vielfach entfremdet, sie sahen sich als Römer, nicht mehr als Bürger ihrer Heimatstädte und -gemeinden, deren Interessenvertretung ihnen am Herzen gelegen hätte. Unter denjenigen Eliten jedoch, die ihren lokalen Bindungen treu blieben, begannen sich unter dem Eindruck römischer Katastrophen allmählich separatistische Tendenzen auszubreiten. Man suchte nach Alternativen zum Imperium, sei's durch

Kooperation mit dem Feind, sei's durch Unabhängigkeitsbestrebungen; die Kohäsionskräfte des Reiches erschöpften sich allmählich. Namentlich das Beispiel Palmyras, aber auch das des sogenannten gallischen Sonderreiches machen die Gefahren deutlich, die von dieser Seite drohten. Aber nicht allein außenpolitische Bedrohungen gefährdeten die Loyalität der Decurionen. Getreu der antiken Tradition hatte diese Schicht für ihre Heimatstädte stets einen beachtlichen Teil der finanziellen Belastungen auf sich genommen, so bei der Finanzierung von Kulten und der Errichtung und Erhaltung von öffentlichen Bauwerken, Ausgaben die das Imperium nicht zu tragen brauchte, die ihm aber gleichwohl zugute kamen. Für den römischen Staat besonders wertvoll war der Umstand, dass die Decurionen auf lokaler Ebene auch das Eintreiben der Steuern übernahmen. Diese Aufgabe konnte lukrativ sein, da sie selbstverständlich hervorragende Gelegenheiten zur persönlichen Bereicherung bot. Sie erwies sich aber von dem Augenblick an als fatal, von dem an die Kaiser von den Decurionen eine Haftung für die geforderten Steuergelder oder ganz einfach Vorkasse verlangten und die lokalen Erträge die geschuldeten oder verauslagten Summen nicht zu decken vermochten. War die wirtschaftliche Misere ohnehin schon geeignet, die finanzielle Leistungsfähigkeit der Decurionen zu untergraben, so trugen die fortgesetzten Einfälle der Reichsfeinde mit ihren Verwüstungen und nicht zuletzt die zahlreichen Usurpationen erst Recht zu deren Ruin bei, da die Thronprätendenten zur Finanzierung ihrer Unternehmungen zwangsläufig die wohlhabenden Bürger ihres Machtbereiches zur Kasse baten.[26]

Waren die Decurionen eher durch eine Anhäufung von Belastungen und Bedrohungen in ihrer Existenz gefährdet, so genügte für die materiell ungesicherten Mittel- und Unterschichten in den Städten und auf dem Land oft genug eine einzige Katastrophe, um sie in den Untergang zu treiben. Eine Missernte, eine Feuersbrunst oder der Ausfall einer unentbehrlichen Arbeitskraft konnte für den Kleinbauern, den kleinen Handwerker oder Gewerbetreibenden den Ruin bedeuten, denn soziale Sicherungssysteme, die solche Risiken milderten, waren weitgehend unbekannt. Der Städter mochte an der Fürsorge der *collegia,* der Berufs- und Kultvereine, einen gewissen Rückhalt für sich und die Seinen finden, wenn er einem solchen *collegium* angehörte, aber der Landbewohner war oft völlig auf die Unterstützung seiner Angehörigen oder der Dorfgemeinschaft angewiesen und diese waren gerade bei Mißernten häufig mitbetroffen. Einen Ausweg bot höchstens die Hilfeleistung eines materiell potenten Patrons, zumeist des nächsten Großgrundbesitzers, die jedoch zwangsläufig mit sozialer Abhängigkeit erkauft werden musste. In entlegeneren Regionen, in denen der private Kleingrundbesitz vorherrschte, wie in großen Teilen der Balkanhalbinsel und in Innerkleinasien, dürfte solcher Schutz überdies schwer zu erhalten gewesen sein, was die Lage der Bauern noch prekärer machte. Es erstaunt daher nicht, dass Illyrien, Dalmatien, Thrakien, Galatien und Kappadokien zu den ergiebigsten Rekrutierungsgebieten der römischen Armee zählten: die Ausweglosigkeit ihrer sozialen Situation war es, die die jungen Männer zum Kriegsdienst trieb. Nicht bloß die natürlichen Risiken, wie Naturkatastrophen, Krankheiten oder Unfälle fielen ins Gewicht. Ungeachtet aller etwaigen Bemühungen der Kaiser, die innere Ordnung und Sicherheit zu gewährleisten, darf man sich von der *pax Romana* keine übertriebenen Vorstellungen machen. Das Räuberunwesen, namentlich Viehdiebstahl und Straßenraub, blieb selbst in vielen ländlichen Gegenden des italischen Mutterlandes endemisch und in anderen Regionen, wie auf der Balkanhalbinsel und in Kleinasien, ist von noch weit schlimmeren Verhältnissen auszugehen.[27] Was die Städte angeht, so stößt man immer wieder auf Indizien für ein bisweilen frappierendes Ausmaß an urbaner Gewalt, bei der sich nicht nur innerstädtische Interessengruppen befehdeten, sondern sich gelegentlich ganze Städte feindlich gegenüberstanden und sich bürgerkriegsartige Auseinandersetzungen lieferten, wie im Jahre 59 anlässlich eines Gladiatorenspiels die Einwohner von Nuceria und Pompei.[28] Namentlich in den großen Metropolen, wie Rom, Alexandria, Antiochia, Ephesos, Thessalonike, mit ihrer für antike Verhältnisse enormen Anonymität dürfte sich am Boden der Gesellschaftspyramide stets eine Schicht von Kriminellen und Asozialen behauptet haben, Berufsverbrecher, arbeitsscheue Gewohnheitstrinker und Strolche, Menschen, die nichts zu verlieren hatten, für jeden Krawall zu haben waren und namentlich bei Feuersbrünsten ein enormes Gefahrenpotential darstellten, weil sie die Löscharbeiten nicht bloß behinderten, sondern das Chaos nach Möglichkeit durch zusätzliche Brandstiftungen vergrößerten, um in der Verwirrung ungestört plündern zu können.[29] Seitens der Kaiser bemühte man sich, den ärgsten Auswüchsen entgegenzuwirken: sie ließen die wichtigen Römerstraßen überwachen und versuchten, Unruhen in den Städten vorzubeugen, aber ihre Mittel waren letztlich begrenzt und viele Auswüchse der Gewaltsamkeit und Kriminalität, die wir heute als mit einer geordneten Regierung unvereinbar beurteilen, wurden achselzuckend hingenommen. Das Imperium war groß und der Kaiser weit.

Das Leben des antiken Menschen wies also auch ohne die Bedrohung durch äußere Feinde und Bürgerkriege eine Fülle von Gefahren und Unsicherheiten auf und die Mittel zur Abhilfe waren für die meisten Menschen, sofern überhaupt vorhanden, sehr begrenzt. Um dem Gefühl der Unsicherheit und Angst zu begegnen, standen dem antiken Menschen grundsätzlich zwei *remedia* zur Verfügung: die Tröstungen der Religion, – wozu im weiteren Sinne auch magische Praktiken zu rechnen sind[30] – und die der Philosophie.

In einem Zeitalter, in dem die große Masse der Menschen aus Analphabeten bestand, mussten die Wirkungsmöglichkeiten der traditionellen Philosophie zwangsläufig auf einen kleinen Personenkreis begrenzt bleiben, im römischen Kulturkreis hat sie darüber hinaus niemals die Rolle gespielt, die sie in der griechischen Welt einnahm. Dennoch: die Schriften Ciceros und des Lucretius Carus aus der späten Republik und des Annaeus Seneca und des Marc Aurel aus der Kaiserzeit bezeugen, in welchem Ausmaß die griechische Philosophie, namentlich das Gedankengut der Stoa und Epikurs, in die römische Oberschicht eingedrungen war. Ihre Trostmittel mochten freilich selbst dem Gebildeten gelegentlich als ungenügend erscheinen und ihn veranlassen, sich anderweitig gegen Schicksalsschläge zu versichern. Das lässt sich gut an der Person des Kaisers

Tiberius nachweisen. Philosophisch gebildet und in religiöser Hinsicht ein Skeptiker und Agnostiker, hing er gleichzeitig der Astrologie an und hielt sich einen Hofastrologen.[31] Neben den Vertretern der etablierten Philosophenschulen mit ihren schriftlich fixierten Traditionen existierten noch sogenannte Popularphilosophen, meist Scharlatane, die sich der Bedürfnisse der ärmeren Bevölkerungsschichten annahmen, denen sie ihr eigenes Gebräu aus allen möglichen philosophischen und religiösen Lehren alltagsgerecht servierten und die sich mitunter auch als Wundertäter gebärdeten. Einzelne von ihnen scheinen eine ganz beachtliche, wenn auch lokal oder bestenfalls regional begrenzte Popularität erlangt zu haben, weil sie die Nöte der Menschen an- und aussprachen und ihnen gelegentlich sogar obrigkeitliches Gehör verschaffen konnten.[32] Verwischten sich bereits bei den Popularphilosophen die Grenzen zwischen Philosophie, Wunderglauben, Magie und Religion, so vollzog sich in der traditionellen Philosophie im 3. Jahrhundert der gleiche Schritt. Hatten die Stoa, die Epikuräer und Kyniker die Ethik, das Problem der rechten Lebensführung, in den Vordergrund gestellt, so kam es nunmehr mit der Renaissance des Platonismus zu einem Paradigmenwechsel, der vorrangig mit dem Namen Plotins verbunden ist. Plotin, von Kaiser Gallienus gefördert und zuletzt in Rom lebend und lehrend, stellte wieder die Erkenntnistheorie ins Zentrum seiner Philosophie. Mit seiner Lehre, dass die höchste Erkenntnis nur im Zustand der Ekstase zu erreichen sei, überschritt er allerdings die Grenzen zur Mystik und zur Gnosis. Dadurch entfernte sich der von ihm begründete Neuplatonismus, der zur herrschenden Richtung in der Philosophie aufstieg, von vornherein vom Rationalismus eines Platon oder Aristoteles und sollte sich im Laufe der Zeit immer mehr mystischen und thaumaturgischen Ideen und Praktiken öffnen.[33]

Was nun die Religion betrifft, so hat man zunächst zu berücksichtigen, dass die althergebrachte griechische und römische Religiosität mit ihrer wohlgeordneten Götterwelt im Grunde eine Polis-Religion gewesen ist. Sowohl die Bedeutung der einzelnen Götter als auch der kultische Vollzug der Religion waren den Bedürfnissen des autonomen Stadtstaates angepasst. War für die Römer Iupiter (grch. Zeus) die wichtigste Gottheit, so war es für die Athener natürlich Athene (röm. Minerva), für Samos Hera (röm. Iuno). Jede Stadt huldigte ihren Gottheiten mit eigenen Kultfesten und ihre ordnungsgemäße Verehrung galt als Voraussetzung für das Gedeihen der Gemeinde. Mit dem Niedergang der autonomen Polis seit dem ausgehenden 4. Jahrhundert v. Chr., dem Entstehen der hellenistischen Großreiche und der griechischen Bundesstaaten verlor die Polisreligiosität zuerst im östlichen Mittelmeerraum allmählich ihre ideelle und auch materielle Basis. Letzteres hängt mit dem Umstand zusammen, dass sich die Oberschichten, die die Kulthandlungen hauptsächlich zu finanzieren hatten, politisch mehr und mehr außerhalb ihrer Heimatgemeinden orientierten. Mit dem Entstehen von Herrscherkulten entstanden überdies neue Formen der Religiosität, die die traditionelle Götterverehrung in den Hintergrund drängten, und sei es lediglich aus politischer Notwendigkeit. Das Vordringen Roms nach Osten im 2. und 1. Jahrhundert v. Chr. verstärkte diese Tendenzen nicht bloß, es zerstörte auch vielfach das überkommene Sozialgefüge in den Städten, auf dem der regelmäßige Vollzug der Kulthandlungen beruhte. Der Einfluss philosophischen, teilweise atheistischen Gedankengutes, speziell auf die Oberschichten, tat ein Übriges, der traditionellen Religiosität den Boden zu entziehen. Rom selbst blieb von dieser Entwicklung natürlich nicht verschont. Seit dem ausgehenden 3. Jahrhundert v. Chr. breitete sich der Einfluss der griechischen Kultur immer mehr in der römischen Oberschicht aus, das galt nicht nur für die Philosophie sondern auch für den religiösen Bereich. Bezeichnenderweise waren es hier vor allem mit ausschweifenden Feiern verbundene Mysterienkulte, die besonderen Anklang fanden.[34] Aufgrund des Zuzugs von Fremden, aber auch durch die Freilassung von Sklaven aus dem östlichen Mittelmeerraum, setzte sich überdies die stadtrömische Bevölkerung bereits in der späten Republik zu einem beachtlichen Teil aus Nichtitalikern zusammen, die ihren spirituellen Rückhalt nicht in der traditionellen römischen Religion, sondern in den ihnen vertrauten heimischen Kulten suchten, bei denen es sich vielfach um Mysterienkulte handelte. Die Unverfrorenheit, mit der Männer wie Pompeius und Caesar in der Endphase der Republik mit überkommenen religiösen Vorschriften Schindluder trieben, wenn es ihren politischen Absichten entgegenkam, zeigt,[35] welchen Niedergang das ursprüngliche Religionsverständnis damals bereits erfahren hatte. Hinsichtlich der meist keltisch besiedelten Gebiete Spaniens, Galliens und Britanniens ist von grundsätzlich analogen Prozessen auszugehen, wie wir sie eben für den griechischen Osten skizziert haben. Auch hier war der Vollzug der traditionellen religiösen Bräuche an politische Verhältnisse gebunden, die mit der römischen Eroberung zum großen Teil verschwanden. Für die einstmals einflussreiche Priesterschaft der Druiden blieb kein Platz mehr[36] und die ehemaligen tribalen Eliten unterlagen einem raschen Romanisierungsprozess. Trotz der beschriebenen Verfallserscheinungen der traditionellen römischen Religion schon vor Beginn der Kaiserzeit breitete sich diese nichtsdestoweniger im Zuge der allgemeinen Romanisierung unaufhaltsam im Imperium aus, wobei ihr der Umstand zustatten kam, dass die Römer fremde Götter nach ihren Eigenschaften und Attributen ohne weiteres mit ihren eigenen Göttern gleichsetzten. Lokale Hauptgottheiten fremder Völker und Kulturen wurden pauschal mit Iupiter identifiziert und so konnte in den Städten, deren Bewohner römische Bürger geworden waren, nach römischem Vorbild auf dem Marktplatz ein Tempel des Iupiter Optimus Maximus errichtet werden. Aber der Zusammenhang zwischen Kultform und Kultinhalt ging mehr und mehr verloren und die spirituellen Bedürfnisse der Menschen kamen zu kurz. Die Fortexistenz bestimmter lokaler Kulte, deren Gottheiten nicht ohne weiteres im römischen Götterhorizont unterzubringen waren – zu nennen sind hier die Aufanischen Matronen im Rheinland oder der Thrakische Reiter in der östlichen Balkanhalbinsel – belegt dies ebenso wie die wachsende Bedeutung des Sonnengottes (der in der griechisch-römischen Götterwelt als eigenständige Gottheit nur eine sehr untergeordnete Bedeutung gespielt hatte) und die immer stärkere Ausbreitung der Mysterienreligionen östlicher Provenienz, denen ein großer Mangel der ursprünglichen griechischen und römischen Götterverehrung zu Hilfe kam: die wenig anziehende Jenseitsvorstellung, deren sich schon ein Homer durchaus bewusst gewesen ist.[37] Das Bild vom Jenseits als einem freudlosen Schattenreich versprach den von Unsicherheiten, Zweifeln und Daseinsängsten geplagten Menschen aller Stände und Schichten keinerlei Trost und ließ sie mit ihrer Todesfurcht allein, vor der die Flucht in den Konsum, den Alkoholismus und in sexuelle Ausschweifungen nur unzureichende Trostmittel darstellten.[38] In diesem Umstand liegt wohl die wesentliche Erklärung für den enormen Erfolg der Mysterienreligionen, mit deren wichtigsten wir uns in den folgenden Abschnitten kurz beschäftigen wollen: dem Mithraskult, dem Isiskult und dem Christentum.

Beginnen wir mit dem Christentum. Das Christentum ist bekanntlich aus dem Judentum entstanden und war in seinen Anfängen nichts weiter als eine jüdische Häresie. Über die Person und das Auftreten seines Stifters gibt praktisch nur die neutestamentliche Überlieferung Auskunft und diese enthält trotz einigen Umfanges nur sehr wenig brauchbare Nachrichten. Dies liegt nicht primär in deren späterer tendenziöser Überarbeitung, Verfälschung oder tatsachenwidrigen Ergänzung begründet (obwohl mit derartigen Eingriffen zu rechnen ist), sondern in dem Umstand, dass die vier Evangelien, also jene neutestamentlichen Schriften, die sich unmittelbar mit dem Leben und Wirkens Jesu befassen, von vornherein nach den literarischen Vorbildern der alttestamentlichen Prophetenliteratur und der griechisch-hellenistischen Wundertätererzählungen geformt sind und die historische Gestalt demgegenüber stark in den Hintergrund tritt. Daher fehlt den immer wieder erscheinenden Publikationen, die es unternehmen, uns den historischen „Jesus und was er wirklich wollte" vorzuführen, schlicht und einfach die Quellengrundlage. Nur soviel lässt sich mit einiger Sicherheit sagen, dass Jesus, den Evangelien zufolge aus Nazareth in Galiläa stammend, schriftkundig und ein vergleichsweise wohlhabender Mann gewesen sein muss, weil es ihm offenbar möglich war, auf Erwerbsarbeit zu verzichten und ganz seinen theologischen Neigungen nachzugehen.[39] Sein öffentliches Wirken fällt in die zwanziger Jahre des 1. Jahrhunderts und begann vermutlich in den galiläischen Synagogen, wo er sich an Diskussionen über Sinn und Unsinn des jüdischen Gesetzes beteiligte. Welchen Standpunkt er dabei im Einzelnen einnahm, ob seine Vorstellungen wirklich neu oder gar revolutionär gewesen sind, muss offen bleiben. Jedenfalls scheint er eines gewissen Charismas nicht entbehrt zu haben, da es ihm gelang, ergebene Anhänger um sich zu sammeln. Ob er von Anfang an mit dem Anspruch auftrat, der Messias (griechisch: Christos), d. h. der von den meisten Juden ersehnte Endzeitkönig zu sein, wissen wir nicht, unzweifelhaft bleibt, dass er früher oder später ganz bewusst den Eindruck zu erwecken suchte, dass er jener ersehnte Erlöser sei. Damit war ein Konflikt mit dem Imperium praktisch vorprogrammiert, da man von jüdischer Seite mit der Gestalt des Messias ganz handgreifliche Erwartungen der Befreiung von der römischen Herrschaft und der Wiederkehr des in der Erinnerung verklärten jüdischen Königreiches verband, wie es unter der Herrschaft der Könige David und Salomo bestanden hatte. Ungeachtet dieses messianischen Anspruchs gibt es für die Zeit des öffentlichen Auftretens Jesu keine Hinweise auf irgendwelche Zusammenstöße mit der römischen Macht. Das änderte sich erst, als er – mit einiger Wahrscheinlichkeit im Jahre 29 – kurz vor dem jüdischen Paschafest feierlich in Jerusalem einzog, wobei er sich in aller Öffentlichkeit als Messias gebärdete und sich dafür von seinen Anhängern bejubeln ließ. Wenig später rückte er in den Tempelbezirk ein, wo er mit seinem zumindest teilweise bewaffneten Gefolge zu randalieren begann; nach der detaillierten Darstellung des Johannesevangeliums schlug der Meister bei dieser Gelegenheit höchstpersönlich mit einer aus Stricken verfertigten Geißel um sich.[40] Erst am Abend verließ er mit seinen Leuten die heilige Stätte, ob freiwillig oder von der Tempelwache gezwungen, wird nicht überliefert. Was er eigentlich mit solchem Tun beabsichtigte, ob er etwa den Tempel hatte besetzen wollen um ein Fanal zu provozieren, bleibt unerfindlich. Einerlei: seine Handlungsweise stellte ein ungeheuerliches Sakrileg dar und musste eine heftige Reaktion der Jerusalemer Tempelbehörde unter dem Vorsitz des Hohepriesters nach sich ziehen. Dieser „Hohe Rat" (grch. Synhedrion) war in seiner Mehrzahl religiös konservativ eingestellt und mangels ausreichenden Rückhaltes in der jüdischen Bevölkerung generell geneigt, Anlehnung bei den Römern zu suchen. Es wundert daher nicht, dass er sich in der zugespitzten Situation an den Vertreter des Imperiums, den Procurator Pontius Pilatus wandte, der wegen der stets religiös aufgeheizten Atmosphäre des Paschafestes wie üblich mit einer Kohorte in die Stadt gekommen war. Pilatus hatte bislang nicht eingegriffen. Obwohl der Einzug des „Messias" unter den Augen der römischen Besatzungsmacht vor sich gegangen war, hielt es der Römer offenkundig für klüger, das Ereignis nicht als Provokation des Imperiums, sondern als religiöse Angelegenheit der Juden zu behandeln. Selbst nach den Ausschreitungen im Tempelbezirk behielt er diese Linie zunächst bei und wurde nicht von sich aus aktiv. Sofern sich die Auseinandersetzungen auf das Heiligtum beschränkt hatten, konnte die ganze Affäre in der Tat auch jetzt noch als innerjüdische Angelegenheit gelten und nichts nötigte Rom zum Eingreifen. Den Vertretern des Synhedrions dürfte es trotzdem nicht schwer gefallen sein, Pilatus davon zu überzeugen, dass hier ein gefährlicher Unruhestifter sein Wesen trieb und wie spätere Beispiele lehrten, hatte man römischerseits allen Grund, über das Auftreten eines Messias besorgt zu sein.[41] Pontius Pilatus lieh daher der Tempelbehörde seine Unterstützung: Jesus wurde festgenommen und nach einem Verhör vor dem jüdischen Synhedrion an den Römer überstellt, der ihn als Aufrührer ans Kreuz schlagen ließ.

Damit hätte die Angelegenheit erledigt sein können, aber die meisten von uns brauchen heute nur aus einem Fenster ihrer Wohnung zu schauen um zu wissen, dass es ganz anders kam. Ohne es zu wollen, scheinen die Behörden der Karriere des Christentums noch dadurch Starthilfe gegeben zu haben, dass sie die Bestattung Jesu erlaubten, worauf die Leiche prompt verschwand, was den schleunigst in Umlauf gesetzten Gerüchten Nahrung gab, dass der Gekreuzigte nicht bloß wieder auferstanden, sondern auch lebendig in den Himmel aufgefahren sei. Sein Tod wurde nicht als ein Scheitern, sondern als eine Erlösungstat umgedeutet und sein spurloses physisches Verschwinden galt (und gilt) seinen Verehrern als Beweis seiner

Göttlichkeit. Dennoch wäre dem Christentum angesichts der insgesamt gesehen massiven Feindschaft des Judentums vielleicht keine allzu lange Karriere beschieden gewesen, wenn sich nicht nach wenigen Jahren der Rabbiner Saulus – nach eigenem Bekunden anfänglich ein fanatischer Christenverfolger – dem neuen Glauben mit der ganzen Inbrunst des Konvertiten angeschlossen hätte. Saulus, der sich nach seiner Bekehrung Paulus nannte, stammte aus Tarsos in Kilikien, war gleichfalls finanziell unabhängig,[42] dazu weltgewandt, des Griechischen mächtig und besaß das römische Bürgerrecht. Auf mehreren Missionsreisen, die er mit kleinem Gefolge im östlichen Mittelmeerraum unternahm, knüpfte er in den Synagogen, aber nicht nur dort, Kontakte besonders zu Nichtjuden, die dem Monotheismus aufgeschlossen gegenüberstanden. Sein Erfolg bei der nichtjüdischen Bevölkerung und die Gegnerschaft der meisten Juden bestimmte die Führer der neuen Religion, die sich immer noch aus dem ursprünglichen galiläischen Anhang des Gekreuzigten rekrutierten, in verstärktem Maße auf diese Gruppe zu setzen, und das Ergebnis gab ihnen recht. Innerhalb von 25 Jahren hatte sich das Christentum über mehrere große Städte des Ostens ausgebreitet, darunter Antiochia, Ephesos, Thessalonike und Athen und hatte selbst in Rom Fuß gefasst. Paulus, der soviel zu dieser Ausbreitung beigetragen hatte, war auf Betreiben jüdischer Widersacher schließlich verhaftet worden, wurde aber als römischer Bürger vom syrischen Statthalter dem drohenden Tode entzogen und, weil er an den Kaiser appellierte, unter Bedeckung nach Rom geschickt, wo sich seine Spur verliert. Es ist hier nicht der Ort, die christliche Mission und die Entwicklung des christlichen Glaubens im Einzelnen zu verfolgen, wenige Bemerkungen müssen genügen. In der zweiten Hälfte des 1. Jahrhunderts entwickelte sich das Christentum zu einer Schriftreligion, namentlich die Evangelienliteratur entstand, aber auch die Briefe des Paulus (bzw. das, was man dafür hielt) scheinen rasch kanonische Geltung erlangt zu haben; alle diese Schriften waren in griechischer Sprache verfasst, was ihnen weite Leserkreise erschloss. Die Bischöfe, ursprünglich nicht mehr als ein Gremium von mehreren Personen, die einer Gemeinde vorstanden, entwickelten sich im 2. Jahrhundert zu alleinigen Leitern der Stadtgemeinden. Sie verliehen, zumal sie untereinander Verbindung hielten, dem Christentum seine überlegene Organisation. Der politische Bankrott des Judentums nach dem Scheitern des großen Aufstandes und der Zerstörung des Tempels im Jahre 70 beschleunigte die Trennung zwischen Christen und Juden[43] und in der Auseinandersetzung mit dem Heidentum übernahm das Christentum immer mehr Gedankengut von der griechischen Philosophie, was es auch für Gebildete attraktiv oder wenigstens akzeptabel machte. Es mag uns heutzutage erstaunen, dass eine Religion, die sich sozial von Anfang an so konservativ gab, gerade bei Frauen und Sklaven großen Anklang fand, aber man sollte sich hüten, das Christentum als eine bloße Sklavenreligion zu disqualifizieren. In Wirklichkeit war es nämlich sein Erfolg gerade bei sehr gebildeten Persönlichkeiten wie Tertullian und besonders Origenes, der zu seiner Festigung und zur Ausbildung einer entwickelten christlichen Theologie beitrug. Ihre theologischen Schlussfolgerungen mögen dem Rationalisten damals wie heute als abstrus oder gar als intellektuelle Bankrotterklärung (Tertullian: *credo quia absurdum*) erscheinen und das mit Recht, doch mit Rationalismus hat man einer Religion noch nie beikommen können, eben weil sie – im Unterschied zur Philosophie – gerade die irrationalen, nichtsdestoweniger fundamentalen menschlichen Bedürfnisse befriedigen will. Ebendies tat das Christentum. Sein Versprechen eines Weiterlebens nach dem Tode und die Verheißung einer ewigen Vereinigung mit Gott für seine Gläubigen kamen den Daseinsängsten der Menschen entgegen, indem sie die Hoffnung an die Stelle der Hoffnungslosigkeit setzten. Aber nicht allein die Erlösungsverheißung trug zu seiner Ausbreitung bei, denn die wurde auch von zahlreichen Konkurrenten angeboten. Hier kam ein anderer Faktor zum Tragen. In dem Begriff „Nächstenliebe" mögen heute viele von uns nurmehr ein abgedroschenes und durch die historische Entwicklung der Kirche desavouiertes Schlagwort sehen, aber für die Menschen des 2. und 3. Jahrhunderts hatte es einen sehr konkreten Inhalt. Die theologische Betonung der Nächstenliebe nämlich bildete die Basis für die umfangreiche karitative Tätigkeit der christlichen Gemeinden, die ein System der sozialen Sicherung schufen, das selbst von den Gegnern des Christentums als vorbildlich anerkannt wurde.[44] Der Christ fand also an seiner Religion nicht nur ideellen Rückhalt, sondern bei seiner Gemeinde auch materielle Unterstützung und dies war angesichts der schon geschilderten enormen sozialen Unsicherheit, in der die meisten Menschen lebten, ein unschätzbarer Vorteil. Wir besitzen keine Statistiken, die uns über die Ausbreitung des Christentums, die Anzahl seiner Anhänger und ihren Anteil an der Gesamtbevölkerung Auskunft geben. Sicher scheint indes, dass gegen Ende des 3. Jahrhunderts namentlich in den Städten des Reichsostens und in Nordafrika beträchtliche Teile der Bevölkerung Christen waren. Doch schon in den ländlichen Regionen Innerkleinasiens war sein Einfluss weniger groß und in den meisten Provinzen Italiens, Galliens, Spaniens und Britanniens dürfte sich lediglich eine kleine Minderheit zu diesem Glauben bekannt haben, die auch hier am ehesten in den Städten zu finden war.

Über die beiden wichtigsten Mitbewerber des Christentums, den Mithras- und den Isiskult, sind wir weit schlechter informiert, schon allein deshalb, weil beide keine dem Juden- oder Christentum vergleichbaren Schriftreligionen waren und schriftliche Aufzeichnungen darum nur in sehr begrenztem Ausmaß und dazu oft aus feindseligen Schreibrohren zur Verfügung stehen. Mithras stammte aus dem persischen Kulturbereich, seine Beziehung zum persischen Schwurgott Mithra ist freilich bis heute ungeklärt, ebenso wie etwaige hellenistische Einflüsse auf die in römischer Zeit ausgeübte Mithrasreligion. Fest steht immerhin, dass der Mithrasglaube, wie der Zoroastrismus und später der Manichäismus, von einer dualistischen Weltsicht dominiert wurde. Zwischen den beiden Grundprinzipien Gut und Böse, symbolisiert durch Licht und Finsternis, wird ein ständiger Kampf postuliert. Mithras als Vertreter des Lichtes tötet den Stier, das Geschöpf der Finsternis, aus dessen Samen, Fleisch und Blut erst die belebte Welt entsteht. In dieser Welt geht der Kampf zwischen den beiden Prinzipien weiter und der in den Himmel entrückte Mithras unterstützt seine Gläubigen von dort in ihrem Kampf gegen das Böse, bis sie nach ihrem Tode zu ihm ins Reich des Lichtes versetzt werden. Wie das Christentum kennt die Mithrasreligion ein Weltende und ein Weltgericht, das den endgültigen Sieg des Guten bringen wird. Mit seiner Vorstellung vom Leben als einem unentwegten Kampf, der von den Mithrasanhängern als einem Bund der Kämpfenden geführt wird, sprach diese Religion vor allem Soldaten an und in der Tat sind in den meisten Garnisonen Mithrasheiligtümer gefunden worden. Sie blieb aber beileibe nicht auf das Militär beschränkt und scheint gerade auch durch Kaufleute im Imperium verbreitet worden zu sein. Als Lichtgestalt wies Mithras überdies eine enge Beziehung zum Sonnengott auf, mit dem er auch identifiziert werden konnte. Obwohl der Mithrasglaube – wie die meisten Mysterienreligionen – anderen Göttern gegenüber grundsätzlich tolerant war und auch nicht die dogmatischen Streitigkeiten kannte, die dem Christentum so zusetzten, wies er gegenüber diesem einige entscheidende Schwächen auf. Er kannte weder ein religiöses Zentrum noch eine straffe Organisation und entwickelte auch nicht die umfassende karitative Tätigkeit der christlichen Gemeinden, gleichgültig wie eng die Angehörigen der einzelnen Kultgemeinschaften miteinander verbunden sein mochten. Darüber hinaus war er offensichtlich eine reine Männerreligion, in die Frauen niemals eingeweiht wurden.[45]

Der Isiskult wiederum stammte aus Ägypten, seine zentralen Götter waren Isis, ihr Bruder und Gemahl Osiris und der gemeinsame Sohn Horos. Osiris wurde von seinem Bruder Seth erschlagen, der Leichnam zerstückelt und über die Erde zerstreut, um sodann von Isis wieder aufgesammelt und zu neuem Leben erweckt zu werden. Der Sinn dieser etwas blutrünstigen Legende scheint klar: die Unsterblichkeit und die Auferstehung des Leibes erwachsen allein aus dem Tode, der zum Tor des ewigen Lebens wird. In der Öffentlichkeit machte der Isiskult vor allem durch seine im jährlichen Zyklus stattfindenden lärmenden Prozessionen auf sich aufmerksam, in denen Tod und Auferstehung des Osiris festlich begangen wurden. Die Fremdartigkeit der Aufzüge, die von geschminkten Priestern in auffallender Gewandung angeführt wurden, erweckte nicht selten die Abneigung der Gebildeten, übte aber auf schlichte Gemüter und namentlich auch auf Frauen eine große Anziehungskraft aus, da das Fremde zugleich als geheimnis- und verheißungsvoll empfunden werden konnte und die Kultformen zweifellos starke emotionale Bedürfnisse ansprachen. Allerdings scheint gegenüber der Betonung des Emotionalen das Intellektuelle zu kurz gekommen zu sein, denn der Isiskult hat nie auch nur annähernd das theologische Niveau des Christentums erreicht und sozial wie organisatorisch blieb er diesem unterlegen.[46]

Mithras- und Isiskult waren nur die erfolgreichsten, aber nicht die einzigen Erlösungs- und Mysterienreligionen, die mit dem Christentum konkurrierten. Die aus Phrygien in Kleinasien stammende, schon während des Zweiten Punischen Krieges in Rom heimisch gewordene *Magna Mater* oder Kybele ist in diesem Zusammenhang zu nennen, gleichfalls der aus Syrien stammende Kult des Sonnengottes, der als *Sol Invictus* kurzfristig zum offiziellen Staatsgott aufstieg, wie wir gleich sehen werden, und auch noch andere mehr, auf die wir hier aus Platzgründen nicht weiter eingehen können. Insgesamt gesehen waren die Anhänger der anderen Religionen um das Jahr 284 vermutlich selbst im Reichsosten gegenüber den Christen deutlich in der Mehrheit, ungeachtet aller Vorteile, mit denen das Christentum aufwarten konnte. Den Beweis, dass der christliche Glaube aus sich heraus, nur aufgrund seiner Anziehungs- und Überzeugungskraft fähig gewesen wäre, eine Mehrheit der Menschen hinter sich zu bringen, ist er bis heute schuldig geblieben.

Bevor wir auf das Verhältnis des Christentums zum römischen Kaiserreich näher eingehen, empfiehlt es sich, zunächst einen kurzen Blick auf das Verhältnis des römischen Staates zur Religion und dann auf die Religionspolitik der Kaiser zu werfen. Wir haben schon bemerkt, dass der Stadtstaat Rom ursprünglich auf seine eigenen Götter vertraute. Trotzdem verhielt sich die römische Republik fremden Kulten gegenüber solange tolerant, wie sie diese nicht als im Widerspruch zu den Gesetzen stehend oder gar als staatsgefährdend betrachtete. Trat dieser Fall ein, so ging man schon in republikanischer Zeit massiv gegen die Fremdreligionen vor und an dieser Haltung änderte sich in der Kaiserzeit grundsätzlich nichts. Der Kaiser höchstpersönlich bekleidete das Amt des *Pontifex Maximus*, des obersten Priesters und Hüters der traditionellen römischen Religion, das darüber hinaus auch eine Allzuständigkeit in sämtlichen religiösen Belangen beinhaltete. Von den Mängeln der traditionellen Religiosität ist schon die Rede gewesen, und die privaten religiösen Vorlieben einzelner Kaiser entsprachen durchaus nicht immer der Hierarchie des römischen Götterhimmels: Augustus bevorzugte Apollon, Tiberius war trotz eines nach außen zur Schau gestellten Konservativismus Atheist und im ausgehenden 2. Jahrhundert hing Commodus dem Herkules an, als dessen Reinkarnation er auftrat. Dreißig Jahre später unternahm es dann mit Elagabal erstmals ein Kaiser, seine persönlichen religiösen Präferenzen zur Richtschnur der Imperiumsreligiosität zu erheben. Elagabal stammte aus Emesa und war aufgrund seiner familiären Herkunft trotz seiner jungen Jahre bereits erblicher Oberpriester des lokalen Sonnengottes Ilah al-Ġabal – Elagabal stellt eine Verballhornung dieses Götternamens dar –, der zu Emesa in Form eines schwarzen Steins (ähnlich der Kaaba in Mekka) verehrt wurde. Sobald er Kaiser geworden war, ließ er das Idol nach Rom transportieren und präsentierte es dort einer staunenden Öffentlichkeit als neuen obersten Gott des Imperiums. Obwohl die Verehrung des Sonnengottes an sich längst kein Novum mehr darstellte, überschritten die für die Masse der stadtrömischen Bevölkerung befremdlichen syrischen Kultformen rasch deren Toleranzschwelle. Vermittels seiner wiederholten öffentlichen Auftritte, bei denen er geschminkt und in langen Gewändern zu lärmender Musik in Ekstase seinen Gott umtanzte, hinterließ Elagabal bei Senat, Volk und Soldaten den nachdrücklichen Eindruck eines effeminierten, unzurechnungsfähigen Hampelmanns, was maßgeblich zu seinem raschen Untergang beitrug.[47] Nach seinem Ende wurde der schwarze Stein schleunigst nach Emesa zurücktransferiert. Trotz dieses unrühmlichen Zwischenspiels gewann der Sonnengott *Sol* in den folgenden Jahrzehnten an offizieller Beachtung, die sich in einer wachsenden Zahl von Münzabbildungen niederschlug. Der Grund dafür ist vor allem in dem starken Rückhalt zu suchen, den er bei den Donaulegionen besaß, den wichtigsten Kaisermachern im 3. Jahrhundert. Unter Aurelian gelangte er als *Sol Invictus* wiederum an die Spitze der römischen Götterpyramide. Obwohl Aurelian seinen Sol, dem er in Rom einen Tempel errichtete, wahrscheinlich aus dem eroberten Palmyra mitgebracht hatte, scheint er die exzessiven Formen der Verehrung, die unter Elagabal so befremdeten, vermieden zu haben. Sol behielt auch nach dem Tode Aurelians namentlich beim Militär seine Popularität, oberster Reichsgott ist er aber nicht mehr geworden.[48]

Neben den traditionellen Staatsgöttern und den von manchen Kaisern bevorzugten neuen Gottheiten stellte auch der Kaiser selbst eine Person dar, die kultische Verehrung genoss. Eine religiöse Überhöhung lebender Persönlichkeiten war den Römern ursprünglich fremd gewesen, sie hatte sich aber in der griechischen Welt seit dem Ende des 5. Jahrhunderts allmählich etabliert, als richtungsweisend wirkten hier die hellenistischen Herrscherkulte. Mit dem Vordringen der Römer in die griechische Welt wurden sie zu Beginn des 2. Jahrhunderts v. Chr. mit diesen Kultformen vertraut, Titus Quinctius Flamininus, der „Befreier Griechenlands" vom makedonischen Joch, war der erste republikanische Amtsträger, der in den Genuss kultischer Verehrung gelangte.[49] Kaiser Augustus zeigte noch eine große Zurückhaltung gegenüber den damals auf den Osten beschränkten Anfängen des Kaiserkultes, hauptsächlich um die römische Bevölkerung nicht vor den Kopf zu stoßen,[50] doch mit der Festigung des Kaisertums entfiel die Notwendigkeit einer solchen Rücksichtnahme und im Laufe des 1. Jahrhunderts breitete er sich auch auf den Westen des Reiches aus. Das bedeutete indes nicht, dass die Divinisierung des Herrschers einem spirituellen Bedürfnis entgegenkam, das anders nicht zu befriedigen gewesen wäre. Es handelte sich hier vielmehr um einen Loyalitätsakt, ein sichtbares Bekenntnis zum Kaiser und zum Imperium, der von den Kaisern auch so aufgefasst und eingefordert wurde.

Wir haben gesehen, dass das Verhältnis der Christen zum römischen Imperium bereits durch die Person seines Stifters fundamental belastet war. Für die Kaiser und die Vertreter staatlicher Gewalt konnte ein Christ sehr rasch als Anhänger eines hingerichteten Aufrührers erscheinen und allein deswegen schon straf- und verfolgungswürdig sein.[51] Vor einem derartigen Hintergrund muss es Erstaunen erwecken, wie *wenig* von staatlicher Seite gegen das Christentum unternommen wurde. In den ersten Jahren und Jahrzehnten ging die Initiative dazu häufig von Vertretern der jüdischen Gemeinden aus, die lokale Behörden und römische Amtsträger zum Vorgehen aufstachelten, oder auch von bestimmten Gruppen, die in der christlichen Mission eine Bedrohung ihrer Interessen erblickten, wie den Silberschmieden in Ephesos, die ihren einträglichen Handel mit Artemis-Andenken durch das Auftreten des Apostels Paulus gefährdet glaubten.[52] Dabei fällt auf, dass die Behörden mit großer Zurückhaltung zu Werke gingen und sich bemühten, mäßigend auf die Christengegner einzuwirken. Anscheinend hatte man seitens der Magistrate sehr schnell das Wesen des Christentums als das einer Religion und nicht einer politischen Bewegung erkannt und sich zu der Position durchgerungen, dass Religion zunächst einmal Privatsache sei und eine amtliche Verfolgung nur zu zusätzlicher Unruhe in den betroffenen Städten führen würde. Erste staatliche Repressalien gehören vermutlich in die Regierungszeit des Kaisers Claudius. Laut Sueton ließ dieser die Juden aus der Stadt Rom hinauswerfen, „weil sie von einem gewissen Chrestus aufgewiegelt keine Ruhe gaben".[53] Offenbar hatte die christliche Mission zu gewalttätigen Auseinandersetzungen mit den ansässigen Juden geführt und da man seitens des Kaisers das Ganze als eine innerjüdische Angelegenheit ansah, waren die Juden insgesamt von der staatlichen Maßnahme mitbetroffen.[54] Die erste wirkliche Verfolgung, durch Tacitus und Peter Ustinov (als Kaiser Nero in dem Sandalenfilm „Quo Vadis") berühmt geworden, fiel in das Jahr 64. Sie blieb auf die Stadt Rom beschränkt und war eine Folge des großen Brandes im selben Jahre. Von seinen politischen Gegnern beschuldigt, der Urheber der Katastrophe zu sein – einem Kaiser, der sang, war schließlich alles zuzutrauen – ersann Nero den fatalen Ausweg, den Christen die Brandstiftung in die Schuhe zu schieben. Tacitus lässt keinen Zweifel daran, warum er gerade auf die Christen verfiel: die

Anhänger dieses „verhängnisvollen Aberglaubens" seien „wegen ihrer Schandtaten" allgemein verhasst gewesen und man habe sie, wenn schon nicht der Brandstiftung, so doch „des Hasses auf die Menschheit schlechthin" (*odium humani generis*) überführt.[55] Was sich hinter diesen Mitteilungen verbirgt, ist nicht ganz klar. Deutlich wird immerhin, dass es eine nennenswerte christliche Minderheit in Rom gegeben hat, die als solche zu erkennen war. Dies mag zum Teil damit zusammenhängen, dass die Christen, wie die Juden auch, sich als eine Gemeinschaft der Auserwählten von der übrigen Bevölkerung absonderten, vielleicht auch damit, dass das Christentum vorwiegend unter ursprünglich aus dem Osten stammenden, griechischsprachigen Einwohnern Anhänger gefunden hatte, die schnell als suspekte Fremde identifiziert werden konnten. Denkbar scheint aber auch, dass einige Christen angesichts der Feuersbrunst im Überschwang ihrer Endzeiterwartung lauthals „Hurra" geschrieen hatten, was den Vorwurf der Misanthropie erklären würde. Wie dem auch sei, die Verfolgung dauerte nicht lange, das grundsätzlich gespannte Verhältnis zwischen den Christen und dem Imperium blieb aber bestehen. Aus dem Briefwechsel, den der jüngere Plinius als Statthalter der Provinz Asia mit dem Kaiser Traian führte, wird deutlich, dass der Kaiser im hartnäckigen Bekenntnis zum Christentum ein todeswürdiges Verbrechen sah. Andererseits betrieben die römischen Amtsträger immer noch keine aktive Fahndungspolitik. Was Plinius zum Einschreiten nötigte, das waren Anzeigen aus der Bevölkerung, zum Teil anonyme Denunziationen, die ein bezeichnendes Licht auf innere Konflikte in der Provinz werfen.[56] Die Haltung der Behörden blieb vorwiegend passiv, wenn sich auch einzelne Amtsträger gelegentlich zu einem aktiven Vorgehen hinreißen ließen, wie beim Christenmassaker von Lugdunum (Lyon) im Jahre 177.[57] Erst um die Mitte des 3. Jahrhunderts änderte sich das. Aufgrund der rapiden Zunahme der außen- wie innenpolitischen Bedrohungen, verbunden mit einem wirtschaftlichen Niedergang, gelangte Kaiser Decius (249–251) zu der Auffassung, dass der Verfall des Imperiums eine Folge der allgemeinen Nachlässigkeit in religiösen Belangen sei, eine Ansicht, mit der er zumindest in konservativen Kreisen nicht ganz allein gestanden haben dürfte. Um dem Gemeinwesen wieder aufzuhelfen, beschloss er darum, alle Einwohner zur Teilnahme an den Kultfeiern für die traditionellen römischen Staatsgötter zu verpflichten. Dies geschah derart, dass staatliche Kommissionen über die Anwesenheit Buch führten und Opferbescheinigungen ausstellten. Zum ersten Male wurde nun reichsweit und systematisch der bürokratische Apparat des Imperiums in Bewegung gesetzt, um die Kult- und Opferzeremonien zu überwachen und Verweigerer aufzuspüren, damit man sie für diesen Akt der Illoyalität der verdienten Bestrafung zuführen konnte.[58] Für die meisten Einwohner stellte eine solche Teilnahme an staatlich verordneten Kultfeiern kein Problem dar, selbst wenn sie Anhänger von orientalischen Mysterienreligionen waren, da diese die Existenz anderer Götter nicht grundsätzlich ausschlossen, aber für die Christen sah das ganz anders aus. Weil das Christentum vom Judentum das Dogma übernommen hatte, dass es die einzig wahre Religion sei und man keine anderen Götter neben dem einen Gott (in drei Personen) haben durfte, kam die geforderte aktive Partizipation an Opferfesten für Iupiter & Co. einem Abfall vom allein heilbringenden Glauben gleich. Verweigerung jedoch bedeutete Kerker, Folter und unter Umständen auch den Tod. Angesichts dieser wenig verlockenden Alternativen verfielen etliche Christen auf Auswege, indem sie sich die Bescheinigungen durch Bestechung erkauften oder sich sonst wie zu drücken versuchten, aber zahlreiche Gläubige wurden auch weich, manche freilich erst dann, wenn die Folterknechte in Tätigkeit getreten waren. Andere wiederum ertrugen alle Martern und gingen standhaft in den Tod – die christliche Überlieferung stellt diese leuchtenden Beispiele ganz besonders gern heraus, wohl auch deshalb, weil es nicht allzu viele davon gab. Zum Glück für die Christen hielt die so unersprießliche Lage nicht sehr lange an, denn die alten Staatsgötter wussten Decius für seine Bemühungen wenig Dank, er kam schon Mitte 251 mit seinem Sohn im Kampf gegen die Goten ums Leben. Danach scheint die staatliche Fahndungswut rasch nachgelassen zu haben, bis anscheinend Gallienus die Verfolgungen endgültig einstellte. Trotzdem blieb das Christentum eine suspekte Religion, die Loyalität der Christen zu Kaiser und Imperium stand in Frage, denn ihre fortdauernde Abstinenz bei Kaiser- und Götterkulten trug nicht dazu bei, an diesem Zustand etwas zu ändern.

Beenden wir an diesem Punkt unsere *tour de force* durch drei Jahrhunderte der Geschichte des römischen Kaiserreichs. Es dürfte hinreichend deutlich geworden sein, dass das Imperium sich um 284 in einer umfassenden Krise befand, die sämtliche Bereiche des staatlichen, gesellschaftlichen, wirtschaftlichen und geistigen Lebens betraf. Das Kaisertum selbst stand in seiner seit Augustus überkommenen Form in Frage, denn es hatte sich als zunehmend unfähig erwiesen, mit den wachsenden Schwierigkeiten fertig zu werden. Nur ein umfassender Reformansatz würde hier noch Abhilfe schaffen können. Und mit einem solchen Versuch wollen wir uns im nächsten Kapitel beschäftigen.

Kapitel 2
Diocletian und die Tetrarchie:
Das römische Reich als Sanierungsfall

Im ersten Kapitel haben wir die enormen Probleme kennengelernt, die das Imperium Romanum gegen Ende des 3. Jahrhunderts bedrängten. Auf den folgenden Seiten werden wir uns mit dem umfassenden Reformversuch des Kaisers Diocletian beschäftigen, der es unternahm, für möglichst alle drängenden Schwierigkeiten eine Lösung zu finden. Seine Herrschaft schuf die unmittelbaren Voraussetzungen für den Aufstieg und die Regierung Constantins.

Diocles, der sich als Augustus Gaius Aurelius Valerius Diocletianus nannte, stammte mit einiger Wahrscheinlichkeit aus Dalmatien, vielleicht aus der Region Salonae. Über seine Karriere vor der Thronbesteigung ist so gut wie nichts bekannt, ein Phänomen, dem wir noch bei anderen Kaisern begegnen werden. Im Jahre 284 agierte er laut Aurelius Victor als Tribun und Chef der *domestici*, womit offenbar ein Korps von Stabsoffizieren in der unmittelbaren Umgebung des Kaisers gemeint ist. Sein Weg zum Thron verlief gemäß der seit Jahrzehnten üblich gewordenen Weise: Der regierende Augustus Numerian wurde während des Rückmarsches von einem Perserkrieg beseitigt und die anwesenden Kommandeure erhoben Diocletian am 20. November 284 zum Augustus. Hier war wieder eine jener Offizierscliquen am Werk gewesen, die schon so vielen Kaisern zum Verhängnis geworden waren.[1] Nicht ganz klar ist, welche Rolle der Prätorianerpräfekt Arrius Aper bei dieser Kabale spielte, den Diocletian unmittelbar nach seiner Erhebung – angeblich eigenhändig – beseitigte. Die Überlieferung nennt ihn als den eigentlichen Drahtzieher der Ermordung Numerians, aber man braucht diese Version nicht pauschal als zur eigenen Entlastung in die Welt gesetzte diocletianische Selbstdarstellung zu verwerfen. Schon aufgrund seiner Position kann Aper sehr wohl der eigentliche Hintermann der Verschwörung gewesen sein, dessen sich Diocletian schleunigst entledigte, um nicht zur bloßen Marionette seines übermächtigen Präfekten herabzusinken.[2] Der frischgebackene Kaiser hätte um ein Haar nicht lange regiert, denn das innenpolitische Chaos im Reich dauerte unvermindert an. Numerian besaß einen älteren Bruder, Carinus, der nach wie vor als Augustus im Westen regierte. Zu allem Überfluss erhob sich auch noch der *corrector* Venetiens, Iulianus, um selber Kaiser zu werden. Carinus zögerte nicht. Er besiegte und tötete Iulianus bei Verona und marschierte dann nach Moesien weiter, wo er im Sommer 285 Diocletian und der Orientarmee am Fluss Margus entgegentrat. In der Schlacht, über die Einzelheiten nicht bekannt sind, wurde Diocletian geschlagen, aber Carinus unmittelbar darauf von seinen eigenen Leuten umgebracht. Eine solche Handlungsweise erscheint unlogisch, ungleich verständlicher wäre es gewesen, wenn die unterlegene Armee sich ihres Thronkandidaten entledigt hätte und zum Sieger übergegangen wäre. Aurelius Victor bietet als Erklärung an, dass Carinus seine Soldaten dadurch gegen sich aufgebracht hatte, dass er als unverbesserlicher Lustmolch ihren Frauen nachstellte, doch handelt es sich dabei um gängiges Skandalgeschwätz, auf das man nichts zu geben braucht. Annehmen kann man, dass Diocletian und seine Anhänger über Verbindungen zum Offizierskorps des Carinus verfügten und so den Mord ins Werk zu setzen vermochten, aber das muss angesichts der Quellenlage eine Vermutung bleiben.[3] Die Beseitigung des Konkurrenten und die folgende allgemeine Anerkennung als Kaiser beseitigten freilich nicht die ungeheuren Probleme, von denen im vorangegangenen Kapitel die Rede gewesen ist. Wenn es Diocletian nicht gelang, die innen- und außenpolitische Krise in den Griff zu bekommen, und das einigermaßen rasch, dann hatte er gute Aussichten, das Schicksal so vieler seiner Vorgänger zu teilen und binnen weniger Jahre einer Revolte seiner Offiziere und Soldaten zum Opfer zu fallen.

Diocletian hatte keine andere Wahl: er nahm die Herausforderung an. Wir haben bereits gesehen, dass sich die innen- und die außenpolitische Bedrohung zu einem hohen Grade gegenseitig bedingten. Den an mehreren Grenzen gleichzeitig erfolgenden Invasionen der äußeren Feinde konnte ein einzelner Kaiser nicht adäquat entgegentreten. Die Konzentration militärischer Macht in der Hand einzelner Statthalter und Befehlshaber mochte helfen, die Invasoren abzuwehren, stellte aber gleichzeitig eine Verlockung zur Usurpation dar. Der Ausweg, den Diocletian aus diesem Dilemma ersann, schien auf den ersten Blick weder neu noch originell: er entschloss sich zu einer Teilung der kaiserlichen Gewalt. Da er einen Sohn, der zumindest nominell den Kaisertitel hätte führen können, nicht besaß, ernannte er Ende 285 einen Offizier namens Maximianus zum Caesar. Dieser stammte aus Pannonien und seine bäuerliche Herkunft wird von den ihm nicht sonderlich wohlgesonnenen Quellen hervorgehoben, doch heißt es andererseits auch, dass seine Eltern nahe Sirmium ein Handelsgeschäft betrieben. Hinsichtlich seiner militärischen Laufbahn sind uns keinerlei Details bekannt. Weshalb Diocletians Wahl auf ihn fiel, begründet Aurelius Victor mit der unverbrüchlich treuen Freundschaft, die Maximian dem Diocletian stets bewahrt habe.[4] Es ist überaus wahrscheinlich, dass sich beide von früher kannten und wussten, dass sie sich aufeinander verlassen konnten, aber man erführe gerne etwas mehr über die Rolle, die Maximian bei der Kaiserkür Diocletians gespielt hatte. Oder war er am Ende Diocletians Mann im Heer des Carinus gewesen, der die drohende Katastrophe durch dessen Beseitigung noch in einen Erfolg für Diocletian verwandelt hatte? Aus dem Umstand, dass Maximian der Reichswesten anvertraut wurde, kann man nämlich den Schluss ziehen, dass er dort bereits über entsprechende Verbindungen verfügte, die ihm die Akzeptanz erleichterten. Wenn dies zutrifft, hatte sich Maximian wahrscheinlich zuletzt im Westen, womöglich im Gefolge des Carinus aufgehalten. Wir haben demnach keinen Grund anzunehmen, dass die Erhebung Maximians ausschließlich von Erwägungen der Freundschaft für einen alten Kameraden bestimmt wurde, sondern müssen damit rechnen, dass sich Maximian im Jahre 285 in einer Position befand, die es Diocletian unmöglich machte, ihn bei der Wahl eines Caesars zu übergehen.[5] Schon knapp vier Monate später, am 1. April 286, wurde

Maximian zum Mitaugustus erhoben. Der Grund für diese rasche Beförderung ist nicht ohne weiteres ersichtlich. Fürchtete Diocletian vielleicht, der mittlerweile im Reichswesten etablierte Maximian würde sich nicht mit der untergeordneten Würde eines Caesars zufriedengeben? Fest steht jedenfalls, dass es nicht bei der bloßen Beförderung blieb. Maximian nahm die Gentilnomina seines Förderers an und begegnet seitdem offiziell als Marcus Aurelius Valerius Maximianus. Und mehr noch: Diocletian sprach von seinen Mitaugustus als seinem Bruder. Das bedeutete, dass eine neue, freilich künstliche Kaiserfamilie ins Leben gerufen worden war. Davon einmal abgesehen hat Diocletian allerdings nicht auf jegliche Vorrangstellung gegenüber seinem Mitaugustus verzichtet. Er blieb der *senior Augustus*, dem Maximian seinen Thron erst verdankte. Seine überlegene *auctoritas* kam auch in der Wahl der Götter zum Ausdruck, die sich die beiden zu persönlichen Leib- und Schutzgöttern erkoren. Diocletian wählte sich den Göttervater und obersten römischen Gott Iupiter und legte sich infolgedessen den Beinamen Iovius zu. Maximian dagegen musste sich mit Hercules begnügen, nach dem er sich Herculius zubenannte. Das mochte seinem soldatischen Naturell entgegenkommen, doch bleibt festzuhalten, dass Hercules (grch. Herakles), der Sohn Iupiters, nur ein nach seinem Tode unter die Götter aufgenommener Halbgott war, weil der Göttervater ihn mit einer sterblichen Frau gezeugt hatte.[6]

In militärischer und politischer Hinsicht erfüllte Maximian die in ihn gesetzten Erwartungen. Er erwies sich in Gallien und später in Afrika als tüchtiger Feldherr und offenbar auch als fähiger Administrator. Nach außen hin wahrte er gegenüber seinem *auctor imperii* auch stets die Loyalität. Hinter den Kulissen freilich scheint er bald nach Wegen gesucht zu haben, das innere Machtgefüge des Zweikaisertums zu seinen Gunsten zu verändern. Unter seinen Vertrauten befand sich ein Mann namens Flavius Constantius, ein früherer Stabsoffizier und *praeses* (Zivilgouverneur) von Dalmatien. Wahrscheinlich bereits seit dem Jahre 289 war dieser Constantius auch der Schwiegersohn des Maximian, dessen Tochter Theodora er zur Ehefrau erhalten hatte. Am 1. März 293 wurde Constantius von Diocletian und Maximian zum Caesar erhoben. Kurz darauf fügte man noch einen vierten Caesar hinzu, diesmal einen Offizier aus der Umgebung Diocletians, der Galerius hieß. Beide wurden durch Adoption in die Kaiserfamilie aufgenommen, Constantius in den Zweig der Herculier, Galerius in den der Iovier. Bemerkenswert an dieser Caesarenkür ist nun, dass Constantius ausdrücklich eine Seniorität gegenüber Galerius eingeräumt wurde. Bei der Ernennung der Caesares war also das Anciennitätsverhältnis der beiden Augusti auf den Kopf gestellt worden: der Mann des *iunior Augustus* hatte den Vorrang gegenüber dem des *senior Augustus* erhalten. Man wird davon ausgehen können, dass diese Regelung nicht den ursprünglichen Intentionen Diocletians entsprach. Leider informieren uns unsere Quellen überhaupt nicht über die Hintergründe dieser paradoxen Caesarernennung, aber offenbar war Maximian in der Lage gewesen, entsprechenden Druck auf seinen rangälteren Mitaugustus auszuüben, um eine Vereinbarung in seinem Sinne zu erreichen.[7] Mit der Erhebung der beiden Caesares hatte sich die Dyarchie in eine Tetrarchie verwandelt. Jedem Augustus stand von nun an ein Caesar zur Seite, jeder der vier Kaiser hatte seinen eigenen Hof und seine eigene Verwaltung unter einem Prätorianerpräfekten. *Senior Augustus* blieb Diocletian, der sich anscheinend auch das Recht, die Konsuln zu ernennen, vorbehielt. Im Westen des Imperiums erhielt Constantius zumindest de facto die alleinige Zuständigkeit für Gallien, Britannien und vermutlich auch Spanien, während sich Maximian im Wesentlichen auf Italien, das Illyricum und Afrika beschränkte. Dagegen bleibt im Osten die Abgrenzung der Zuständigkeitsbereiche weniger eindeutig, da Diocletian hier seine Gesamtzuständigkeit als Oberkaiser viel stärker betont hat. Schwierig ist die Frage zu beantworten, ob bereits damals das Problem eines späteren Rücktritts der beiden Augusti erörtert worden ist, ob die beiden Caesares sich von vornherein sicher sein konnten, ihre Oberkaiser zu einem bestimmten Zeitpunkt zu beerben. Es wäre verlockend, so etwas anzunehmen, weil Diocletian und Maximian im Jahre 305 tatsächlich gleichzeitig zurücktraten. Wir werden jedoch im 4. Kapitel sehen, dass zumindest Maximians Abdankung keineswegs freiwillig erfolgte, was den Schluss nahe legt, dass 293 keine verbindliche Abmachungen über einen Rücktritt getroffen wurden. Überdies scheint die Art und Weise, in der Maximian seinem Mann Constantius die Position des rangälteren Caesars verschafft hatte, bei Diocletian und ganz besonders dem benachteiligten Galerius einen bleibenden Groll gegen den zweiten Augustus hinterlassen zu haben, der seit 305 die verhängnisvollsten Folgen zeitigen sollte. Hinter der offiziell gepflegten Fassade der brüderlichen Einheit der vier Herrscher, die in der heutzutage in Venedig zu bewundernden Porphyrgruppe der Tetrarchen ihren künstlerischen Ausdruck gefunden hat, schwelte, bildlich gesprochen, die Glut eines latenten Konfliktes, um bei geeigneter Gelegenheit zu offener Flamme emporzulodern.[8]

Die vier Kaiser erkoren sich neue Residenzstädte, deren Auswahl von militärischen und logistischen Erwägungen bestimmt wurde. Ganz im Westen hielt Constantius vorwiegend in Trier Hof, das den bedrohten Grenzen nahe genug war und überdies verkehrsgünstig an der Mosel lag. Maximian wiederum, der vor der Ernennung des Constantius selbst bereits in Trier residiert hatte, verlegte seinen Hauptsitz nach Mediolanum (Mailand) in der Poebene. Galerius wiederum hielt sich in Sirmium (Sremska Mitrovica, Serbien) an der Save und vor allem in Thessalonike (Saloniki, Nordgriechenland) auf, wo nicht zuletzt sein prachtvoller Triumphbogen heute noch an ihn erinnert. Diocletian seinerseits machte Nikomedia (Izmit, Nordwesttürkei) in Bithynien zu seiner Hauptstadt, womit er dem Donauraum nahe war, ohne von der Ostgrenze allzu weit entfernt zu sein. Rom, das altehrwürdige, ewige Rom, war fortan offiziell keine Kaiserresidenz mehr, obwohl es die Kaiser gelegentlich besuchten und auch ansonsten nicht vernachlässigten.

Mit der Erhebung der Caesares konnte jetzt an allen wichtigen Fronten ein Mitglied des Kaiserkollegiums persönlich präsent sein. Zwar war das Herrscherhaus lediglich ein fiktives Konstrukt, aber die vier Männer waren doch durch ein gemeinsames Interesse verbunden und es war nicht zu erwarten, dass sie gegeneinander putschten. Eine wirkliche Versicherung gegen Umsturzversuche stellte das neue System jedoch indes nicht dar. Schon Ende 286 hatte sich in Gallien Marcus Aurelius Mausaeus Carausius zum Augustus ausrufen lassen, dem die zur Abwehr germanischer Seeräuber gebildete Flotte unterstand. Ursache der Revolte war angeblich, dass Carausius Beute unterschlagen hatte und deshalb abgesetzt werden sollte. Obwohl er sich in Gallien, abgesehen von Bononia (Boulogne-sur-mer) nicht behaupten konnte, vermochte er als Beherrscher der See nach Britannien überzusetzen und die dortigen Provinzen unter seine Kontrolle zu bringen. Maximian, von den Kämpfen gegen die Germanen in Anspruch genommen, gelang es vorerst nicht, ihn von dort zu vertreiben und so konnte Carausius sich bis 293 halten, dann wurde er von Allectus, dem Chef seiner Finanzverwaltung, beseitigt, der sich nun seinerseits zum Augustus ausrufen ließ. Erst dem Prätorianerpräfekten des Constantius gelang es, Allectus zu schlagen und Britannien wieder dem Reichsverband anzugliedern.[9] Im Jahre 297, während im Osten ein Krieg mit den Persern tobte, revoltierten in Ägypten Domitius Domitianus und Achilleus. Erst nach dem siegreichen Abschluss des Perserkrieges im folgenden Jahr sah sich Diocletian imstande, mit einem starken Heer gen Ägypten zu ziehen und den Putsch zu beenden. Um die gleiche Zeit erhob sich in Afrika ein Usurpator namens Iulianus, er wurde 298 von Maximian ausgeschaltet. Die Tetrarchie hatte alle diese Bewährungsproben überstanden, aber im Falle des Carausius und Allectus hatte es reichlich lange gedauert und wie der Abfall Ägyptens deutlich macht, wurde die Situation des Kaiserkollegiums längst nicht überall im Reich als so gefestigt beurteilt, dass eine Usurpation von vornherein als aussichtslos erschienen wäre.[10]

Diocletian und seine Mitkaiser entwickelten indes, wie es scheint, noch eine andere Methode, sich speziell gegen Verschwörungen ihres militärischen Gefolges abzusichern. Aurelius Victor behauptet, dass sich namentlich Diocletian durch sein Habit und sein Auftreten, durch die Form der Anrede „Dominus" (= Herr über Sklaven) und die des Umgangs seiner Umgebung mit ihm, die er beanspruchte, sich quasi wie ein göttliches Wesen aufgeführt habe. In der Forschung hat dies eine Zeitlang zu der Ansicht geführt, dass der Kaiser den von Augustus überkommenen „westlichen" *Prinzipat* (der Kaiser ist der erste Bürger) durch eine als *Dominat* bezeichnete orientalische Despotie ersetzt habe, die in ihrem ideologischen Gehalt und ihren Repräsentationsformen ganz wesentlich dem sāsānidischen Vorbild nachgeahmt gewesen sei. Diese Auffassung gilt heute zu Recht als widerlegt. Allerdings sollte man nicht soweit gehen, zu postulieren, dass Diocletian bloß marginale Änderungen und Erweiterungen des Hofzeremoniells vorgenommen habe, denn der Unterschied scheint für die Zeitgenossen und für Spätere durchaus feststellbar und auch relevant gewesen zu sein, wie der Text des Aurelius Victor deutlich macht. Auch aus anderen Quellen können wir ersehen, dass speziell Diocletian den Abstand zwischen seiner Person und allen anderen Menschen ganz bewusst betont und öffentlich inszeniert hat. Die *commilitio*-Attitüde früherer Kaiser verschwindet weitgehend zugunsten einer Repräsentationsform, die den Augustus abschottet und den Zugang zu ihm strengen Regeln unterwirft. Über den Sinn dieser Abschottung kann es kaum Zweifel geben: Umstürzlerischen Offizierscliquen wurde es auf diese Weise erschwert, der Person des Kaisers überhaupt nahe zu kommen und Mordpläne zu verwirklichen.[11]

Das am meisten drängende innenpolitische Problem hatten Diocletian und seine Mitkaiser also letztlich in den Griff bekommen, indem sie das Kaisertum als Institution stabilisierten. Dabei halfen ihnen ganz entscheidend die Erfolge, die sie auf allen Kriegsschauplätzen gegen äußere und zum Teil auch innere Reichsfeinde erringen konnten. Maximians Ernennung zum Caesar war laut Aurelius Victor von dem großen Bagaudenaufstand veranlasst worden, der 285 in Gallien tobte. Das Wort Bagaude ist keltischen Ursprunges und kann sowohl „Kämpfer" wie auch „Räuber" bedeuten. Wie die Bagaudengruppen im Einzelnen ethnisch und sozial zusammengesetzt waren, entzieht sich unserer Kenntnis, aber die Verwendung eines keltischen Namens deutet darauf hin, dass hier vielfach wenig oder nicht romanisierte ländliche Bevölkerungsteile beteiligt waren, denen sich sozial entwurzelte Elemente, wie Kriminelle, De-

Abb. 1: Die Tetrarchen. Venedig, Piazza San Marco

serteure, Besitzlose, entsprungene Sklaven ec. angeschlossen haben mochten. Um 285 hatte sich die Situation derart zugespitzt, dass zwei Bagaudenführer sogar namentlich erwähnt werden, nämlich Aelianus und Amandus. Es gelang Maximian, wie uns Eutrop versichert, verhältnismäßig rasch und mühelos, mit den wenig organisierten Bagauden aufzuräumen und die Ruhe wieder herzustellen. Das Bagaudentum als soziales und politisches Phänomen verschwand damit jedoch nicht, wenigstens nicht für immer. Namentlich während der chaotischen Situation des 5. Jahrhunderts sollte es eine Renaissance erleben. Nach der Niederwerfung der Bagauden erlangte die Abwehr fränkischer und alemannischer Invasoren oberste Priorität, die durch die von Carinus zwecks Bekämpfung Diocletians veranlassten Truppenabzüge ermuntert worden waren. Als Maximian am 1. Januar 287 zu Trier an der Mosel sein Konsulat antreten wollte, wurden die Festlichkeiten durch die Aktivitäten fränkischer Raubscharen in unmittelbarer Nähe der Stadt gestört, sie konnten dann freilich schnell geschlagen werden. Erfolgreiche Kämpfe gegen Burgunder, Eruler, Alemannen und Franken schlossen sich während der folgenden zwei Jahre an, der fränkische Kleinkönig Gennobaudes fand sich 288 zum Friedenschluss bereit. Am anschließenden Krieg gegen die Alemannen, die sich des bereits weitgehend geräumten Decumatenlandes bemächtigt hatten, beteiligte sich von Raetien aus Diocletian. Auch in diesem Falle scheint die römische Gegenoffensive vorerst siegreich gewesen zu sein, allerdings ohne dass man sich imstande sah, das verlorene Gebiet dauerhaft zurückzugewinnen.[12] Seit dem Jahre 293 blieb die Abwehr der Germanen am Rhein und an der oberen Donau dann dem Caesar Constantius überlassen. Ihm gelang es 294, die sogenannte Bataverinsel (zwischen den Mündungsarmen des Rheins gelegen), wo sich Franken und Friesen breit gemacht hatten, zurückzuerobern. Die Situation erschien nunmehr als soweit stabilisiert, dass man daran denken konnte, die Grenzen neu zu befestigen und die durch die Invasionen angerichteten Schäden zu beheben. 296, nach der Niederlage des Allectus, setzte Constantius nach Britannien über, um die dortigen Provinzen vor den Picten und Scoten zu schützen. Und doch: trotz aller unzweifelhaften Erfolge blieb die Bedrohung durch beutelüsterne germanische Haufen bestehen. Sogar den Caesar Constantius hätten sie im Jahre 298 bei Lingonae (Langres) um ein Haar erwischt. Mit knapper Not gelang es ihm, zu entkommen, indem er sich mit einem Seil die Stadtmauer hochziehen ließ, denn die Stadttore waren bereits verrammelt.[13] Um die Verbindung zwischen Rhein und Donau zu sichern, begann man mit der Errichtung einer neuen Befestigungslinie, dem sogenannten Donau-Iller-Limes.[14] Während sein Caesar solcherart beschäftigt war, hatte Maximian zeitweilig in Afrika zu tun. Nicht nur um die Beseitigung des Usurpators Iulianus ging es dabei, sondern auch um die Abwehr maurischer Stämme, die die Provinzen heimsuchten. Auch hier wurden nach der Niederlage der Invasoren die Befestigungsanlagen verstärkt.

In der östlichen Reichshälfte sah sich Diocletian als Erstes vor die Aufgabe gestellt, die Donaugrenze zu verteidigen. Einzelheiten über den Verlauf der Feldzüge sind noch weniger bekannt als über die Kämpfe im Westen. Anfänglich zog Diocletian noch selbst ins Feld, so im Jahre 292 gegen die Sarmaten. Ab 293 trat sein Caesar Galerius in Aktion und schlug sich mit Sarmaten, Bastarnen, Goten und Carpen herum. Letztere wurden entscheidend besiegt und ihre Reste 295 in Pannonien und Moesien angesiedelt. Ein vergleichbares Schicksal erlitten vielleicht auch die Bastarnen, während die Sarmaten immerhin hinreichend gezüchtigt wurden, um vorerst von weiteren Einfällen Abstand zu nehmen. Die durch diese Erfolge eingetretene Ruhe an der Donaufront hatte das Imperium allerdings auch bitter nötig, denn im Osten traten 296 die Sāsāniden unter ihrem König Narses zur Großoffensive an. In den vorangegangenen Jahren hatten sie sich bereits des strategisch wichtigen armenischen Hochlandes bemächtigt und drangen jetzt in die mesopotamischen Provinzen der Römer ein. Der ihnen entgegengesandte Galerius erlitt zwischen Kallinikos (ar-Raqqah, nordöstliches Syrien) und Karrhai (Harran, südöstliche Türkei) eine schwere Niederlage. Unsere spärlichen Quellen spiegeln noch deutlich das kaiserliche Bemühen wieder, die Katastrophe zu kaschieren, aber es kann keinen Zweifel darüber geben, dass es dieser Rückschlag war, der in Ägypten und Afrika zu Usurpationen führte. Besonders nachteilig musste sich in dieser Situation der Abfall Ägyptens auswirken, da dieses Land mit seiner Getreideproduktion eine wichtige Versorgungsbasis für die römischen Heere im Orient bildete. Diocletian selbst beurteilte die Lage als so kritisch, dass er sich veranlasst sah, seinen Caesar in einer öffentlichen Zeremonie abzukanzeln,[15] womit er klarstellte, dass er, der Augustus, für die Niederlage keine Verantwortung trug. Um die erlittenen Verluste auszugleichen waren die Kaiser gezwungen, in großem Umfang Truppen von der Donaugrenze abzuziehen, was stets das große Risiko feindlicher Invasionen mit sich brachte. Mit diesen Verstärkungen durfte Galerius sein Glück aufs Neue versuchen und diesmal errang er einen spektakulären Sieg. Das persische Hauptheer, bei dem sich Narses selbst befand, wurde zersprengt, das Feldlager eingenommen und auch der Harem des Großkönigs erbeutet. Dadurch änderte sich die Situation grundlegend: Die Römer konnten jetzt selbst in die Offensive gehen und marschierten auf Nisibis, das zwar unter Septimius Severus bereits römisch geworden, um die Mitte des 3. Jahrhunderts aber wieder verloren gegangen war. Diocletian fand sich jetzt schleunigst bei seinen Truppen ein, um den Ruhm eines siegreichen Krieges nicht völlig seinem Caesar zu überlassen. Der Friedensschluss, zu dem sich die Sāsāniden unter dem römischen Druck entschließen mussten, wog schwer zugunsten des Imperiums: Nicht nur mussten alle im Verlaufe der vergangenen Jahrzehnte den Römern entrissenen Gebiete abgetreten werden, sondern auch auf einige jenseits des oberen Tigris gelegene südwestarmenische Landstriche hatten die Perser zu verzichten. Im Osten ist Diocletian somit eine – wenn auch geringfügige – Erweiterung des Reichsgebietes gelungen. Darüber hinaus regelte der Friedensvertrag noch einige weitere Aspekte des römisch-sāsānidischen Verhältnisses: So wurden die Perser gezwungen, Armenien zu räumen und das Königreich als einen römischen Klientelstaat anzuerkennen. Konkret bedeutete das, dass ein armenischer König nur mit römischer Zustimmung eingesetzt werden konnte, und die Römer säumten nicht, den von den Persern vertriebenen Tiridates (Trdat) III.

wieder auf den Thron zu setzen. Was die Armenier von diesen Regelungen hielten, entzieht sich unserer Kenntnis, um ihre Meinung gefragt wurden sie zweifellos nicht. Des weiteren wurde zwischen Römern und Sāsāniden vereinbart, dass der Handelsverkehr zwischen den beiden Reichen, der so wichtige Luxusgüter wie den Seidenhandel umfasste, in Zukunft ausschließlich über das nun wieder römische Nisibis abgewickelt werden sollte; Palmyra hatte seine alte Position als Handelszentrum endgültig eingebüßt. Der so erreichte Frieden hatte erstaunlich lange Bestand, er hielt für 40 Jahre, was allerdings auch mit der inneren Schwäche des Sāsānidenreiches zusammenhängen dürfte.[16] Nicht beseitigt war der Gegensatz zwischen beiden Reichen, namentlich das antagonistische Interesse beider an Armenien dauerte fort. In Armenien selbst zeitigte der römische Sieg weitreichende Folgen, weil der römische Vasallenkönig Tiridates, der sich wohl schon seit Mitte der achtziger Jahre zum Christentum bekannte, die Christianisierung seines Königreiches betrieb. Trotz der dezidert antichristlichen Haltung, die Diocletian und seine Mitkaiser seit 303 einnahmen, ließen sie Tiridates gewähren. Mit dem Sieg über die Perser herrschte außenpolitisch weitgehend Ruhe. Nur an der Donaufront kam es noch zu geringfügigen Zusammenstößen mit Goten, Sarmaten und Markomannen, die Galerius um 303 siegreich beenden konnte, Reste eines nicht genannten Volkes wurden auf Reichsboden angesiedelt.

Diocletian und seine Mitkaiser ließen es nicht mit der Abwehr der Reichsfeinde bewenden. Sie veranlassten eine ganze Reihe von Maßnahmen, um die militärische Kraft des Imperiums zu stärken und gegen künftige Invasionen zu sichern. Ohne Zweifel wurden die Streitkräfte des Imperiums verstärkt, aber von deren Vervielfachung zu faseln, wie es Lactanz tut, geht entschieden zu weit.[17] Gewiss besaß unter der Tetrarchie jeder Kaiser seinen eigenen Prätorianerpräfekten, seinen eigenen Stab und seine eigene Leibwache, aber Truppen ließen sich nicht in beliebiger Anzahl aus dem Boden stampfen. Im schwächer bevölkerten Reichswesten stellte Maximian vor allem aus germanischen Kriegsgefangenen einige neue Einheiten auf, namentlich im Donauraum und im Reichsosten entstand eine Reihe neuer Legionen. Allerdings besaßen diese neuen Legionen nurmehr einen Bruchteil der alten Stärke von ca. 6 000 Mann und papyrologische Quellen bezeugen, wie gering die Iststärke war, die viele Legionen, Alen und Kohorten um die Mitte der neunziger Jahre aufwiesen, bei den „Legionen" betrug sie bisweilen nur wenige hundert Mann.[18] Wir wissen darüber hinaus nicht, wie umfangreich das Heer insgesamt war, das Diocletian bei seiner Thronbesteigung vorfand, es mag sein, dass ein Großteil seiner Rekrutierungsmaßnahmen lediglich dazu diente, die ärgsten Lücken in den Beständen aufzufüllen. Die Gesamtstärke der römischen Streitkräfte unter der Tetrarchie zu bestimmen, ist mangels zuverlässiger Quellenaussagen unmöglich, doch sind Schätzungen, die 400 000 Mann übersteigen, meines Erachtens unrealistisch.[19] Eine andere Frage ist, welche Organisation die Tetrarchen dem Heer insgesamt gaben. Für die Zeit von Augustus bis Diocletian geht man in der Forschung häufig, wenn auch keineswegs ganz zu Recht davon aus, dass die römische Grenzverteidigung linear gegliedert war, mit entlang der Grenzen verteilten Legionen, Kohorten und Alen, aus denen bei größeren Krisen erst mobilisierte Abteilungen, sogenannte Vexillationen, ausgelesen werden mussten, die dann an die bedrohten Frontabschnitte verlegt wurden. Unter Diocletian dagegen sei man zu einem tiefgegliederten Verteidigungssystem übergegangen, mit schwachen Verbänden an den Grenzen, hinter denen starke, zentrale Eingreifarmeen standen. Ganz abgesehen davon, dass der Quellenbefund bei näherem Hinsehen dieser Annahme eher widerspricht, ist die These von der zentral gelenkten „Verteidigung in der Tiefe" allzu sehr unter dem Einfluss moderner Militärtheorien entstanden, um für die römische Zeit angesichts des Fehlens wirklich überzeugender Belege ohne weiteres akzeptabel zu sein.[20] Dass es so etwas wie kaiserliche Eingreifarmeen unter den Tetrarchen gegeben hat, braucht man deshalb nicht in Zweifel zu ziehen, es hat aber dennoch den Anschein, dass man gerade in diocletianischer Zeit in erster Linie die Grenzverteidigung verstärkte und Einheiten aus dem noch keineswegs institutionalisierten „Feldheer" an die Grenzen verlegt hat.²¹ Die Grenzarmeen wurden nunmehr von *duces* befehligt, reinen Militärbefehlshabern, deren Kommandobereich mehrere Provinzen umfasste, eine angesichts der von Diocletian vorgenommenen starken Verkleinerung und Vermehrung der Provinzen unumgängliche Maßnahme. Neu war die Institution des *dux* damals an und für sich nicht mehr, unter Diocletian erhielt das Amt aber die Kompetenzen, die es dann während der gesamten Spätantike behalten hat. Der Stärkung der Grenzverteidigung diente auch der Wieder- bzw. Neuaufbau von Befestigungslinien. Vom Donau-Iller-Limes ist schon die Rede gewesen, im Orient entstand die sogenannte Strata Diocletiana, ein System von Posten und Kastellen zwischen Palmyra, Emesa und Damaskus, das Überfälle der Sāsāniden und ihrer arabischen Bundesgenossen erschweren und die Straßenverbindungen zwischen diesen Städten sichern sollte. Waren die Waffen und Ausrüstungsgegenstände der Soldaten früher in den Militärlagern selber oder von zivilen Kontraktwerkstätten angefertigt worden, so wurde nun die Produktion in großen Manufakturen zentralisiert, die oftmals auf bestimmte Rüstungsstücke (z. B. Schilde und Harnische) spezialisiert waren. Im frühen 5. Jahrhundert existierten rund 35 dieser über das Reich verteilten *fabricae*, die aber vermutlich nicht alle bereits unter der Tetrarchie errichtet wurden.²²

Krieg ist bekanntlich teuer. Um das erforderliche Getreide, Wein, Öl und Fleisch zur Versorgung seiner Truppen nebst den Rohmaterialien für ihre Ausstattung zusammenzubekommen, nicht zu vergessen das nötige Kleingeld für Sold und Donative, ließ Diocletian ein wesentlich dichteres administratives Netz über das Imperium spannen, als es bis dahin existiert hatte. Dies geschah durch eine Verkleinerung und starke Vermehrung der Provinzen, deren Anzahl praktisch verdoppelt wurde, zu Beginn des 4. Jahrhunderts existierten nicht weniger als 95 davon. Um die Verwaltung all dieser Provinzen übersichtlicher zu gestalten, wurden zwischen die Provinzen und die Prätorianerpräfekturen als nunmehr oberste Zivilbehörden die sogenannten Diözesen geschoben, zwölf an der Zahl jeweils unter der Leitung eines *vicarius* als Stellvertreter des *praefectus praetorio*. Auf der untersten administrativen Ebene rangierten nach wie vor die Städte mit ihrer fortbestehenden kommunalen Selbstverwaltung.[23] Lactanz in seiner Manie, am Christenverfolger Diocletian kein gutes Haar zu lassen, beklagte sich bitterlich über all diese Maßnahmen, die er allein der persönlichen unersättlichen Gier des *senior Augustus* zuschrieb.[24] Aber in der Tat, die Verdopplung der Provinzen bedeutete zwangsläufig auch eine starke Vermehrung des administrativen Apparates, für den die zusätzlichen Kosten erst aufgebracht werden mussten. Die zahlreichen neuen Statthalter mit ihren Büros und Stäben von Beamten lagen den Provinzialen zusätzlich auf der Tasche. Die Einsicht in die Notwendigkeit all dieser Maßnahmen mochte den meisten Steuerzahlern abgehen, und das umso mehr, als das Ziel all dieser Neuerungen war, ihnen höhere Steuerzahlungen als bisher abzupressen. Mit seiner Kritik dürfte Lactanz daher nicht so ganz allein gestanden haben. Neben der Vermehrung der Provinzen lässt sich unter Diocletian auch eine Tendenz zur Nivellierung bislang bestehender Unterschiede in der steuerlichen Stellung der Provinzen und Regionen feststellen. Besonders Italien bekam das zu spüren, das bisher von der Grundsteuer verschont geblieben war. Das südliche Italien hatte nun mit seinem Steueraufkommen für die Versorgung der Stadt Rom zu sorgen, das nördliche entrichtete wie die anderen Provinzen die *annona*, eine Naturalabgabe, die als Grundsteuer erhoben wurde und dem Unterhalt von Heer und Verwaltung diente. Edelmetallsteuern gab es natürlich auch. Städte und offenbar Großgrundbesitzer, die nicht dem Senatorenstand angehörten, hatten alle fünf Jahre das *aurum coronarium* (das „Kranzgold") abzuliefern, das auch beim Regierungsantritt neuer Kaiser fällig wurde. Angehörige des Senatorenstandes wurden bei dieser Gelegenheit zusätzlich zur Grundsteuer mit dem *aurum oblaticium* zur Kasse gebeten.[25] Verwaltet wurden die Edelmetallsteuern vom *rationalis*, einem hohen Finanzbeamten, der sich bereits seit Marc Aurel nachweisen lässt und der in vordiocletianischer Zeit auch die Aufsicht über die Grundsteuern gehabt hatte. Letztere wurde jetzt seiner Zuständigkeit entzogen und den *praefecti praetorio* übertragen.

Das Einziehen von Edelmetallsteuern erfordert eine stabile Münze, und wir haben gesehen, dass es daran seit der Mitte des

3. Jahrhunderts haperte. Zwangsläufig musste sich Diocletian deshalb auch als Münzreformer versuchen. Der Sesterz wurde um 294 abgeschafft, der schon vor Diocletian nicht mehr geprägte Denar wurde zur bloßen Rechnungseinheit. Im Osten wurden bis 296 die letzten lokalen Prägestätten geschlossen, im Imperium waren von da ab nur noch die offiziellen kaiserlichen Münzen zugelassen, die von einer Anzahl über das Reichsgebiet verteilter Münzstätten herausgegeben wurden. Indes scheiterten alle Versuche, eine stabile Silber- und Goldwährung zu reetablieren, möglicherweise weil die Zahl der ausgegebenen Münzen zu gering blieb, um namentlich das Vertrauen in die Silberwährung wieder herzustellen. Auf dem Gebiet der Kupfermünzen war Diocletian dagegen erfolgreicher, seine neue Kupfermünze, der *follis*, konnte sich behaupten.

Schwieriger zu beurteilen ist die Preisentwicklung unter der Tetrarchie. Man hat verschiedentlich angenommen, dass es vor dem Hintergrund langjähriger Kriege und einer nicht gefestigten Gold- und Silberwährung zu fortwährenden massiven Preissteigerungen gekommen sei und als deren Folgeerscheinung die bekannteste und umstrittenste wirtschaftspolitische Maßnahme Diocletians beurteilt, den sogenannten Maximaltarif. Hierbei handelt es sich um den umfassenden Versuch, für nahezu alle alltagsrelevanten Waren und Dienstleistungen Höchstpreise festzulegen, angefangen von den Lebensmitteln über Textilien und Arzneimitteln bis hin zu Sklaven, Vieh und Frachtgebühren. Uns heutigen, die wir seitens der Wirtschaft, der Politik und der veröffentlichten Meinung Tag für Tag das Loblied der freien, aller staatlichen Reglementierungen ledigen Wirtschaft zu hören bekommen – selbst wenn deren negative Auswirkungen für die meisten längst spürbar geworden sind! – muss ein derart schwerwiegender staatlicher Eingriff in das Marktgeschehen als der ökonomische Sündenfall schlechthin erscheinen, als der von vornherein zum Scheitern verurteilte Versuch, mit dem Hammer Wirtschaftspolitik zu treiben. Eine solche Ansicht kann sich sogar auf einen antiken Gewährsmann berufen, nämlich keinen geringeren als ausgerechnet Lactanz, der uns bestätigt, dass als Folge der Höchstpreispolitik die

Waren vom Markt verschwunden und die Preise erst recht in die Höhe geschossen seien, weshalb man das Gesetz schließlich habe widerrufen müssen.[26] Obwohl bereits deutlich geworden sein dürfte, dass die von Lactanz gegenüber Diocletian geäußerten Vorwürfe, gelinde gesagt, mit großer Vorsicht aufzunehmen sind und keineswegs uneingeschränkte Glaubwürdigkeit beanspruchen können, so lässt sich doch nicht von der Hand weisen, dass die von ihm angedeuteten Phänomene, das Verschwinden der Waren vom Markt und das Entstehen eines Schwarzmarktes mit erst recht exorbitanten Preisen, sich durchaus noch in anderen Situationen haben beobachten lassen, in denen ein Staat versuchte, Preissteigerungen durch Höchstpreisverordnungen entgegenzuwirken.[27] Trotzdem liegen die Dinge so einfach nicht und es ist keineswegs sicher, ob das Höchstpreisedikt widerrufen wurde, weil die Kaiser seine Sinnlosigkeit schließlich einsahen, oder nicht eher, weil es seinen Zweck erfüllt hatte. Um den Intentionen Diocletians und seiner Mitkaiser auf die Spur zu kommen, müssen wir uns das umfängliche Proöm des Ediktes ansehen, das uns in einem schwülstigen Rhetorenstil von den zwingenden Notwendigkeiten und edlen Absichten unterrichtet, die die Kaiser zu seiner Formulierung veranlasst haben. Trotz aller Rhetorik, deren reichliche Verwendung an sich nicht dazu geeignet ist, Glaubwürdigkeit zu erwecken, tritt doch zumindest ein sehr wesentliches Motiv, vielleicht das einzig ausschlaggebende, deutlich zutage. Die Kaiser beklagen es, dass die Verlegung von Truppen an den neuen Standorten zu einer gesteigerten Nachfrage führe, die enorme Preissteigerungen zur Folge habe, genannt werden in diesem Zusammenhang Steigerungen von 800 Prozent(!) und darüber. Deshalb reiche den Soldaten der Sold nicht mehr zur Bestreitung des Lebensunterhaltes und der Staat müsse mit entsprechenden Zulagen aushelfen, er sei also letztlich der Leidtragende und Ausgeplünderte. Als Schuldige an dem ganzen Wucher werden Großhändler ausgemacht, die vorsätzlich Preistreiberei betrieben, mit der sie nebenbei auch noch die Kleinhändler ruinierten, die die ihnen abverlangten hohe Preise nicht oder nicht in entsprechendem Umfang an ihre Kunden weiterzugeben wagten.[28] Diese Begründung hat durchaus Hand und Fuß, wie namentlich die Vorgänge in Antiochia aus dem Jahre 362/363 deutlich machen, über die wir näher unterrichtet sind. Damals war in der Stadt eine große Anzahl Truppenverbände für einen bevorstehenden Perserfeldzug versammelt. Weil sich die Versorgungssituation aufgrund einer Missernte noch zusätzlich verschärfte und die Preise stiegen, griff Kaiser Julian mit einer Höchstpreisverordnung für Getreide ein und ließ der Stadt durch zusätzliche Getreidelieferungen aushelfen, musste aber feststellen, dass Angehörige der städtischen Oberschicht die Notlage noch vorsätzlich verschärften, indem sie das Getreide aus der Stadt transportieren ließen und im Umland verkauften, wo der julianische Höchstpreiserlass nicht galt und sich ganz legal höhere Gewinne erzielen ließen. Diocletian hatte also durchaus Recht, wenn er versuchte, solchen Spekulationen einen Riegel vorzuschieben. Darüber hinaus scheint man sich kaiserlicherseits der wirtschaftspolitischen Brisanz des Ediktes durchaus bewusst gewesen zu sein, da im Proöm betont wird, dass man ja schließlich keine Festpreise einführe, sondern lediglich der Preistreiberei durch einen Höchstpreis entgegenwirken wolle. Eine andere Frage ist allerdings, ob nicht aufgrund der Veröffentlichung des Ediktes die Händler vielerorts die Preise auf das ihnen vom Imperium zugestandene Maximum anhoben, obwohl die Marktsituation durchaus niedrigere Preise gerechtfertigt hätte. An der administrativen Infrastruktur zur imperiumsweiten Durchsetzung des Maximaltarifs hat es zweifellos nicht gemangelt. Wir besitzen, wenn auch aus späterer Zeit, Zeugnisse dafür, wie engmaschig die kaiserliche Verwaltung Preiskontrollen auf den lokalen Märkten durchführen konnte; die Verkleinerung der Provinzen durch Diocletian hat hier ohne Zweifel einen Effektivitätsschub bewirkt. Möglicherweise gestatteten es die verbesserten Kontroll- und Zugriffsmöglichkeiten der imperialen Verwaltung auch, mittel- und längerfristig das Problem der Schwarzmärkte in den Griff zu bekommen und auf diese Weise tatsächlich eine Beruhigung des Marktgeschehens zu erreichen. Wenn das Edikt von vornherein nur als vorübergehende Notmaßnahme gedacht war, dann spricht nichts dagegen, dass es in dem Moment aufgehoben wurde, in dem sein

Ziel erreicht war: die Unterbindung des Preiswuchers und die Sicherstellung bezahlbarer Preise für die Angehörigen des Militärs und der Verwaltung. Die an allen Fronten allmählich eintretende Beruhigung hat sicherlich das Ihre dazu beigetragen, indem sie Truppenverlegungen größeren Stils überflüssig machte.[29]

Nicht nur das Militär, die Befestigungsanlagen und der vergrößerte Verwaltungsapparat verursachten den Kaisern enorme Kosten. Wie viele ihrer Vorgänger versuchten sie, sich durch prachtvolle Repräsentativbauten ein bleibendes Andenken zu schaffen und dies galt ganz besonders für Diocletian. Seine erste Sorge galt natürlich seinem neuen Hauptsitz Nikomedia, wo die für die Hofhaltung erforderlichen Gebäude erst neu errichtet werden mussten. Aber auch Rom, obwohl keine Kaiserresidenz mehr, wurde nicht vergessen. Nicht nur wurden zwischenzeitlich entstandene Gebäudeschäden repariert, es entstand auch der gewaltigste Thermenbau, den Rom je gesehen hat. Die Ruinen der riesigen Diocletiansthermen für etwa 3000 Menschen sind heute noch zu besichtigen. Gleichfalls bis heute existent sind die Reste von Diocletians wohl bekanntestem Bauwerk, seinem gewaltigen Palast in Spalato (Split, Kroatien), den er sich als Alterssitz erbauen ließ. Dieses Bauwerk stellt einen Höhepunkt der römischen Architektur schlechthin dar und macht deutlich, zu welch phänomenalen Leistungen römische Baumeister damals imstande waren. Selbstverständlich findet Lactanz auch an den Baumaßnahmen etwas auszusetzen, von des Kaisers krankhafter Bauwut ist bei ihm die Rede. Man braucht sich diese Ansicht nicht zu eigen zu machen, Tatsache bleibt, dass Diocletian in der Tat in die Reihe der großen Bauherren unter den römischen Kaisern gehört. Neben dem *senior Augustus* trat auch Galerius namentlich in Thessalonike als Bauherr hervor. Von seinem Triumphbogen ist schon kurz die Rede gewesen, Palast und Rennbahn durften in einer Residenzstadt natürlich nicht fehlen, darüber leistete sich Galerius auch ein eigenes Mausoleum, in dem er später beigesetzt werden sollte.

Als Ergebnis der erfolgreichen Politik und Kriegführung Diocletians und seiner Mitkaiser genoss das Imperium im Jahre 303 zum ersten Male nach langer Zeit wieder eine Periode mehr oder weniger ungestörten inneren und äußeren Friedens. Und ausgerechnet jetzt unternahm Diocletian einen Schritt, der besonders im Reichsosten, aber keineswegs nur dort, zu großen Bedrückungen und inneren Wirren Anlass gab: Er ordnete die Verfolgung der Christen an. Was ihn eigentlich zu diesem Schritt veranlasst hatte, darüber sind letztlich nur Vermutungen möglich. Die Tetrarchie hatte sich, wie wir gesehen haben, durchaus bewährt, es gab keine Krisen oder Bedrängnisse mehr im Imperium, die mit dem Zorn der Götter über das Unwesen ungläubiger Opferverweigerer erklärt werden konnten. Hatte Diocletian das Vorgehen gegen die Christen am Ende schon seit langem geplant und lediglich das Eintreten einer Situation äußerer Ruhe abgewartet, um ungestört zum großen Schlag ausholen zu können? Zweifellos war Diocletian in seiner Religionspolitik, soweit diese bis dahin überhaupt erkennbar ist, konservativ, oder wenn man so will, geradezu reaktionär eingestellt. Seine Bevorzugung Iupiters, als dessen Nachkomme er sich fühlte und darstellte, beweist das. Für die Experimente seiner Vorgänger mit anderen Göttern, mit dem so populären Sonnengott etwa, mit dem sich auch die Verehrer nichtrömischer Gottheiten identifizieren konnten, scheint Diocletian überhaupt keinen Sinn gehabt zu haben. Auch seine Mitkaiser Maximian und Galerius orientierten sich mit Hercules bzw. Mars ganz am traditionellen römischen Götterhimmel. Nur Constantius tanzte mit seiner Anhänglichkeit an Sol etwas aus der Reihe, versäumte jedoch offensichtlich nicht, auch den alten Staatsgöttern seine Referenz zu erweisen. Dass einem Kaiser mit derartigen religiösen Präferenzen das Christentum mit seiner Ablehnung aller anderen Götter und seiner folgerichtigen Verweigerung des Kaiserkultes als von Grund auf unsympathisch erscheinen musste, verwundert nicht. Nur: bis 303 war nichts gegen diese Religion unternommen worden, nicht nur in Nikomedia, sondern auch in Thessalonike, der bevorzugten Residenzstadt des fanatisch christenfeindlichen Galerius, existierten unbehelligt große christliche Gemeinden.

Diocletian hatte zwar ab einem bestimmten, kaum näher einzugrenzenden Zeitpunkt darauf geachtet, dass alle Mitglieder seines Hofes an den Opferzeremonien teilnahmen, sich aber ansonsten zu keinerlei christenfeindlichen Maßnahmen hinreißen lassen, was auch von Eusebios bestätigt wird.[30] Woher also kam auf einmal dieser fanatische Eifer? Laut unserem Gewährsmann Lactanz ging die Initiative zu der Verfolgung nicht von Diocletian, sondern von Galerius aus. Dieser habe seinen widerstrebenden Augustus während ausgedehnter Beratungen im Winter 302/3 erst mühsam überreden müssen, gegen die Christen vorzugehen. Irgendein überzeugendes Motiv für diese Handlungsweise vermag Lactanz allerdings nicht anzugeben, Galerius sei halt von seinen verbrecherischen Neigungen entflammt gewesen (*inflammatus scelere*) heißt es lapidar.[31] Nehmen wir an, dass die Darstellung insofern stimmt, als dass Galerius der eigentliche Anstifter war. Welche Gründe haben ihn dazu bestimmt? Als Nachfolger Diocletians im Osten hat Galerius später die Christenverfolgung bis in die Zeit unmittelbar vor seinem eigenen Tod grimmig fortgeführt, ihm kann man daher eine genuin christenfeindliche Grundhaltung unterstellen, die es ihm nicht erlaubte, sich mit der Existenz einer in seinen Augen staatsfeindlichen Religion abzufinden. Ein weiterer Aspekt kam möglicherweise hinzu, der nur vordergründig etwas mit religiösen Überzeugungen zu tun hat. Bei der Frau des Westaugustus Maximian namens Eutropia, einer gebürtigen Syrerin, handelte es sich laut Eusebios um eine überzeugte Christin, wofür auch spricht, dass sie ihrer Tochter, die später die Frau des Constantius wurde, den vor allem bei Christen gebräuchlichen Namen Theodora gab.[32] Wenn Maximian und sein Sohn Maxentius selbst sicherlich keine Christen waren, so wissen wir zumindest von letzterem, dass er dem Christentum durchaus aufgeschlossen gegenüberstand, wovon noch die Rede sein wird. Indem Galerius seinen Augustus gegen die Christen aufhetzte, bot sich ihm zugleich die Chance, Maximian anzuschwärzen und ihn hinsichtlich eines zentralen Problems der allgemeinen Reichswohlfahrt als unsicheren Kantonisten hinzustellen. Der latente Konflikt, der seit der Caesarerhebung des Constantius zwischen Maximian auf der einen und Galerius und Diocletian auf der anderen Seite bestand, hat sich hier sehr wahrscheinlich ausgewirkt und dies umso mehr, als in der Zwischenzeit vielleicht schon das Problem eines Rücktritts der beiden Augusti erörtert worden war, ein Rücktritt, zu dem Maximian keinerlei Neigung verspürte. Für Galerius dürfte es nicht zuletzt darauf angekommen sein, sich frühzeitig entscheidenden Einfluss auf die Politik des *senior Augustus* zu sichern, den er in absehbarer Zeit zu beerben gedachte. Wie dem auch sei, die Verfolgung der Christen wurde beschlossen und sorgfältig vorbereitet. Am 23. Februar 303, dem Terminalienfest, war es dann soweit. Vor der Kirche Nikomedias erschien zu früher Stunde der *praefectus praetorio* mit einem Gefolge von Offizieren und Beamten, erzwang sich Eintritt in das Gebäude und beschlagnahmte die heiligen Schriften, die unverzüglich verbrannt wurden, sowie alles bewegliche Gut. Weil man ein Niederbrennen des Bauwerkes wegen der Gefahr einer allgemeinen Feuersbrunst nicht wagte, marschierte eine Abteilung der kaiserlichen Garde mit Abbruchwerkzeugen auf und zerstörte die Kirche mit viel Getöse innerhalb weniger Stunden. Die Rechtsgrundlage für solches Tun lieferte ein am folgenden Tage veröffentlichtes kaiserliches Edikt, das nicht nur das zu Nikomedia Geschehene sanktionierte und imperiumsweit anordnete, sondern die Anhänger des christlichen Glaubens de facto für rechtlos erklärte.[33] Es blieb nicht bei bloßen Verlautbarungen. Zum zweiten Male in der Geschichte des Imperiums wurde sein administrativer Apparat in den Dienst einer umfassenden christenfeindlichen Spürwut gestellt. Lactanz und ganz besonders Eusebios berichten lang und breit über die Drangsale, die über die glaubenstreuen Christen kamen. Dem ersten antichristlichen Edikt folgten innerhalb von etwas mehr denn einem Jahr insgesamt drei weitere, die die Verfolgungsmaßnahmen immer weiter verschärften: unter anderem wurde nun die Verhaftung des hohen Klerus angeordnet und die Teilnahme an den Opferfeiern wurde auch wieder überprüft, um Verweigerern auf die Schliche zu kommen.[34] Lactanz führt dieses Anziehen der Daumenschrauben auf zwei kurz hintereinander ausbrechende Brände im Kaiserpalast zu Nikomedia zurück, von denen der erste größere Schäden verursachte. In der aufgeheizten Situation gab man die Schuld natürlich den Christen, während uns Lactanz versichert, dass in Wahrheit Galerius der Feuerteufel gewesen und der senile Diocletian auf die Hinterlist prompt hereingefallen sei.[35] Dagegen deutet Eusebios an, dass der zunehmende Druck mit dem enormen christlichen Widerstand zu erklären sei und weiß sogar von Usurpationsversuchen in Melitene (in der Nähe des heutigen Malatya, Ostürkei) wie auch in Syrien zu berichten, freilich ohne uns irgendwelche brauchbaren Einzelheiten mitzuteilen.[36] Der Erfolg der kaiserlichen Bemühungen blieb nicht ganz aus. Unser Gewährsmann Eusebios sieht sich jedenfalls zu dem Eingeständnis gezwungen, dass viele Gläubige unter dem massiven staatlichen Druck mit seiner Androhung von Folterqualen und Hinrichtung klein beigaben.[37] Andere – und diese Beispiele werden von der christlichen Überlieferung wie üblich ganz besonders herausgestellt – stellten das, was sie für ihr Seelenheil hielten, über die so nachdrücklich vorgetragenen Ansprüche der weltlichen Macht, selbst wenn das den Tod bedeutete. Manchen Orts bekamen der Henker und seine Gehilfen alle Hände voll zu tun. Insgesamt kann es keinen Zweifel daran geben, dass die Christenverfolgung vor allem im Osten zu schweren inneren Unruhen führte, die bisweilen in bürgerkriegsartige Zustände ausarteten. Im Westen, wo Maximian, der religiösen Überzeugungen seiner Gemahlin ungeachtet, die Verfolgung grundsätzlich mittrug, dürften die Folgeerscheinungen weit weniger dramatisch gewesen sein, ganz einfach aus dem Grunde, weil es hier viel weniger Christen gab. Ein Wort muss in diesem Zusammenhang noch über die Rolle des Caesars Constantius verloren werden. Bei Lactanz und Eusebios und der von diesen Autoren abhängigen christlichen Überlieferung heißt es, dass Constantius die Verfolgungen nur sehr nachlässig ausgeführt habe. Zwar habe er die Mauern (der Kirchen) niedergerissen, aber den Seelenschatz niemandem abzwingen wollen, behauptet Lactanz, während uns Eusebios gar weismachen will, dass Constantius von jeglicher Verfolgung Abstand genommen habe.[38] Es ist klar, dass wir hier die constantinische Version der Ereignisse vor uns haben, die mit der Wirklichkeit, vorsichtig ausgedrückt, nicht viel zu tun hat. Nachdem Constantin sein Herz für das Christentum entdeckt hatte, wollte er selbstverständlich nicht seinen Vater als Verfolger dastehen lassen. Bezeichnend ist, dass Lactanz, der früher schrieb als Eusebios, es noch nicht wagte, jegliche antichristliche Maßnahme des Constantius in Abrede zu stellen, die Erinnerung an die Vorgänge dürfte noch zu frisch gewesen sein.

Trotz dieses unerfreulichen Ausgangs der diocletianischen Herrschaft kann die Tetrarchie, unter dem Strich betrachtet, durchaus als ein Erfolgsmodell beurteilt werden. Diocletian und seine Mitkaiser hatten das schwer geprüfte Imperium nach innen wie nach außen konsolidiert, in dem sie dessen größte Probleme, die allgegenwärtige Usurpationsgefahr und die Bedrohung durch auswärtige Feinde zwar nicht völlig zu beseitigen, wohl aber erfolgreich zu bändigen verstanden. Auch die Verwaltungsreformen haben sich durchaus bewährt, denn sie wurden nach dem Untergang des diocletianischen Herrschaftssystems beibehalten und fortgeführt. Wirtschafts- und geldpolitisch scheint dagegen noch Vieles in der Schwebe geblieben zu sein und die Christenverfolgung belastete das Reformwerk mit einer schweren innenpolitischen Hypothek. Die Frage war nun, ob dem Erreichten Dauer beschieden sein würde, auch wenn der Initiator nicht mehr auf dem Thron saß. Bevor wir dieser Frage nachgehen, müssen wir uns aber noch mit der Kindheit, der Jugend und der frühen Karriere unseres eigentlichen Protagonisten, Constantin, befassen. Das soll im nächsten Kapitel geschehen.

Kapitel 3
Von Naissus nach Nikomedia: Constantins Familie, Jugend und beruflicher Werdegang

Wie bei vielen anderen römische Kaisern auch kennen wir im Falle Constantins das genaue Geburtsdatum nicht mit Sicherheit, ja sogar hinsichtlich des Geburtsjahres machen von einander abweichende Angaben eine über jeden Zweifel erhabene Bestimmung unmöglich. Als sicher kann immerhin gelten, dass er zum Zeitpunkt seines Todes, den wir kennen (22. Mai 337), das sechzigste Lebensjahr überschritten und das siebzigste noch nicht erreicht hatte. Unsere literarischen Quellen, die Angaben über sein Alter machen, geben ihm 62 (Aurelius Victor) oder 63 Jahre (*Vita Constantini*; *Epitome de Caesaribus*), teils aber auch 65 (Sokrates; Zonaras) oder 66 Jahre (Eutrop). Wenn man berücksichtigt, dass die Angaben von 63 bzw. 66 Jahren bedeuten können, dass Constantin diese Lebensjahre bei seinem Tode noch nicht vollendet hatte, so kann man hinsichtlich seines Lebensalters 2 Traditionsstränge herausfiltern. Nach der ersten Überlieferung hatte er das 62. Lebensjahr vollendet als er starb, nach der zweiten das 65. Beide Traditionen lassen sich bis ins 4. Jahrhundert zurückverfolgen, da die erste in Eusebios, die zweite in Eutrop ihren frühesten Vertreter findet. Es herrschte demnach schon sehr früh Unsicherheit über Constantins Geburtsdatum, doch scheint mir die von Eusebios vertretene Tradition – der Autor war immerhin mit Constantin persönlich bekannt – die zuverlässigere zu sein. Demnach wäre der spätere Kaiser im Winter oder Frühjahr 275 geboren worden und die Angabe des Filocalcus-Kalenders (5. Jahrhundert), die den Geburtstag Constantins auf einen 27. Februar datiert, kann durchaus korrekt sein.[1] In der Forschungsliteratur freilich herrscht eine noch größere Unsicherheit über Constantins Geburtsdatum als in den antiken Quellen: Geburtsjahre von 270 bis 288 werden ernsthaft in Erwägung gezogen.[2] Die Annahme eines sehr späten Geburtsjahres stützt sich einzig auf die Angabe der

Vita Constantini, die aus einem kaiserlichen Edikt zitiert: hier behauptet Constantin von sich, er sei zu Beginn der diokletianischen Christenverfolgung (303) „durchaus ein Knabe" (κομιδῇ παῖς) gewesen. Einer solchen Behauptung ist jedoch mit großer Vorsicht zu begegnen, da Constantin gezwungen war zu begründen, warum er damals nicht auf Seiten der Verfolgten, sondern der Verfolger gestanden hatte; sie ist wohl bestenfalls als Eingeständnis seiner einstmals angeblich fehlenden religiösen Urteilsfähigkeit zu verstehen. Grundsätzlich lässt sich sagen, dass alle Bestimmungsversuche zu verwerfen sind, die Constantin bei seiner Thronbesteigung einen jungen Mann von Anfang 20 oder gar darunter sein lassen. Dem steht nämlich der Umstand entgegen, dass er zu diesem Zeitpunkt bereits ein erfahrener Militär war und das wird man nicht über Nacht; darüber hinaus sind die anderslautenden Angaben der literarischen Quellen, wie wir gesehen haben, zu eindeutig. Andererseits besteht auch kein Grund, die Angabe des Eusebios in der *Vita Constantini*, dass der Kaiser bei seinem Regierungsantritt so alt gewesen sei wie Alexander der Große bei seinem Tode, wörtlich zu nehmen und das Jahr 273 (oder gar ein früheres Datum) als Geburtsdatum anzunehmen. Zu deutlich tritt hier die Absicht des Autors zutage, eine Verbindung zwischen Alexander und Constantin herzustellen, ganz abgesehen davon, dass Eusebios hier eigenen Angaben (und denen seines Helden!) widerspricht.[3] Es mag den Leser erstaunen, dass über ein so bedeutsames Datum wie das Geburtsjahr eines Kaisers von den Quellen keine eindeutige Auskunft zu erhalten ist, doch braucht uns das in einer Welt, in der es keine Einwohnermeldeämter gab und viele, wenn nicht die Mehrzahl der Menschen nur ein ungefähres relatives Datum für ihre Geburt anzugeben vermochten, nicht allzu sehr zu verwundern. In wieweit die uneinheitlichen und teilweise widersprüchlichen Datumsangaben auf eine bewusste Verschleierung bereits durch Constantin selbst zurückgehen, muss offen bleiben.[4] Im Gegensatz zum Geburtsjahr ist der Geburtsort Constantins eindeutig überliefert: die Stadt Naissus in der Provinz *Moesia Superior* (das spätere Nisch, im heutigen Serbien gelegen), ein strategisch bedeutsamer Verkehrsknotenpunkt. Constantin selbst sollte dort später eine umfangreiche Bautätigkeit entfalten, doch ist die Stadt bereits vorher kein x-beliebiges Provinznest gewesen.[5]

Über das Vorleben von Constantins Vater, Constantius Chlorus, ist kaum etwas bekannt, über den Zeitpunkt seiner Geburt sind wir noch dürftiger unterrichtet als im Falle seines ältesten Sohnes: eine sehr späte Überlieferung gibt ihm ein Lebensalter von 56 Jahren, weshalb man das Geburtsjahr vage um das Jahr 250 ansetzen kann. Seiner Abstammung nach war er Illyrier, wie so viele hohe Militärs des 3. Jahrhunderts, sein Geburtsort soll in der Provinz *Dacia Ripensis* gelegen haben, wird aber nicht namentlich genannt, was auf einen sozial eher niedrigen familiären Hintergrund hinweist. Einzig der Anonymus Valesianus macht dürftige Angaben über Constantius' militärische Karriere vor seiner Erhebung zum Caesar: demnach wäre Constantius zunächst Protector, dann Tribun und schließlich *praes Dalmatiarum* gewesen. Dies deutet an, dass er trotz seiner obskuren Abstammung über eine gewisse Schulbildung verfügt haben, zumindest des Lesens und Schreibens kundig gewesen sein muss, denn bereits seine Funktion als Protector – weniger ein Feldkommandant denn ein Stabsoffizier – erforderte die grundsätzliche Fähigkeit zur Abwicklung militärischer Verwaltungsvorgänge, die dem Illiteraten notwendig abging. Spätestens mit seiner Beförderung zum Tribunen erhielt Constantius dann ritterlichen Rang.[6] Sein Aufstieg ist in jedem Fall bemerkenswert und war sicher zum Teil das Ergebnis guter persönlicher Beziehungen, doch ist er kaum denkbar ohne den Nachweis überdurchschnittlicher militärischer und administrativer Fähigkeiten. Wann Constantius die Bekanntschaft des späteren Kaisers Maximian machte, ob dieser etwa schon vor der Thronbesteigung Diocletians seine Karriere förderte, muss ebenso offen bleiben wie die Frage, ob sich Constantius jemals oder gar für längere Zeit im Umkreis des Kaiserhofes aufgehalten hat. Constantins Mutter, die spätere Heilige Helena, stammte gleichfalls aus Illyrien (und nicht aus dem kleinasiatischen Bithynien, wie es eine spätere Überlieferung behauptete); Spekulationen über ihr Geburtsjahr führen angesichts des Fehlens zuverlässiger Quellenaussagen zu nichts, man wird vielleicht vermuten können, dass sie einige Jahre jünger war als Constantius Chlorus, vielleicht um das Jahr 255 geboren. Ihrer sozialen Herkunft nach gehörte sie offensichtlich zu den untersten Bevölkerungsschichten. Von einer *mater vilissima* schreibt der Anonymus Valesianus und einer anderen Quelle zufolge handelte es sich bei ihr um eine Stallwirtin (*stabularia*). Wenn diese Behauptung zutrifft, deutet das auf die Umstände hin, unter denen Constantius sie kennen lernte: eine Kellnerin, womöglich Gelegenheitsprostituierte, die dem Offizier in irgendeiner Kneipe, vermutlich einer Relaisstation, auf der Durchreise begegnete und sich auf ein Verhältnis mit ihm einließ. Kein Zweifel kann daran bestehen, dass die Chance, zu einem jungen, unverheirateten und aufstrebenden Offizier eine Beziehung einzugehen, für Helena das große Los bedeutete, ungeachtet der Gefahr, wie so viele andere Soldatenliebchen vor und nach ihr unversorgt sitzen gelassen zu werden.[7] Und sie hatte Glück. Obwohl Constantius, trotz mancher anderslautender Behauptungen in den Quellen, die Helena als seine Ehefrau (*uxor*) bezeichnen, nie eine rechtsgültige Ehe mit ihr schloss, erkannte er das aus ihrer Verbindung entsprossene Kind als seinen Sohn an und sorgte dafür, dass Mutter und Kind in Naissus in materiell gesicherten Verhältnissen leben konnten, obgleich er sich auf keine ständige Lebensgemeinschaft mit Helena einließ. Dafür spricht nicht nur, dass sich Constantius spätestens seit seiner Ernennung zum *praeses Dalmatiarum* nicht mehr oder nur noch selten in Nisch aufgehalten haben kann, sondern auch der Umstand, dass Constantin das einzige aus der Beziehung entsprossene Kind blieb. Mit seiner späteren, legitimen Ehefrau Theodora hatte Constantius dagegen nicht weniger als sechs Kinder. Die große Liebe zu der gesellschaftlich inakzeptablen Helena scheint keinen allzu langen Bestand gehabt zu haben.[8] Rechtlich gesehen blieb sie seine Konkubine und Constantin ein illegitimes Kind, ein Bastard, wenn man den Ausdruck gebrauchen will. Constantin selbst ist sich dieses Makels sehr bewusst gewesen und es kann kein Zweifel daran bestehen, dass die Behauptung, er sei ehelich geboren, auf seine eigene Selbstdarstellung zurückzuführen ist. Seinem Versuch, die uneheliche Abstammung zu vertuschen, war jedoch kein

Erfolg beschieden: selbst byzantinische Autoren des Mittelalters, in deren Kulturkreis Constantin den Rang eines Heiligen einnahm, wussten um seine illegitime, ja anrüchige Herkunft und sie scheuten sich nicht, sie offen auszusprechen, wie das Beispiel des Georgius Monachus und des Zonaras beweist.[9]

An Constantin, dem unehelichen Soldatenkind, war zunächst einmal nur das Cognomen auffällig, das bis dahin kaum gebräuchlich gewesen zu sein scheint, weil sich keine gesicherten Träger dieses Namens ausfindig machen lassen. Sein vollständiger Name ist bis heute nicht völlig geklärt. Die literarischen Quellen bezeichnen ihn schlichtweg nur als *Constantinus* und in den Inschriften begegnet zumeist die Namensform *Flavius Valerius Constantinus*; als Pränomen ist – wenn es denn erwähnt wird – am häufigsten *Caius* bezeugt. Diese Nachlässigkeit beim Umgang mit dem Pränomen spiegelt den Bedeutungsverlust wider, den dieser Namensbestandteil schon seit den Zeiten der Republik erfahren hatte. Der einzig bedeutsame Teil des Namens war seit langem das Cognomen, in diesem Falle also *Constantinus*, geworden und dies erklärt, warum Constantin in den literarischen Quellen nie anders genannt wird.[10] Von seiner Kindheit wird uns nur soviel überliefert, als dass er in Naissus im Hause seiner Mutter aufwuchs und in dieser Stadt eine wenn auch begrenzte Schulausbildung empfing. *Litteris minus instructus* nennt ihn der Anonymus Valesianus, und diese Aussage dürfte derart zu werten sein, dass Constantin keine höhere Bildung, eine rhetorische oder iuristische etwa, zuteil wurde; die Grundlagen des Lesens und Schreibens aber dürfte er sehr wohl erlernt haben. Glaubt man indes den etwas unbestimmten Ausführungen des Eusebios in der *Vita Constantini*, dann hätte die Bildung des jungen Constantin keinen Vergleich zu scheuen brauchen, jedoch ist die lobrednerische Tendenz des Autors hier viel zu offensichtlich, um uneingeschränktes Vertrauen zu verdienen. Für ein gemessen am antiken Bildungsideal eher geringes Niveau der schulischen Unterweisung des jungen Constantin spricht auch der Umstand, dass sein Unterricht auf die lateinische Sprache beschränkt blieb; Griechisch, immer noch so etwas wie die Lingua franca der Gebildeten und Umgangssprache im östlichen Reichsteil, hat er nie richtig gelernt, was durch einen in dieser Beziehung unverdächtigen Gewährsmann wie Eusebios bestätigt wird.[11] Man muss diese Ausbildung freilich vor dem Hintergrund der Position seines Vaters sehen, der den Sohn von Anfang an für die militärische Laufbahn bestimmt hatte, wo er ihn mit seinen Beziehungen fördern konnte. Der junge Constantin sollte sich die Kenntnisse aneignen, die ihm später bei seiner Soldatenkarriere nützlich sein konnten; wie wir gesehen haben, verfügte Constantius hier über einschlägige Erfahrungen. Bei all dem ist immer zu bedenken, dass Constantin gemessen an den Standards, die für die übrige Reichsbevölkerung galten, einer privilegierten Schicht angehörte: bereits der Schulbesuch blieb lediglich einer kleinen Minderheit vorbehalten und nur sehr wenige besaßen einen Vater, der imstande war, seinem Sohn beruflich die Wege zu einer gehobenen Soldatenlaufbahn zu ebnen. In wieweit die Erhebung seines Vaters Constantius Chlorus zum Caesar und besonders die offizielle Einheirat in die Familie seines Förderers Maximian die Situation für Constantin veränderte, wird nicht überliefert. Constantin muss damals etwa 18 Jahre alt gewesen sein, er hatte also ein Alter erreicht, in dem er in den Militärdienst eintreten konnte; ob er diesen Schritt damals schon vollzogen hatte, ist unbekannt. Aber selbst wenn er zunächst noch bei seiner Mutter in Naissus blieb, kann man davon ausgehen, dass sich für ihn wenig änderte, d.h. dass er weiterhin finanziell abgesichert blieb, da Constantius ihn nach wie vor als seinen Sohn anerkannte. Es hat indes den Anschein, dass auf die Caesarerhebung seines Vater sehr bald der Eintritt Constantins in das römische Heer folgte. Der Anonymus Valesianus schreibt, dass der junge Constantin als Geisel an Diocletian und seinen Cäsar Galerius übergeben worden sei, während Praxagoras behauptet, dass er lediglich zum Zwecke seiner Ausbildung an den Kaiserhof geschickt worden sei;[12] Letzterer überliefert uns zweifellos die Version, die Constantin spätestens seit den 330iger Jahren verbreitete und bei der er von Anfang an als erkorener Thronfolger erscheint. Diocletian dachte natürlich nicht daran, in irgendeiner Weise eine automatische familiäre Erbfolge im Kaisertum zu gestatten, und sei es auch nur durch die Hintertür. Den jungen Constantin in der Umgebung seines zu kaiserlichen Würden aufgestiegenen Vaters zu belassen, würde diesen ganz selbstverständlich zu dessen praesumptiven Nachfolger designieren, dessen Ansprüche, wenn überhaupt, nur noch mit Schwierigkeiten zu übergehen waren, da er sich auf die Militärklientel seines Vaters würde stützen können. Die Behandlung, die Maximians Sohn Maxentius zuteil wurde, der nur wenig jünger gewesen sein dürfte als Constantin und der weitgehend das Leben eines Privatmannes führen musste, zeigt, dass sich Diocletian solcher Gefahren sehr bewusst war. Constantin von seinem Vater zu trennen und unter Aufsicht zu halten war darum das beste Mittel, um sich gegen etwaige dynastische Bestrebungen des Constantius abzusichern. Andererseits haben wir gesehen, dass Constantin ohnehin für die Offizierslaufbahn vorgesehen war und er konnte nun seine Ausbildung im Umfeld des Kaisers Diocletian beginnen, sodass die Aussage des Praxagoras nicht jeglicher Grundlage entbehrt.

Einzelheiten über die weitere Karriere Constantins nach seinem Abgang an den kaiserlichen Hof und dem Antritt des Militärdienstes werden nur ganz dürftig mitgeteilt. Vermuten lässt sich, dass er nicht sofort ein Feldkommando erhielt, sondern als ein des Lesens und Schreibens kundiger Mann zunächst einmal Stabsdienst leisten musste. Dem Anonymus Valesianus zufolge diente Constantin unter Diocletian und Galerius mit Auszeichnung (*fortiter*) im Orient, ohne dass der Autor mit näheren Details aufwartet. Das kann auf eine Teilnahme an den Schlachten, die Galerius gegen die Perser ausfocht, hindeuten, aber das Schweigen der übrigen Quellen begründet Zweifel an dieser Annahme. Wahrscheinlicher ist, dass sich Constantin damals im Gefolge Diocletians befand, der, wie wir oben festgestellt haben, erst in der letzten Phase des Krieges, als die Entscheidung im Großen schon gefallen war, an den Kampfhandlungen teilnahm. Als möglich scheint auch eine Teilnahme an den Feldzügen gegen den Usurpator Achilleus in Ägypten und der kurzen Sarazenenexpedition Diocletians, doch bot letztere sicher nur wenig Chancen für eine kriegerische Bewährung. Der anonyme Panegyriker des Jahres 307 spricht davon, dass Constantin den Rang eines Tribunen erreichte, was Lactanz bestätigt und dahingehend präzisiert, dass Constantin von Diocletian zum *tribunus primi ordinis* befördert wurde. Vom Anonymus Valesianus wiederum erfahren wir, dass Constantin unter Galerius gegen die Sarmaten kämpfte, wobei er einen wilden Barbaren an den Haaren vor die Füße des Galerius geschleift und gleich darauf an der Spitze einer Reiterabteilung einen Weg durch sumpfiges Gelände gebahnt habe. Allerdings wird nicht recht deutlich, wann genau Constantin diese Heldentaten vollbracht haben soll. Glaubt man dem Anonymus, so fallen sie bereits in die Zeit nach der Abdankung Diocletians, doch im selben Atemzug bezeichnet er Constantin als jugendlichen Reitersmann (*iuvenis equestris*). Im Jahre 305 war Constantin freilich schon mindestens 30 Jahre alt und konnte deshalb schwerlich noch als Jugendlicher durchgehen. Außerdem ist die ganze Notiz wegen ihrer galeriusfeindlichen Tendenz verdächtig, da der Kaiser unverhohlen beschuldigt wird, Constantin mit voller Absicht großen Gefahren ausgesetzt zu haben. Ob die Darstellung des Anonymus als bloßes Konstrukt der constantinischen Legendenbildung gewertet werden muss oder zumindest teilweise Ereignisse aus den militärischen Anfangsjahren des jungen Constantin widergibt, ist nicht mehr mit Sicherheit festzustellen. Dennoch: In keiner Quelle ist belegt, dass Constantin im Jahre 305 einen höheren Rang als den eines Tribunen ersten Ranges bekleidet hat, unabhängig davon, ob er sich im Stabsdienst befand oder, wie es der Anonymus Valesianus andeutet, eine Reiterabteilung (*vexillatio*) anführte. Man kann sich daher des Eindrucks nicht erwehren, dass Constantins Karriere bewusst auf einem mittleren Niveau gehalten wurde und man ihm selbst mit rund 30 Jahren keinerlei größeres Kommando anvertrauen, geschweige denn ihm ein Heer übergeben wollte. Dass er während seines Dienstes unter Diocletian und zuletzt unter Galerius einen profunden Einblick in die Details der Heeres- und Kriegführung erhielt und mit der strategischen wie taktischen Handhabung militärischer Verbände vertraut wurde, unterliegt keinem Zweifel, denn sein späterer Aufstieg zum Alleinherrscher wie auch seine unbestreitbaren außenpolitischen Erfolge liegen vor allem in dem Umstand begründet, dass er sich gegenüber allen seinen Widersachern als überlegener Feldherr erwies. Auch was wir über seine persönliche Tapferkeit erfahren, braucht durchaus nicht als bloße Propaganda gewertet zu werden, da er später auch als Kaiser vor persönlichen Risiken nicht zurückschreckte, wenn es die Situation zu erfordern schien – was im Übrigen für einen Kaiser mit militärischem Hintergrund nicht unüblich war, wie eine Reihe von Beispielen beweist. Hingegen fehlt jeder Hinweis darauf, dass Constantin am kaiserlichen Hof in den Genuss einer „Prinzenerziehung" gekommen ist, „enger militärischer Mitarbeiter" des Diocletian gewesen sei oder gar Zutritt zum *sacrum consistorium*, dem engsten beratenden Gremium des Kaisers, erhalten habe, wie man in der Forschung gelegentlich annahm. All dies macht nur Sinn, wenn Diocletian die Absicht gehabt hätte, Constantin in irgendeiner Weise für eine spätere Teilhabe an der Herrschaft zu qualifizieren, und für derartige Pläne gibt es keinerlei ernst zu nehmendes Indiz, auch wenn die constantinfreundliche Überlieferung im Nachhinein etwas ganz anderes suggeriert hat.[13]

Weitere Einzelheiten über das Leben Constantins in dieser Zeit werden nur ganz spärlich mitgeteilt. Wir erfahren, dass er sich, wie schon sein Vater, auf ein uneheliches Verhältnis eingelassen hatte, nur die *Epitome de Caesaribus* nennt den Namen der Frau: Minervina. Woher sie kam, wann und wo Constantin sie kennengelernt hatte, ist ebenso ungewiss wie die Dauer des Verhältnisses; aus Gründen der gegenseitigen Verständigung kann man den Schluss ziehen, dass Minervina gleichfalls aus einem lateinischsprachigen Milieu kam, also vermutlich Illyrerin war. Von ihr hatte Constantin einen Sohn, Crispus genannt, der anscheinend in den letzten Jahren der Herrschaft Diocletians und Maximians geboren wurde. Wie schon im Falle Helenas blieb es beim Konkubinat, einer Ehe wurde die vermutlich ebenfalls aus niederen Verhältnissen stammende Frau nicht für würdig befunden.[14] Einen gewichtigen Grund für diese Zurückhaltung Constantins könnte man darin sehen, dass ihm zu einem nicht näher bekannten Zeitpunkt die noch minderjährige Tochter Maximians namens Fausta verlobt worden war. Das behauptet jedenfalls der anonyme Panegyriker im Jahre 307, als Constantin tatsächlich die Fausta ehelichte.[15] Maximian wäre die Anbahnung eines solchen Ehebündnisses wohl zuzutrauen gewesen, doch fehlen weitere Belege für ein Eheversprechen, und es ist darum davon auszugehen, dass die Verlobung ex eventu fingiert wurde. Ob Constantin nach Aufnahme des Militärdienstes seinen Vater vor dem Jahre 305 noch einmal wiedergesehen hat, ist mehr als fraglich. Zweifellos hatte Diocletian kein Interesse daran, die Bindung des Sohnes zu seinem Vater in irgendeiner Weise zu stützen und so in Constantin die Erwartung der Herrschaftsnachfolge mächtig werden zu lassen. Seine sechs Halbgeschwister, die aus der Ehe des Constantius mit Theodora hervorgingen, hat er vermutlich im Jahre 305 zum ersten Male gesehen, als das älteste dieser Kinder höchstens elf Jahre alt gewesen sein kann.[16]

Bezüglich Constantins religiöser Entwicklung sind wir ganz auf sein eigenes Eingeständnis angewiesen, dass er in seiner Jugendzeit ein Anhänger des Heidentums gewesen sei. Wir haben schon bemerkt, dass der Hinweis auf sein jugendliches Alter gelinde gesagt cum grano salis aufgefasst werden muss, und tatsächlich gibt es keinerlei Indiz dafür, dass er damals irgendwelche christenfreundlichen Neigungen an den Tag legte. Ganz im Gegenteil ist davon auszugehen, dass er die christenfeindliche Politik des Diocletian und später des Galerius mittrug. Wenn sich auch nicht beweisen lässt, dass er aktiv an den Verfolgungen beteiligt war, so brachte ihn später allein schon der Verdacht, dass er dabei mitgewirkt haben könnte, in einige Erklärungsnot.[17] In wieweit Constantin überhaupt mit dem Christentum in Berührung kam, ist eine offene Frage. Den weitaus größten Teil seiner militärischen Laufbahn bis 305 verbrachte er ohne Zweifel im urbanen, hellenisierten Osten, wo die Christen einen beträchtlichen Bevölkerungsanteil stellten, und es läge daher nahe zu vermuten, dass er schon bald mit der christlichen Religion persönlich bekannt wurde. Einem näheren Kontakt mit der christlichen Bevölkerung im Orient stand aber nicht zuletzt die Sprachbarriere entgegen und es ist eher anzunehmen, dass sich Constantins soziale Kontakte vor allem auf das lateinischsprachige Offiziers- und Hofmilieu beschränkten.

Wenn wir versuchen, hinsichtlich Constantins Familie, Jugend und Laufbahn bis zum Jahr 305 ein Fazit zu ziehen, so haben wir wenig Grund zu der Annahme, dass der zukünftige Kaiser eine „schlimme Kindheit" durchlitten habe, die einer psychologisierenden Deutung seiner Persönlichkeit als Erklärung für während der Regierungszeit zutage tretende Charaktermängel oder Verhaltensauffälligkeiten dienen könnte. Den einzigen Hinweis auf ein mögliches Trauma stellt der Umstand dar, dass sein Vater die Mutter schon relativ früh verließ und der Junge deshalb einen Großteil seiner Jugend ohne Vater verbrachte, obwohl dieser aus der Ferne noch seine schützende Hand über seinen Sprössling hielt. Die väterliche Unterstützung verschaffte Constantin die Zugehörigkeit zu einer privilegierten Schicht, sein materielles Wohlergehen und sein berufliches Fortkommen scheinen zu keinem Zeitpunkt grundsätzlich bedroht gewesen zu sein. Der einzige Punkt, in dem seine gewiss vorhandenen Erwartungen eine Enttäuschung erfahren haben müssen, betrifft die Hoffnung, seinem Vater in die Herrschaft nachfolgen zu können – es sei denn, dieser habe schon vor der Abdankung Diocletians mit dessen präsumtiven Nachfolger Galerius ein entsprechendes Arrangement getroffen. Von dieser Möglichkeit wird im folgenden Kapitel die Rede sein.

Kapitel 4
Jeder gegen jeden:
Der Zusammenbruch des diocletianischen Herrschaftssystems

Am 1. Mai 305 legte Diocletian in Nikomedia öffentlich sein Amt als Augustus nieder, um von da an in seinem riesigen Palast zu Spalato (das heutige Split in Kroatien) das zurückgezogene Leben eines Privatmannes zu führen. Sein Mitaugustus Maximian folgte – keineswegs freiwillig, wie Eutrop und Lactanz betonen – zu Mailand seinem Beispiel. Als Nachfolger wurden die beiden bisherigen Caesares, Constantius und Galerius, zu Augusti erhoben. Ihre Stellen wurden mit zwei bisherigen Offizieren besetzt: Maximinus Daia erhielt die Caesarwürde anstelle des Galerius, Severus ersetzte Constantius.[1] Über das Vorleben der beiden frischgebackenen Caesares lassen die Quellen kaum etwas verlauten: beide waren Illyrer und beide gehörten zur Entourage des Galerius, wobei Maximinus Daia einer Überlieferung zufolge sogar dessen Neffe (geboren von einer Schwester) gewesen ist; im Jahre 305 stand er wie Constantin im Range eines Tribunen.[2] Eutrop, der in diesem Punkte vertrauenswürdig ist, berichtet kurz und knapp, dass Galerius nicht nur die Ernennung der Caesares im Alleingang durchsetzte, sondern ihnen auch ihre Herrschaftsbereiche zuwies, und der Autor verschweigt keineswegs das Ziel dieses Vorgehens: den Willen des Galerius, sich die Kontrolle über Italien zu verschaffen, das eigentlich der Oberhoheit des Constantius unterstand.[3] In der Tat muss die Ernennung der Caesares Befremden auslösen, vor allem hinsichtlich der Person des Severus. Dass man Galerius gestattete, einen Mann seines Vertrauens zum Caesar der Osthälfte zu ernennen, erscheint als vernünftig und einsichtig; dass aber Constantius, immerhin schon als Caesar rangälter als Galerius, bei der Auswahl der Caesares offensichtlich vollkommen übergangen wurde und nicht imstande war, einen Kandidaten seiner Wahl zum Unterkaiser seiner Reichshälfte zu machen, ist nicht ohne weiteres einsichtig. Und das Befremden steigt noch, wenn man erfährt, dass Constantius nicht bloß auf Italien verzichten musste, sondern auf die gesamte italische Prätorianerpräfektur und auch als Augustus ganz auf seinen bisherigen Reichsteil: Gallien, Spanien und Britannien beschränkt blieb. Die andere Hälfte des Reichswestens: Italien, Illyrien und Africa blieb de facto die alleinige Domäne des neuen Caesars Severus.[4] Erklärungen für diese Phänomene zu finden, hat schon unseren Gewährsleuten Schwierigkeiten bereitet, sofern sie es nicht vorzogen, sie unkommentiert zu lassen. Constantius sei eben mit der bloßen Würde eines Augustus zufrieden gewesen (*contentus dignitate Augusti*) schrieb Eutrop, um sich anschließend in allgemeinen, aber auffallend wortreichen Wendungen darüber zu ergehen, dass Constantius ein liebenswerter und beliebter Mensch gewesen sei. Noch Jahrhunderte später stieß Theophanes ins gleiche Horn; nur eine beim Anonymus Valesianus zu findende Version behauptet lapidar, dass die Ernennung der Caesares ohne Wissen des Constantius erfolgt sei.[5] Lactanz dagegen bietet eine etwas andere Erklärung: „(Galerius) verachtete Constantius, weil er milden Wesens und durch Krankheit behindert war und das obwohl es notwendig war, ihn zum ersten Augustus zu ernennen."[6] Dass Constantius den Rang eines *senior Augustus* erhielt, wird durch Inschriften unzweifelhaft bestätigt,[7] doch dies macht die Vorgänge um die Ernennung der Caesares noch rätselhafter, bei der Constantius von seinem Mitaugustus in jeder Beziehung in die Ecke gestellt und von der Regierung eines Großteils seiner eigenen Reichshälfte praktisch ausgeschlossen wurde. Es sieht ganz so aus, dass sich hinter dem Rücktritt der beiden Augusti und der Ernennung der beiden neuen Caesares, die die meisten Autoren nur mit dürftigen Worten vermelden, ein umfangreicher Coup verbarg, mit dem Diocletian und Galerius eine Nachfolgeregelung ganz nach ihren Vorstellungen erzwangen.

Dass Maximian nur geringe Neigungen verspürte, den kaiserlichen Purpur mit dem Habit des Privatmannes zu vertauschen, ist Eutrop und Lactanz ohne weiteres zu glauben und wird durch den späteren Ereignisverlauf vollauf bestätigt. Wir haben auch gesehen, dass Maximian im Jahre 293 mächtig genug gewesen war, um Diocletian zu einer Caesarerhebung zu zwingen, die seinen eigenen Interessen entsprach. Ihn zum Rücktritt zu nötigen, bedurfte es deshalb sicherlich nicht nur rein argumentativer „Überzeugungsarbeit", sondern beträchtlicher, zumindest potentieller Druckmittel. Verglichen mit der Macht des vereinigten Reichsostens waren Maximians militärische und finanzielle Ressourcen vergleichsweise gering, und erlaubten es ihm keineswegs, ohne die Unterstützung seines Caesars Constantius eine Machtprobe mit Diocletian und Galerius zu wagen. Gerade Constantius war aber derjenige, der von seinem Rücktritt am meisten profitieren würde und der deshalb – alte Freundschaft hin, alte Freundschaft her – wohl kaum bereit gewesen sein dürfte, ihn bei einem Krieg um die Erhaltung seiner persönlichen Position zu unterstützen. Man wird also davon ausgehen können, dass es die Drohkulisse der vereinigten militärischen Macht des Diocletian, des Galerius und des Constantius war, die Maximian zur Nachgiebigkeit nötigte; Lactanz behauptet sogar, dass Galerius persönlich dem widerstrebenden Maximian mit Bürgerkrieg drohte, falls er sich der Abdankung widersetze.[8] Damit ist aber noch nicht erklärt, warum Constantius bei der Regelung der Nachfolge zwar als *senior Augustus* durchkam, darüber hinaus aber keine Gelegenheit erhielt, irgendwelchen Einfluss geltend zu machen. Vergleicht man allerdings die Leistungen, die Constantius und Galerius seit 293 erbracht hatten und den Status, den sie im Jahre 305 einnahmen, so wird die überlegene Position des Letzteren rasch einsichtig. Spätestens seit seinem Sieg über den Perserkönig Narses musste der Caesar Galerius als die militärisch profilierteste Persönlichkeit der Tetrarchie gelten. Darüber hinaus war er der Mann Diocletians, des bisherigen rangältesten Kaisers und konnte, wie sich zeigen sollte, auf dessen grundsätzliche Unterstützung bei der Durchsetzung seiner Ansprüche rechnen. Leider teilen uns unsere Quellen keine wirklich zuverlässigen Einzelheiten über die Hintergründe der Rücktritte und Augustuserhebungen mit, aber wir müssen wohl davon ausgehen, dass ihnen ein politischer Kuhhandel vorausging, bei dem die Machtbereiche und Zuständigkeiten der beiden neuen *Augusti* und ihrer *Caesares* geklärt wurden. Warum nun ließ Constantius sich derart beiseite schieben und gab sich mit dem zu einer bloßen Formel reduzierten Titel eines *senior Augustus* zufrieden? Vielleicht hat er zu spät erkannt, dass der Thronverzicht seines einstigen Förderers Maximian auch seine persönliche Position schwächte und es ihm somit unmöglich wurde, einen eigenen Kandidaten zum Caesar des Westens zu erheben. Und trotzdem: Ungeachtet der relativen Schwäche seiner Position muss es Constantius gelungen sein, Galerius noch eine weitere, überaus folgenschwere Konzession abzunötigen, die seinen Sohn Constantin betraf.

Liest man die Darstellung des Lactanz von dem Rücktritt der Augusti und der Auswahl der beiden Caesares, so galt Constantin bei Hof, Heer und Volk als der erste und geeignetste Anwärter für eine Caesarstelle. Alle hätten seine Ernennung erwartet und seien wie Constantin selbst völlig konsterniert gewesen, als ihm *coram publico* und dazu in rüder Weise zwei andere unbedeutendere Persönlichkeiten vorgezogen wurden.[9] Einmal von der Tatsache abgesehen, dass der von Lactanz geschilderte Ereignisablauf ein rein fiktiver ist, kann man die Behauptung, dass Constantin damals schon als präsumtiver Caesar galt, als unsinnig zurückweisen. Wie wir gesehen haben, wies nichts in seiner bisherigen Laufbahn darauf hin, dass man seine Person bei der Besetzung einer solchen Position zu berücksichtigen gedachte. Zum fraglichen Zeitpunkt war er nichts als ein kleiner Tribun, der bislang weder ein höheres Kommando noch eine gehobene Verwaltungsstellung innegehabt hatte, die seine Qualifikation für ein Herrscheramt hätten beweisen können. Dass Constantin selber als Sohn des nunmehr rangältesten Kaisers die Hoffnung hegte, eines Tages den Thron besteigen zu können, ist durchaus wahrscheinlich.[10] Ob er die Auswahl der beiden Caesares als ungerechte und unerträgliche Hintansetzung seiner Person empfand, wie Aurelius Victor behauptet,[11] ist dagegen zweifelhaft und davon abhängig, ob und in wieweit er in die Abmachungen seines Vaters mit Galerius eingeweiht war. Die spätere Selbstdarstellung Constantins, die unsere Quellen so nachhaltig geprägt hat, mochte freilich von solchen Vereinbarungen nichts mehr wissen, und es sind im Grunde nur die Widersprüche zwischen den einzelnen Versionen der Constantinpropaganda, – sie war zeitbedingten Veränderungen unterworfen – die uns Hinweise auf die tatsächlichen Ereignisse und ihre Hintergründe geben. Laut Lactanz ließ Galerius alle Zurückhaltung gegenüber seinen Untertanen fahren, sobald er als Augustus im Sattel saß, was vor allem die Christen, aber eben nicht nur diese zu spüren bekommen hätten. Constantin sei Gegenstand seines tiefen Misstrauens gewesen, gegen den er nur wegen seines Vaters Constantius nicht offen vorzugehen gewagt hätte. Stattdessen habe er ihn unter dem Vorwand sportlicher Übungen wiederholt auf wilde Tiere gehetzt, Gefahren, denen Constantin nur deshalb entgangen sei, weil Gott seine schützende Hand über ihn hielt. Sein schwer erkrankter Vater habe mehrfach schriftlich bei Galerius um die Übersendung seines Sohnes nachgesucht, was dieser anfänglich ignoriert habe, um Constantin dann schließlich doch ziehen zu lassen. Dies sei freilich nur in der Absicht geschehen, ihn unterwegs festzuhalten oder womöglich Severus entsprechende Instruktionen zu geben. Constantin habe jedoch die Gefahr geahnt, sich überstürzt davon gemacht und auf dem Weg in sämtlichen Relaisstationen die Pferde töten lassen, um eine Verfolgung unmöglich zu machen. Seinen Vater Constantius habe er angetroffen, als dieser bereits auf dem Sterbebett lag, er habe den Sohn noch seinen Soldaten als Nachfolger empfehlen können, um sodann in Frieden zu sterben.[12] Das alles könnte aus dem Drehbuch für einen Hollywoodfilm stammen und man kann der constantinischen Selbstdarstellung einen Sinn für Dramatik und sogar Melodramatik – man denke an die rührende Familienszene des Wiedersehens von Vater und Sohn – nicht absprechen. Vom Standpunkt der historischen Wahrheit aus gesehen muss man freilich feststellen, dass an der ganzen Geschichte fast alles erfunden ist.

Beim Anonymus Valesianus findet sich eine tendenziell ähnliche, aber in den Details abweichende Schilderung über die Abreise Constantins zu seinem Vater. Constantius habe von Galerius die Rückkehr seines Sohnes gefordert, doch habe dieser den Constantin zunächst einmal auf einem Feldzug gegen die Sarmaten zahlreichen Gefahren ausgesetzt, bevor er ihn entließ. Um auf seiner Rückreise über Italien den Nachstellungen des Severus zu entgehen, habe Constantin die Alpen in höchster Eile überschritten und außerdem die Postpferde töten lassen. So sei er zu seinem Vater nach Bononia (Boulogne-sur-Mer) gelangt und habe anschließend gemeinsam mit ihm einen siegreichen Feldzug gegen die Picten unternommen, nach dessen Ende der Vater in Eboracum (York im nordöstlichen England) gestorben sei.[13] Obwohl der Anonymus Valesianus später schrieb als Lactanz, scheint seine Version doch die ältere zu sein. Galerius wird hier mehr geschont, als eigentliche Bedrohung für Constantin erscheint Severus, auch wagte man noch nicht so dreist zu lügen was das Wiedersehen von Vater und Sohn anging. Sie geht vermutlich auf eine Zeit zurück, als Severus bereits tot, Galerius aber noch am Leben war, sie muss also zwischen 307 und 311 entstanden sein, wie wir noch sehen werden. Zwar wird die Geschichte von der überstürzten Flucht Constantins vom Hofe des Galerius auch von anderen Quellen kolportiert,[14] doch gibt es keinen Grund, sie zu glauben. Sowohl Lactanz als auch der Anonymus stimmen darin überein, dass Constantius seinen bislang quasi unter Aufsicht gehaltenen Sohn zurückforderte und dass Constantin von Galerius mit offizieller Erlaubnis entlassen wurde. Ausgerechnet Lactanz berichtet sogar, dass ihm dabei gesiegelte Reisedokumente ausgehändigt wurden, ohne die er die Staatspost gar nicht hätte benutzen dürfen.[15] Hätte Galerius ihn weiterhin festhalten wollen, so hätte er ihn gar nicht erst abreisen lassen oder aber Zeit genug gehabt, Severus entsprechend zu instruieren. Der Sachverhalt ist klar: Die ganze dramatische Fluchterzählung wurde nachträglich erfunden, um Constantins ab Ende 307 einsetzende allmähliche Emanzipation von der tetrarchischen Herrschaftsordnung zu rechtfertigen.

Wenn aber Constantin von Galerius zu seinem Vater zurückgesandt wurde, so wirft das die Frage nach den Gründen auf. Ursprünglich hatte man Constantin von Constantius getrennt, um eine dynastische Erbfolge auszuschließen. Jetzt aber entließ man den Sohn zu seinem im fortgeschrittenen Alter stehenden Vater, dessen Gesundheitszustand obendrein nicht mehr der beste war. Eine solche Handlungsweise musste zwangsläufig die Gefahr heraufbeschwören, dass Constantius bei seinem Tode nicht den Severus, sondern den eigenen Sohn zum Nachfolger designieren würde. Es ist undenkbar, dass sich Galerius dieses Risikos nicht bewusst gewesen ist und dafür, dass er es in Kauf nahm, kann es nur eine Erklärung geben: Constantius war zugesichert worden, dass man nach seinem Tode seinen Sohn in die Tetrarchie aufnehmen werde – als Caesar, nicht als Augustus, wie die weiteren Ereignisse zeigen werden. Das war offensichtlich der Preis, den Galerius und Diocletian für eine Nachfolgeregelung in ihrem Sinne zahlen mussten. Von Constantius' Warte aus betrachtet war diese Übereinkunft durchaus von Vorteil. Sich den Ambitionen des Galerius zu widersetzen, hätte ohne Zweifel die Gefahr eines Bürgerkrieges heraufbeschworen, dem er sich wohl allein schon aufgrund seiner angegriffenen Gesundheit nicht gewachsen fühlte. Bei seinem Tode wären selbst bei aussichtsreicher militärischer Lage keine erwachsenen Familienmitglieder imstande gewesen, seinen Platz einzunehmen. Seine Kinder von Theodora wären noch unmündig oder zumindest unerfahren gewesen, sein erwachsener Sohn Constantin hätte nicht zu ihm kommen können, selbst wenn Galerius ihn am Leben ließ. Die vereinbarte Lösung stellte sicher, dass sein Herrschaftsgebiet unter die Kontrolle eines regierungsfähigen Erben kam, der die väterliche Position halten oder erweitern konnte, wenn die politische Situation und die eigenen Fähigkeiten es gestatteten. Aber auch für Galerius bot das Arrangement mit Constantius Chancen. Ohne militärischen Konflikt hatte er seinen Machtbereich auf drei Viertel des Imperiums ausgedehnt, zu denen die bei weitem bevölkerungsreichsten und finanzkräftigsten Provinzen gehörten. Sein kränkelnder Mitkaiser blieb im äußersten Reichswesten isoliert. Auch wenn er es hinnehmen musste, dass dessen leiblicher Sohn den väterlichen Platz einnahm, so blieb die Gesamtsituation dadurch doch unverändert. Wie Galerius im Jahre 305 zu Constantin stand, wissen wir nicht, doch können wir es als Tatsache annehmen, dass Constantin nicht nur Galerius persönlich bekannt war, sondern auch unter ihm gedient und gekämpft hatte. Vielleicht rechnete der Augustus des Ostens sogar auf ihn als eine zuverlässige Stütze seiner eigenen Herrschaft.

Über den genauen Zeitpunkt von Constantins Aufbruch gen Westen liegen keine Informationen vor. Überliefert ist lediglich, dass Severus sich damals bereits in Italien, vermutlich in Mailand befand, und dies mag auch der Grund für eine gewisse Verzögerung seiner Abreise gewesen sein. Möglicherweise hatte Galerius gewartet, bis dass sein Caesar Severus die Zügel seines Herrschaftsbereiches in der Hand hielt, bevor er Constantin zu seinem Vater schickte. Auf diese Weise konnte er sich gegen einen etwaigen Wortbruch des *senior Augustus* sichern. Constantins Reiseweg verlief über Oberitalien, jedoch nicht über Mailand, wenn man dem Anonymus Valesianus hier glauben kann.[16] Der Ort des Wiedersehens zwischen Vater und Sohn, Bononia, beweist, dass Constantius damals auf dem Sprung stand, nach Britannien überzusetzen, was wiederum nahe legt, dass die Begegnung noch im Sommer 305 stattfand. Constantin begleitete seinen Vater nach der Insel und nahm mit ihm an einem Feldzug gegen die Picten, ein keltisches Volk im heutigen Schottland, teil. Einzelheiten sind nicht überliefert, doch ließ Constantius die Unternehmung als einen Sieg feiern, was freilich nicht viel zu bedeuten braucht. Anders als heute war Schottland damals dicht bewaldet und sumpfig und die evasive Strategie der Picten dürfte den Römern kaum die Gelegenheit zu einer größeren Schlacht geboten haben. Den Strapazen des Pictenfeldzuges war es gewiss mit zuzuschreiben, dass der *senior Augustus* Constantius am 25. Juli des folgenden Jahres zu Eboracum (York) verstarb.[17]

Innerhalb eines Jahres war somit die Nachfolgefrage akut geworden, doch über das, was dann genau geschah, lassen uns die Quellen wieder einmal im Unklaren. Sicher scheint nur, dass Constantin noch am Todestag seines Vaters zum Kaiser ausgerufen wurde. Doch welchen Titel er annahm, wer an der Thronerhebung mitgewirkt hatte, darüber gehen die Aussagen auseinander. Einer constantinischen Tradition zufolge hatte Constantius den Sohn persönlich zum Nachfolger und das heißt in diesem Falle zum Augustus bestimmt, wobei die völlige Rechtmäßigkeit dieser Handlungsweise häufig noch besonders hervorgehoben wird. Eusebios, der in seiner *Vita Constantini* die ausführlichste Darstellung bietet, weiß zu berichten, dass Constantius im Beisein aller seiner Söhne und Töchter „gemäß dem Naturgesetz seinem ältesten Sohne das Erbteil des Kaisertums übergab."[18] Daneben deutet er auch die Mitwirkung von Freunden seines Vaters (πατρικοῖς φίλοις) und der Leibgarde (στρατιωτῶν τε δορυφορίαι, im vorliegenden Falle nicht mit den Prätorianern zu verwechseln!) und einer nach Zehntausenden zählenden Menge des Volkes (δήμων τε πλήθη μυρία) an. Gewiss enthält diese Schilderung eine Reihe topischer Elemente, speziell da, wo Eusebios den Konsens von Elite, Militär und Volk suggeriert. Bei näherem Hinsehen dürfte sie aber doch nicht allzu weit von der Realität entfernt gewesen sein, zumal wenn man annimmt, dass besonders die Rolle des Volkes – in Wirklichkeit bloß die Stadtbevölkerung von Eboracum – eine rein akklamative war, was Eusebios gleich darauf bestätigt.[19] Die Unterstützung des Offizierskorps und der hohen Funktionäre (die Freunde des Vaters) und der anwesenden Militäreinheiten (in diesem Fall nur die Leibgarde) war hingegen essentiell für die Chancen Constantins, als Kaiser – sei es nun als Caesar oder erst recht als Augustus – anerkannt zu werden und man wird kaum fehlgehen in der Vermutung, dass Constantius das zurückliegende Jahr genutzt hatte, um seinem Sohn und Erben die Unterstützung dieser Gruppen zu verschaffen.[20] Auffallend ist in diesem Zusammenhang, dass nur eine einzige Quelle einen Angehörigen des Personenkreises, der die Erhebung Constantins ermöglichte, namentlich erwähnt. In *der Epitome de Caesaribus* lesen wir, dass vor allem die Unterstützung des „Crocus, des Königs der Alemannen" ausschlaggebend gewesen sei.[21] Was soll man von dieser isolierten Notiz halten? Gewiss befanden sich beim Heer des Constantius Truppenteile, die überwiegend aus Soldaten alemannischer Herkunft zusammengesetzt waren und auch unter den höheren Offizieren mögen bereits gebürtige Alemannen gewesen sein. Aus dem späteren 4. Jahrhundert ist uns sogar ein Beispiel überliefert, dass ein römischer Offizier alemannischer Abstammung zum Kleinkönig eines alemannischen Teilstammes aufstieg. Aber ein Alemannenkönig in der engsten Umgebung des Constantius, dessen Einfluss den Ausschlag für die Kaisererhebung Constantins gegeben haben soll? In der vorliegenden Form ist die Nachricht nichts anderes als der Reflex einer constantinfeindlichen Tradition, die den Kaiser als Protegé eines Barbarenfürsten zu denunzieren versucht. Wann diese Überlieferung aufkam, ob sie zeitgenössische Vorwürfe der Gegner Constantins aufgreift oder erst im Nachhinein entstand, etwa im Zusammenhang mit dem Vorwurf, dass Constantin die Armee barbarisiert habe, wissen wir nicht.[22] Wir können auch nicht explizit ausschließen, dass es einen geborenen Alemannen mit Namen Crocus in Constantius' militärischem Gefolge gegeben hat, der es in späteren Jahren, vielleicht mit Constantins Unterstützung, zum alemannischen Teilkönig brachte, aber die von der *Epitome* gebotene Darstellung, dass Constantin seinen Thron hauptsächlich dem Alemannenkönig Crocus verdankte, muss zurückgewiesen werden.

Wenden wir uns nun der entscheidenden Frage zu, ob Constantin damals direkt zum Augustus proklamiert wurde. Ihre Beantwortung erlaubt uns zu beurteilen, ob seine Thronbesteigung einen Bruch mit der tetrarchischen Herrschaftsordnung bedeutete, nach der niemand zum Augustus aufsteigen konnte, der nicht vorher Caesar gewesen war. Eusebios lässt in der *Vita Constantini* nicht den mindesten Zweifel aufkommen: Constantin sei in aller Öffentlichkeit zum unumschränkten Kaiser und Augustus (βασιλεὺς αὐτοκράτωρ καὶ σεβαστὸς αὔγουστος) ausgerufen worden.[23] Der Anonymus Valesianus und Zosimos dagegen schreiben explizit, dass Constantin nach dem Tode seines Vaters lediglich zum Caesar erhoben worden sei.[24] Andere Autoren hingegen lassen die Frage offen bzw. umgehen sie durch eine geschickte Wahl der Begriffe, so Eutrop, Aurelius Victor und die *Epitome de Caesaribus*.[25] Aufgrund der eindeutigen Aussage des anonymen Panegyrikers des Jahres 307, der nur die damalige offizielle Version Constantins widergab, kann es kaum Zweifel darüber geben, dass dieser im Jahr 306 nur den Caesartitel annahm: Constantin sei mit dem Titel eines Caesars zufrieden gewesen (*Caesaris tamen appellatione contentus*) heißt es da, und diese Angabe wird durch eine ganze

Reihe inschriftlicher Zeugnisse bestätigt.[26] In der gelehrten Literatur hat man sich freilich mehr der von Lactanz suggerierten Version (und damit späterer constantinischer Selbstdarstellung!) angeschlossen und diesen Sachverhalt in der Regel folgendermaßen erklärt: Constantin sei beim Tode seines Vaters zum Augustus ausgerufen worden, habe aber nach Verhandlungen mit Galerius einen Rückzieher gemacht und sich auf den Caesartitel beschränkt. Galerius seinerseits habe daraufhin zumindest vorläufig auf das Risiko eines militärischen Vorgehens verzichtet und Constantin anerkannt, wobei man mitunter die einige Monate später mit der Usurpation des Maxentius ausgebrochenen Schwierigkeiten als Grund anführt.[27] Einmal abgesehen davon, dass ein solcher partieller Rückzieher für das Ansehen Constantins bei seinen Truppen problematisch gewesen wäre, lassen solche Erklärungsversuche sowohl die oben dargelegten Umstände der Rücksendung Constantins außer Acht, als auch die Tatsache, dass weder Galerius selbst noch sein Caesar Severus irgendwelche Maßnahmen getroffen haben, die auf eine irgendwie illegale Usurpation Constantins hindeuten. Da die Machtmittel des Severus sicher nicht hinreichten, um mit Constantin militärisch fertig zu werden, hätte man erwarten können, dass Galerius schleunigst mit großer Truppenmacht gen Westen gezogen wäre, weil es in einem solchen Falle darauf ankam, sich seinerseits gegen die Möglichkeit einer militärischen Offensive des „Usurpators" Constantin zu sichern, der Severus hätte zum Opfer fallen können.[28] Eine solche Vorgehensweise wäre selbst dann angebracht gewesen, wenn Galerius grundsätzlich bereit gewesen war, sich mit Constantin zu verständigen. Aber nichts dergleichen geschah. Von Severus sind keinerlei Aktionen überliefert und Galerius blieb friedlich in Nikomedia. Niemand anderes als Lactanz bestätigt uns, dass Constantin sogleich förmlich bei Galerius um Anerkennung nachkam und auch ohne Schwierigkeiten sogleich von diesem den Purpur (des Caesars) zugesandt bekam.[29] Eine solche Reaktion wäre undenkbar, hätte es sich bei der Erhebung Constantins um einen vorher nicht vereinbarten Akt gehandelt.

Fassen wir noch einmal zusammen: Constantins Erhebung zum Caesar und de facto Nachfolger seines Vaters Constantius im äußerten Westen des Imperiums war das Ergebnis der Verhandlungen und Abmachungen, die 305 dem Rücktritt von Diocletian und Maximian vorausgegangen waren. Diese Vereinbarungen ermöglichten es Diocletian, Galerius und Constantius, Maximian zum Thronverzicht zu zwingen und erlaubten es darüber hinaus dem Galerius, praktisch drei Viertel des Reiches unter seine Oberhoheit zu bringen. Im Gegenzug wurde es Constantius gestattet, bei seinem Ableben seinen leiblichen Sohn Constantin als Caesar in das System der Tetrarchie einzugliedern. Es kann also keine Rede davon sein, dass die Thronbesteigung Constantins die Brüchigkeit der tetrarchischen Ordnung entlarvt habe, die nur deshalb noch mühsam habe aufrecht erhalten werden können, weil Galerius sich zu einer halbherzigen Anerkennung der durch die Usurpation Constantins entstandenen Situation bereitfand. Der erste und, wie wir noch sehen werden, entscheidende Schlag gegen die tetrarchische Herrschaftsordnung erfolgte erst einige Monate später.

Nach seinem unfreiwilligen Abgang führte der Exaugustus Maximian auf seinen Gütern im südlichen Italien das Dasein eines Pensionärs.[30] Dass er die Kunde von der Erhebung des Sohnes seines ehemaligen Protegés Constantius zum Caesar mit Freude aufnahm, wird niemand ernsthaft glauben. Ganz im Gegenteil hatte er allen Grund, sich überfahren, ja düpiert zu fühlen. Während man seinen eigenen, ehelich geborenen Sohn Maxentius sorgfältigst von allen Positionen ferngehalten hatte, die in ihm die Hoffnung begründen konnten, irgendwann einmal den Vater zu beerben, war der uneheliche Spross seines einstigen Freundes nun ohne weiteres auf den Thron gelangt. So etwas ging aus seiner Sicht nicht an. Hier musste etwas unternommen werden.

Marcus Valerius Maxentius entstammte der Ehe Maximians mit der Syrerin Eutropia. Sein genaues Geburtsdatum kennen wir wie üblich nicht, doch ist zu vermuten, dass er im etwa gleichen Alter stand wie Constantin oder doch nur wenig jünger war.[31] Glaubt man Hinweisen in dem im Jahre 289 auf Maximian gehaltenen Panegyricus des Mamertinus, so hatte der damalige Augustus durchaus mit dem Gedanken gespielt, den Sohn einmal zu seinem Erben zu machen. Aus dieser Absicht war freilich nichts geworden. Maxentius blieb im Unterschied zu Constantin jegliche militärische oder wenigstens ziviladministrative Karriere verwehrt. Ob dies an einem Mangel an Ehrgeiz oder gar Eignung gelegen hat, kann man mit Fug und Recht bezweifeln; allein schon die eheliche Verbindung mit einer Tochter des Galerius, Valeria Maximilla, deutet auf ursprünglich hochfliegende Pläne hin.[32] Vielmehr scheint es, dass sich zunächst Diocletian solchen Wünschen widersetzte und im Jahre 305 Galerius nicht daran dachte, den Sohn des maßgeblich von ihm gedemütigten Maximian zum Caesar zu machen, mochte dieser auch sein Schwiegersohn sein. So dürfte Maxentius bis zu seinem Staatsstreich den größten Teil seines Lebens in Italien verlebt haben, wo seine Familie begütert war; im Jahre 306 befand er sich jedenfalls auf seinem Landgut an der Via Labicana, sechs römische Meilen (ca. 12 km) vor den Mauern Roms.[33]

Am 29. Oktober 306 wurde eben dieser Maxentius in Rom zum Kaiser ausgerufen. Über das folgenschwere Ereignis und seine Hintergründe überliefert Zosimos die meisten Einzelheiten: demnach soll es Maxentius als unerträglich empfunden haben, bei der Thronfolge völlig übergegangen worden zu sein. Darum habe er vermittels reicher Geschenke zwei höhere Offiziere (ταξίαρχοι) namens Marcellianus und Marcellus sowie Lucianus, den Leiter der staatlichen Schweinefleischverteilung, auf seine Seite gebracht, ferner die Prätorianergarde, und sei daraufhin von ihnen auf den Thron gesetzt worden. Diesem Staatsstreich sei der stellvertretende Stadtpräfekt Abellius zum Opfer gefallen, von einem größeren Blutvergießen wird aber nichts berichtet. Bei Lactanz liest sich das etwas anders: hinter dem Putsch habe zum einen – weil von Galerius mit einer Steuerschätzung bedroht – die stadtrömische Bevölkerung gestanden, zum anderen die Reste der Prätorianergarde, deren Lager, die *castra praetoria*, Galerius habe auflösen wollen. Letztere hätten einige Beamte erschlagen und Maxentius unter der Billigung des erregten Volkes den Purpur übergeworfen. Die Mehrzahl der übrigen Quellen stellt die Usurpation meist kurz und bündig als das Werk der Prätorianer hin, lediglich Aurelius Victor bestätigt noch die Mitwirkung des Volkes.[34] Ganz ohne Zweifel gab die Unterstützung der stadtrömischen Garnison den Ausschlag für den Erfolg des Staatsstreiches, ohne deren Einverständnis Maxentius nichts hätte wagen können. Allerdings waren die Prätorianer nur deren vormals bedeutendster Teil, daneben existierten vor allem noch die Stadtkohorten (*cohortes urbanae*) und unweit von Rom, in den Albaner Bergen, hatte seit Septimius Severus die *legio II Parthica* ihr Quartier, alles Einheiten, deren Unterstützung oder Feindschaft für Maxentius von schwerwiegender Bedeutung waren. Von den Helfershelfern des Maxentius, die Zosimos namentlich erwähnt, erscheint nur die Stellung des Lucianus als gesichert. Nach der Umschreibung seines Amtes durch Zosimos bekleidete Lucianus die Stellung eines *tribunus fori suarii* und hatte als solcher wenigstens eine der drei noch existierenden stadtrömischen Kohorten unter sich; damit kann als sicher gelten, dass Maxentius die städtischen Kohorten auf seine Seite gebracht hatte. Um wen es sich bei Marcellianus und Marcellus handelte, ist dagegen weniger klar. Man kann in den beiden „Taxiarchen" Tribunen der prätorischen Kohorten sehen, doch bezeichnet sie Zosimos genau genommen nicht als Angehörige dieser Truppe. Es kann sich also auch um die Befehlshaber der beiden übrigen städtischen Kohorten oder Angehörige der *II Parthica* gehandelt haben, deren in der Nähe Roms stationierte Reste gleichfalls die Partei des Maxentius ergriffen haben dürften.[35] Was nun die Prätorianer angeht, so hatten sie ihre einstige bevorzugte Stellung als Leib- und Palastgarde der römischen Kaiser und Kerntruppe der kaiserlichen Eingreifarmee seit der Mitte des 3. Jahrhunderts allmählich eingebüßt. Von der früheren Kaisernähe, die den Prätorianern im Verlauf ihrer Geschichte mehrfach die Rolle des Kaisermachers gestattet hatte, war unter der Tetrarchie nicht mehr viel geblieben und Abkommandierungen und eine Verminderung der Kohorten durch Diocletian hatte ihre zahlenmäßige Stärke offenbar erheblich reduziert. Es braucht uns also nicht zu wundern, wenn Lactanz schreibt, es habe im Jahre 306 nurmehr wenige Prätorianer gegeben.[36] Wenn derselbe Autor aber die Verantwortung für ihren Aufstand dem Galerius gibt, der sie durch die drohende Auflösung ihres Stammlagers zur Kaisererhebung des Maxentius getrieben haben soll, so ist hier Misstrauen angebracht, und sei es lediglich aufgrund der deutlich zutage tretenden Neigung dieses Autors, dem Oberchristenverfolger Galerius die Schuld an jeglichem Übel in die Schuhe zu schieben. Wir haben nämlich allen Grund, zu bezweifeln, dass die Usurpation des Maxentius lediglich das Ergebnis eines unvorhersehbaren Zufalls war. Dagegen spricht zum einen das Zeugnis des Zosimos, das im Grundsatz durchaus das bei Staatsstreichen gängige Verfahren widergibt, mittels eines kleinen Kreises einflussreicher Mitverschwörer und unter dem Einsatz von Geldmitteln die Masse der Truppen zu gewinnen.[37] Zum anderen muss man berücksichtigen, dass Maxentius, obwohl Sohn eines ehemaligen Kaisers, zum Zeitpunkt seines Putsches ein politisch und ganz besonders militärisch völlig unbeschriebenes Blatt war und somit gewiss nicht der Mann, mit dem sich Soldaten so ganz ohne weiteres auf Leben und Tod verbinden würden. Darüber hinaus kann die Furcht vor drohender Abkommandierung – denn eine solche bedeutete die Auflösung des Lagers – zwar den Aufstand der Prätorianer erklären, aber nicht den Anschluss der städtischen Kohorten und der parthischen Legion. Hier muss also erheblich mehr vorgelegen haben als eine simple Kurzschlusshandlung aus akuter Unzufriedenheit. Obwohl es in der Forschung oft übersehen wurde, kann es keinem Zweifel unterliegen, dass Maximian der eigentliche Drahtzieher der Usurpation seines Sohnes gewesen ist. Das folgt vor allem aus der Reaktion der Legionen des Severus auf die Erhebung, von der gleich zu sprechen sein wird; es erklärt aber auch, warum sich eine vergleichsweise kleine stadtrömische Truppe dafür gewinnen ließ, den Putsch eines ihr bis dahin unbekannten Zivilisten ohne jegliche soldatische Erfahrung zu unterstützen.[38] Wir wissen, dass Maximian zumindest während seines Aufenthaltes in Afrika (297–299) noch Prätorianer in seinem Heer gehabt hat,[39] und diese Beziehungen hat er fraglos zur Vorbereitung des Staatsstreiches genutzt. In wieweit die stadtrömische Bevölkerung an der Revolte beteiligt war, ist schwer auszumachen. Aus dem Umstand, dass der amtierende Stadtpräfekt im Verlauf der Usurpation ums Leben kam, kann man auf Unzufriedenheit und Unruhen bei der *plebs urbana* schließen, denn der *praefectus urbi* war für Verwaltung der Stadt und vor allem ihre Versorgung mit Lebensmitteln zuständig. Maxentius selbst scheint bei beträchtlichen Teilen der römischen Einwohnerschaft zumindest zeitweise einige Popularität besessen zu haben, und eine anfängliche große Unterstützung für den Usurpator ist durchaus denkbar.

Welche Ziele verfolgten nun Maximian und Maxentius? Eine halb versteckte Notiz bei Lactanz gibt uns einen Hinweis. Dieser schreibt über die Reaktion des Galerius auf die Erhebung des Maxentius, dass der *senior Augustus* keine Verwendung für einen dritten Caesar gehabt habe.[40] Demnach hätte Maxentius zumindest anfänglich für sich nicht den Titel eines Augustus, sondern nur den eines Caesars gefordert. Einige der frühesten Münzen, die Maxentius bis zum Sommer 307 prägen ließ, vermitteln weitere interessante Aufschlüsse. In den Münzlegenden führte er weder den Titel Augustus noch Caesar, sondern bezeichnete sich lediglich als *Princeps*.[41] Man kann dies getrost als ein Signal auffassen: Maxentius (und mit ihm Maximian) taten kund, dass sie hinsichtlich des Titels für den frischgebackenen Imperator mit sich reden lassen würden. Der Staatsstreich war also nicht gegen die Tetrarchie als solche gerichtet, man verlangte aber für den Kaisersohn Maxentius einen gebührenden Anteil an der kaiserlichen Macht, und sei es zunächst nur als Caesar. Hinsichtlich des Herrschaftsgebietes dürften die Forderungen dagegen eindeutiger gewesen sein: Maxentius musste den Reichsteil des Severus beanspruchen, den sein Vater bis vor kurzem regiert hatte, weil er hier auf den nötigen Rückhalt bei Verwaltung und Truppenverbänden rechnen konnte. Das heißt, dass jegliche Einigung mit Maxentius zu Lasten des Severus gehen musste, ob man diesen beseitigen oder anderweitig abfinden wollte, wird nicht überliefert.

Während der schicksalsschweren Ereignisse in Rom hielt sich Severus nicht in Italien auf, sondern weilte in Illyrien. Auf nähere Verhandlungen ließen werden er noch Galerius sich ein. Statt dessen kehrte Severus nach Italien zurück und marschierte mit voller Rückendeckung durch den *senior Augustus* an der

Spitze einer Armee gegen den Usurpator.[42] Aufgrund des Kräfteverhältnisses hätte der Ausgang des Konfliktes eigentlich von vornherein feststehen müssen, da sich Maxentius nur auf die schwache Garnison von Rom und die in den Albanerbergen verbliebenen Reste der 2. parthischen Legion stützen konnte, doch es kam ganz anders. Jetzt zeigte es sich nämlich, dass die Agenten Maximians auch in der regulären Armee bereits ihre „Wühltätigkeit" entfaltet hatten. Severus wurde von einem großen Teil seiner Truppen verlassen und auch von seinem eigenen *praefectus praetorio* Anullinus. Zosimos führt das allein auf großzügige Geldspenden des Maxentius zurück, doch nennt Lactanz den eigentlichen Grund: die Soldaten des Severus seien dieselben gewesen, die Maximian früher befehligt hatte, seine Agitation konnte hier folglich auf besonders fruchtbaren Boden fallen. Freilich gelang es nicht, Severus völlig auszuschalten. Mit einem treu gebliebenen Rest seiner Mannschaften konnte sich der ohne Kampf geschlagene Augustus nach Ravenna zurückziehen. Zu Lande schwer zugänglich, war die Stadt laut Zosimos auch gut verproviantiert, Severus hätte hier vermutlich bis zur Ankunft einer Ersatzstreitmacht unter Galerius ausharren können.[43] Die dadurch entstandene Situation erschien Maximian derart bedenklich, dass er, der sich bisher offiziell im Hintergrund gehalten hatte, sich zu einem persönlichen Eingreifen entschloss. Sehr wahrscheinlich schon angesichts der Offensive des Severus, die zumindest vorerst jegliche Hoffnung auf eine Verhandlungslösung zunichte machte, hatte er in Übereinstimmung mit seinem Sohn erneut den kaiserlichen Purpur genommen, dass heißt, er beanspruchte von da an wieder die Augustuswürde für sich.[44] Er übernahm das Kommando über die Streitkräfte des Maxentius und belagerte Severus in Ravenna. Unsere Nachrichten über das Ende des Westaugustus sind widersprüchlich. Nach Lactanz fürchtete er, von seinen Leuten ausgeliefert zu werden und ergab sich daher Maximian unter Übergabe seiner kaiserlichen Insignien, worauf dieser ihn trotzdem zum Selbstmord gezwungen habe. Im Gegensatz dazu schreibt Zosimos, dass Maximian den Severus angesichts der Aussichtslosigkeit einer Belagerung durch vertragliche Zusicherungen getäuscht und so aus der Stadt gelockt habe, um ihm dann auf dem Weg nach Rom bei Tres Tabernae einen tödlichen Hinterhalt zu bereiten. Dass Severus von Maximian hintergangen wurde, überliefert auch der Anonymus Valesianus, dessen knappem Bericht zufolge er aber zunächst lediglich in einem Staatsgut 30 Meilen außerhalb von Rom unter Bewachung gestellt und erst später beim Anmarsch des Galerius erdrosselt wurde. Tres Tabernae als Todesort des Severus bestätigt die *Epitome de Caesaribus*, während Aurelius Victor und Eutrop behaupten, er sei in Ravenna umgekommen.[45] Aus dieser uneinheitlichen Überlieferung kann man schließen, dass Severus in der Tat seine Sache verloren gab und sich vertraglich mit Maximian verglich und Ravenna übergab. Ob er dabei auf Titel und Insignien verzichtet hat, ist weniger gewiss. Seine Internierung außerhalb Roms – die genaue Lage des Ortes ist umstritten[46] – deutet darauf hin, dass Maximian eine Entscheidung bis zum Ausgang der Verhandlungen mit Galerius aufschieben wollte, und es ist durchaus wahrscheinlich, dass erst dessen kompromisslose Haltung das Schicksal des Severus besiegelte.

Mit der Ausschaltung des Severus Ende 306/Anfang 307 hatten Maximian und Maxentius zunächst einmal ein Nahziel erreicht: Italien war unter ihrer Kontrolle und ihr wichtigster Widersacher aus dem Wege geräumt; in wieweit der übrige Herrschaftsbereich des Severus die neuen Kaiser zu akzeptieren bereit war, würde die Zukunft zeigen. Politisch freilich stellte sich die Lage nun komplizierter dar, weil Maximian jetzt wieder den Augustustitel beanspruchte. Auch wenn man Severus als zumindest politisch erledigt ansah, setzte eine friedliche Einigung im Rahmen der tetrarchischen Ordnung voraus, dass Constantin als Augustus nachrückte, Maxentius hätte als Caesar den vormaligen Herrschaftsbereich des Severus übernehmen können. Ein Augustus Maximian aber war in diesem System nicht unterzubringen und warf darüber hinaus die Frage auf, wer denn nun *senior Augustus* sein sollte; Maximian dachte dabei zweifellos an sich. Es hat ganz den Anschein, dass Maximian und Maxentius nach dem Sieg über Severus eine grundlegende Neuordnung der Herrschaft ins Auge fassten, bei der die Anzahl der Kaiser ebenso neu geregelt werden sollte wie der

Zuschnitt der ihnen unterstehenden Gebiete, und dafür spricht auch ihre Behandlung des Severus. Offenbar behielt man ihn (und damit seine künftige Position!) als Verhandlungsobjekt und eine Art potentielles Bonbon für Galerius in der Hinterhand. Ob es überhaupt noch einmal zu regelrechten Verhandlungen zwischen Galerius auf der einen und Maximian und Maxentius auf der anderen Seite gekommen ist, bleibt unklar. Jedenfalls muss Galerius rasch deutlich gemacht haben, dass er von einer Verhandlungslösung nichts wissen wollte und ganz auf eine gewaltsame Entscheidung des Konfliktes setzte. Angesichts dieser unnachgiebigen Haltung und des immer noch enormen Missverhältnisses der Kräfte handelte Maximian entsprechend. Er ließ die Befestigungen Roms instand setzen und Lebensmittel aufspeichern. Dann brach er nach Gallien auf, um Constantin für ein Bündnis gegen Galerius zu gewinnen.[47]

Nach dem Tode seines Vater scheint Constantin schon bald nach Gallien zurückgekehrt zu sein. Seine vordringlichste Aufgabe bestand dort zunächst in der Sicherung der Grenze gegenüber germanischen Einfällen. Im späten ersten und vor allem im zweiten Jahrhundert hatten sich die römischen Provinzen an Rhein und oberer Donau zu blühenden Zentren römischer Imperiumskultur entwickelt. Entlang der Flussufer entstanden aus Legionslagern und keltischen Siedlungen große, volkreiche Städte, wie Xanten, Köln, Bonn und Mainz, die in ihrem Aufbau und Stadtbild mit Foren, Basiliken, Tempeln, Thermen und auch Amphitheatern ganz am römischen Vorbild orientiert waren. Die großen Wasserwege von Rhein, Donau und Mosel begünstigten den Anschluss an den Fernhandelsverkehr und ermöglichten es, dass z. B. Kölner Glaswaren und *terra sigillata* aus Rheinzabern zeitweilig weite Verbreitung fanden. Der wachsende Wohlstand wirkte sich nicht nur auf das Erscheinungsbild der Städte, sondern auch auf deren Hinterland aus, in dem bald zahlreiche *villae*, Landgüter nach gleichfalls römischem Muster, entstanden. Aus der vorgefundenen oder angesiedelten keltischen und germanischen Einwohnerschaft, Zuwanderern aus Italien und bald auch aus sämtlichen Regionen des Imperiums entwickelte sich im Laufe zweier Jahrhunderte eine romanisierte Provinzialbevölkerung, die sprachlich und kulturell fest im Reich verankert war.[48]

Diese allgemeine Prosperität in einer der geographischen Randregionen des Imperiums hatte freilich einen fortgesetzten Friedenszustand mit den germanischen Grenznachbarn zur Bedingung, der im 2. Jahrhundert vor allem am Rhein und in den vom Limes geschützten rechtsrheinischen Gebieten offensichtlich bestanden hat. Seit der Mitte des 3. Jahrhunderts aber war es damit endgültig vorbei. Aus dem Neben- und Gegeneinander zahlreicher kleinerer germanischer Volksstämme waren die großen Stammesverbünde der Alemannen und Franken entstanden. Obwohl diesen Verbünden immer noch eine einheitliche politische Führung fehlte, zeigten sich ihre zahlreichen Kleinkönige und Fürsten trotz gelegentlicher Gegensätze besser als früher imstande, gegenüber dem römischen Imperium zu gemeinsamem Handeln zusammenzufinden und Franken wie Alemannen wurden von den Römern trotz gewisser Unsicherheiten in der Zuordnung einzelner Teilstämme als sprachliche und kulturelle Einheiten wahrgenommen. Erste alemannische Invasionen fallen in die Zeit Caracallas, unter Alexander Severus und Maximinus Thrax nahmen sie bereits bedrohliche Ausmaße an und seit dem Ende der fünfziger Jahre rissen sie für über drei Jahrzehnte nicht mehr ab. Begünstigt von dem Bürgerkrieg zwischen Postumus und Gallienus, der zum Abzug von Grenzgarnisonen führte, drangen die Angreifer immer tiefer nach Gallien und bis nach Nordspanien vor. Wenn sie einmal die verteidigte Grenzzone hinter sich gelassen hatten, konnten sie in den ungeschützten Provinzen, deren Villen, Dörfer und Städte oft keine Befestigungen aufwiesen, unverhältnismäßig große Verheerungen anrichten. Man darf sich von diesen germanischen Invasionen keine übertriebene Vorstellung machen. Wenn sich auch hin und wider größere, nach Tausenden zählende Heere zusammenfanden, so wurden die Angriffe in der Regel von relativ kleinen Gefolgschaftsverbänden unternommen, die nur einige Hundert Kämpfer zählten. Ihr Ziel war auch nicht die Eroberung von Land, sondern das Beutemachen, Zusammenstößen mit römischen Truppen ging man dabei tunlichst aus dem Weg.[49] Dennoch: Die sich ständig wiederholenden Überfälle zeigten in den Grenzprovinzen im Laufe der Jahre die nachhaltigste Wirkung. Das Land veröbte, die Bevölkerung der kleinen Dörfer und Landgüter, soweit sie nicht von den Angreifern getötet oder verschleppt worden war, flüchtete in die Städte, in die aufgrund von Abkommandierungen halbleeren Lager und Kastelle, oder wanderte in entfernte Gebiete ab. Die Städte selbst versuchten sich in großer Hast durch den Auf- und Ausbau von Befestigungen vor Raubzügen zu schützen, bei denen Baumaterial nicht selten durch den Abriss von Repräsentativ- und Luxusbauten und auch von Grabmälern gewonnen wurde. Das Bedürfnis nach Komfort musste dem nach Sicherheit weichen. Um die Bevölkerungsverluste auszugleichen und wieder zu Steuerzahlern und Wehrfähigen zu kommen, wandten die römischen Kaiser das an sich altbewährte Mittel an, Kriegsgefangene und reichsfremde Bundesgenossen, oft größere germanische oder auch sarmatische Gruppen mit Frauen und Kindern, auf dem verlassenen Boden anzusiedeln, wo sie Abgaben zu leisten und Rekruten zu stellen hatten. Natürlich stand dahinter die Erwartung, dass die Angesiedelten langfristig demselben Romanisierungsprozess unterliegen würden wie die keltischen und germanischen Bewohner des ersten Jahrhunderts. Tatsächlich aber veränderte sich dadurch langfristig der Charakter der Grenzregionen entscheidend. In den ländlichen Gebieten begann sich langsam aber sicher eine Bevölkerungsgruppe zu entwickeln, die bestenfalls oberflächlich romanisiert war, in sprachlicher und kultureller Hinsicht jedoch der germanischen Bevölkerung jenseits der Grenze viel näher stand und die bei germanischen Einfällen gelegentlich Neigungen zeigte, mit den Angreifern gemeinsame Sache zu machen.

Die Feldzüge Maximians und später des Constantius hatten, wie schon erwähnt, zu einer unzweifelhaften Stabilisierung der zu Beginn der achtziger Jahre immer noch kritischen Situation geführt, wiederholte Feldzüge hielten Franken und Alemannen allmählich in Schach und man bemühte sich um den Aufbau einer durchgehenden Linie befestigter Städte und Kastelle vom Rhein bis zur Donau und vor allem darum, den arg gebeutelten Gebieten bevölkerungsmäßig und wirtschaftlich wieder aufzuhelfen. Zu einem wichtigen administrativen und logistischen Zentrum entwickelte sich die Stadt Trier, die verkehrsgünstig an der Mosel gelegen, aber durch germanische Angriffe nicht so gefährdet war wie das grenznahe Köln, das freilich der wichtigste römische Stützpunkt im niedergermanischen Raum blieb. Trotz der erreichten Konsolidierung war die von den Germanen drohende Gefahr keineswegs beseitigt. Nach wie vor waren jenseits des Rheins fränkische und alemannische Gefolgschaften, angelockt vom immer noch unvergleichlich höheren materiellen Wohlstand der Römer, nur zu gern bereit, den Provinzen ihre Aufwartung zu machen. Gegen solche Angriffe konnte der Aufbau von Befestigungen nur bedingt helfen. Durch Mauern geschützte Städte und Kastelle bildeten zwar Rückzugsorte für die Bevölkerung und ihre bewegliche Habe und zugleich Stützpunkte für Gegenmaßnahmen, die von den Germanen unter normalen Umständen nicht erobert werden konnten. Sie waren aber auch leicht zu umgehen – und waren die Angreifer einmal in die Tiefe des Raumes vorgestoßen hatten sie gute Aussichten, zumindest Vieh und Feldfrüchte zu erbeuten. Eine Verfolgung solcher Raubscharen war für die Römer meist schwierig, weil sich die Germanen oft in kleine Gruppen aufteilten und den Schutz unwegsamen Geländes, namentlich der Wälder aufsuchten, wo ihnen ihre leichte Bewaffnung und bewegliche Kampfesweise Vorteile oder wenigstens die Chance des Entkommens boten. Größere germanische Raubzüge pflegten die Römer darum mit Gegenangriffen auf fränkisches und alemannisches Gebiet zu beantworten, bei denen Felder und Dörfer systematisch verwüstet, Vieh und Menschen verschleppt wurden. So konnte man den Germanen beweisen, dass sie durch Übergriffe letztlich nur sich selbst schaden würden, indem sie größeren Schaden erlitten als sie zuzufügen imstande waren. Angesichts der Unterschiede im Lebensstandard musste diese „Schreckpraxis" allerdings von begrenzter Wirkung bleiben, und in Situationen, in denen die Germanen glaubten, Gegenmaßnahmen nicht befürchten zu müssen, setzten die Übergriffe sofort wieder ein. Aufgrund der eingeschränkten Wirksamkeit militärischer Gegenschläge bot sich den Römern natürlich die Möglichkeit an, die Germanen durch regelmäßige Tributzahlungen zur Einhaltung des Friedens zu veranlassen. Mit Hilfe dieser Subventionen konnten die Fürsten ihre materiellen Ansprüche – und die ihrer Leute – befriedigen; überdies erlaubten sie den Römern die Vertiefung diplomatischer Kontakte und den Auf- und Ausbau von Einflussmöglichkeiten auf die einzelnen Kleinkönige und ihre Teilstämme, was durch die Schaffung von Interessensgemeinschaften zwischen dem Imperium und einzelnen Fürsten zu einer Stabilisierung der Gesamtsituation wesentlich beitragen konnte. Andererseits muss festgestellt werden, dass derartige Zahlungen dazu geeignet waren, erst recht die Erwartungen und Begehrlichkeiten der Germanen zu wecken, weshalb sie ständig erhöht werden mussten; im Falle einer Verweigerung drohten sehr rasch neue Auseinandersetzungen. Letztlich hatte auch diese auf die Mittel der Diplomatie setzende Strategie nur dann dauerhaft Aussicht auf Erfolg, wenn sie durch die Präsenz hinreichend starker Streitkräfte abgesichert war, die sich imstande zeigten, nicht bloß Angriffe abzuwehren, sondern auch Vergeltungsschläge zu führen.[50]

So beschaffen war also die außenpolitische Gesamtsituation, mit der sich Constantin nach seiner Rückkehr auf den Kontinent konfrontiert sah und er sollte auch sehr schnell ihre konkreten Auswirkungen zu spüren bekommen. Wenn man dem Panegyriker des Jahres 310 glauben darf, dann hatten mehrere fränkische „Könige" bereits die Abwesenheit des Constantius (und eines Teil seines Heeres) benutzt, um in römisches Gebiet einzufallen. Dem Panegyriker des Jahres 307 zufolge lag der Schwerpunkt der Invasion im Gebiet der Bataverinsel, also im äußersten Nordwesten, wo die römische Kontrolle seit jeher relativ locker gewesen zu sein scheint; die Behauptung desselben Autors, dass Tausende von Franken an den Angriffen teilgenommen hätten, braucht dagegen keinesfalls wörtlich genommen zu werden. Constantins Gegenmaßnahmen waren erfolgreich. In mehreren Gefechten, über deren Verlauf keine Einzelheiten überliefert sind, schlug er die Angreifer. Bei der bloßen Abwehr der Aggressoren ließ es Constantin allerdings nicht bewenden, er unternahm einen Gegenschlag über den Rhein, ins Gebiet der „Bructerer", wie es archaisierend beim anonymen Panegyriker des Jahres 310 heißt. Hinsichtlich des Zeitpunktes dieser Offensive herrscht freilich Unsicherheit, sie mag erst ins folgende Jahr (307) fallen. Details über all diese Kämpfe sind nicht überliefert, doch wurden in ihrem Verlauf zwei fränkische Anführer gefangen, deren Namen mit Ascaricus (Askarich?) und Merogais angegeben werden. Ob beide königlichen Rang beanspruchen konnten, sei dahin gestellt; jedenfalls scheint Ascarius der bei weitem bedeutendere von beiden gewesen zu sein. Immerhin, selbst die Gefangennahme eines einzigen Kleinkönigs bedeutete bereits einen spektakulären Sieg; Vergleichbares gelang den Römern im 4. Jahrhundert nicht oft.[51] Constantins erste selbstständige kriegerische Unternehmungen als Caesar, ja überhaupt als Feldherr, waren also ein unbestreitbarer Erfolg, und er versäumte nicht, ihn entsprechend herauszustellen. Auffallend ist freilich die brutale Behandlung der beiden gefangenen Germanenfürsten, die zur Schau gestellt und anschließend unter Martern hingerichtet wurden. Ob man sie den wilden Tieren vorwarf, bleibt ungewiss, jedenfalls hatten selbst Constantins Panegyriker einige Mühe, diese Grausamkeit zu rechtfertigen. Die Gefolgschaft des Ascarius, soweit sie unversehrt in Gefangenschaft geriet, hat vielleicht eine mildere Behandlung erfahren und wurde ins römische Heer eingereiht.[52]

Constantin hatte also mit der römischen zugleich auch seine persönliche Position in seinem Herrschaftsbereich einigermaßen gefestigt, als Maximian, vermutlich noch im Frühling 307, bei ihm anklopfte und ihn um Unterstützung gegen Galerius ersuchte. Eine richtige Deutung der nun folgenden Ereignisse und Handlungsweisen ist schwierig, weil es dazu nötig wäre, deren exakte Abfolge genau zu kennen, was uns indes die Quellenlage nicht gestattet. Darum sind wir in hohem Grade auf Vermutungen angewiesen. Laut Lactanz machte Maximian den Vorschlag, Constantin solle seine Tochter Fausta ehelichen, als Unterpfand eines beiderseitigen Bündnisses, das natürlich nur gegen Galerius gerichtet sein konnte.[53] Als getreues Mitglied der tetrarchischen Ordnung hätte Constantin auf solche Avancen des Usurpators Maximian gar nicht eingehen dürfen, schon die Tatsache, dass er ihn überhaupt bei sich in Gallien empfing, kam im Grunde einem Hochverrat gleich. Wir haben gesehen, dass Constantin noch vor weniger als einem Jahr im guten Einvernehmen mit dem *senior Augustus* gestanden hatte. Was veranlasste ihn jetzt zu einer solchen Kehrtwende? Um diese Frage zu beantworten, müssten wir zunächst einmal wissen, wie sich sein Verhältnis zu Galerius seit der Usurpation des Maxentius entwickelt hatte. Die Niederwerfung der Maxentius-Erhebung war gewiss zuerst die Angelegenheit des Severus als Augustus des Westens gewesen, aber nach dessen Niederlage hätte man annehmen können, dass Constantin als der räumlich nächstverfügbare Vertreter der Tetrarchie in den Kampf gegen Maxentius und Maximian zumindest eingebunden worden wäre. Es gibt aber bezeichnenderweise keinen Hinweis darauf, dass Galerius je versucht hat, sich der Unterstützung Constantins bei der Bekämpfung des Maxentius und seines Vaters zu versichern. Dass Constantin nicht zum Augustus ernannt wurde, solange Severus noch am Leben war, erstaunt nicht, doch dass es auch nach der Niederlage des *iunior Augustus* zu keinerlei militärischer Kooperation zwischen ihm und Galerius kam, befremdet und ist nur dadurch zu erklären, dass Galerius entschlossen war, die Auseinandersetzung mit Maximian und Maxentius allein durchzukämpfen, damit ihm Constantin nicht irgendwelche Zugeständnisse als Gegenleistung für seine Unterstützung abnötigen konnte. Mit anderen Worten: Galerius wollte sein beim Rücktritt des Diocletian und Maximian gewonnenes Übergewicht um jeden Preis wahren und dieses Ziel galt ihm mehr als der Schulterschluss mit dem Caesar des Westens, der doch im Sinne der Tetrarchie gewesen wäre. Constantin muss sich dessen rasch bewusst geworden sein und sein Empfang des Maximian ist wohl als Warnung und zugleich als Aufforderung an Galerius zu interpretieren, ihm ein verbessertes Angebot hinsichtlich einer künftigen Zusammenarbeit zu machen. Über die Aufnahme des Maximian hinaus hat er sich bis zum Ende des galerianischen Italienfeldzuges anscheinend auf nichts eingelassen. Zu einem Bündnis ist es erst später, gegen Ende des Jahres 307 gekommen, als sich die Gesamtsituation von Grund auf geändert hatte.

Im späten Frühling oder Frühsommer 307 dürfte es gewesen sein, als der *senior Augustus* Galerius mit einer großen Armee gen Italien zog. Dabei gelang es ihm anscheinend problemlos, die pannonischen und norischen Provinzen zu sichern, die Severus unterstanden hatten. Einer Entscheidung im Felde ging Maxentius getreu dem von seinem Vater entworfenen strategischen Plan aus dem Wege; vermutlich hatte es Maximian von vornherein als aussichtslos erachtet, sich den überlegenen Kräften seines Widersachers in einer Schlacht zu stellen. Stattdessen zog sich Maxentius auf die Stadt Rom zurück, hinter deren Mauern er sich verschanzte. Galerius seinerseits drang nach Mittelitalien vor, zog aber dem Anonymus Valesianius zufolge nicht unmittelbar nach Rom, sondern schlug bei Itermana (Terni) rund 100 km nördlich von Rom an der Via Flaminia gelegen ein Basislager auf.[54] Den vormaligen Augustus Severus, der ihm angesichts der starren Haltung des Galerius nichts mehr nutzen konnte, hatte Maxentius beim Anmarsch seines Gegners erdrosseln lassen, er gestattete aber eine Beisetzung im Grabmal des Kaisers Gallienus. Offiziell ließ er verbreiten, Severus habe sich das Leben genommen, ein Verfahren, dem wir bald noch einmal begegnen werden.[55] Die nächsten Schritte beider Seiten können angesichts der bisherigen Kompromisslosigkeit des Galerius und der Verhandlungsbereitschaft des Maxentius nur Erstaunen hervorrufen: Galerius rückte nicht weiter auf Rom vor, sondern sandte zwei seiner vertrauten Offiziere, Licinius und Probus, zu seinem Schwiegersohn nach Rom und forderte ihn zu einem friedlichen Vergleich auf; nach der Darstellung des Anonymus Valesianus zeigte er sich dabei hinsichtlich der künftigen Position des Maxentius im weitesten Sinne kompromissbereit, er verlangte nur, dass Maxentius „das Gewünschte mehr mit Bitten denn mit Waffengewalt erkaufte" (*precibus magis quam armis optata mercaretur*). Im Klartext: Die Position des Maxentius war verhandelbar, aber eine Ernennung hatte durch Galerius zu erfolgen. Maxentius lehnte eine solche Lösung rundweg ab. Bei näherem Hinsehen wird man indes zu der Erkenntnis gelangen, dass sich die Positionen der beiden Kontrahenten stark zugunsten des Maxentius verschoben hatten. Der erfahrene Maximian hatte bei der Verproviantierung

Roms vor Beginn der Belagerung ganz offensichtlich die nähere und weitere Umgebung der Stadt von Lebensmitteln leer räumen lassen. Bei einem weiteren Vormarsch musste die Armee des Galerius zwangsläufig in enorme Nachschubschwierigkeiten kommen, während die des Maxentius in Rom versorgt war. An eine Belagerung war unter solchen Voraussetzungen nicht zu denken. Aber damit nicht genug: Mit einem Verbleiben in Intermana waren die logistischen Probleme des Galerius nur vorübergehend zu lösen, da die Beschaffung von Proviant und Fourage aus dem Um- und Hinterland für eine große Armee früher oder später auf unlösbare Schwierigkeiten stoßen musste, sie ließ sich auf die Dauer nur durch regelmäßigen Ortswechsel ernähren. Gerade durch die zahlenmäßige Stärke seiner Streitkräfte hatte sich Galerius selbst ein Bein gestellt; Maxentius brauchte nur abzuwarten. Die Folgen seiner Strategie zeigten sich sehr bald. Im Heer des Galerius brachen Unruhen aus. Ganze Einheiten drohten mit dem Abmarsch und es scheint auch in größerem Umfang zu Desertionen gekommen zu sein. Gewiss kann man annehmen, dass dafür auch Bestechungsversuche des Maxentius verantwortlich waren, aber die Hauptursache für die Unzufriedenheit lag ohne Zweifel in der fehlenden Versorgung. Galerius hatte keine andere Wahl: verharrte er in seiner Stellung, bedeutete dies das Auseinanderfallen seiner Armee und er würde selbst in äußerste Gefahr geraten; folglich musste er den Abzug befehlen. Zum Teil, um die gefährlich gesunkene Moral seiner Soldaten durch Beutegewinn aufzubessern, zum Teil aber wohl aus schierer Not ließ Galerius bei seinem Rückmarsch entlang der Via Flaminia das Land rücksichtslos plündern.[56] Italien musste er vollständig preisgeben, was zeigt, wie aussichtslos seine Position dort geworden war. Noricum und Pannonien vermochte er dagegen zu halten. Dies war jedoch nur ein geringer Trost. Der gesamte Feldzug hatte sich als ein deprimierender und demütigender Fehlschlag erwiesen und in der Tat hat sich Galerius von dem Desaster nie mehr erholt. Sein Ansehen und vermutlich auch sein Selbstvertrauen hatten einen vernichtenden Schlag erlitten. In dieser bedenklichen Situation unternahm er – wohl am 18.11.307 – einen verhängnisvollen Schritt: Er ernannte nicht etwa Constantin, sondern seinen Vertrauten Licinius anstelle des Severus zum Augustus, ohne dass dieser vorher Caesar gewesen wäre. Damit hatte sich der *senior Augustus* über die bis dahin etablierte Nachfolgeordnung der Tetrarchie offen hinweg gesetzt. Licinius, Begleiter des Galerius schon während des Perserkrieges – der alte Kumpel aus ruhmreichen Tagen –, er sollte es nun richten.[57] Constantin dagegen sollte in der Ecke des Imperiums bleiben, in die sein Vater im Jahre 305 gestellt worden war.

Maxentius' Reputation und Selbstgefühl hatten durch den kampflosen Sieg über den bis dahin renommiertesten Feldherrn seiner Zeit gewaltigen Auftrieb erhalten und darüber hinaus hatte er sehr wahrscheinlich sein Heer durch Überläufer verstärken können. Vielleicht fiel es ihm in seinem Überschwang nicht auf, dass sein Erfolg eher taktischer denn strategischer oder gar politischer Natur war. Eine Anerkennung durch Galerius, wie sie wenigstens einen Augenblick lang als möglich erschien, blieb ihm versagt und damit auch eine wirkliche Absicherung seiner Position. Durch die Ernennung des Licinius zum Augustus hatte Galerius schließlich deutlich gemacht, dass er den Kampf fortzusetzen gedachte, das Tor zu einer politischen Lösung war wieder zugeschlagen. Die Kontrolle über Pannonien und Noricum war für Maxentius endgültig verloren, diese Gebiete konnten Licinius und Galerius als Aufmarschregionen für zukünftige Invasionen dienen. Sein Herrschaftsbereich blieb auf Italien und Afrika beschränkt und damit fehlten ihm die militärischen Ressourcen zu einer eigenen Offensive gegen seine Widersacher. Seines Erfolges ungeachtet blieb ihm nichts anderes übrig, als die weitere Entwicklung abzuwarten.

Aus dem gesteigerten Selbstwertgefühl des Maxentius erklärt sich sicherlich zum guten Teil der anschließende Konflikt mit seinem Vater, der den Ereignissen eine neue Wendung gab. Maximian hatte während der Invasion des Galerius bei Constantin in Gallien geweilt und obwohl er quasi der Architekt des Sieges über Galerius war, so fiel doch in den Augen der Soldaten und der übrigen Öffentlichkeit der Ruhm allein dem Sohne zu. Nach der Rückkehr des Maximian nach Italien stellte sich sehr rasch die Frage des wechselseitigen Verhältnisses zwischen den beiden. Fraglos wollte sich Maximian gegenüber dem Sohn auf sein Recht als *senior Augustus* berufen, wie es ihm Constantin etwas später – formal – zugestanden hat. Doch Maxentius, der in seinem Vater offenbar nicht mehr den unersetzlichen Ratgeber, sondern in erster Linie den machtgierigen alten Mann sah, der überdies *ihm* seinen Thron verdankte, war nicht mehr bereit, sich mit einer untergeordneten Stellung zu begnügen, vielleicht spielten auch Spannungen mit Maximian verbundenen hohen Funktionsträgern wie dem *praefectus urbi* Tertullus im Hintergrund eine Rolle. Jedenfalls berichtet uns Lactanz von einem dramatischen Auftritt vor den Soldaten und dem Volk von Rom, bei dem der alte Maximian seinen Sohn der Unfähigkeit beschuldigte und ihm den Purpur von den Schultern riss, was aber namentlich bei den Soldaten übel angekommen sei. Obwohl Lactanz zu Erfindungen neigt, kann diese Szene der Wahrheit relativ nahe kommen, denn Eutrop bestätigt einen Appell Maximians an eine Militärversammlung. Wie dem auch sei, fest steht jedenfalls, dass Maximian im Konflikt mit Maxentius den Kürzeren zog und sich im Herbst 307 veranlasst sah, den Machtbereich seines Sohnes zu verlassen; mit ihm räumte auch Tertullus seinen Posten.[58] Trotz seiner Flucht gab Maximian seine Sache aber noch nicht verloren. Erneut begab er sich zu Constantin nach Gallien.

Wir wissen nicht, ob bei den Verhandlungen zwischen Constantin und Maximian, die vor oder während des Italienfeldzuges des Galerius stattfanden, eine Verheiratung Constantins mit Fausta bereits fest vereinbart worden war, angesichts des bislang vorsichtigen Taktierens Constantins fällt es jedoch schwer, an eine derartige Festlegung bereits zum damaligen Zeitpunkt zu glauben. Noch vor Ende des Jahres 307 wurde das Ehebündnis dann aber Realität. Was aus Minervina geworden war, ist unbekannt, der Panegyriker des Jahres 307 erweckt den vagen Eindruck, dass sie zwischenzeitlich eines natürlichen Todes gestorben sei.[59] Jedenfalls entstammte der Verbindung ein Sohn namens Crispus, den Constantin auch nach der Heirat mit Fausta als sein Kind behandelte und entsprechend förderte, doch kennen wir keine Details über dessen Kindheit und

Jugend. Bei der bloßen Eheschließung blieb es freilich nicht. Constantin erkannte Maximian offiziell als *senior Augustus* an und ließ sich im Gegenzug von ihm zum *iunior Augustus* ernennen. Es kann keinem Zweifel unterliegen, dass diese Wendung vor dem Hintergrund der geschwächten Position des Galerius zu verstehen ist. Der Machtbereich des Maxentius lag praktisch als eine Pufferzone zwischen den Herrschaftsgebieten Constantins und des Galerius und machte es Letzterem unmöglich, vor einer Ausschaltung (oder aber einer Anerkennung) des Maxentius gegen Constantin militärisch vorzugehen. Trotzdem hat sich Constantin gehütet, offen mit Galerius zu brechen. Das beweist der Panegyricus, der anlässlich der Vermählungsfeier auf Maximian und Constantin gehalten wurde und interessante Einblicke in die Politik Constantins gewährt. Hinsichtlich der Legitimation von Constantins Kaisertum lässt sich der anonyme Panegyriker folgendermaßen vernehmen:

> Derart groß ist Deine geistige Reife, dass Du Dich mit dem Titel eines Caesars zufrieden gabst, als Dein Vater Dir sein Imperium hinterließ, denn Du hast es vorgezogen abzuwarten, dass Dich derselbe Mann zum Augustus erhob, der schon jenen (sc. Constantius) erhoben hatte. Denn Du beurteiltest ebendieses Imperium als herrlicher, wenn Du es nicht wie ein Erbteil gemäß dem Erbfolgerecht sondern als eine Deinen Tugenden geschuldete Belohnung vom obersten Kaiser erhieltest.[60]

Constantin lässt also sein Eingebundensein in die tetrarchischen Strukturen betonen. Das Erbrecht soll gegenüber der Ernennung durch den *senior Augustus* zurücktreten. Die Legitimität der Entscheidungen des Galerius wird stillschweigend anerkannt, Kritik an dessen Person und Handlungen wird nicht geübt, nur Severus wird ohne Namensnennung beschuldigt, das Wohl des Imperiums in seinem Herrschaftsbereich gefährdet und dadurch Maximian gezwungen zu haben, erneut den Purpur zu nehmen. Durch diese Handlungsweise sei Maximian automatisch in Stellung des *senior Augustus* aufgerückt und seine Ernennung Constantins zum Augustus wird dadurch ganz automatisch ebenso legal wie legitim.[61] Freilich blieb die erneute und eigenmächtige Thronbesteigung Maximians, von der Constantins Legitimität als Augustus nun abhing, überaus problematisch und der Panegyriker verwendet einigen Aufwand darauf, um sie zu rechtfertigen. Ganz dreist wird behauptet, dass der Rücktritt Maximians und Diocletians in vollkommener Harmonie und Eintracht vor sich gegangen sei, was angesichts der tatsächlichen Hintergründe grotesk anmutet, selbst wenn man berücksichtigt, dass die damaligen Vorgänge einer *breiteren* Öffentlichkeit verborgen geblieben waren. Maxentius und seine Usurpation werden vollständig übergangen, statt dessen malt der Rhetor in ebenso blumigen wie sachlich unklaren Wendungen ein Bild von der Notlage des Staates und läßt Iupiter selbst zu Wort kommen, der Maximian ermahnt, dass er ihm das Imperium nicht als eine vorübergehende Leihgabe verliehen habe, sondern für alle Zeiten.[62]

Die mit der Eheschließung und der Erhebung Constantins zum Augustus entstandene Situation wirft natürlich die Frage nach den Verhältnis zwischen Maximian und Constantin auf. Auf den ersten Blick lässt der Panegyriker keinen Zweifel daran, dass Maximian die führende Rolle zukam. Nicht nur wird dessen Suprematie immer wieder betont, sondern seiner Person wird auch deutlich mehr Platz eingeräumt als derjenigen Constantins. Daraus dürfen freilich keine falschen Schlüsse gezogen werden. In Wirklichkeit befand sich Constantin in der eindeutig stärkeren Position und an einer Stelle lässt er das den Panegyriker auch ziemlich unverhohlen zum Ausdruck bringen, da nämlich wo er ihn seine Gerechtigkeit und Pietät gegenüber allen, die zum ihm als Opfer ungerechter Verfolgungen fliehen, hervorheben läßt.[63] Tatsächlich war der jeglicher handgreiflicher Macht beraubte Maximian gegenüber Constantin nicht viel mehr als ein Bittsteller. Sein wertvollstes Mitbringsel war nicht seine Tochter Fausta, sondern der Augustustitel, der es Constantin erlaubte, die begehrte Würde zu erlangen, ohne offen mit den Gepflogenheiten der Tetrarchie zu brechen. Darüber hinaus besaß Maximian für ihn keinen großen Wert mehr, und wenn dieser sich etwa Hoffnungen gemacht hatte, dass Constantin ihm helfen werde, seinen undankbaren Sohn zu züchtigen, so sah er sich bald enttäuscht. Dieser dachte gar nicht daran, sich zugunsten seines Schwiegervaters in ein Unternehmen einzulassen, dessen Gelingen ihm keine wirklichen Vorteile bringen und das ihn darüber hinaus der Gefahr eines Krieges mit Galerius deutlich näher bringen würde. Abgesehen davon, dass es die politische Klugheit im Moment gebot, gegenüber dem *senior Augustus* als seinem *auctor imperii* den Anschein der Pietät zu wahren, war Constantin durchaus bemüht, den Gedanken einer Abhängigkeit von Maximian nicht in den Vordergrund zu stellen. Mit der Erhebung zum Augustus war die Adoption in die kaiserliche Familie der Herculier verbunden, doch hat der frischgebackene Augustus diese Zugehörigkeit über die Hochzeitsfeierlichkeiten hinaus nicht mehr sonderlich betont, wofür man keineswegs religiöse Bedenken verantwortlich zu machen braucht.[64] Angesichts der Ereignisse der vergangenen zwölf Monate hatte sich Constantin vermutlich schon seinen Reim auf die Stabilität des tetrarchischen Systems gemacht, auch dürfte er sich hinsichtlich der Motive seines Schwiegervaters schwerlich Illusionen hingegeben haben. In diesem Zusammenhang kann die Erwähnung seines Erbrechtes durchaus als ein – wenn auch zurückhaltender – Wink mit dem Zaunpfahl aufgefasst werden: Notfalls konnte er auf eine ältere, von der Tetrarchie unabhängige Form der Herrschaftslegitimation zurückgreifen. Gegenüber Galerius hielt er sich zum Zeitpunkt der Hochzeit grundsätzlich die Option einer Einigung offen, wie der bedächtige Ton des Panegyricus beweist. Leider wissen wir nicht, ob Constantin zu diesem Zeitpunkt schon von der Ernennung des Licinius zum Nachfolger des Severus Kenntnis hatte, die etwaigen Erwartungen auf seine Anerkennung als Augustus von dieser Seite einen argen Dämpfer versetzen mussten.

Vorsichtiges Abwarten kennzeichnete im folgenden Jahr (308) die Aktionen der meisten Beteiligten. Anstatt seinen Schwiegervater gegen Maxentius zu unterstützen, blieb Constantin in Gallien und zog gegen die Alemannen zu Felde. Galerius, dem außer dem Schock seines Fehlschlages im vergangenen Jahr vielleicht schon zunehmende gesundheitliche Probleme zu schaffen machten, sah sich zu einer neuerlichen

Offensive nach Italien außerstande und ohne seine Mitwirkung war auch Licinius zur Untätigkeit verdammt.[65] Einzig Maxentius zeigte Unternehmungsgeist und veranlasste eine von Nordafrika ausgehende Flottenexpedition, um Ägypten unter seine Kontrolle zu bringen. Ihr Gelingen hätte die reichste – und überdies leicht zu verteidigende – Getreideprovinz in seine Gewalt gebracht und die politische und strategische Gesamtlage womöglich zu seinen Gunsten verändern können. Indes erwies sich das Missverhältnis zwischen dem Ziel und den verfügbaren Kräften als zu groß: Die Expedition scheiterte kläglich mit einem anscheinend kampflosen Rückzug. Der Fehlschlag blieb nicht ohne Folgen: Anstatt Ägypten zu erobern, fand sich Maxentius unversehens mit dem Abfall der für die Lebensmittelversorgung Italiens lebenswichtigen afrikanischen Provinzen konfrontiert. Dort wagte der stellvertretende Prätorianerpräfekt namens Lucius Domitius Alexander eine Usurpation, deren Hintergründe im Einzelnen ebenso unklar bleiben wie der genaue Zeitpunkt. Eine Anhänglichkeit der dortigen Truppen an Maximian und das Misstrauen des Maxentius gegen Alexander mag dabei gleichermaßen eine Rolle gespielt haben, wie Zosimos in seiner etwas verworrenen Darstellung behauptet, doch fehlt jeglicher Beleg dafür, dass sich die Aufständischen auf Maximian berufen oder sich ihm gar zur Verfügung gestellt hätten. Für Maxentius musste der Aufstand längerfristig fatale Folgen haben, denn das Ausbleiben des afrikanischen Getreides war geeignet, seiner Herrschaft buchstäblich die Existenzgrundlage zu entziehen. Dennoch sah er sich zu militärischen Gegenaktionen außerstande, angesichts der ungeklärten Lage im Norden wagte er es vorerst nicht, Truppen nach Afrika zu entsenden.[66]

Im Herbst des Jahres 308 erschien die Gesamtsituation als so vollkommen festgefahren, dass sich mehrere direkt oder indirekt Beteiligte zu einem außergewöhnlichen Schritt entschlossen, um gemeinsam nach Lösungsmöglichkeiten zu suchen: der Kaiserkonferenz von Carnutum. Von wem eigentlich die Initiative zu diesem Treffen ausging, bleibt unklar: Laut Zosimos handelte es sich um Maximian, doch verdienen Lactanz und Aurelius Victor mehr Glauben, wenn sie andeuten, dass Galerius der Urheber war, wofür auch der Ort und vor allem das Ergebnis der Konferenz sprechen. Quasi als Clou der Veranstaltung diente der Umstand, dass sich der alte Diocletian zur Teilnahme und wohl auch zur Übernahme des Vorsitzes bereitgefunden hatte; die weiteren Teilnehmer waren Galerius, Licinius und der von Constantin enttäuschte Maximian, dem man offensichtlich freies Geleit zugesichert hatte, um ihn vor der Rache des Galerius zu schützen. Leider hat uns keiner unserer Autoren ein Stimmungsbild von diesem Treffen überliefert, doch kann man sich leicht vorstellen, dass dabei eine gespannte Atmosphäre herrschte. Drei von ihnen verfolgten leicht zu erkennende Ziele: Maximian wollte seinen früheren Herrschaftsbereich zurück, Licinius in den seinen eingesetzt werden und Galerius seine angeschlagene Autorität mit Hilfe Diocletians stabilisieren; doch was den ehemaligen Oberkaiser bewogen hat, an der Versammlung teilzunehmen, bleibt unklar, wahrscheinlich war es der schlichte Wunsch, seinem alten Schützling Galerius in seiner Bedrängnis unter die Arme zu greifen. Es ist leicht einzusehen, dass besonders die Vorstellungen des Maximian und des Licinius miteinander unvereinbar waren. Hinter Licinius aber stand Galerius und dieser besaß die Unterstützung Diocletians. So konnte es über den Ausgang des Interessenkonfliktes keine ernsthaften Zweifel geben. Maximian seinerseits versuchte offenbar, die Lage dadurch zu seinen Gunsten zu wenden, dass er Diocletian beredete, wieder den Thron zu besteigen (natürlich gemeinsam mit ihm), aber Diocletian wies ein solches Ansinnen zurück. Die Ergebnisse, die schließlich auf dieser Versammlung der Frustrierten erzielt wurden, vermochten an der obwaltenden Lage nicht nur nichts Grundlegendes zu ändern, sie verschärften das ohnehin schon nicht geringe Konfliktpotential im Endeffekt sogar noch: Licinius wurde in seiner Stellung als Augustus bestätigt und folglich Maxentius die Anerkennung verweigert, Constantin sollte gefälligst Caesar bleiben und Maximian wurde zu einer erneuten Abdankung gezwungen. Somit kannte die Konferenz mit Maximian wenigstens einen eindeutigen Verlierer, aber davon hatten weder Galerius noch sein Hilfsaugustus Licinius einen ernsthaften Vorteil, weil der Abgedankte von vornherein ohne

Macht und Herrschaftsbereich gewesen war. Das Problem der Beseitigung des Maxentius blieb nach wie vor bestehen und Constantin konnte sich von den Beschlüssen nur brüskiert fühlen. Dagegen fühlte sich der Caesar Maximinus Daia durch die Bevorzugung des Licinius übergegangen und sein Verhältnis zu diesem wie zu seinem Onkel scheint sich in der Folgezeit schnell und drastisch verschlechtert zu haben;[67] dass es zu einem ernsthaften Feldzug gegen Maxentius bis 312 nicht mehr kam, mag nicht zuletzt seiner Obstruktion zu verdanken gewesen sein. Um die Lage zu entschärfen, gestattete Galerius sowohl Constantin als auch Maximinus Daia, den Titel *filius Augustorum* zu führen, doch dies blieb letztlich eine bloße Geste, auch wenn Constantin zunächst darauf einging und dadurch gegenüber Galerius seinen guten Willen zum Ausdruck brachte.[68]

Der einstmals stolze Kaiser Maximian, der früher selbst Diocletian seinen Willen aufgenötigt hatte, verließ Carnutum als ein geschlagener Mann. Nichts blieb ihm übrig als sich erneut in die Abhängigkeit seines Schwiegersohnes zu begeben und diesmal nicht mehr als Augustus, sondern als Privatmann. Dem anonymen Panegyriker des Jahres 310 zufolge nahm Constantin seinen Schwiegervater höchst offiziell und in Ehren auf[69] und das dürfte durchaus der Wahrheit entsprechen, da Maximian in der Umgebung Constantins verblieben zu sein scheint, wie die Ereignisse beweisen, die schließlich seinen Untergang herbeiführten. Ungewiss bleibt wie so oft die Chronologie all dieser Vorgänge, doch hat es den Anschein, dass die letzte Erhebung des Maximian noch im Jahre 309 stattfand und der ehemalige Augustus noch im selben Jahre oder spätestens Anfang 310 sein Ende fand.[70] Die Vorgänge an sich sind vergleichsweise rasch erzählt. Constantin brach zu einem neuen Germanenfeldzug auf, zu dem er aber nicht alle seine mobilen Truppen mitnahm. Einige Einheiten ließ er in oder bei Arelate (Arles in Südfrankreich) stehen, wo er gelegentlich Hof hielt und wo er auch seinen Schwiegervater zurückließ. Ob der alte Maximian formell die Befehlsgewalt über diese Verbände hatte oder sich lediglich die Abwesenheit Constantins zunutze machte, um die Soldaten aufzuwiegeln, geht aus den Quellen nicht eindeutig hervor. Jedenfalls scheint Maximian einen Zeitpunkt abgewartet zu haben, zu dem er Constantin bereits in Kämpfe mit den Germanen verwickelt glaubte und nahm dann zum dritten Mal den kaiserlichen Purpur, indem er das Gerücht ausstreute, Constantin sei ums Leben gekommen. Dann bemächtigte er sich der vorhandenen Geldmittel und zahlte das bei derartigen Unternehmungen übliche Donativ an die Soldaten aus, um sie seiner Sache geneigt zu machen. Glaubt man der durchweg constantinfreundlichen Überlieferung über diese Vorgänge, dann machte einzig die schnelle Reaktion Constantins den Erfolg der Bestrebungen Maximians zunichte. Als sich beim Anmarsch Constantins und seiner Armee die Nachricht von dessen Tod als eine Ente herausstellte, wurde Maximian von seinem Anhang rasch verlassen. Er selbst vermochte nach der Hafenstadt Massilia (Marseille) zu flüchten und sich dort vorübergehend zu verschanzen, doch öffnete die Stadt schließlich Constantin die Tore, ohne dass es zu größeren militärischen Auseinandersetzungen gekommen wäre. Maximian geriet in die Gefangenschaft Constantins. Der rasche und praktisch kampflose Zusammenbruch der Erhebung zeigt, in welchem Ausmaß sich Maximian auf ein verzweifeltes Vabanquespiel eingelassen hatte. Er besaß nicht genügend Rückhalt in der Armee und der Verwaltung seines Schwiegersohnes, um zu dessen Lebzeiten einen erfolgreichen Putsch wagen zu können, und der Kunstgriff, den Tod Constantins zu verkünden zeigt, dass er sich dieser Tatsache sehr wohl bewusst war. Das rasche Erscheinen Constantins, das es Maximian unmöglich machte, seine Position auch nur halbwegs zu konsolidieren, lässt es immerhin als möglich erscheinen, dass der Kaiser bereits misstrauisch geworden war und seinen Schwiegervater überwachen ließ.

Über das Schicksal des gescheiterten Usurpators konnte es eigentlich keinen grundsätzlichen Zweifel geben, er hatte sein Leben verwirkt, egal ob Schwiegervater oder nicht. Constantin ließ sich jedoch etwas Zeit. Zunächst einmal wurde Maximian begnadigt und unter Arrest gestellt, um dann eines schönen Tages erhängt aufgefunden zu werden. Nach der offiziellen, das heißt der constantinischen Lesart, hatte der böse alte Mann natürlich Selbstmord begangen, aber das braucht uns nicht zu erstaunen. Auch heutzutage sind – mutatis mutandis – suspekte Selbstmorde in Misskredit geratener Persönlichkeiten des politischen Lebens kein unbekanntes Phänomen und es fehlt bei solchen Vorkommnissen auch nie an gewichtigen Stimmen in der veröffentlichten Meinung, die ungeachtet aller verdächtigen Begleitumstände kategorisch feststellen, dass der arme Schelm einfach keinen anderen Ausweg mehr gesehen habe, als seinem verpfuschten Leben durch Suizid ein Ende zu setzen. Für den Zeitraum, der uns hier interessiert, gibt der Tod des Severus ein Beispiel ab, wie solche vorgeblichen Selbstmorde zu beurteilen sind. Wir haben demnach nicht den mindesten Grund, Constantin von der Verantwortung für den Tod Maximians zu entlasten. Die scheinbare Begnadigung diente lediglich dazu, Constantins Milde, seine *clementia Caesaris*, vor der Öffentlichkeit herauszustellen und die Art des Todes gereichte Maximian zur zusätzlichen Schmach. Von einem Römer der Oberschicht, einem Soldaten zumal, wurde in einer solchen Situation erwartet, dass er sich in sein Schwert stürzte, das Sicherhängen blieb verwirrten Gemütern und auf schäbige Weise gescheiterten Existenzen vorbehalten und als eine solche wurde Maximian durch die Umstände seiner Beseitigung hingestellt.[71] Freilich brachte eine solche Vorgehensweise die Gefahr mit sich, dass das, was eine reguläre Hinrichtung hätte sein können, nunmehr allzu leicht den Beigeschmack des hinterhältigen Mordes annehmen konnte und es waren wohl derartige Befürchtungen, die Constantin veranlassten, jene haarsträubende Geschichte in Umlauf zu bringen, die uns Lactanz getreulich überliefert hat. Maximian, so heißt es da, habe trotz seiner Begnadigung weiterhin gegen Constantin konspiriert. Zum Zwecke der Beseitigung seines Schwiegersohnes habe er sich mit seiner Tochter Fausta verständigt, auf dass sie ihm die Türe zum ehelichen Schlafgemach öffne und für eine nachlässige Bewachung Sorge trage. Mitten in der Nacht habe sich Maximian unter dem Vorwand, er wolle seinem (Schwieger-)Sohn einen Traum erzählen, an den wenigen Wachen vorbei ins Schlafzimmer geschlichen, den arglos Schlummernden ermordet und – wurde in flagranti erwischt. Denn als er seine

Tat habe verkünden wollen, sei auf einmal Constantin von Bewaffneten umgeben erschienen und habe ihn festgenommen. Die treue Fausta nämlich habe den verbrecherischen Plan umgehend ihrem Gatten mitgeteilt, der an seiner Stelle einen „armseligen Eunuchen" (*vilis eunuchus*) im Ehebett plazierte, dessen Tod die Mordabsicht beweisen sollte. Als letzte Gunst habe Constantin seinem Schwiegervater die Wahl seiner Todesart gestattet, der sich prompt selbst für den Strick entschied. Der Leichtgläubigkeit des Publikums wird hier reichlich viel zugemutet, aber man sieht immerhin, dass dabei Motive Verwendung finden, die auch heutzutage in den Kriminal- und Schauerromanen der Kolportageliteratur anzutreffen sind. Mit dem Untergang Maximians war der dritte Hauptakteur der ursprünglichen Tetrarchie abgetreten, im Gegensatz zu Diocletian und Constantius allerdings weder freiwillig noch auf natürliche Weise. Machtgierig, starrsinnig und zuletzt wohl auch unter Wirklichkeitsverlust leidend, hatte er maßgeblich dazu beigetragen, das Herrschaftssystem zu zerstören, das er einst mitbegründet hatte. An der politischen Großwetterlage änderte sein Tod indes nichts.

Weder 309 noch 310 vermochten Galerius und Licinius einen neuen Feldzug gegen Maxentius ins Werk zu setzen. Licinius sah sich im Jahre 310 wahrscheinlich gezwungen, seine Kräfte zur Abwehr germanischer Invasoren zu verwenden, die in Noricum eingefallen waren, und Galerius scheint genug damit zu tun gehabt zu haben, eine Eskalation im Verhältnis zwischen Licinius und seinem Neffen Maximinus Daia zu verhüten, bis dann noch im Jahre 310 seine sicher schon länger schwelende Krankheit offen ausbrach und ihn zu weitgehender Handlungsunfähigkeit verurteilte.[72] Maxentius seinerseits war zunehmendem innenpolitischen Druck seitens der Einwohnerschaft Roms ausgesetzt, wobei akute Versorgungsschwierigkeiten, die in einer Hungersnot gipfelten, eine gewichtige Rolle spielten. Angesichts des Ausbruchs blutiger Unruhen blieb ihm keine andere Wahl als die Kontrolle über die nordafrikanischen Provinzen zurückzugewinnen. Zu diesem Zweck sandte er seinen *praefectus praetorio* Volusianus mit einer kleinen Armee nach Afrika. Dies genügte jedoch, um die Lage wieder herzustellen: der Usurpator Alexander wurde besiegt, gefangen genommen und wie schon Severus und Maximian erhängt bzw. erdrosselt. Den Zeitpunkt des Feldzuges kennen wir wie üblich nicht, doch liegt es nahe, ihn ins Jahr 310 zu datieren, als die Kräfte des Licinius anderweitig gebunden waren. Mit diesem Erfolg war die Getreidezufuhr Roms fürs erste wieder gesichert und der siegreiche Maxentius versäumte es nicht, sich und seine Anhänger durch Vermögenskonfiskationen bei den Anhängern des Alexander, die zumindest teilweise hingerichtet wurden, zu bereichern. Aurelius Victor, an afrikanischen Angelegenheiten stets interessiert, weiß sogar von einer Brandschatzung Karthagos durch die Soldaten des Maxentius zu berichten, doch wird dies von keiner anderen Quelle bestätigt.[73] Es war jedoch nicht nur die Unzufriedenheit mit der Lebensmittelversorgung, die Maxentius Schwierigkeiten mit der stadtrömischen Bevölkerung eintrug. Der nach vierjähriger Vakanz im Jahre 308 mit seiner ausdrücklichen Erlaubnis gewählte Stadtbischof Marcellus musste schon im folgenden Jahr wieder in die Verbannung geschickt werden, weil sein rigoroser Umgang mit Christen, die unter dem Druck der diocletianischen Verfolgung vorübergehend abgefallen waren – er hatte ihnen die Kommunion verweigert –, innerhalb der christlichen Gemeinde zu schweren Ausschreitungen führte. Den Nachfolger des Marcellus, Eusebius, traf bereits 310 das Schicksal seines Vorgängers; ein neuer Bischof namens Miltiades wurde erst im Jahre 311 gekürt. Trotzdem hat Maxentius insgesamt eine durchaus christenfreundliche Haltung eingenommen, was nicht nur Eusebios widerwillig, aber ausdrücklich bestätigt, sondern auch die heidnische Überlieferung.[74] Ob diese positive Haltung durch eine persönliche Glaubensüberzeugung des Maxentius veranlasst wurde, wissen wir nicht. Angesichts des großen christlichen Bevölkerungsanteils speziell in den für ihn so wichtigen afrikanischen Provinzen blieb ihm freilich schwerlich eine andere Wahl, als sich zu einem Entgegenkommen bereitzufinden.[75] Ansonsten bemühte er sich nicht zuletzt durch Baumaßnahmen um die Gunst der Römer. Die Mittel dazu und zum Unterhalt seines Heeres musste nicht zuletzt die senatorische Oberschicht aufbringen, die in Italien begütert war. Aurelius Victor schreibt von schweren Bedrückungen, die den Landbesitzern aufgebürdet wurden. Es mag durchaus sein, dass diese unter den Lasten stöhnten, doch dessen ungeachtet scheint es Maxentius gelungen zu sein, sich die Loyalität der stadtrömischen Aristokratie im Großen und Ganzen zu erhalten.[76]

Abgesehen von der Maximianaffäre blieb Constantin auch während der Jahre 309 und 310 hauptsächlich von der Bekämpfung der Germanen, namentlich der Franken, in Anspruch genommen. Gegenüber von Köln ließ er das Kastell Divitia (Deutz) errichten, das durch eine steinerne Brücke mit dem linken Rheinufer verbunden wurde. Dieser befestigte Brückenkopf ermöglichte es ihm, in Zukunft rasch und ungehindert Truppen ins Frankenland zu entsenden.[77] Im Sommer 310 vollzog Constantin dann einen wichtigen Schritt. Nahm er seit dem Jahre 309 auch auf seinen Münzen offiziell den Augustustitel für sich in Anspruch, anstelle des bis dahin bevorzugten und ihm auch von Galerius zugestandenen Titels *filius Augustorum*, so wurde die Katastrophe Maximians für Constantin zum Anlass, sich endgültig aus dem tetrarchischen System zu verabschieden, dessen mangelnde Praktikabilität so deutlich zutage getreten war. Ein Ende Juli des Jahres 310 in der Residenzstadt Trier gehaltener Panegyricus macht deutlich, dass Constantin von diesem Zeitpunkt an hinsichtlich seiner Herrschaftslegitimation einen ganz neuen Weg einschlug, paradoxerweise, indem er die alten, eingefahrenen Geleise betrat. Gleich am Beginn seiner Rede kommt der anonyme Panegyriker auf dieses Thema zu sprechen:

> Vor allem also werde ich mit der Herkunft Deiner göttlichen Majestät beginnen, um die bis jetzt vielleicht die meisten nicht wissen, wohl aber diejenigen, die Dich am meisten lieben. Von jenem vergöttlichten Claudius her besteht nämlich das Band Deiner Abstammung, der als erster im römischen Imperium die verfallene und verlorengegangene Zucht wieder herstellte und die zahllose Menge der Goten, die von den Meerengen des Pontos

und der Mündung der Donau hervorgebrochen waren, zu Lande und zu Meere vernichtete; oh dass er doch ein langlebigerer Erneuerer der Menschheit denn ein vorzeitiger Gefährte der Götter gewesen wäre! Obschon jener allerglücklichste Tag, soeben mit frommer Verehrung gefeiert, der Geburtstag Deines Imperiums gewesen ist, weil er Dich zuerst mit diesem Gewand geschmückt hat, so ist doch bereits von jenem Begründer Deines Geschlechts der Besitz des Imperiums auf Dich gekommen.

Und kurz darauf fährt er fort:

Unter allen Teilhabern Deiner Majestät – und das betone ich besonders – hast Du allein, Constantin, das Vorrecht, dass Du von Geburt Kaiser bist und so groß ist der Adel Deiner Abstammung, dass das Imperium Deiner Ehre nichts hinzufügen konnte. Noch kann die Glücksgöttin sich Deine göttliche Majestät als Verdienst anrechnen, weil sie Dein ist, ohne irgendwelche Auswahl und Abstimmung.[78]

Man schüttelt den Kopf ob solcher Dreistigkeit. Selbstverständlich wussten die meisten bis dahin nicht das Geringste von einer Verwandtschaft Constantins mit Claudius II. Gothicus, aber diejenigen, die Constantin „am meisten liebten", wussten fraglos um den ganzen Schwindel. Zur Legitimation seines kaiserlichen Machtanspruches hatte er schlichtweg eine Genealogie zu einem Kaiser fingiert, der vor der Einführung der Tetrarchie geherrscht hatte. Warum die Wahl auf Claudius II. Gothicus gefallen war, deutet der Panegyriker an: Claudius war als Gotensieger in der Erinnerung positiv konnotiert, hatte aber andererseits nur sehr kurz geherrscht (ca. anderthalb Jahre), und war darüber hinaus – was im Panegyricus natürlich verschwiegen wird – von obskurer Abstammung gewesen, so dass außer seinem Gotensieg kaum mehr etwas von ihm überliefert gewesen sein dürfte. Dieser Umstand musste genealogische Nachforschungen, die den Betrug zutage fördern würden, praktisch unmöglich machen. Wie man sieht, hatte Constantin seine Wahl mit Bedacht getroffen. Er hatte sich, wohl aus Gründen der Vorsicht, nicht einmal die Mühe gemacht, sein genealogisches Verhältnis zu seinem vorgeblichen kaiserlichen Vorfahren näher zu bestimmen: Nach einer Überlieferung war Claudius sein Großonkel, einer anderen zufolge jedoch sein Großvater.[79] Was die Abstammung von Claudius II. für sein Verhältnis zu den übrigen Kaisern bedeutete – ob im Sinne der Tetrarchie legal oder illegal, spielte dabei keine Rolle –, wird freilich klar und deutlich ausgesprochen: Ob Galerius oder Licinius, Maxentius oder Maximinus Daia, sie allen wurden zu bloßen Teilhabern an seiner, Constantins, kaiserlicher Majestät reduziert, einer Majestät, die ihm als Einzigem von Geburt aus(!) zukam. Er, der einst als der uneheliche Sohn eines Offiziers im gehobenen Dienst das Licht der Welt erblickte, hatte sich zum Porphyrogenitus, zum im Purpur Geborenen, befördert. Damit war auch sein Anspruch klar: Constantin forderte zumindest den Rang eines *senior Augustus* für sich und war bestenfalls bereit, die anderen zu dulden, wenn sie sich seinem Machtanspruch beugten. Letztlich jedoch konnte es nur einen Kaiser geben: ihn. Sein Weg zur Alleinherrschaft war ideologisch vorbereitet.

Im Mai des Jahres 311 starb der offizielle *senior Augustus* Galerius nach längerem Siechtum an seiner Krankheit, ohne dass er sich zuvor noch einmal zu irgendeiner entscheidenden Aktion hatte aufraffen können. Ganz kurz vor seinem Tode, Ende April, hatte er noch widerstrebend das nach ihm benannte Toleranzedikt veröffentlicht, das die von Diocletian begonnenen Christenverfolgungen offiziell beendete. Der Erlass trug zweifellos dazu bei, die innenpolitische Situation in den orientalischen Provinzen zu beruhigen, doch kam er zu spät, um Galerius noch irgendwelchen handgreiflichen Nutzen zu bringen. Mit ihm verließ der vierte und letzte Repräsentant der ersten Tetrarchie die Bühne, der so viel zu ihrem Niedergang beigetragen hatte. Sein Ableben brachte den längst schwelenden Konflikt zwischen Licinius und Maximinus Daia zum offenen Ausbruch. Letzterer war nicht bereit gewesen, sich mit der Caesarrolle abzufinden, sondern beanspruchte selbst den Augustustitel. Durch raschen Zugriff gelang es ihm, sich des orientalischen Reichsteils bis zum Hellespont zu bemächtigen, wo er auf Licinius stieß, dem es gelungen war, sämtliche Balkanprovinzen unter seine Kontrolle zu bringen. Vor dem Risiko einer endgültigen Entscheidung scheuten indes beide Seiten zurück. Stattdessen einigten sie sich darauf, den Hellespont und den Bosporus als Grenze zwischen ihren Machtbereichen anzuerkennen. Die Witwe des Galerius fühlte sich freilich in Reichweite des Licinius nicht mehr sicher und flüchtete sich samt ihrem kleinen Sohn namens Candidianus zu Maximinus Daia, der daraus prompt propagandistisches Kapital zu schlagen gedachte. Candidianus wurde mit der Tochter des Maximinus verlobt, der sich von nun an als Sachwalter seines verstorbenen Onkels gerierte, als *senior Augustus* und einzig wahrer Verfechter der Tetrarchie. Wie ernst es ihm damit in Wirklichkeit war, bewies er bald darauf durch die Auswahl seines Bundesgenossen. Da er nach wie vor in Licinius seinen Hauptgegner sah und nicht etwa einen Partner im Kaisertum, nahm er Kontakt zu Maxentius auf. Politisch und militärisch entbehrte eine solche Handlungsweise nicht der Logik: der Feind meines Feindes ist mein Freund. Ein Bündnis mit Maxentius sollte es ihm ermöglichen, Licinius in die Zange zu nehmen. Von der Ideologie der Tetrarchie her betrachtet, wie sie von Galerius verkörpert worden war, stellte das Vorgehen des Maximinus Daia freilich eine Verhöhnung dieses Herrschaftssystems dar und machte seinen Niedergang sinnfällig. Wie dem auch sei, Maxentius dürfte froh gewesen sein, zum ersten Male aus der politischen Isolation herausgekommen zu sein, in der er seit seiner Usurpation geblieben war. Ob sich durch ein Zusammengehen mit Maximinus tatsächlich eine ernsthafte Zukunftsperspektive für ihn eröffnete, muss offen bleiben. Festzuhalten bleibt nämlich, dass er der bei weitem schwächere Partner von beiden war, unfähig, von sich aus eine Offensive gegen den gemeinsamen Gegner zu beginnen und die Frage stellt sich, ob nicht ein gegen Licinius siegreicher Maximinus sich als selbsternannter Champion der Tetrarchie ganz schnell wieder daran erinnert hätte, dass Maxentius nichts weiter war als ein nichtsnutziger Usurpator und Todfeind seines verstorbenen Onkels. Doch das werden wir nie erfahren, denn das Bündnis zwischen den beiden hat nie die Probe aufs Exempel bestehen müssen.[80]

Auf der Gegenseite fand wohl noch 311 eine Annäherung zwischen Licinius und Constantin statt. Während sich die übrigen Quellen in diesem Punkt in Schweigen hüllen, ging laut Zosimos die Initiative zu einem Bündnis von Constantin aus, der Licinius als Unterpfand ihrer Verbindung seine Schwester Constantia zur Frau angeboten habe; letzteres wird auch von anderen Autoren bestätigt. Ob es bereits zu einem regelrechten Bündnis zwischen den beiden kam und ihr militärisches Vorgehen im Jahre 312 auf Absprache beruhte, bleibt ungewiss, doch scheint es klar, dass für Licinius die Hauptbedrohung von Maximinus Daia ausging, der über bei weitem größere Ressourcen gebot, während Constantin sich nur gegen Maxentius wenden konnte. Annehmen kann man, dass Constantin dem Licinius zumindest Rückenfreiheit bei einer Auseinandersetzung mit Maximinus Daia zugesichert hat. Damit gab er zum ersten Male seine zurückhaltende, abwartende Politik auf und ergriff offen Partei. Jetzt freilich ging der Kampf nicht mehr länger um die Teilhabe an einer bzw. um eine bessere Positionierung innerhalb eines Mehrkaisertums, sondern um die Herrschaft über das Imperium als Ganzes. Ein Sieg über Maxentius war für Constantin der notwendige erste Schritt: er war der schwächste der drei Gegenspieler (oder Mitbewerber, wenn man so will) und der geographisch am leichtesten erreichbare. Maxentius seinerseits scheint dies schließlich begriffen zu haben, denn auch er nahm jetzt definitiv gegen Constantin Stellung, was er bislang vermieden hatte. An einem Konflikt mit diesem, der automatisch auf einen Zweifrontenkrieg hinauslief, konnte ihm grundsätzlich nicht gelegen sein, zumal ihm die militärischen Mittel für eine Offensive fehlten; die Darstellung mancher Autoren, dass er den Krieg mit Constantin gesucht habe, erscheint als unsinnig. Immerhin führte die neue politische Konstellation zu einer postumen Aussöhnung des Sohnes mit dem Vater: Maxentius ließ Maximian unter die Götter aufnehmen, Constantin zu seinem Mörder erklären und sich selbst zu seinem Rächer.[81]

Bevor wir den vergleichsweise gut dokumentierten Verlauf des Krieges zwischen Constantin und Maxentius im Einzelnen nachvollziehen, müssen wir uns mit den militärischen und

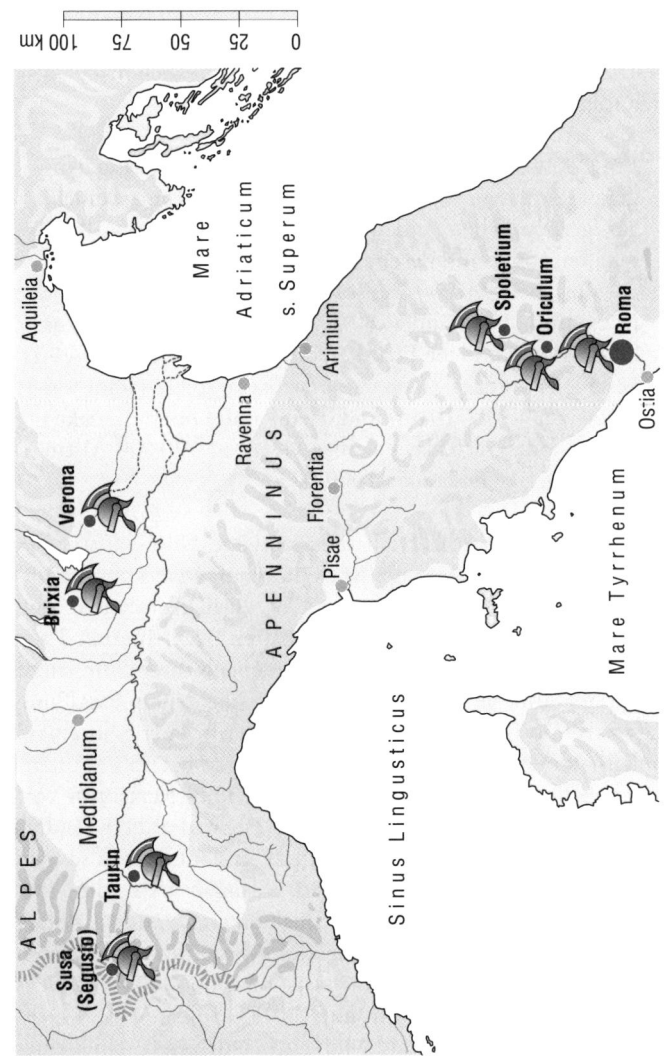

Karte 1: Der Feldzug gegen Maxentius

materiellen Ressourcen beider Seiten beschäftigen, um ihre jeweiligen Strategien und Erfolgsaussichten beurteilen zu können. Zosimos, der hier die detailliertesten Angaben macht, lässt sich folgendermaßen vernehmen:

> Er (Constantin) zog ein Heer zusammen aus kriegsgefangenen Barbaren, wie sie ihm eben zur Verfügung standen, aus germanischen und den übrigen gallischen Völkerschaften sowie auserlesene Mannschaften aus Britannien, alles in allem 90 000 Fußsoldaten und 8 000 Reiter ... Maxentius aber standen 80 000 Römer und Italiker zur Seite, dazu sämtliche Etrusker, die überall an den Meeresgestaden wohnen, auch die Karthager stellten ihm ein Heer von 40 000 Mann und dazu kamen noch die Sikelioten, sodass sich das gesamte Heer auf 170 000 Mann belief, die Reiterei auf 18 000.[82]

An diesen Angaben fällt die archaisierende Nomenklatur der Völkerschaften im Heer des Maxentius auf. Man könnte meinen, ins 5. oder 4. Jahrhundert v. Chr. zurückversetzt zu sein; im 4. nachchristlichen Jahrhundert hatten Bezeichnungen wie Etrusker, Karthager und Sikelioten jedenfalls ihren Sinn längst verloren.[83] Ihre Verwendung an dieser Stelle deutet darauf hin, dass Zosimos hier eine auf griechisch geschriebene, in einem archaisierenden Stil verfasste Vorlage benutzt hat, der er offensichtlich noch weitere Angaben speziell über Maxentius verdankte und die, wie Zosimos selbst, einen dezidiert heidnischen Standpunkt vertrat, der weder Constantin noch seinem Gegenspieler Sympathien entgegenzubringen vermochte. Des weiteren lässt sich auf den ersten Blick erkennen, dass die Stärkeangaben für die Streitmacht des Maxentius phantastisch übertrieben sind – selbst der constantintreue Panegyriker des Jahres 313 gesteht Maxentius nur 100 000 Soldaten zu.[84] Dem Mann, der sich lediglich mit Mühe imstande zeigte, ein kleines Expeditionskorps auf einen überlebenswichtigen Feldzug nach Afrika zu entsenden, wird auf einmal der Besitz eines riesigen Heeres zugeschrieben, obwohl er nur über einen Bruchteil des römischen Reiches gebot, dem überdies seit Jahrhunderten als

Rekrutierungsgebiet nur noch eine sehr untergeordnete Bedeutung zukam. Lassen wir also die Zahlenangaben des Zosimos und des Panegyrikers für den Moment beiseite und versuchen wir zu eruieren, welche Informationen wir sonst noch zur Bestimmung des Kräftepotentials heranziehen können.

Maxentius' Streitkräfte setzten sich zunächst aus der stadtrömischen und italischen Garnison, d. h. der Prätorianergarde, den städtischen Kohorten, den *equites singulares Augusti* und vielleicht der II. parthischen Legion zusammen, Verbänden, die nach ihrer ursprünglichen Sollstärke zu urteilen etwa 23 000 Mann gezählt haben müssen.[85] Wir haben freilich schon angedeutet, dass alle diese Einheiten, vielleicht mit Ausnahme der *cohortes urbanae*, bereits vor der Usurpation des Maxentius in ihren Beständen erheblich vermindert worden waren und nurmehr einen nicht näher zu bestimmenden Bruchteil der alten (Soll-)Stärke aufgewiesen haben können. Natürlich hatte Maxentius zwischenzeitlich die Möglichkeit gehabt, die Truppeneinheiten, die ihm zum Thron verholfen hatten, durch Abkommandierungen aus anderen Verbänden wieder zur alten Stärke aufzufüllen und hat dies vielleicht auch getan. Ein solches Verfahren allerdings musste an der Substanz derjenigen Einheiten zehren, die ihm über die römisch-italische Garnison hinaus noch zur Verfügung standen. Dabei handelte es sich in erster Linie um die ehemaligen Truppen des Severus, die mehr oder weniger geschlossen übergetreten waren und die den zweiten großen Block – und sicherlich den ursprünglich stärksten – im Heer des Maxentius bildeten. Leider haben wir gar keine Angaben über die Größe der Armee, mit der Severus ins Feld gezogen war. Unter Zuhilfenahme einiger Informationen aus späterer Zeit kann man ihren Umfang bestenfalls sehr grob auf 15–25 000 Soldaten eingrenzen. Außer diesen Mannschaften verfügte Maxentius vielleicht noch über Teile der afrikanischen Regionalarmee, die er nach der Besiegung des Alexander nach Italien verlegt hatte, doch dürften diese Einheiten bestenfalls einen kleinen Teil seiner Streitkräfte ausgemacht haben.[86] Insgesamt wird man davon ausgehen müssen, dass Maxentius mindestens 20 000 Soldaten zu Gebote gestanden haben, doch schwerlich mehr als 40 000. Vielleicht kommt die Mitte zwischen diesen beiden Extremen, also 30 000 Mann, der Wahrheit am nächsten.

Den Kern von Constantins Heer bildete die Gallienarmee, wobei diese Bezeichnung insofern irreführend ist, als diese Truppen in erster Linie in den germanischen Provinzen stationiert waren. Hinzu kam die britannische Regionalarmee und was noch in Spanien an Truppen verblieben sein mochte. Bis zur Mitte des 3. Jahrhunderts waren dies insgesamt acht Legionen gewesen (vier in Germanien, drei in Britannien, eine in Spanien) mit einem nominellen Bestand von bis zu 48 000 Soldaten, wozu noch einmal die gleiche Anzahl an Angehörigen der Hilfstruppen addiert werden muss. Demnach wäre die Angabe von 98 000 Mann, die Zosimos für Constantins Streitkräfte macht, am Ende als durchaus realistisch anzusehen. Wir wissen freilich nicht, wie sich das Chaos seit der Mitte des 3. Jahrhunderts, mit seiner Flut von langfristigen Abkommandierungen und dem Schwinden des Rekrutierungspotentials infolge des Bevölkerungsrückganges auf die Effektivstärke der Streitkräfte des Reichswestens auswirkten. Grund zu der Annahme besteht, dass die Armee Britanniens substanziell vermindert wurde und die spanische nicht mehr ins Gewicht fiel. Andererseits hatte Constantin die Möglichkeit gehabt, mehr als fünf Jahre lang sein Heer zu verstärken, sei es durch das Auffüllen bestehender oder das Aufstellen neuer Einheiten. In diesem Zusammenhang sind die Informationen des Zosimos interessant, der schreibt, dass Constantin sein Heer nicht zuletzt aus Kriegsgefangenen gebildet hatte; der Autor spielt hier auf die verstärkt seit dem 4. Jahrhundert zu beobachtende Praxis an, namentlich germanische Kriegsgefangene zur Verstärkung der eigenen Streitkräfte zu verwenden. Das schonte die eigene Bevölkerung und kam der Wirtschafts- und Steuerkraft des Imperiums zugute. Aufgrund seiner erfolgreichen Feldzüge gegen die Germanen hatte Constantin offensichtlich in größerem Umfang von der Möglichkeit Gebrauch gemacht, germanische Rekruten einzugliedern. Doch darf man aus den Behauptungen des Zosimos hinsichtlich der Zusammensetzung der Armee keine übertriebenen Schlüsse auf die Bedeutung des germanischen Heeresersatzes ziehen. Dem Autor – und höchstwahrscheinlich bereits seiner Quelle – war es darum zu tun, Constantins Truppen als einen Barbarenhaufen, als eine Horde, erscheinen zu lassen und deshalb wird deren angeblich rein fremdstämmiger Charakter weit über Gebühr betont.[87] Versucht man Constantins Heeresmacht insgesamt einzuschätzen, so wird man angesichts der in den letzten Jahren erfolgten Verstärkungen folgern können, dass er einschließlich der in Britannien stationierten Einheiten in der Tat zwischen 75 000 und 100 000 Mann besessen haben dürfte. Mit der alten Rhein- und Britannienarmee hatte sein Heer freilich nicht mehr allzu viel gemein. Zu ihm gehörten zweifellos nurmehr Restteile der alten germanischen (*I Minervia, VIII Augusta, XXII Primigenia, XXX Ulpia*) und britannischen (*II Augusta, VI Victrix, XX Valeria*) Legionen, daneben aber auch eine ehemalige Vexillation der *II Italica* aus Noricum, wahrscheinlich Derivate der *II Parthica* (Italien), *IV Flavia* und *VII Claudia* (Moesia Superior [heutiges Serbien]). Eine wichtige Rolle spielten die im 3. Jahrhundert entstandenen Auxilien neuen Typs, wie die *Cornuti*, in denen die germanischen Rekruten zusammengefasst wurden, doch kennen wir deren exakte Anzahl nicht.[88]

Wenden wir uns jetzt den Strategien der beiden Kontrahenten zu. Wie wir gesehen haben, waren Constantins Streitkräfte wenigstens zwei- bis dreimal so stark wie die des Maxentius. Er stand allerdings vor dem Problem, dass er lange und gefährdete Grenzen zu verteidigen hatte, die er nicht ungeschützt zurücklassen konnte. Erfahrungen aus den vergangenen Jahrhunderten hatten zur Genüge bewiesen, dass mit Truppenabzügen verbundene Bürgerkriege eine direkte Einladung an die Germanen darstellten, Raubzüge im Reichsgebiet zu unternehmen, und in Britannien stand es mit den Picten und Scoten nicht anders. Das bedeutete von vornherein, dass Constantin nur einen Teil seines Heeres für den Krieg zu mobilisieren imstande war. Dem Panegyriker des Jahres 313 zufolge zählte das gegen Maxentius geführte Heer weniger als 40 000 Mann und hätte lediglich ein Viertel seiner Streitkräfte insgesamt ausgemacht, also 20 000–25 000 Soldaten, eine angesichts ähnlicher Stärkeangaben speziell aus dem 4. Jahrhundert durchaus realistische Rechnung.[89] Selbst wenn man die Frage des Grenzschutzes einmal beiseite lässt, sprachen logistische Erwägungen gegen ein allzu großes Heer. Der Verlauf des galerianischen Italienfeldzuges hatte deutlich gezeigt, welches Schicksal großen Heeren in Italien drohte, wenn es nicht gelang, das Problem ihrer Versorgung zu lösen, und dieses Ereignis war kein Einzelfall. Bereits im Jahre 238 war Kaiser Maximinus Thrax auf seinem Feldzug gegen Italien aus denselben Gründen gescheitert wie Galerius. Sein Feldzug war vor Aquilea ins Stocken geraten, der Nachschub blieb aus, das Heer wurde rebellisch und Maximinus schließlich von seinen eigenen Soldaten erschlagen.[90] Da zu erwarten stand, dass Maxentius nach der gleichen Strategie vorgehen wollte wie schon im Jahre 307, d. h. sich mit der Masse seines wohlverproviantierten Heeres in Rom zu verschanzen, hätte Constantin sich durch die Mitnahme einer großen Armee und einen raschen Vorstoß auf Rom aller Voraussicht nach selbst am meisten geschadet. Die zahlenmäßige Beschränkung bedeutete freilich, dass er darauf verzichten musste, Maxentius mit einer Übermacht entgegenzutreten, die ihm im Falle einer Feldschlacht oder einer Belagerung Roms den Erfolg gleichsam garantiert hätte. Eine solche Einschränkung ist keineswegs gering zu veranschlagen: Maxentius hatte den Krieg bereits gewonnen, wenn er ihn nicht verlor, er konnte in der Defensive bleiben. Dagegen musste Constantin siegen, um zu gewinnen, er war gezwungen, in die Offensive zu gehen und die Initiative zu behalten. Man sieht also, dass trotz des für ihn sehr ungünstigen Kräfteverhältnisses Maxentius keineswegs so schlechte Karten hatte, dass seine Niederlage von Anfang an feststand.[91]

Constantin setzte auf das Überraschungsmoment. Allem Anscheinn nach sehr früh im Jahr, sobald die Witterungsverhältnisse eine Benutzung der Alpenpässe gestatteten – also wohl im März oder April 312 – brach er mit seiner Armee auf und überschritt am heutigen Mont Genèvre die Alpen. Auf ersten Widerstand traf er bei der kleinen, aber befestigten Stadt Susa (auch Segusio), in die Maxentius eine Garnison gelegt hatte. Der Panegyriker des Jahres 313 macht deutlich, dass die Besatzung völlig überrumpelt wurde, es gelang ihr gerade noch, die Stadttore zu schließen. Am Ausgang änderte dies nichts mehr, denn Constantin hatte bereits Leitern in Bereitschaft gehalten und konnte unverzüglich zum Sturmangriff schreiten. Feuer wurde an die Tore gelegt, die Mauern wurden überstiegen und die Stadt noch am selben Tage eingenommen. Leider griff dabei der Brand auf die Häuser der Stadt über, ein Umstand, den der Panegyriker des Jahres 313 verschweigt, während Nazarius hervorhebt, dass sich Constantins Soldaten an den Löscharbeiten beteiligten. Entgegen seinen Behauptungen erfolgten diese Hilfeleistungen allerdings kaum aus altruistischen Motiven. Eher war es Constantin darum zu tun, seinem Heer warme Quartiere in der noch kalten Jahreszeit zu sichern, was aber nur teilweise gelungen zu sein scheint.[92] Nach diesem ersten Erfolg setzte Constantin seinen Vormarsch auf Turin fort. Hier kam es zu weiteren Kämpfen mit den Truppen des Maxentius, über deren Einzelheiten leicht abweichende Nachrichten vorliegen. Gemäß dem Panegyriker des Jahres 313 trat den Angreifern außerhalb der Stadt ein in Schlachtordnung aufgestelltes Heer entgegen, allerdings macht er über den für Constantin siegreichen Verlauf des Kampfes nur sehr allgemeine Angaben, die überdies allzu deutlich den Stempel der Topik tragen, d. h. ebensogut auf jede andere, x-beliebige Schlacht zutreffen könnten. Nazarius dagegen, der seine Rede acht Jahre später vortrug, bestätigt einen Waffengang in einer Ebene außerhalb Turins, beschränkt dessen Darstellung allerdings auf den mit rhetorischem Schwulst und frappierender Freude am Detail geschilderten Zusammenstoß einer angeblich von Constantin höchstpersönlich geführten Abteilung mit den feindlichen Panzerreitern (*clibanarii*). Geradezu minutiös wird berichtet, wie die Mannen Constantins deren Frontalangriff auswichen, um die stark gepanzerten, aber unbeweglichen Kolosse sodann von allen Seiten anzufallen und mit Keulenschlägen niederzukämpfen. Über den Rest des Kampfes verliert Nazarius kaum ein Wort. Indes entpuppt sich bei näherem Hinsehen auch seine Darstellung rasch als ein literarisches Versatzstück und man kann sich des Eindrucks nicht erwehren, dass die constantinische Selbstdarstellung hier ein Gefecht kleineren Ausmaßes zur Schlacht hochstilisiert hat.[93] Immerhin scheint soviel sicher, dass sich die Truppen des Maxentius, die in Turin gelegen hatten, außerhalb der Stadt auf einen Zusammenstoß mit der zahlenmäßig gewiss weit überlegenen Armee ihres Gegners einließen; ob dabei tatsächlich Panzerreiter zum Einsatz kamen, sei dahingestellt, der Panegyriker des Jahres 313 weiß jedenfalls nichts davon. Warum sie diesen von vornherein aussichtslosen Kampf begannen, bleibt unklar, doch wirkte sich hier vermutlich der überraschende Vorstoß Constantins aus, der die Befehlshaber des Maxentius über das Ausmaß der Offensive im Ungewissen ließ. Der Erfolg im offenen Feld hat Constantin die Mühen einer Belagerung erspart. Turin ergab sich und ermöglichte ihm den offenbar kampflosen Vormarsch nach Mailand, das ihm gleichfalls widerstandslos die Tore öffnete. Vom Panegyriker des Jahres 313 erhalten wir eine emphatische Schilderung der Dankbarkeitsbezeugungen namentlich der mailändischen Bevölkerung angesichts des Einmarsches der Armee Constantins, der sich selbstverständlich als Befreier vom Joch des Tyrannen verstand. Man erfährt von Versammlungen tanzender Menschen in den Straßen, von Frauen und Mädchen die zusammenströmten, um den großen Mann wenigstens einmal mit eigenen Augen zu sehen, sodass der heutige Leser unwillkürlich an die Inszenierungen neuzeitlicher Diktatoren erinnert wird.[94] Vielleicht sind derartige Szenen nicht einmal völlig aus der Luft gegriffen. Erleichterung darüber, dass man ohne Schaden davongekommen war, die Notwendigkeit, sich mit dem Eroberer gut zu stellen, mag die Einwohner ebenso zu Beifallskundgebungen veranlasst haben, wie die Erkenntnis, dass die Herrschaft des Maxentius letztlich nur in eine Sackgasse geführt hatte. Constantin seinerseits ließ die Bevölkerung rasch wissen, was er von ihr verlangte: Neben Einquartierungen werden finanzielle und logistische Leistungen gefordert worden sein, doch über Einzelheiten schweigen sich unsere Gewährsleute aus.[95] Mit der Einnahme Mailands war die erste Phase des Feldzuges beendet. Dank seiner Schnelligkeit hatte Constantin einen wichtigen Anfangserfolg errungen und sich in Oberitalien etabliert. Es kam jetzt darauf an, das Erreichte zu konsolidieren, um anschließend gegen Maxentius selbst vorzugehen. Das bisherige gute Gelingen des Feldzugs war freilich nicht allein auf bloße Schnelligkeit zurückzuführen. Anscheinend hatte Maxentius von Seiten Constantins mit überhaupt keinem größeren Angriff gerechnet und im westlichen Oberitalien lediglich schwache Verbände zur Überwachung der Alpenpässe und der Abwehr kleinerer Vorstöße stationiert. Dagegen standen im Osten, vor allem in und um Verona etliche Einheiten unter dem Oberbefehl des Prätorianerpräfekten Ruricius Pompeianus[96] in Bereitschaft, ein Zeichen dafür, dass für ihn die hauptsächliche Bedrohung nach wie vor von Licinius ausging. Wollte Constantin keinen Feind in seinem Rücken stehen lassen, der ihm die Verbindungen zu seiner Basis in Gallien abschneiden konnte, so war er gezwungen, sich zuerst gegen Verona zu wenden.

Laut dem Panegyriker des Jahres 313 blieb Constantin nur einige Tage in Mailand, ehe er nach Osten aufbrach. In der Nähe von Brescia kam es zu einem kurzen Gefecht mit Reitern des Maxentius, die aber den Vormarsch nicht aufzuhalten vermochten. Verona selbst freilich wurde keine leichte Beute. Nicht nur durch seine Befestigungen, sondern im Westen und Süden auch durch den Lauf der Etsch geschützt, war es weder leicht zu erstürmen noch durch Belagerung auszuhungern. Aus den gewundenen und schwer zu deutenden Formulierungen der beiden Panegyriker lässt sich unschwer entnehmen, dass der Kampf um Verona nicht so ganz nach den Plänen Constantins verlief, sondern sich zu einem harten Ringen auswuchs. Zunächst scheinen die Angreifer Schwierigkeiten gehabt zu haben, die Stadt zu umzingeln. Es bedurfte offensichtlich eines großen Umweges bis in die Ausläufer der Alpen, ehe sie es schafften, die Etsch zu überqueren, um die Stadt auch von Norden und Osten abriegeln zu können. Pompeianus wiederum scheint versucht zu haben, seine Verbindungswege offenzuhalten, was zu schweren Kämpfen außerhalb der Stadt führte. Letztlich war Constantin erfolgreich, aber für eine wirkliche Umschließung der Stadt reichten seine Kräfte wahrscheinlich nicht aus, denn Pompeianus war imstande, die Stadt zwecks Heranführung von Entsatztruppen zu verlassen. Unsere Quellen lassen uns im Unklaren darüber, wie lange sich der Kampf um Verona hinzog. Anhand der Friese des Constantinsbogens lässt sich der Schluss ziehen, dass es zu Stürmen und

Belagerungskämpfen kam, doch machen beide Panegyriker klar, dass keine Entscheidung fiel, bevor Pompeianus mit seinen Verstärkungen wieder auf dem Kriegsschauplatz erschien. Damit wurde die Gesamtsituation für Constantin kritisch, was vielleicht seine Handlungsweise während der folgenden Gefechte erklären hilft. Sein Gegner war in der Lage, seine an sich zweifellos zahlenmäßig unterlegenen Kräfte zum Durchbruch auf einen Punkt zu konzentrieren, während Constantin seine Mannschaften rund um die Stadt zu gruppieren gezwungen war, um die Abriegelung so gut wie möglich aufrecht zu erhalten. Dadurch konnte Pompeianus eine zumindest vorübergehende lokale zahlenmäßige Überlegenheit erzielen. Die aus dem Ersatzversuch resultierende Schlacht wurde von beiden Seiten mit äußerster Erbitterung geführt. Beide Befehlshaber, Constantin wie Pompeianus, sahen sich veranlasst, in höchsteigener Person in die Kämpfe einzugreifen, was römische Feldherrn für gewöhnlich nur dann taten, wenn sie eine verzweifelte Lage doch noch zu ihren Gunsten zu wenden versuchten. Letzten Endes blieb Constantin auch diesmal erfolgreich: Die Entsatztruppe wurde aufgerieben und Pompeianus erschlagen, während der Sieger mit leichteren Blessuren davonkam. Dem Panegyriker des Jahres 313 bereitete es allerdings einige Mühe, die zeitweilig dramatische Situation zu vertuschen und Constantins Handlungsweise als Heldentum zu verklären.[97] Mit dem blutigen Scheitern des Durchbruchsversuches war nicht nur das Schicksal Veronas, sondern auch das der noch verbliebenen maxentianischen Stützpunkte in Oberitalien entschieden. Nach Verona kapitulierten auch Aquilea und Mutina (Modena).[98] Ganz Italien nördlich des Po befand sich somit unter der Kontrolle Constantins. Auch die zweite Phase des Feldzuges hatte er für sich entschieden. Doch der entscheidende Waffengang stand ihm noch bevor: der Marsch auf Rom und die Auseinandersetzung mit Maxentius selbst.

Während der Kämpfe in Oberitalien hatte Maxentius nicht persönlich eingegriffen, sondern war in Rom geblieben, die Leitung der Kämpfe hatte er vollständig seinen Generalen überlassen. Das braucht durchaus nicht als Zeichen von Schwäche oder gar Feigheit interpretiert zu werden, sondern ent-

Abb. 2: Soldaten Constantins mit Statuetten des Sol Invictus und der Victoria

sprang wohl viel eher der Einsicht in die fehlenden eigenen militärischen Fähigkeiten. Darüber hinaus verdient es hervorgehoben zu werden, dass es ihm gelungen war, militärische Anführer zu finden, auf die er sich verlassen konnte; Fälle von Verrat sind nicht überliefert. Die stadtrömische Bevölkerung wurde über die Ereignisse im Unklaren gelassen, sie erfuhr über die Bulletins ihres Kaisers nur das, was dieser zuzugeben bereit war.[99] Wie dem auch sei, durch die Katastrophe in Oberitalien hatte Maxentius einen beträchtlichen Teil seiner Truppen eingebüßt, doch war seine Streitmacht mitnichten vernichtet oder so sehr angeschlagen, dass ein weiterer Widerstand als aussichtslos erschien. Die Tatsache, dass es Maxentius später unternahm, sich Constantin in offener Schlacht zu stellen, legt nahe, dass er auch zu diesem Zeitpunkt noch über genügend Kräfte verfügte, um den Kampf mit Aussicht auf Erfolg wagen zu können – sofern man nicht geneigt ist, sein Tun als reine Verzweiflungstat auszulegen. Ihm dürften demnach, grob geschätzt, also immer noch etwa 15–20 000 Mann zur Verfügung gestanden haben. Ferner war sein Heer hinter der mächtigen Aurelianischen Mauer gut geschützt und solange die Lebensmittel nicht ausgingen, würde ein Angreifer kein leichtes Spiel haben.[100] Gut 200 Jahre später zeigten die Ereignisse des iustinianischen Gotenkrieges, dass Rom auch von einer kleinen Besatzung (ca. 5 000 Soldaten) lange Zeit erfolgreich verteidigt werden konnte, und ein Belagerer früher oder später in Versorgungsschwierigkeiten kommen musste, zumal wenn der Verteidiger imstande war, im Rücken der Belagerer Stützpunkte zu unterhalten und deren Nachschub zu behindern.[101]

Leider kennen wir, abgesehen vom Datum der Schlacht an der Milvischen Brücke (28. Oktober 312), keine weiteren zeitlichen Fixpunkte des Krieges zwischen Constantin und Maxentius. Wenn man jedoch den mutmaßlich frühen Aufbruch Constantins in Rechnung stellt, so fällt ins Auge, dass die Entscheidung nicht vor dem Herbst fiel, und das umso mehr, als die Panegyriker den Eindruck einer kurzen oberitalischen Kampagne erwecken. Entweder täuschen sie uns hier über den wahren Sachverhalt hinweg und namentlich die Auseinandersetzungen um Verona zogen sich über mehrere Monate hin, oder aber Constantin besaß triftige Gründe, den Aufbruch gen Rom hinauszuzögern. Obwohl sich die Belagerung Veronas tatsächlich länger hingezogen zu haben scheint, als es die beiden Panegyriker suggerieren, und Constantin sich nach dem vorläufigen Sieg vielleicht der Hoffnung hingab, dass Maxentius seine römische Basis verlassen und gegen ihn ziehen werde,[102] sprachen noch schwerwiegende andere Argumente gegen einen sofortigen Vormarsch auf die Hauptstadt. Zum einen bedurfte der Feldzug nach Mittelitalien entsprechender logistischer Vorbereitungen, darüber hinaus waren sicher auch Verluste zu ergänzen und Verstärkungen heranzuziehen, zumal die oberitalischen Gebiete durch Besatzungen gesichert werden mussten. Daneben gab es aber noch einen weiteren, sehr gewichtigen Faktor: das Klima. Constantins Truppen stammten, wie wir gesehen haben, in der Masse aus Gallien, Germanien und Britannien und waren an die hochsommerliche Hitze des mittleren und südlichen Italiens nicht gewohnt. Beispiele, wie rasch aus nördlichen Regionen stammende Heere in und um Rom durch Krankheiten dezimiert werden konnten, kennen wir bereits aus der Antike, im Mittelalter sollten die Aufgebote der deutschen Kaiser wiederholt ähnliche Erfahrungen machen. Die Hitze förderte überdies die Trunksucht, für die speziell die germanischen Soldaten berüchtigt waren und schuf dadurch zusätzliche disziplinarische Probleme. Ein Abwarten der kühleren Jahreszeit empfahl sich also durchaus.[103] Sämtliche literarischen Quellen erwecken den Eindruck, dass Constantins Marsch auf Rom rasch und problemlos ablief und konzentrieren sich ganz auf die Schlacht an der Milvischen Brücke. Schnell mag es gegangen sein, aber sehr wahrscheinlich nicht kampflos: Wie anhand epigraphischer Zeugnisse festzustellen ist, erlitt die in Constantins Heer befindliche *II Italica Divitensium* bei Spoletium (Spoleto) und Ocriculum (Otricoli) Verluste.[104] Man kann daraus ersehen, dass Constantin entlang der Via Flaminia vorrückte; möglicherweise hatte Maxentius kleinere Besatzungen in diese am Wege liegenden Städte gelegt, um Fouragezüge seines Gegners zu behindern, doch bleiben die Einzelheiten der Gefechte natürlich unbekannt. Sicher scheint lediglich, dass Constantin schließlich etwa 20 km vor

Rom, beim heutigen Casal Malborghetto, sein Lager bezog.[105] Was jetzt folgte, erwies sich für Constantin als überaus vorteilhaft: Maxentius ließ es nicht auf eine Belagerung ankommen, sondern brach mit seiner Armee auf, um seinen Kontrahenten außerhalb Roms zur Entscheidungsschlacht zu stellen. Obwohl der siegreiche Constantin nach dem Kampf aufgrund von Gefangenenverhören etc. die wahren Gründe für diese Entscheidung erfahren haben dürfte, hat seine Propaganda, die alle unsere Quellen beeinflusste, allein das Unbegreifliche, Mirakulöse der Handlungsweise des Maxentius herausgestellt. Schon die Panegyriker behaupteten, dass ihn die Ungunst der Götter zu der Verzweiflungstat getrieben habe, die sicheren Mauern Roms zu verlassen und für die christliche Geschichtsdarstellung war es ein Leichtes, hier das Walten ihres Gottes plausibel zu machen. Lactanz und Zosimos berichten uns, Maxentius habe im trügerischen Vertrauen auf einen sibyllinischen Orakelspruch, demzufolge der Feind Roms unterliegen werde, die Schlacht gesucht, aber hier klingt allzu deutlich die von Herodot überlieferte Geschichte vom Kroisosorakel an, die für diese Version die Vorlage abgab.[106] Ernster schon ist die Behauptung des Lactanz zu nehmen, dass es angesichts des Anmarsches Constantins zu Unruhen unter der stadtrömischen Bevölkerung kam, doch deutet Zosimos wiederum an, dass Maxentius die stadtrömische Opposition gegen seine Herrschaft bis zuletzt gut im Griff hatte und sich von dieser Seite keinerlei Gefahr versah, wofür auch spricht, dass er es überhaupt wagen konnte, mit praktisch seiner gesamten Streitmacht auszurücken.[107] Angesichts seiner erfolgreichen Strategie gegenüber der Invasion des Galerius scheint das Vorgehen des Maxentius auf den ersten Blick tatsächlich schwer erklärlich, doch dürfen wir nicht vergessen, dass Galerius im Jahre 307 sein Basislager rund 100 km (ca. drei bis vier Tagesmärsche) nördlich der Hauptstadt aufgeschlagen hatte, 312 jedoch stand Constantin weniger als einen Tagesmarsch entfernt. Darüber hinaus dürfte Maxentius und seinen Offizieren bereits klar geworden sein, dass der Angreifer diesmal das Versorgungsproblem besser gelöst hatte als ehedem Galerius. Was immer den Ausschlag für die Entscheidung zum Ausfall gegeben haben mag, mangelnde

Aufklärung vielleicht oder die Überschätzung der eigenen Stärke und militärischen Fähigkeiten, so scheint doch soviel sicher, dass das grundsätzliche Kräfteverhältnis zwischen den beiden Armeen halbwegs ausgewogen gewesen sein muss, sonst hätte eine der beiden Seiten den Kampf verweigert.

Als den Ort der Schlacht geben die meisten Quellen die Tiberregion um die Milvische Brücke an, nur Aurelius Victor schreibt von einem Gefecht bei Saxa Rubra, dem „Roten Felsen", einem Engpass an der Via Flaminia. Allerdings bedeutet diese Angabe keinen Widerspruch, wenn man annimmt, dass die Kämpfe bei Saxa Rubra begannen und schließlich im Untergang des Maxentius und eines Großteils seiner Streitmacht an der Milvischen Brücke kulminierten. Ob es überhaupt zu einer Schlacht im eigentlichen Sinne kam, bei der sich beide Heere geordnet gegenübertraten, muss offen bleiben, doch hat die Annahme, dass es Constantin gelang, die Truppen seines Gegenspielers noch im Aufmarsch zu überraschen, viel für sich. Weil der Rote Felsen näher am Lager Constantins gelegen war als an der Milvischen Brücke, hatte er ohne weiteres die Möglichkeit, den Engpass als Erster zu erreichen. Der Besitz dieser Position verschaffte Constantin einen Vorteil im Gelände, das nach Süden zu abfiel. Nachdem die Vorhut des Maxentius dort einmal geschlagen war, setzte vermutlich sogleich eine Rückwärtsbewegung von dessen anmarschierenden Kolonnen ein, die vielleicht schon zur Flucht ausartete. Erst an der Milvischen Brücke scheint es Maxentius und seinen Offizieren gelungen zu sein, noch einmal so etwas wie eine Schlachtordnung zustande zu bringen, doch standen seine Soldaten nun dicht gedrängt und mit dem Rücken unmittelbar zum Tiber und die verfolgenden Truppen Constantins drangen, die Kavallerie voran, unverzüglich auf ihre Feinde ein. Einheiten der Prätorianergarde vermochten dem Ansturm eine Zeitlang standzuhalten, aber sie wurden dabei zusammengehauen und aufgerieben. Spätestens ihr Untergang gab den Ausschlag. Panik verbreitete sich unter den Maxentianern, sie fluteten über die Milvische Brücke zurück oder stürzten sich gleich in den Tiber, wo viele ertranken oder den Speerwürfen und Pfeilschüssen ihrer Gegner erlagen. Der Kaiser Maxentius wurde in dem Gedränge mitgerissen, fiel mitsamt seinem Pferd offenbar direkt von der Brücke in den Strom und kam ums Leben, vom Gewicht seiner Rüstung in die Tiefe gezogen. Sein Tod machte die Entscheidung endgültig. Constantin hatte gesiegt, aber sein Sieg hatte nichts Unerklärliches oder gar Wunderbares an sich. Seine Qualitäten als Feldherr, die sich in sicherer Beurteilung des Geländes und sehr wahrscheinlich überlegener Feindaufklärung niederschlugen, bildeten eine wesentliche Grundlage seines Erfolges. Hervorzuheben ist auch die Leistungsfähigkeit von Constantins Soldaten, die von ihrem Lager bis zur Milvischen Brücke rund 16 km, davon etwa 10 km auf der Verfolgung in Eilmärschen und teilweise kämpfend, zurücklegen mussten. Aus den Friesen des Constantinsbogens lässt sich der Schluss ziehen, dass sie in leichterer Ausrüstung als ihre Gegner kämpften und namentlich auf Panzerhemden verzichtet hatten, wodurch sie – wenn dies zutrifft – auf dem Marsch und der Verfolgung weniger belastet waren.[108] Über Constantins persönliches Verhalten während der Schlacht sind nur Vermutungen möglich. Erst erheblich später, im Jahre 321, lässt Nazarius den Kaiser persönlich hoch zu Roß im goldenen Helm und mit goldenem Schild bewehrt nach der Art homerischer Helden an der Spitze seines Heeres die Lanze schwingend auf die Feinde eindringen, aber keine andere Quelle weiß etwas davon. Normalerweise hielt sich der Oberbefehlshaber während der Schlacht im Hintertreffen auf, um so gut wie eben möglich den Überblick zu behalten und nur im Notfall mit seinen Reserven einzugreifen; wir dürfen annehmen, dass der erfahrene Feldherr Constantin nicht anders gehandelt hat.[109]

Mit dem Untergang des Maxentius war derjenige „Mitbewerber" ausgeschieden, der von Anfang an nicht in das System der Tetrarchie einzufügen gewesen war. Angesichts des Fehlens jeglicher militärischen oder administrativen Vorbildung muss das politische Geschick erstaunen, mit dem er sich trotz überaus ungünstiger Ausgangsbedingungen sechs Jahre lang an der Macht hielt. Sicher trugen die Zerstrittenheit und mangelnde Vorsicht seiner Gegner, nicht zu vergessen die anfängliche Unterstützung seines erfahrenen Vaters Maximian maßgeblich zu seinem politischen (und physischen) Überleben bei. Dennoch hätte er sich schwerlich lange halten können, wenn er nicht die Anhänglichkeit seiner Truppen und besonders die Kooperationswilligkeit der senatorischen Oberschicht Italiens gewonnen hätte. Insofern verdient seine Leistung durchaus Anerkennung.

An dieser Stelle müssen wir die Ereignisschilderung unterbrechen und auf das Ereignis eingehen, das schon von antiken Autoren mit der Schlacht an der Milvischen Brücke in Zusammenhang gebracht wurde: die angebliche Bekehrung Constantins zum Christentum.[110] Dazu empfiehlt es sich, ein wenig in die Vergangenheit zurückzukehren und Constantins religiöse Überzeugungen und deren Entwicklung so gut wie möglich zu rekonstruieren. Bereits im vorangegangenen Kapitel haben wir gesehen, dass bis ins Jahr 305 nichts auf irgendwelche Sympathien des Kaisers für die christliche Kirche hindeutet und auch für die folgenden Jahre liefern uns die Quellen keinen Anlass, dieses Urteil zu revidieren. Constantins Religiosität, wie sie uns vor allem anhand der Panegyrici fassbar wird, bewegte sich ganz in heidnischen Bahnen. Mit größter Selbstverständlichkeit erwähnen die Rhetoren die unsterblichen Götter und namentlich den *Divus Constantius*, Constantins nunmehr unter den Göttern weilenden Vater, daneben auch die Glücksgöttin Fortuna, die Dea Roma, Hercules und den Göttervater Iupiter, alles Gottheiten als deren erkorener Liebling Constantin auf Erden agiert.[111] Besondere Bedeutung hat man in diesem Zusammenhang mit Recht einer Aussage des anonymen Panegyrikers des Jahres 310 beigemessen. Er schildert eine Vision, die Constantin in einem nicht näher lokalisierbaren Apollotempel gehabt haben will:

> Du hast nämlich, wie ich glaube, O Constantin, Deinen Apollo in Begleitung der Victoria gesehen, die Dir Lorbeerkränze darboten, von denen jeder das Omen von 30 Jahren in sich trug.[112]

Dass es Apollo war, der Constantin persönlich erschienen sein soll, ist von besonderer Bedeutung, denn dieser Gott konnte mit dem Sonnengott identifiziert werden und einen Hinweis darauf, dass gerade der Sonnengott die besondere Verehrung des Kaisers genoss, gab es schon vor 310. Laut dem Panegyriker des Jahres 307 hatte nämlich der Sonnengott in eigener Person Constantins vergöttlichten Vater in den Himmel gefahren.[113] Constantin wich also – wie schon sein Vater – insofern von dem Beispiel der übrigen Tetrarchen ab, als dass er nicht den traditionellen römischen Göttervater Iupiter ins Zentrum seiner Glaubensüberzeugung rückte, sondern den in gewisser Weise „moderneren", aber von seinem Erscheinungsbild und seinem theologischen Gehalt unverbindlicheren und schwerer fassbaren Sonnengott, der sich als Apollo manifestieren konnte, als Mithras, als die Sonne selbst oder eben auch als schwarzer Stein. Nichts an einer derartigen Präferenz war revolutionär, wie wir im ersten Kapitel gesehen haben. Insbesondere Elagabal und Aurelian hatten den Sonnengott zum obersten Reichsgott erhoben und wenn dieser Beförderung auch keine Dauer beschieden blieb, so erfreute sich die Sonne namentlich im Heer weiterhin größter Popularität. Constantins Religiosität entsprach also grundsätzlich derjenigen des einfachen römischen Soldaten, der sich an eine sichtbare Gottheit klammerte, deren Gunst oder Ungunst für ihn sinnlich erfahrbar war. Wie sich dieser Gott sonst noch auf Erden darstellte, ob man ihm als Apollo oder als Stein kultische Verehrung erwies, besaß demgegenüber bestenfalls zweitrangige Bedeutung, wenn überhaupt.

Indes tritt in den Panegyrici noch ein anderer Aspekt von Constantins religiösen Überzeugungen zutage, der zwar auch nicht gerade neu war, aber doch eine gewisse Extravaganz bezeugt. Der Kaiser sah sich nämlich nicht bloß als Sohn eines Gottes, er schrieb sich selbst bereits eine höchstpersönliche und unmittelbare Teilhabe am Göttlichen zu. Das ging soweit, dass er sich nicht bloß überirdische Eigenschaften wie Jugend, Schönheit und phantastische Schnelligkeit zuschreiben, sondern sich auch als unmittelbar anwesenden Gott bezeichnen ließ. Man mag dafür zum Teil die Tradition des Kaiserkultes verantwortlich machen, doch deutet die Penetranz, mit der Constantin seinen Anspruch betonen ließ darauf hin, dass er hier das Maß des Üblichen überschritt.[114] Mit anderen Worten:

Abb. 3: Der Untergang des Maxentiusheeres

Constantin stellte sich in die Tradition des antiken Gottmenschentums, dessen bekanntester Vertreter Alexander der Große gewesen, das aber in Rom spätestens mit dem älteren Scipio, dem Sieger über Hannibal, heimisch geworden war.

Vor der Schlacht an der Milvischen Brücke soll Constantin erneut eine Vision gehabt haben, über die uns Lactanz das Folgende mitteilt:

> Constantin wurde im Schlafe ermahnt, das himmlische Zeichen Gottes auf die Schilde zu zeichnen und so in den Kampf zu ziehen. Es geschah wie befohlen und durch den auf die Seite gedrehten Buchstaben X mit umgebogener Spitze wurde Christus auf die Schilde gezeichnet. Mit diesem Zeichen gewappnet griff das Heer zum Schwert.[115]

In der Constantinsvita des Eusebios liest sich die Sache ganz anders. Diesem Autor zufolge hatte sich Constantin infolge des traurigen Schicksals der „Götzendiener" längst von der Nichtigkeit des Heidentums überzeugt und den Gott seines Vaters (sic!) im Gebet um Hilfe angefleht und dieser Gott habe ihm dann ein Zeichen gesendet, für dessen Schilderung Eusebios sich auf eine persönliche Mitteilung des Kaisers beruft.[116]

> Um die Stunde der Mittagszeit, da sich der Tag schon neigte, habe er, so sagte der Kaiser, mit eigenen Augen oben am Himmel über der Sonne das Siegeszeichen des Kreuzes aus Licht gebildet, und dabei die Worte gesehen: „Durch dieses siege!" Staunen aber habe bei diesem Gesichte ihn und das ganze Heer ergriffen, das ihm eben auf seinem Marsche, ich weiß nicht wohin, folgte und dieses Wunder schaute (Übers. J.-M. Pfättisch).[117]

Anfangs sei Constantin ratlos gewesen und hätte nicht gewusst, was er tun sollte.

> Da habe sich ihm nun im Schlafe der Christus Gottes mit dem am Himmel erschienenen Zeichen gezeigt und ihm

aufgetragen, das am Himmel geschaute Zeichen nachzubilden und es bei seinen Kämpfen mit den Feinden als Schutzpanier zu gebrauchen (Übers. J.-M. Pfättisch).[118]

Besagtes Zeichen wurde laut Eusebios allerdings nicht auf den Schilden angebracht, es wurde vielmehr eine Standarte verfertigt, das sogenannte *labarum*, eine Fahne nach dem Vorbild des *vexillum*, auf dem ein ChiRho, ein X (grch. Chi) gekreuzt von einem P (grch. Rho) angebracht war.[119]

Es ist klar, dass beide Versionen trotz bestimmter Gemeinsamkeiten einander ausschließen. Beide stimmen darin überein, dass Constantin im Traum ein Schutzzeichen offenbart wurde, aber wie dieses Zeichen beschaffen war, darüber weichen die Informationen bereits voneinander ab. Lactanz weiß nichts von einer übersinnlichen Erscheinung auf dem Marsch und Eusebios, der sich immer so akribisch bemüht zeigt, jegliche prochristliche Maßnahme Constantins der Nachwelt zu überliefern, schreibt nichts davon, dass Constantins Soldaten das Christuszeichen auf ihren Schilden trugen, obwohl dies im Gegensatz zu einem einzelnen Feldzeichen unübersehbar gewesen wäre. Schon der letztere Umstand legt nahe, dass Lactanz' Bericht über die mit dem Christusmonogramm geschmückten Schilde nicht der Wahrheit entspricht und dieser Verdacht wird durch die Friese des Constantinbogens, die den Feldzug gegen Maxentius darstellen, vollauf bestätigt. Obwohl dort mehrfach Schilde von Constantins Soldaten zu sehen sind, findet sich auf ihnen nirgends eine Kreuzabbildung und selbstredend auch kein *labarum*, obwohl ein *vexillum* zu sehen ist.[120] Dagegen werden Standarten des Sol invictus und der Siegesgöttin Victoria deutlich abgebildet und es kann keinen Zweifel darüber geben, dass das Heer Constantins unter diesen Feldzeichen in die Schlacht zog.[121] Die Siegesgöttin Victoria ist sogar in höchsteigener Person auf dem Feldzugsfries zu sehen, ebenso wie die Dea Roma und der Flussgott Tiber; *Sol invictus* auf seinem Sonnenwagen wird durch ein riesiges, gleichfalls zeitgenössisches Medaillon auf der Ostseite des Bogens geehrt.[122] Es ist demnach klar: Im Jahre 312 gab es weder ein Christusmonogramm als offizielles Abzeichen auf den Schilden der

Constantinianer, noch zog das Heer unter dem Labarum in die Schlacht, seine Schutzgötter waren vielmehr der Sonnengott und die Siegesgöttin. Lactanz hat sich sein Christusmonogramm allerdings nicht aus den Fingern gesogen, doch war es auch in nachconstantinischer Zeit als Schildzeichen nur wenig verbreitet.[123] Denkbar wäre, dass damals einzelne christliche Soldaten aus Eigeninitiative ein solches Monogramm zur Abwehr von Unheil auf ihren Schilden angebracht hatten, aber Constantins Armee war die am wenigsten christianisierte des Imperiums und es werden darum nur sehr wenige gewesen sein, die ein solches Zeichen führten. Das Labarum wiederum gehört einem späteren Zeitabschnitt an, es wurde erst im zweiten Krieg gegen Licinius als ein offizielles Feldzeichen mitgeführt.[124]

Ungeachtet des Umstandes, dass die Berichte des Lactanz und des Eusebios nicht den Tatsachen entsprechen: Die Darstellung, dass Constantin den Sieg über Maxentius mit Hilfe einer göttlichen Macht errang, wurde bereits seit 312 verbreitet, zweifellos auf Veranlassung des Kaisers selbst. Schon wenige Monate nach der Schlacht ließ sich der Panegyriker der Jahres 313 so vernehmen:

> Denn welcher Gott, welche unmittelbar anwesende Majestät hat Dich ermahnt, als fast alle Deine Berater und Generale nicht bloß im Stillen murrten, sondern offen ihre Befürchtungen aussprachen, als Du gegen den Rat der Menschen, gegen die Mahnungen der Eingeweideschauer zu der Einsicht gelangtest, dass die Zeit für die Befreiung der Stadt gekommen war? Du hast allen Ernstes irgendein Geheimnis mit jenem göttlichen Geist, der die Sorge um uns den geringeren Göttern übertrug und einzig Dich allein für würdig erachtete, sich Dir zu offenbaren. Andernfalls, tapferster Kaiser, gib Rechenschaft, wodurch Du gesiegt hast.[125]

Hier ist also gleichfalls von einer Constantin unmittelbar zuteil gewordenen göttlichen Vision die Rede, die ihm den Weg zum Siege wies. Die Inschrift des Constantinsbogens aus dem Jahre

315 bestätigt dies noch einmal, indem sie überliefert, dass Constantin den Sieg „auf Anregung der Gottheit" (*instinctu divinitatis*) errungen habe.[126] Im Unterschied zu den Darstellungen des Lactanz und des Eusebios plaziert der Panegyriker die Vision freilich schon vor den Beginn des Feldzuges, der überhaupt erst aufgrund der göttlichen Erscheinung unternommen worden sein soll. Von irgendwelchen übernatürlichen Phänomenen unterwegs oder vor der Schlacht an der Milvischen Brücke ist nicht die Rede, Indizien für eine Hinwendung des Kaisers zum Christentum finden sich schon gar nicht. In der Forschung wurde gelegentlich viel Aufhebens von dem Umstand gemacht, dass Constantin nach seinem Sieg auf einen Gang zum Kapitol verzichtete und damit auch auf die damit verbundenen Opferfeiern. Ein solches Ritual war freilich nach einem Sieg in einem Bürgerkrieg keineswegs zwingend erforderlich,[127] und auf keinen Fall darf der unterlassene Gang zum Kapitol mit den Ereignissen des Jahres 326 an Verbindung gebracht werden, als der Kaiser eine dort stattfindende Opferfeier demonstrativ verließ, wie wir noch sehen werden.

Wir kommen also um das Fazit nicht herum, dass der Sieg über Maxentius mit einer Bekehrung Constantins zum Christentum ursprünglich nicht das Mindeste zu tun hatte. Hinweise darauf, dass der Kaiser schon in den Jahren vor dem Krieg ein Unbehagen über die Defizite der heidnischen Religiosität empfunden und deshalb Interesse für die christliche Religion entwickelt hätte, fehlen nicht nur völlig, es ist auch nicht einzusehen, warum ein Mann, dessen Karriere seit dem Mai 305 einen derart steilen und erfolgreichen Verlauf genommen hatte, an seinen ursprünglichen religiösen Überzeugungen irre geworden sein sollte. Deutlich wird vielmehr, dass Constantin sich bereits vor 312 eine exklusive persönliche Gemeinschaft mit der göttlichen Sphäre zuschrieb, die ihm auf seinem Wege als Leitstern diente. Der Gedanke, dass dieses höchste Wesen, der Sonnengott, mit dem christlichen Gott identisch sein könnte, ist Constantin erst in den Jahren nach dem Maxentiuskrieg allmählich gekommen, beziehungsweise haben ihm kirchliche Würdenträger, mit denen er in Berührung kam, Derartiges suggeriert. Vor diesem Hintergrund entstand später die Geschichte von der Vision vor der Entscheidungsschlacht gegen Maxentius, deren endgültige Fassung uns Eusebios in der Constantinbiographie überliefert hat. Trotz allem: den Kaiser deshalb der Lüge oder einer zynischen Verfälschung der Tatsachen zu bezichtigen, geht meines Erachtens zu weit, denn ein Ereignis, das zumindest im Nachhinein in bestem Glauben als Vision gewertet werden konnte, hat es höchst wahrscheinlich gegeben. Eusebios liefert uns hier einen wertvollen Hinweis darauf, wenn er in diesem Zusammenhang die Sonne erwähnt, die am Himmel erschien. Zu irgendeinem Zeitpunkt, als er mit seinem Heer durch das herbstliche Mittelitalien auf Rom marschierte, dürfte schlicht und einfach die Sonne durch den wolkenverhangenen Himmel gebrochen sein und den Kaiser samt seinen dahin ziehenden Kolonnen beleuchtet haben. Mehr als das brauchte es nicht, um ein schlichtes Gemüt davon zu überzeugen, dass der höchste Gott auf seiner Seite stand.[128] An dieses Ereignis hat sich Constantin später in bestem Glauben erinnert und es mit dem christlichen Gott – der für ihn nie etwas anderes war als der Sonnengott – in Verbindung gebracht.

Kehren wir zur Milvischen Brücke zurück. Am Tag nach der Schlacht wurde der Leichnam des Maxentius geborgen. Das Haupt wurde abgeschlagen und der in Rom einmarschierenden Armee Constantins vorangetragen, um jeglichen Zweifel über den Tod des ehemaligen Herrschers zu beseitigen; aus dem nämlichen Grunde wurde es später nach Afrika geschickt. Natürlich kam der Sieger nicht als Eroberer, sondern als Befreier der Stadt vom Tyrannen, das verstand (und versteht) sich in solchen Fällen von selbst. Als demonstrative Geste verzichtete er auf einen feierlichen Gang zum Kapitol, weil diese Zeremonie an sich nur Siegern über auswärtige Feinde zustand.[129] Maxentius verfiel der *damnatio memoriae*, d. h. seine Statuen wurden zerstört, wo sein Name in Inschriften erschien, da wurde er ausgetilgt und selbst Constantins Panegyriker erwähnen seinen Namen nicht explizit. Seine Erlasse und gesetzgeberischen Maßnahmen jedoch wurden nicht samt und sonders für nichtig erklärt, Constantin behielt sich vor, ihre Gültigkeit aufrechtzuerhalten, wo sie ihm sinnvoll und nützlich erschienen.¹³⁰ Gegenüber der stadtrömischen Bevölkerung, die in der Masse bis zuletzt dem Maxentius treu geblieben war oder bestenfalls in passivem Abwarten verharrt hatte, zeigte er sich überaus versöhnlich. Selbst der Heide Zosimos räumt ein, dass Constantin nur einige der engsten Vertrauten des Maxentius beseitigte, der Panegyriker des Jahres 313 behauptet sogar, dass Constantin nicht einmal diejenigen zur Rechenschaft zog, die ihm seitens der Römer als Parteigänger seines Widersachers angezeigt wurden. Vermögenskonfiskationen des Maxentius wurden rückgängig gemacht, was hauptsächlich die afrikanischen Provinzen betroffen haben dürfte.¹³¹ In seiner Propaganda ließ Constantin herausstreichen, wie sehr das Volk und ganz besonders der Senat, die – keine Frage – innerlich stets auf seiner Seite standen, unter der Herrschaft seines Gegners gelitten hatten. Maxentius wurde als Schlächter des Volkes und Henker der Senatoren vorgeführt, als Wüstling und Frauenschänder, dessen vermessenem Wüten der Befreier Constantin ein Ende gemacht hatte. Und dabei war er nicht einmal der Sohn des Ex-Augustus Maximian gewesen! Nein, nein, er entstammte einem ehebrecherischen Verhältnis mit einem hergelaufenen Syrer, wie seine in Rom lebende Mutter jetzt auf Befragen zugab.¹³² Solch ein erpresstes „Geständnis" mag als besonders abstoßend erscheinen, macht aber deutlich, dass der Zwang, das Andenken seiner nächsten Angehörigen durch falsche Beschuldigungen oder Selbstbezichtigungen zu besudeln, nicht erst mit den stalinistischen Säuberungen aufgekommen ist. Hinter dieser ganzen Tyrannenbefreiungsrhetorik verbarg sich freilich ein Arrangement zwischen Constantin und der senatorischen Oberschicht. Indem der Kaiser die Kooperation dieser Gruppe mit Maxentius als durch äußerste Bedrückung erzwungen gelten ließ, machte er aus Helfershelfern Opfer und ermöglichte es diesen, sich dem neuen Herrscher anzudienen. Das prominenteste Beispiel dafür bietet Volusianus, der Afrika für Maxentius zurückgewonnen hatte und 311 Konsul geworden war; wir finden ihn bald darauf als *comes* im Gefolge Constantins und im Jahre 314 bekleidete er zum zweiten Male den Konsulat. Die Vorteile eines solchen Vorgehens liegen auf der Hand: Die Senatoren erhielten Sicherheit nebst der Aussicht auf Karrieren und Constantin konnte wie früher Maxentius auf deren Mitarbeit in der Verwaltung bauen. Die Alternative – massenhafte Hinrichtungen und Enteignungen – war für den Kaiser wenig verlockend: Durch ein Blutbad an echten und vermeintlichen Gegnern hätte er sich nicht nur propagandistisch sehr geschadet, er hätte auch vor dem ungeheuren Problem gestanden, den riesigen konfiszierten Besitz verwalten und für seine Zwecke materiell nutzbar machen zu müssen.[133] Sein Vorgehen erscheint somit als pragmatisch und zugleich human, obwohl humanitäre Erwägungen sicherlich nicht den Ausschlag gegeben haben. Was das Heer des Maxentius betraf, so wurden die Prätorianergarde und die *equites singulares Augusti* aufgelöst; der Entschluss dazu mag Constantin dadurch erleichtert worden sein, dass viele Angehörige dieser Einheiten in den zurückliegenden Kämpfen umgekommen waren. Wie die Zerstörung ihrer Kasernen bewies, dachte der Kaiser gar nicht daran, diese Gardeeinheiten neu zu gründen oder durch andere zu ersetzen. Lediglich die *cohortes urbanae* blieben als eine Art Stadtpolizei in Rom. Aufgelöst wurde auch das Standlager der II Parthica, die Legion als solche, längst in mehrere Abteilungen über das Imperium zerstreut, blieb jedoch bestehen. Ansonsten wurden die Soldaten des Maxentius, die den Bürgerkrieg heil überstanden hatten, ins Heer des Siegers eingegliedert und zum Grenzschutz an Rhein und Donau verlegt.[134]

Einer Klärung bedurfte nunmehr das Verhältnis Constantins zu Licinius. Durch den siegreichen Bürgerkrieg hatte Constantin Provinzen unter seine Herrschaft gebracht, für deren Rückeroberung Licinius eigens zum Augustus ernannt worden war. Dieser hatte seinerseits mit Raetien und Noricum Provinzen unter seiner Kontrolle, die verwaltungsmäßig eigentlich zur italischen Prätorianerpräfektur gehörten. Aus der Auseinandersetzung zwischen Constantin und Maxentius hatte Licinius sich völlig herausgehalten, es mag sein, dass er selbst durch Constantins blitzartiges Vorgehen überrascht worden war. Wenn also bereits ein Bündnis zwischen den beiden bestanden hatte, so war es offensichtlich nicht zum Tragen gekommen. Bald nach seinem Einzug in Rom hatte sich Constantin vom

Senat offiziell zum *senior Augustus* erklären und sich das Recht übertragen lassen, die Konsuln für das Imperium zu ernennen. Zu Konsuln für das Jahr 313 bestimmte er sich selbst und – Maximinus Daia. Dieser Akt war eine unverhüllte Drohung an die Adresse des Licinius: Sollte der sich nicht seinen Machtansprüchen beugen, würde Constantin sehr rasch mit seinem Rivalen im Osten ins Geschäft kommen. Licinius hat den Wink mit dem Zaunpfahl auch richtig gedeutet: Er begab sich im Februar 313 zu seinem Rivalen nach Mailand, wodurch er im Grunde bereits die Superiorität Constantins anerkannte. Das Mailänder Treffen ist vor allem durch das dort angeblich veröffentlichte Toleranzedikt, das den Christen volle Gleichberechtigung in Fragen der Glaubensausübung zugestand, bekannt geworden. In Wirklichkeit hat diese Problematik nur eine untergeordnete Rolle gespielt, vordringlich war zunächst einmal ein Ausgleich zwischen Constantin und Licinius. In der Tat wurde eine beiderseitige Verständigung erzielt, deren sichtbarer Ausdruck zunächst die Eheschließung des Licinius mit der Halbschwester Constantins, Constantia, war. Dafür hatte Licinius zumindest auf Rätien zu verzichten, erhielt aber von seinem Schwager Rückenfreiheit für seinen Kampf gegen Maximinus Daia.[135] Was nun das Mailänder Toleranzedikt angeht, das im Grunde nur die entsprechende Verordnung des Galerius bestätigte, so diente es bei Licht besehen in erster Linie den Interessen des Licinius, denn für Constantin war das Christenproblem – mit Ausnahme Afrikas – weit weniger drängend. Licinius dagegen konnte sich nunmehr gegenüber seinem Feind Maximinus, der unklugerweise an einer christenfeindlichen Politik festhielt, als Vorkämpfer der Religionsfreiheit gebärden, ein im stark christianisierten Osten sicher nicht gering zu veranschlagender Vorteil. Das in dem Edikt enthaltene Bekenntnis der beiden Kaiser zu einem „Höchsten Gott" kam überdies den religiösen Vorlieben der Donauarmee entgegen, die den Kern von Licinius' Streitkräfte bildete, da bei den Donaulegionen der Sonnenkult seit Jahrhunderten zahllose Anhänger gefunden hatte. Licinius selbst war weder Christ noch bevorzugte er persönlich den Sonnenkult, sondern den traditionellen Iupiterglauben.[136]

Im Osten schritt unterdessen Maximinus Daia zur Tat. Ähnlich wie Constantin suchte er sein Heil in einem frühzeitigen Beginn des Krieges und Lactanz erzählt uns von furchtbaren Drangsalen seiner in Eilmärschen aus Syrien herangeführten Armee in den Regen- und Schneestürmen des noch winterlichen Kleinasien, die vor allem unter den Saumtieren zahlreiche Opfer gefordert haben sollen. Über Bithynien zog er zum Bosporus, überschritt die Meerengen und belagerte Byzanz, in das Licinius vorsorglich eine Garnison gelegt hatte. Elf Tage lang hielt die Stadt der Belagerung stand, dann ergab sich die Besatzung, wie Lactanz betont, nicht aus Mangel an Loyalität, sondern wegen ihrer geringen Stärke. Nach diesem ersten Erfolg marschierte Maximinus nach Herakleia am Marmarameer weiter, das gleichfalls von Licinius gesichert worden war. Hier wurde er erneut eine Zeitlang aufgehalten, blieb aber letztendlich wieder siegreich. Durch den Widerstand seiner Garnisonen hatte Licinius allerdings Zeit gewonnen und seine Truppen bei Adrianopel (Edirne in der Türkei) zusammengezogen, wo er dem von Perinth her anmarschierenden Daia entgegentrat. Details über den Verlauf der Schlacht sind nicht bekannt, da die von Lactanz gegebene Darstellung ebenso nichtssagend wie unglaubwürdig ist und ein Parallelbericht, der eine Kontrolle erlauben würde, nicht existiert. Fest steht lediglich, dass Licinius einen entscheidenden Erfolg errang, nur Reste der Armee des Maximinus vermochten sich mit ihrem Augustus nach Kleinasien zu retten. Der Sieger gliederte zunächst die überlebenden Soldaten des Maximinus in sein eigenes Heer ein und setzte dann nach Bithynien über. Zu Nikomedia, der diocletianischen Kaiserresidenz, ließ er das Toleranzedikt verkünden, dann brach er zur Verfolgung nach Süden auf. Alle Anstrengungen des Daia, in Kleinasien mit Hilfe von Verstärkungen noch einmal einen Widerstand gegen den verfolgenden Licinius zu organisieren, misslangen. Nach einem letzten gescheiterten Versuch, wenigstens die Tauruslinie mit Hilfe von Befestigungen der Pässe zu halten, gab sich Maximinus Daia zu Tarsos in Kilikien den Tod.[137] Sein siegreicher Widersacher schreckte nicht davor zurück, die gesamte Familie des Galerius, dessen Frau immerhin eine Tochter Diocletians war, auszurotten.[138]

Mit dem Ende des Maxentius und des Maximinus Daia findet man die Tetrarchie, die seit dem Tode des Galerius nur noch ein teils offenes, teils verdecktes Gegeneinander von vier Teilherrschern gewesen war, auf eine Dyarchie zweier Kaiser reduziert, die allen Grund hatten, einander mit Misstrauen zu belauern und von denen einer, nämlich Constantin, seinem Anspruch auf die Alleinherrschaft bereits unverhohlen Ausdruck verliehen hatte. Darum empfiehlt es sich, bereits an dieser Stelle eine Bilanz des diocletianischen Herrschaftssystems zu ziehen. In der Forschung wurde und wird sehr häufig die Meinung vertreten, dass die Tetrarchie bereits mit der Thronbesteigung Constantins, die nichts anderes als eine nachträglich und aus Schwäche legitimierte Usurpation gewesen sei, ihren ersten und entscheidenden Schlag erhalten habe, als dessen gleichsam logische Folge der Putsch des Maxentius beurteilt wird. Wie wir gesehen haben, trifft diese Ansicht nicht zu. Die wahren Totengräber der Tetrarchie hießen weder Constantin noch Maxentius sondern Maximian und ganz besonders Galerius und selbst der alte Diocletian hat zum Scheitern seines Lebenswerks noch sein Scherflein beigetragen. Mit offensichtlich voller Rückendeckung durch Diocletian hat Galerius im Jahre 305 versucht, die zweite Tetrarchie in eine verkappte Monarchie zu verwandeln, indem er beide Caesarstellen mit seinen Kreaturen besetzte, von denen eine obendrein sein Neffe war und seinen dem Protokoll nach höherrangigen Kollegen Constantius auf den äußersten Imperiumswesten beschränkte. Dafür nahm er in Kauf, dass Constantius sich seinen eigenen Sohn Constantin als Nachfolger ausbedang, was wiederum den ohnehin nur unter massivem Druck zurückgetretenen Maximian aufs Äußerste reizte und ihn veranlasste, die Usurpation seines Sohnes ins Werk zu setzen. Nach der Katastrophe seines Caesars und nachmaligen Augustus Severus und dem Scheitern seines eigenen tollpatschigen Italienzuges bewies Galerius durch die Erhebung des Licinius zum Augustus des Westens und die damit verbundene Missachtung der Ansprüche Constantins auf diese Würde endgültig, dass er sich auf tetrarchische Regelungen nur da einließ, wo sie auf seinen Vorteil hinausliefen und erneut fand sich Diocletian bereit, diese Politik zu sanktionieren. Seine Handlungsweise entfremdete Galerius seinen möglichen Bundesgenossen Constantin und beschwor zugleich einen Konflikt mit seinem Neffen Maximinus Daia herauf, der sich wegen der Bevorzugung des Licinius übergangen sah. Die von ihm selbst geschaffenen Gegensätze zwischen seinen beiden Hilfskaisern verhinderten eine wirksame Bekämpfung des Maxentius und machten es Constantin leichter, sich von der Tetrarchie zu lösen. Maximians wesentlicher Beitrag zum Untergang des diocletianischen Herrschaftssystems besteht in der Vorbereitung der Usurpation seines Sohnes, der Gewinnung der Truppen des Severus und dem Entwurf eines strategischen Planes, der den Italienzug des Galerius scheitern ließ; dagegen haben seine späteren, immer verzweifelteren Versuche, für sich selbst den Thron zurückzugewinnen, in Ermangelung einer eigenen Machtbasis keinen entscheidenden Einfluss mehr auf das Geschehen gehabt. Aber mit dem von Maximian inszenierten Staatsstreich des Maxentius wurde die Tetrarchie, die ja in Wahrheit seit Mai 305 eine Tetrarchie à la Galerius war, ihrer ersten schweren Belastungsprobe ausgesetzt und die Niederlage des Galerius in Italien bewirkte, dass sie diese Prüfung nicht bestand. Dadurch erst wurde die Entwicklung in Gang gesetzt, die zu ihrem endgültigen Untergang führte. Aus der Reihe der übrigen Protagonisten kann man auch Maximinus Daia von einem gerüttelt' Maß an Mitschuld nicht freisprechen. Seine mangelnde Bereitschaft, sich als Caesar mit einem Augustus Licinius abzufinden, lähmte sei 308 immer mehr die Bemühungen seines Onkels Galerius, das Maxentiusproblem zu lösen. Constantin und Maxentius hingegen, die in der Forschung oft als die Hauptverantwortlichen für die Zerstörung der diocletianischen Ordnung identifiziert werden, haben in Wirklichkeit nur vergleichsweise geringen Anteil an ihrem Scheitern. Wie wir gesehen haben, verdankte Maxentius seinen Thron allein den Aktivitäten seines Vaters, ohne dessen massive Unterstützung er trotz unbestreitbarer politischer Fähigkeiten sehr schnell gescheitert wäre – sofern er überhaupt seine Usurpation hätte wagen können. Dass er nach 307 imstande war, sich noch rund fünf Jahre lang zu halten, verdankte er in erster Linie der Uneinigkeit seiner Gegenspieler, die sich in ihrer

Zerstrittenheit bis 312 zu keinem Angriff mehr aufrafften. Constantin dagegen war im Rahmen der Tetrarchie auf den Thron gelangt und hatte sich bis 307 keinen Verstoß gegen die Regeln der Vierherrschaft zuschulde kommen lassen. Erst als ihm klar wurde, dass Galerius diese Regeln ganz nach seinem Gutdünken auslegen würde, ging er auf die Offerte Maximians ein und ließ sich von ihm zum Augustus ernennen – ein Titel, auf den er nach dem Ende des Severus an sich Anspruch gehabt hätte. Auch ließ er es in der Folgezeit nicht an Kompromissbereitschaft fehlen. Erst als im Jahre 310 der Verfall der tetrarchischen Strukturen und speziell die Lähmung des Galerius offensichtlich wurde, befreite er sich herrschaftsideologisch aus dem diocletianischen System.

Wenn man nach überpersönlichen Ursachen für das Scheitern der Tetrarchie sucht, so stößt man wiederholt auf die Erklärung, dass die von Diocletian etablierte Nachfolgeregelung eine zu künstliche gewesen sei, der vor allem das Heer, das die leiblichen Söhne der Herrscher bevorzugt habe, nicht folgen wollte.[139] Dieser These muss widersprochen werden. Es hat nur eine einzige Erhebung zugunsten eines Kaisersohnes gegeben, die des Maxentius, und hier war nicht der Sohn, sondern der Vater die ausschlaggebende Kraft. Von den beiden anderen Staatsstreichen muss der des Maximian als chancenlose Verzweiflungstat gewertet werden und Alexander in Afrika verdankte seinen befristeten Erfolg lediglich den besonderen politischen Umständen. Weder die Prätorianer noch die übrigen Legionen des Severus kamen von sich aus auf die Idee, Maxentius den Thron anzubieten, seiner Usurpation ging vielmehr eine von Maximian angezettelte Verschwörung voraus, bei der Erwartungen auf Belohnungen eine herausragende Rolle spielten. Ansonsten durfte nicht nur Constantin, sondern auch Galerius, Licinius und Maximinus Daia unter normalen Umständen auf die Loyalität ihrer Mannschaften rechnen. Wenn es im Jahre 307 im Heer des Galerius zu Desertionen kam, so ist das mit der verfahrenen Situation zu erklären, in die dieser Kaiser seine Soldaten gebracht hatte. Die eigentliche konzeptionelle Schwäche der Tetrarchie lag darin, dass sie das Einvernehmen und die gegenseitige Unterstützung der *Augusti* und *Caesares* voraussetzte und vom *senior Augustus* eine Beschränkung auf die Rolle des *primus inter pares* erforderte. Sobald einer der vier seine Position als ein Sprungbrett ansah, um eine Monarchie oder gar eine Herrscherdynastie zu begründen, war die Stabilität des Ganzen gefährdet. Man muss allerdings einräumen, dass das römische Kaisertum in dieser Hinsicht historisch belastet war. Sein Begründer und für fast 300 Jahre lang dessen Nachfolger waren unumschränkte Monarchen gewesen. Da war die Versuchung groß, es diesen Vorbildern gleichzutun.

Kapitel 5
Es kann nur einen geben: Constantin, Licinius und der Kampf um die Alleinherrschaft

Im vorangegangenen Kapitel haben wir gesehen, wie sich aus der Viererherrschaft bis zum Jahre 313 die Herrschaft zweier Kaiser entwickelt hatte, die von Anfang an durch einen kaum verhohlenen Antagonismus gekennzeichnet war. Ob es gelang, die wechselseitige Rivalität zum Wohle des Imperiums zu überwinden und zu einem *modus vivendi* zu finden, der neue Bürgerkriege ausschloss, würde die Zukunft zeigen.

Fürs Erste waren beide *Augusti* anderweitig in Anspruch genommen. Während Licinius sich im Osten mit Maximinus Daia auseinandersetzte, sah Constantin sich veranlasst, wohl noch im März 313 von Mailand in Eilmärschen gen Gallien zu ziehen,[1] wo neue Germaneneinfälle drohten. Nach dem Abzug zumindest eines beträchtlichen Teils des mobilen Heeres zum Krieg gegen Maxentius war aller bestehenden Verträge ungeachtet die Versuchung für zahlreiche Germanen, in den Provinzen auf Beute auszuziehen, einfach zu groß geworden. Vermittels seiner Schnelligkeit vermochte Constantin diesmal das Schlimmste zu verhindern. Er persönlich zog nach Niedergermanien, wo sich eine fränkische Invasion abzeichnete. Durch das Erscheinen des Kaisers mit seinem Heer ließen sich die Angreifer für diesmal abschrecken und nahmen von dem beabsichtigten Rheinübergang Abstand. Auf einen Gegenangriff und weitere Vergeltungsmaßnahmen scheint Constantin im vorliegenden Fall verzichtet zu haben, auch lesen wir nichts von einer Erneuerung der Verträge. Es mag sein, dass Constantin sich zu dem Standpunkt durchrang, dass offiziell noch nichts passiert war und somit auch keine Verträge gebrochen worden sein konnten.[2] Andernorts ging es nicht ohne Blutvergießen ab. Dort hatte Constantin einen Teil seiner Truppen unter namentlich nicht genannten Generalen zurückgelassen, damit sie ihm den Rücken vor anderen germanischen Invasoren deckten und hier begnügten sich die Römer nicht mit einer bloßen Machtdemonstration. Nach den Angaben des Panegyrikers des Jahres 313 scheint es, dass die Germanen, deren Volkszugehörigkeit unklar bleibt, in eine Falle gelockt wurden. Man veranlasste sie, den Rhein zu überschreiten, riegelte dann den Fluss mit einer Flotte ab und ließ bereits im Hinterhalt lauernde Einheiten auf sie los. Hier begnügten sich die Römer auch nicht mit bloßer Abwehr. Offenbar unter der Führung des Kaisers selbst gingen sie über den Rhein und verwüsteten die Grenzgebiete mit Feuer und Schwert. Damit noch nicht genug: eine große Anzahl Gefangener wurde, wahrscheinlich zu Trier, im Triumphzug mitgeschleppt, um anschließend den wilden Tieren zum Fraß vorgeworfen zu werden, und der anonyme Panegyriker lässt es sich nicht nehmen, seiner tiefen Genugtuung über diese Brutalität Ausdruck zu verleihen.[3] Einmal mehr war Constantin siegreich geblieben, doch wird aus den Vorgängen einmal mehr deutlich, wie gefährdet der Frieden an der Rheingrenze immer noch war, allen Erfolgen zum Trotz, die Maximian, Constantius Chlorus und Constantin selbst in nahezu dreißig Jahren errungen hatten. Sobald kein schlagkräftiges Heer mehr hinter den befestigten Grenzen in Bereitschaft stand, war der Beginn germanischer Angriffe bestenfalls eine Frage der Zeit.

Abwehrmaßnahmen gegen die germanischen Völker an Rhein und oberer Donau nahmen Constantin möglicherweise auch noch im Jahre 314 in Anspruch, obwohl keine neuen Siege gemeldet werden und eindeutige Quellenaussagen fehlen.[4] Überhaupt sind uns Einzelheiten über die Regierungsmaßnahmen Constantins während der folgenden zwei Jahre nur spärlich überliefert. Zweifellos nahm die Eingliederung der dem Maxentius und dem Licinius abgewonnenen Gebiete in die Verwaltung seines Reichsteils einen Großteil seiner Zeit in Anspruch. Darüber hinaus sah er sich jedoch mit neuen, ihm bislang völlig unvertrauten Schwierigkeiten konfrontiert, weil in Nordafrika eine Gruppe christlicher Fanatiker, die sogenannten Donatisten, für Unruhe namentlich unter der ländlichen Bevölkerung sorgte. Wir werden uns mit diesem

Konflikt, der sich ungeachtet aller kaiserlichen Appelle und Zwangsmaßnahmen bis weit ins kommende Jahrhundert hinziehen sollte, zu einem späteren Zeitpunkt ausführlicher befassen. Das Verhältnis des Kaisers zum Senat scheint zumindest bis zu den Decennalien, der Zehnjahresfeier seiner Herrschaft im Jahre 315, zu der sein Triumphbogen fertig wurde, von irgendwelchen Beeinträchtigungen freigeblieben zu sein. Eusebios behauptet, dass Constantin anlässlich der Feierlichkeiten auf alle Opferzeremonien verzichtete. Das erscheint als möglich, aber eine Verschlechterung der Beziehungen zum Senat lässt sich daraus nicht automatisch ableiten.[5]

Währenddessen hatte auch sein Mitaugustus Licinius alle Hände voll zu tun, nach dem Untergang des Maximinus Daia den Reichsosten unter seine endgültige Kontrolle zu bringen und die negativen Folgen und Begleiterscheinungen des Bürgerkrieges so gut als irgend möglich zu beseitigen. Dazu gehörte auch, dass das Toleranzedikt nun überall durchgesetzt wurde, womit die staatlichen Verfolgungen und Repressionen, die den Osten rund zehn Jahre lang heimgesucht hatten, ein endgültiges Ende fanden und den Christen die ungehinderte Ausübung ihrer Religion wieder möglich war.[6] Epigraphische Zeugnisse legen darüber hinaus militärische Auseinandersetzungen mit Goten, Sarmaten, Arabern, Armeniern und Medern nahe.[7] Dass im Osten Goten, Sarmaten, und nomadische Araber, ähnlich wie Franken und Alemannen im Westen die günstige Gelegenheit des Bürgerkrieges zu dem ein oder anderen Raubzug genutzt hatten und nun wieder in die Schranken verwiesen werden mussten, ist durchaus glaubhaft, es grenzte an ein Wunder, wenn es anders gewesen wäre. Was sich hinter dem Konflikt in Armenien und Medien verbirgt, bleibt unklar, denn mit den Sāsāniden herrschte nach wie vor Frieden. Indes scheinen die Kämpfe nirgends größere Ausmaße angenommen zu haben, weil keine andere Quelle irgendetwas darüber berichtet. Wahrscheinlich handelte es sich um nicht mehr als um bewaffnete Demonstrationen, die Licinius in seiner Selbstdarstellung als große Siege feiern ließ, um seine Untertanen zu beeindrucken.

Die Festigung von Constantins Herrschaft in Italien und den angrenzenden Provinzen bildete die Voraussetzung für das nun folgende fatale Intrigenspiel, das im Ausbruch des ersten Krieges zwischen Licinius und Constantin gipfelte. Beim Anonymus Valesianus, der allein präzisere Angaben macht, liest sich die Vorgeschichte dieses Krieges folgendermaßen:

> Einige Zeit später sandte Constantin den Constantius zu Licinius, um ihn zu überreden, Bassianus, der Anastasia, eine weitere Schwester Constantins, geheiratet hatte, zum Caesar zu erheben: Bassianus sollte nach dem von Diocletian und Maximian gegebenen Beispiel Italien erhalten und so zwischen Constantin und Licinius stehen. Licinius aber vereitelte diesen Plan und bewog Bassianus auf den Rat des Senecio hin, der ein Bruder des Bassianus und Licinius treu ergeben war, gegen Constantin zu rüsten. Bassianus wurde jedoch gleich zu Beginn seiner Unternehmung ergriffen und auf Befehl des Constantin als überführt hingerichtet. Als sich aber Licinius weigerte, Senecio, den Urheber des Anschlages, zur Bestrafung auszuliefern, kam es zum Bruch; hinzu kam noch, dass Licinius in Emona die Bilder und Statuen des Constantin hatte umstürzen lassen. Der Krieg, der daraufhin ausbrach, kam beiden zupass.[8] (Übers. I. König)

Bei dem vom Anonymus erwähnten Constantius handelt es sich vermutlich um einen der Halbbrüder Constantins;[9] Emona ist das heutige Ljubljana (ehemals Laibach) in Slowenien, die Stadt lag damals unmittelbar an der Grenze der beiden Herrschaftsbereiche. Gesetzt den Fall, dass die Angaben des Anonymus in ihren Grundzügen den Tatsachen entsprechen: Welchen Plan verfolgte dann Constantin mit der Caesarerhebung des Bassianus? Jeglicher Beleg dafür, dass er etwa beabsichtigt hätte, die Tetrarchie wieder auferstehen zu lassen, fehlt; ein solches Ziel wäre nach den vorangegangenen Erfahrungen auch mehr als befremdlich gewesen. Wollte Constantin vielleicht eine Art Pufferzone zwischen seinem und dem Reichsteil des Licinius schaffen, um so künftigen Konflikten zwischen den latent rivalisierenden *Augusti* einen Riegel vorzuschieben, wie es ja auch der Anonymus andeutet? Dazu war aber die Schaffung eines „Zwischenreichs" gerade der falsche Weg, wie es sich ja dann auch prompt herausstellte. Eine solche Pufferzone beseitigte nämlich keineswegs die Ursache der beiderseitigen Rivalität – das Streben beider nach der Alleinherrschaft – und musste den neugeschaffenen Caesar zwangsläufig zum ersten Opfer des Machtstrebens der *Augusti* prädestinieren. Nimmt man den bislang verdeckten Gegensatz zwischen Constantin und Licinius und den Willen des Ersteren, die Alleinherrschaft zu erringen, als sicher an,[10] gelangt man zu einer ganz anderen Einschätzung der Absichten und Ziele, die Constantin zu seinem auf den ersten Blick seltsamen Vorschlag bestimmten. Die Schaffung eines neuen Herrschaftsbereichs nach dem Beispiel Diocletians und Maximians, der Italien einschloss, lief auf eine Reetablierung derjenigen Herrschaft hinaus, die zuletzt der unglückselige Severus innegehabt hatte, nur sollte sie diesmal von einem Caesar und nicht von einem Augustus ausgeübt werden. Das heißt, ihr Gebiet umfasste nicht bloß Italien und Rätien, sondern auch afrikanische Provinzen und das gesamte westliche Illyricum. Licinius würde also zur Herrschaft des Bassianus etliche Provinzen beisteuern müssen, darunter ergiebige Rekrutierungsregionen. Auch die strategisch wichtigen Übergänge von Italien in den Balkanraum würden seiner Kontrolle entogen werden und statt dessen an einen Schwager und offenkundigen Vertrauensmann Constantins fallen. Zosimos bestätigt uns diesen Sachverhalt indirekt, wenn er den Ausbruch des Krieges lapidar damit begründet, dass Constantin versucht habe, einige Provinzen des Licinius an sich zu bringen.[11] Es nimmt demnach keineswegs Wunder, wenn Licinius zu der Ansicht gelangte, dass ihn sein Mitaugustus übers Ohr hauen wollte und solchen Plänen seine Mitwirkung rundweg verweigerte. Übrigens hat Constantin die mangelnde Begeisterung des Licinius vorausgeahnt, denn die Auswahl des Bassianus stellte gewissermaßen ein Bonbon für Licinius dar, mit dem Constantin seinem Mitaugustus die zu schluckende Kröte (die Gebietsverluste) doch noch schmackhaft zu machen gedachte. Weil der Bruder des Bassianus, Senecio, bei Licinius in Ansehen stand, konnte sich Constantin gewisse Hoffnungen machen, dass ein Caesar Bassianus auch für Licinius akzeptabel sein würde. Aber weit gefehlt. Gerade die guten Beziehungen des Senecio zu seinem Rivalen gaben dem Unternehmen eine Wendung, die für Constantin leicht hätte gefährlich werden können. Licinius nämlich nutzte das vertrauensvolle Verhältnis der beiden Brüder offensichtlich zu dem Versuch, es Constantin mit gleicher Münze heimzuzahlen, indem er Bassianus durch Senecio umdrehen ließ. Hier drängt sich natürlich die Frage auf, warum Bassianus auf die Offerten des Licinius einging, obwohl er seinem Schwager Constantin seine glänzende Stellung verdankte. Bei näherem Hinsehen indes erscheint die Handlungsweise des Bassianus als durchaus verständlich. Ohne Zweifel wusste er grundsätzlich um die Absichten, die Constantin mit seiner Caesarerhebung verfolgte und er konnte sich deshalb leicht ausrechnen, dass er mit dem Scheitern des hinterhältigen Zwischenreichplans für seinen Schwager wertlos geworden war, der Mohr, der seine Schuldigkeit getan hatte, und das noch ohne Erfolg. Da Constantin nicht ernsthaft daran gedacht haben dürfte, zugunsten seines Schwagers auf einen Teil seiner Macht zu verzichten, blieben für Bassianus im Grunde nur zwei Alternativen: Entweder zu einer bloßen Marionette herabzusinken, die nichts als Ja und Amen zu den Beschlüssen des Augustus zu sagen hatte, oder aber früher oder später auf die eine oder andere Weise abzutreten, wobei ihm im günstigsten Falle eine komfortable Internierung irgendwo im Reich winkte. Wen wundert's, dass Bassianus sich nach Auswegen umsah und mit Licinius ins Geschäft zu kommen versuchte, als dieser ihm durch Senecio entsprechende Avancen machen ließ. Wie aus dem Text des Anonymus deutlich hervorgeht, blieb es beim bloßen Versuch. Constantin scheint nämlich mit einem Abfall seines Schwagers gerechnet zu haben und ließ ihn durch seine Leute überwachen. So musste Bassianus schon im Anfangsstadium seines Wagnisses scheitern, er wurde festgenommen und bezahlte für seine hochverräterischen Absichten mit dem Leben.

Es bleibt die Frage, ob Constantin von Anfang an geplant hatte, den Konflikt mit Licinius auf kriegerischem Wege zu

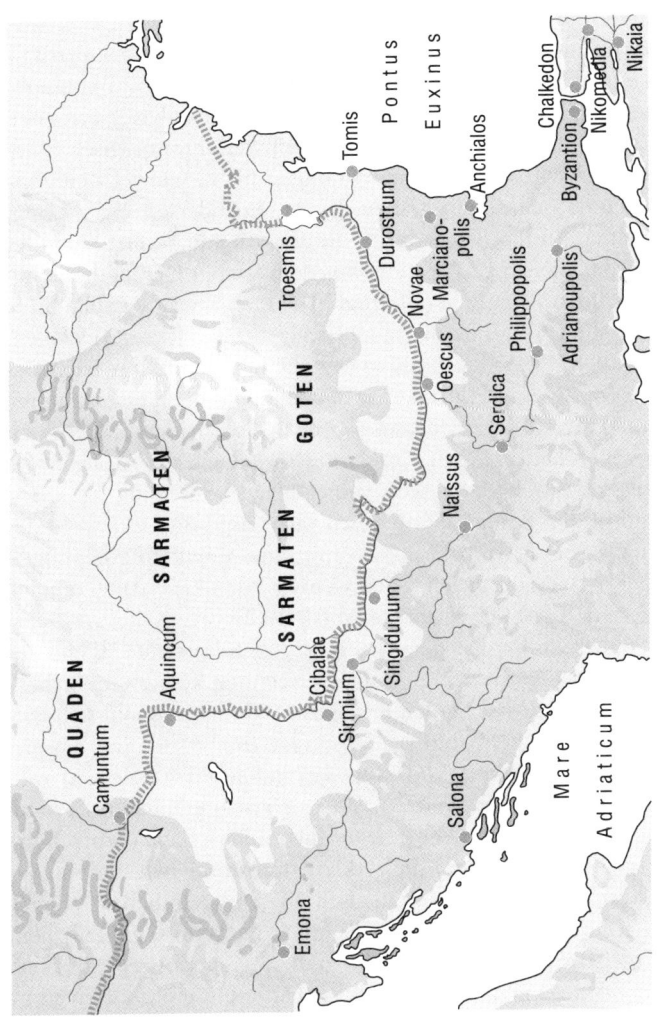

Karte 2: Der Krieg gegen Licinius

lösen, das heißt, schon seit dem Fehlschlag seines Zwischenreichplanes zum Krieg gerüstet hatte, oder ob ihn erst die Bassianusaffäre dazu bewog, militärisch gegen Licinius vorzugehen. Unglücklicherweise lässt sich dieser erste Krieg zwischen Constantin und Licinius nur sehr schwer chronologisch fixieren und wir wissen vor allen Dingen nicht, wieviel Zeit zwischen den einzelnen Phasen der Auseinandersetzung verging. Meiner Ansicht nach dürfte die Bassianusaffäre erst nach der Decennalienfeier, also nicht vor dem letzten Drittel des Jahres 315, ihren Anfang genommen haben, sein, während alle kriegerischen Aktionen in die zweite Hälfte des Jahres 316 fallen. Aus dem Text des Anonymus geht hervor, dass es nach der Verhaftung und Hinrichtung des Bassianus noch einen zumindest kurzen Notenwechsel zwischen den beiden Kaiserhöfen gegeben hat, bei dem Constantin vergeblich die Auslieferung des Senecio forderte. Von langer Hand vorbereitet hat Constantin den Krieg offensichtlich nicht, und dies war wohl der Hauptgrund, weshalb er sich mit einem Teilerfolg begnügen musste, wie wir gleich sehen werden. Man kann daher annehmen, dass erst der versuchte Abfall des Bassianus den auslösenden Faktor für kriegerische Rüstungen darstellte.[12] Licinius seinerseits wird der Auseinandersetzung keineswegs ausgewichen sein, da er einen Krieg mit Constantin wohl selbst als unvermeidlich ansah. Das Umstürzen der Statuen war ein unübersehbarer Hinweis darauf, dass er nicht länger bereit war, den Augustus des Westens als Partner anzuerkennen. Er hätte sich jedoch noch mehr Zeit für die militärischen Vorbereitungen gewünscht[13] und dies erklärt, warum er sich von seinem wagemutigen Rivalen strategisch überrumpeln ließ.

Im Krieg gegen Licinius suchte Constantin sein Heil allem Anschein nach in demselben strategischen Konzept, das sich bereits gegen Maxentius bewährt hatte. Unsere Quellen stimmen darin überein, dass er bei Cibalae (Vukovar, nordöstliches Kroatien) auf das Heer seines Gegners stieß. Laut dem Anonymus Valesianus verfügte Constantin über 20 000 Mann, Licinius dagegen über 35 000.[14] Cibalae lag bereits fast 300 km tief im Herrschaftsbereich des Augustus des Ostens, was beweist, dass Constantin der Angreifer war; von den beiden Stärkeangaben dürfte nur diejenige für Constantins Heer zuverlässig sein, wie das Verhalten des Licinius und der anschließende Schlachtverlauf nahe legen. Wieder war Constantin nicht mit der Masse seiner Streitkräfte, sondern mit einem verhältnismäßig kleinen, aber mobilen und leichter zu versorgenden Heer zu einem offenbar frühen Zeitpunkt über seinen Widersacher hergefallen, der ihn weder in Grenznähe abfangen noch ihm mit einer eigenen Offensive zuvorkommen konnte.[15] Demgegenüber hatte Licinius bei Cibalae eine starke Verteidigungsstellung bezogen. Wie uns Zosimos ausführlich beschreibt, lag die Stadt zum großen Teil von Sümpfen eingeschlossen auf einer Anhöhe oberhalb einer ausgedehnten Ebene. Sie besaß nur einen relativ schmalen Zugang durch schwieriges, weil hügeliges Gelände.[16] Solange er diesen Zugang kontrollierte, besaß Licinius selbst bei zahlenmäßiger Unterlegenheit gewiss einen erheblichen taktischen Vorteil und über die nahe Donau und die Donauuferstraße konnten ihm Nachschub und Verstärkungen zugeführt werden. Und solange Licinius ungeschlagen bei Cibalae stand, vermochte Constantin seinen Vormarsch nicht fortzusetzen, weil er sonst seine rückwärtigen Verbindungen gefährdet hätte. Sein Rivale hingegen, dem insgesamt gesehen sicherlich mehr Truppen zur Verfügung standen, brauchte nur abzuwarten, bis sein Heer durch die erst auf dem Anmarsch befindlichen Verbände hinreichend verstärkt worden war, um seinerseits zur Offensive überzugehen. Constantin befand sich in einer Zwangslage: Er musste Licinius schlagen, bevor dessen Übermacht derart groß geworden war, dass eine Schlacht aussichtslos geworden wäre. Andernfalls würde er nicht nur alle Vorteile, die er durch seine Schnelligkeit errungen hatte, wieder verlieren, sondern hätte auch die schwierige Aufgabe zu bewältigen, sich und sein Heer dem Zugriff eines überlegenen Gegners zu entziehen. Trotz der Stärke der feindlichen Position wagte er darum den Angriff. Den etwas wirren und von einschlägigen Topoi durchsetzten Angaben des Zosimos zufolge scheint sich Constantin durch einen überraschenden Angriff seiner Reiterei durch das Hügelland den Zugang zu der Ebene erkämpft zu haben, wo das Heer des Licinius lagerte. Die entscheidende Auseinandersetzung fand dann offenbar in dieser Ebene statt. Zosimos, der als Einziger nähere Angaben über den Schlachtenverlauf macht, schreibt, dass sich der Kampf vom frühen Morgen bis zum Abend hinzog, erst habe man sich beschossen und dann mit Schwertern und Lanzen bekämpft, bis schließlich der rechte Flügel Constantins, den der Kaiser in Person befehligte, den linken des Licinius niedergeworfen habe. Daraufhin habe Licinius seine Sache verloren gegeben, sei aufs Pferd gestiegen und habe die Flucht ergriffen. Seine Truppen seien ihm so gut es ging gefolgt, wobei sie ihr Lager samt Verpflegung, Ausrüstung, Vieh und Zugtieren dem Heer Constantins überließen.[17] Eine Kontrolle des Zosimosberichtes ist kaum möglich. Lediglich der Anonymus Valesianus steuert noch das Detail bei, dass im Verlauf des Kampfes ein Teil der Panzerreiterei des Licinius erschlagen worden sei. Derselbe Autor bestätigt, dass der Ausgang der Schlacht lange in der Schwebe gehangen habe und gibt die blutigen Verluste des licinianischen Heeres mit nicht weniger als 20 000 Soldaten an, doch habe Licinius sich mit einem großen Teil seiner Reiterei retten können.[18] Die Verlustangabe dürfte stark übertrieben sein und verrät einmal mehr eine constantinfreundliche Tendenz der Quelle; der Untergang der Panzerreiter wiederum lässt sich in die Angaben des Zosimos nicht sinnvoll einfügen. Immerhin wird bestätigt, dass der Ausgang lange Zeit unentschieden war und Licinius wenigstens einen Teil seines Heeres retten konnte. Wieder einmal hatte sich Constantin vermittels Schnelligkeit, Kühnheit, letztlich korrekter Lagebeurteilung und *last not least* der Leistungsfähigkeit seiner Truppen den Erfolg gesichert. Freilich bedeutete die gewonnene Schlacht noch nicht den endgültigen Sieg. Sein Gegner hatte nur mit einem Teil seiner Heeresmacht gekämpft und es würde jetzt alles davon abhängigen, dass man ihm keine Gelegenheit mehr ließ, seine Truppen zu einer neuerlichen Entscheidung zu sammeln, wie das Licinius selbst gegenüber Maximinus Daia gelungen war.

Mit dem Rest seiner Soldaten hatte sich Licinius zunächst zu der etwa 100 km entfernten Residenzstadt Sirmium an der Save geflüchtet, wo sich auch seine Familie befand. Hier gab es jedoch kein Halten. Er ließ lediglich die Brücke über die Save abbrechen und setzte dann unter Mitnahme seiner Angehörigen und größerer Geldsummen seinen Rückzug nach Thrakien fort. Ohne weitere Kämpfe konnte Constantin Cibalae und Sirmium selbst in Besitz nehmen, wo aber die abgebrochene Brücke der Verfolgung Einhalt gebot. Laut Zosimos teilte er nun sein Heer. 5 000 Mann wurden detachiert, um Licinius nachzujagen, während die Hauptmacht erst warten musste, bis die Savebrücke wieder repariert war. Welchen Weg denn nun die 5 000 Verfolger einschlugen, überliefert uns der Autor leider nicht. Denkbar wäre, dass sie den Weg zu Schiff über die Save zur Donau nahmen, um dann über den Fluss oder am Ufer entlang nach Osten vorzustoßen. Es gelang allerdings nicht, den flüchtigen Kaiser einzuholen; laut Zosimos, weil man seinen Fluchtweg nicht habe erkunden können.[19] Eine solche Aussage befremdet, weil Licinius nicht viele Möglichkeiten offenstanden, und er, wie der Anonymus deutlich macht, entlang der Hauptstraße über Serdica zurückwich, also die gleiche Route benutzte, die dann auch Constantin einschlug.[20] Allem Anschein nach hatte die von Zosimos erwähnte Heeresabteilung also gar nicht die Aufgabe, Licinius zu fangen, sondern sollte dessen Verbindungen zur Donau abschneiden.

Unterdessen hatte der Gesuchte sich bei dem wichtigen Knotenpunkt Adrianopel in Ostthrakien festgesetzt, wo er sein Heer ergänzte und reorganisierte. Von der Donau und dem Orient führte ihm der *dux* Valens frische Truppen zu. In dieser Situation unternahm der Augustus des Ostens einen auf den ersten Blick schwer verständlichen Schritt: er erhob Valens zum Kaiser, und zwar zum Augustus, wie wir durch numismatische Zeugnisse wissen. Man hat vielfach angenommen, dass der Sinn dieser Maßnahme gewesen sei, demonstrativ kundzutun, dass Constantin entthront und durch Valens ersetzt werden sollte. Vielleicht war dies aber nur ein Begleiteffekt der Kaiserkür, denn der soeben geschlagene Licinius befand sich gegenüber seinem General, der über zahlenmäßig starke, unbesiegte Legionen gebot, in einer durchaus bedenklichen Situation. Valens konnte putschen oder ganz einfach die Fronten wechseln. Mit der Erhebung des Valens zum Augustus konnte die Loyalität dieses in einer Schlüsselposition befindlichen Generals nicht bloß gesichert, sondern sein Schicksal mit der Sache des Licinius verbunden werden, wenn ihm als Prämie für seine Treue der Reichsteil Constantins winkte.[21]

Nach der Reparatur der Savebrücke konnte Constantin seinen Vormarsch wieder aufnehmen. Über Serdica drang er bis Philippopolis (Plovdiv, Bulgarien) vor. Dort kam ihm eine Gesandtschaft des Licinius entgegen, um über einen Friedensschluss zu verhandeln, doch blieben die Gespräche ergebnislos. Über ihren Inhalt und die beiderseitigen Positionen verlautet nichts. Ob Licinius die Verhandlungen nur aufnahm, um für zusätzliche Rüstungen Zeit zu gewinnen, bleibt unklar. Ebenso muss bezweifelt werden, dass Constantin angesichts des neu gesammelten Heeres seines Rivalen derart der Schreck in die Glieder gefahren war, dass er sich zu einer Friedenslösung um fast jeden Preis bereitgefunden hätte. Zwar berichtet namentlich der Anonymus Valesianus von der ungeheuren Truppenmenge des Licinius, doch handelt es sich bei dieser Aussage lediglich um einen Reflex der constantinischen Propaganda, denn der folgende Ereignisablauf zeigte, dass Constantin, der zwischenzeitlich fraglos seinerseits Verstärkungen erhalten hatte, sich dem gegnerischen Heer durchaus gewachsen fühlte. Vermutlich glaubten beide Seiten, aus einer Position der Stärke heraus verhandeln zu können. Licinius musste zumindest die Wiederherstellung des territorialen *Status quo ante* fordern und außerdem vielleicht auch die Ansprüche seines frischgebackenen Augustus Valens in irgendeiner Weise berücksichtigen, was die Situation noch zusätzlich komplizierter gestaltete. Ein solcher Kompromiss war für Constantin natürlich untragbar, er hätte den Verzicht auf alle bereits erzielten Gewinne bedeutet.[22] So blieb nur übrig, erneut die Waffen entscheiden zu lassen. Die zweite Schlacht dieses Krieges fand auf dem *Campus Ardiensis* westlich von Adrianopel statt. Erneut setzte Constantin also auf den Angriff und rückte seinem Rivalen entgegen und diesmal beschränkte sich Licinius nicht auf die Abwehr. Unsere Informationen über das Treffen sind noch spärlicher als diejenigen über die Schlacht von Cibalae, da sich nun auch Zosimos weitgehend auf nichtssagende Allgemeinplätze wie schwirrende Pfeile und den Gebrauch von Lanzen und Dolchen beschränkt. Sicher ist nur das Ergebnis: Die Schlacht blieb unentschieden, selbst der überraschende Einsatz der 5 000 angeblich zur Verfolgung des Licinius detachierten Soldaten, die hier offenbar ein Umgehungsmanöver ausführen sollten, brachte keine Entscheidung, denn Licinius besaß genug Reserven, um den Angriff abzuwehren. Angesichts dieser Pattsituation verfiel Licinius auf ein kluges Manöver: Er räumte das Feld, aber er zog sich nicht nach Osten, in Richtung auf seine Basis Adrianopel zurück, sondern marschierte mit seinen Truppen nach Norden, nach Beroea (Stara Zagora, Bulgarien), wo er sich festsetzte. So erfolgreich verlief dieser Abzug, dass Constantin über die Lage völlig im Unklaren blieb. Als er das feindliche Heer nicht mehr vorfand, glaubte er nichts anderes, als dass er einen neuen Sieg errungen habe und sein Gegner wieder auf der Flucht sei. Eiligst machte er sich an die Verfolgung, um Licinius nach Möglichkeit noch vor dem Bosporus einzuholen und den Krieg damit endgültig siegreich zu beenden. Daraus wurde nichts. Denn während er noch, wie er glaubte, dem Heer des Licinius hinterherhetzte, stießen dessen Soldaten bereits wieder nach Süden vor und fingen den Tross des constantinischen Heeres ab, wobei ihnen unter anderem die kaiserliche Leibdienerschaft in die Hände fiel, was für Constantin auch ganz persönlich unangenehm war. Der vermeintliche Sieg hatte sich unversehens in eine überaus kritische Lage verwandelt, denn Constantin lief nun akute Gefahr, im Südzipfel Thrakiens abgeschnitten zu werden, bedrängt vom ungeschlagenen Heer seines Feindes und mit der See im Rücken, ohne über die Unterstützung einer Flotte zu verfügen. Licinius hatte die ungestüme Reaktion seines erfolgsverwöhnten Rivalen klug vorausberechnet und es überdies verstanden, die constantinische Feindaufklärung, die bis dahin immer vorzüglich gewesen zu sein scheint, in die Irre zu führen.[23] Freilich: Constantin blieb immer noch unbesiegt und des Licinius' Legionen müssen in der vorausgegangen Schlacht immerhin so gerupft worden sein, dass sich ihr Kaiser eines endgültigen Sieges keineswegs sicher war. Allem Anschein nach ging die Initiative zu neuen Verhandlungen von Licinius aus und die von Constantins Selbstdarstellung beeinflusste Überlieferung macht von dieser Tatsache viel Aufhebens, um den Augustus des Ostens als armseligen Bittsteller dastehen zu lassen. Beim Anonymus Valesianus liest sich das so:

> Weil die Soldaten (des Licinius) durch Kampf und Marsch erschöpft waren, wurde der Gesandte Mestrianus abgeschickt und bat um Frieden, wobei Licinius hoch und heilig versprach, zu tun, was ihm befohlen werde.[24]

Petrus Patricius bietet eine etwas andere Version:

> Licinius schickte den Comes Mestrianus als Gesandten zu Konstantin. Als er angekommen war, strafte ihn der Kaiser erst mal eine ganze Weile mit Missachtung. Dann aber bedachte er die Unberechenbarkeit des Krieges und zugleich, dass die Soldaten des Licinius durch einen heimlichem Überfall seinen Tross samt der kaiserlichen Bedienung erbeutet hatten, und empfing ihn. Mestrianus bot einen Friedensschluss zwischen den beiden Kaisern an, indem er bemerkte, der Sieger über seine Mitbürger habe es nicht nötig, diesen etwas nachzutragen. Wenn einer zugrunde gehe, gereiche er dem Sieger zum Verlust, aber in keiner Weise ginge den Besiegten etwas verloren. Und wenn etwa einer sich dem Frieden verweigere, dann werde er zum Urheber zahlreicher Bürgerkriege werden.[25]

Auch der Text des Patricius verrät noch die constantinfreundliche Tendenz, so an der Stelle, wo der Autor den Verlust des Trosses quasi als das Resultat einer heimlichen Diebestour der Licinianer darstellt, doch wird auf jeden Fall deutlich, dass Licinius keineswegs als demütiger Besiegter vorstellig wurde. Constantin seinerseits hielt es für geboten, gegenüber Mestrianus gewaltig aufzutrumpfen. Während der anschließenden Verhandlungen inszenierte er nach der Darstellung des Petrus Patricius einen veritablen Wutanfall, indem er sich namentlich über den Schimpf erregte, der ihm durch die Ernennung des Valens, dieses „billigen Sklaven" (εὐτελὴς ἀνδράποδον) zugefügt worden sei. Grundsätzlich aber zeigte er sich bereit, Gespräche über einen Kompromissfrieden aufzunehmen.[26]

Über eine Absetzung des Valens konnte man sich sicher schnell verständigen, zumal der „billige Sklave" seinem *auctor imperii* Licinius in der nunmehr eingetretenen Situation zu nichts mehr Nutze war. Er war jetzt nicht anderes als ein Bauernopfer und damit er auch als Privatmann nicht irgendwie lästig fiel, brachte man ihn sicherheitshalber um. Viel schwieriger dagegen dürfte es für Licinius gewesen sein, die territorialen Regelungen des Friedenschlusses zu akzeptieren, denn der schließlich erzielte Kompromiss lief in etwa darauf hinaus, dass der territoriale Status quo vor der Schlacht vom Campus Ardiensis wieder hergestellt wurde. Das heißt, dass Licinius auf seinen europäischen Reichsteil fast ganz verzichten musste, nur die Diözese Thracia blieb als ein Brückenkopf in seinem Besitz. Constantin konnte sich also mit Recht als Sieger fühlen, da er seinen Herrschaftsbereich um fast die gesamte Balkanhalbinsel einschließlich Griechenlands erweitert hatte. Sein Übergewicht brachte er auch noch auf andere Weise zum Ausdruck. Bei den Verhandlungen hatte man sich auf die Ernennung dreier neuer Caesares geeinigt. Von diesen ernannte Constantin wohl am 1. März 317 zu Serdica zwei, nämlich seine Söhne Crispus und den noch in den Windeln liegenden Constantin iunior; Licinius seinerseits durfte nur einen nominieren, nämlich seinen etwa 20 Monate alten Sohn von Constantia, Licinianus Licinius.[27] Irgendwelche praktischen Folgen für die Regierungsgewalt hatte diese Kür von Kleinkindern bzw. eines Halbwüchsigen nicht. Sie sollte wohl einzig dazu dienen, dem höheren Rang Constantins einen für alle erkennbaren Ausdruck zu verleihen. Aller Zugewinne an Provinzen und Prestige zum Trotz scheint Constantin über den Teilerfolg keine übermäßige Freude empfunden zu haben. Das merkt man an der agressiven Art, mit der seine Propaganda den gefundenen Kompromiss als einen Akt ebenso reiner wie unverdienter Menschenfreundlichkeit gegenüber dem „unterlegenen" Licinius hinstellte. Nur um der Verwandtschaft Willen habe man den Augustus des Ostens am Leben gelassen, schreibt Aurelius Victor. Zugleich wurde die unbedingte Seniorität Constantins anscheinend in allen öffentlichen Verlautbarungen des westlichen Kaiserhofes demonstrativ betont.[28] Offensichtlich hatte Constantin schwer daran zu tragen, dass ihm die einen Augenblick lang schon sicher geglaubte Alleinherrschaft wieder entglitten war.

Durch den Kompromissfrieden wurde der Konflikt zwischen Constantin und Licinius nicht aus der Welt geschafft, sondern lediglich vertagt. Mögen die erlittenen Verluste dem Licinius das Mütchen gekühlt haben, so dass er künftig darauf verzichtete, leichtfertig einen Krieg mit seinem Schwager zu riskieren, so war hinsichtlich der Person Constantins doch die Gefahr evident, dass er die erzielten Gewinne als Basis für die endgültige Auseinandersetzung benutzen würde. Eines war freilich deutlich geworden: Der große Krieg gegen Licinius konnte nicht leichtfertig bei nächstbester Gelegenheit übers Knie gebrochen werden. Hierzu waren umfassendere Vorbereitungen notwendig, als Constantin sie für den Feldzug des Jahres 316 getroffen hatte. Nun fragte es sich, ob ihm die ausreichende Zeit für hinreichende Rüstungen in Zukunft zur Verfügung stehen würde. Seine territorialen Zugewinne hatten ihm auch die Verantwortung für einen Großteil der stets gefährdeten Donaugrenze eingetragen, ohne dass seine militärischen Kräfte gleichzeitig in entsprechender Weise vermehrt worden wären. Die Eingliederung und militärische Sicherung der neu eroberten Provinzen würde eine Zeitlang dauern, eine Zeit die auch dem Licinius zur Verfügung stand, sich mit entsprechenden Zurüstungen vor den Ambitionen seines Schwagers zu schützen.

Drehen wir die Zeit nun etwas zurück und werfen einen Blick auf die Entwicklung des Verhältnisses Constantins zur christlichen Kirche seit 313. Wir haben schon gesehen, dass das Jahr 312 noch nicht als das Jahr der großen religionspolitischen Wende angesehen werden kann. Dennoch kam die christliche Kirche seit 313 in den Genuss großzügiger kaiserlicher Zuwendungen, die freilich zum großen Teil dazu dienten, die während der Verfolgung erlittenen Schäden wieder gutzumachen. Eusebios nennt in diesem Zusammenhang die Ausbesserung und teilweise Vergrößerung von Kirchen, ihre Ausschmückung mit Weihegeschenken und eine großzügige Sozialfürsorge, die aber, wie der Autor einräumt, Christen wie Nichtchristen gleichermaßen zuteil wurde.[29] Über das Maß einer bloßen Rückerstattung beschlagnahmter Güter und der Wiedergutmachung erlittener Unbill hinaus geht bestenfalls der in diesem Jahr begonnene Bau der Laterankirche, die auf dem Boden der abgerissenen Kaserne der ehemaligen kaiserlichen Gardereiter (der *equites singulares*) errichtet wurde.[30] Anzeichen, die für eine persönliche Annäherung Constantins an das Christentum sprechen, finden sich hingegen nicht vor 315.

Angesichts der Tatsache, dass die ersten konkreten Erfahrungen, die Constantin als Augustus des Westens mit der Kirche machte, eher deprimierend waren, muss die Sympathie des Kaisers für das Christentum auf den ersten Blick erstaunen. In Afrika hatte sich während der diocletianischen Christenverfolgung eine ganze Reihe kirchlicher Würdenträger dem staatlichen Druck gebeugt und die heiligen Schriften ihrer Kirchen den kaiserlichen Schergen zur Vernichtung überliefert. Glaubenseifrige Christen sahen darin einen Verrat, durch den die Verräter sich als ihres Amtes unwürdig erwiesen hatten. Was aber nun, wenn sie in Amt und Würden blieben? Und wie verhielt es sich mit denen, die von einem „Unwürdigen" die Weihe empfangen hatten? Genau darum ging es im Streit um die Ernennung des Bischofs Caecilianus von Karthago, der in diesen Fragen eine den religiösen *hardlinern* viel zu nachgiebige Haltung vertrat. Unter maßgeblicher Beteiligung des Bischofs Donatus von Casae Nigrae fochten sie um 312 die Wahl des Caecilianus an, weil diese angeblich nur unter der Beteiligung von *traditores*, Verrätern des christlichen Glaubens also, zustande gekommen sei. 313 setzten Donatus und seine Anhänger Caecilianus als Bischof ab und verliehen Donatus selbst dieses Amt, was aber Caecilianus und seine Gefolgschaft in keiner Weise anerkannten. Zu allem Unglück machte dieses Beispiel prompt Schule und führte de facto zur Spaltung der afrikanischen Kirche, wo sich von nun an vielerorts die Radikalen und die Gemäßigten befehdeten. Von Donatus erhielten die Fanatiker ihren Namen, man kannte sie fortan unter der Bezeichnung

„Donatisten". Sie stellten praktisch eine Gegenkirche dar, die den zu ihr Übergetretenen eine erneute Taufe aufzwang. Constantin wurde in den Streit ganz zwangsläufig verwickelt, weil die von ihm verfügte Rückgabe beschlagnahmten Kirchengutes und seine finanziellen Zuwendungen natürlich die Frage aufwarfen, welche der beiden Kirchen denn nun in den Genuss der kaiserlichen Großzügigkeit kommen sollte. Der Kaiser, der sich in seiner Eigenschaft als Pontifex Maximus durchaus als oberster Richter in religiösen Streitfragen fühlen durfte, beschloss jedoch, das Ganze als innerkirchliche Angelegenheit zu behandeln und überließ es einer Synode unter dem Vorsitz des Bischofs von Rom, Miltiades, den Streit zwischen Donatus und Caecilianus zu entscheiden, was eigentlich ungewöhnlich war. Im Oktober 313 entschied die Synode zugunsten des Caecilianus, was aber lediglich dazu führte, dass Donatus und sein Anhang nun direkt beim Kaiser Einspruch erhoben. Auch jetzt versuchte Constantin, bei seiner Politik der Nichteinmischung zu bleiben und veranlasste 314 ein Konzil zu Arelate, an dem 35 Bischöfe aus dem gesamten Westreich teilnahmen, die das Urteil der römischen Synode bestätigten, ohne die Donatisten in irgendeiner Weise zum Einlenken bewegen zu können. Eine erneute Verhandlung fand im Februar des folgenden Jahres vor dem Prokonsul von Afrika direkt in Karthago statt. Sie konnte den Streit ebensowenig beenden, aber nun war der Staat direkt involviert und die Anrufung des Kaisergerichtes erscheint lediglich als der zwangsläufige nächste Schritt. Jetzt sah Constantin keine andere Möglichkeit mehr als selbst Partei zu ergreifen und er entschied, wie die vorangegangenen Versammlungen auch, gegen die Donatisten. Falls er aber geglaubt hatte, die Streitsache kraft seines kaiserlichen Machtspruches aus der Welt schaffen zu können, so sah er sich getäuscht, denn die Donatisten scherten sich buchstäblich den Teufel um seine Entscheidung. Um seinem Urteil Geltung zu verschaffen, sah sich Constantin genötigt, zu den staatlichen Machtmitteln Zuflucht zu nehmen. Militär wurde eingesetzt, Anhänger des Donatus in die Verbannung geschickt, es fruchtete alles nichts, im Gegenteil: die Bewegung nahm an Dynamik und Umfang immer weiter zu. Phasen kaiserlicher Nachgiebigkeit wechselten mit solchen verschärfter Repressions, bis Constantin im Jahre 321 angesichts des nun in Aussicht genommenen Endkampfes mit Licinius alle staatlichen Maßnahmen abrupt beendete und die afrikanische Kirche sich selbst überließ, wobei er den afrikanischen Bischöfen freundlicherweise Geduld beim Umgang mit den Donatisten empfahl.[31] Durch diesen vollständigen Rückzug der kaiserlichen Regierung war das Problem des Donatismus natürlich nicht gelöst. Für das Jahr 336 sind nicht weniger als 270 donatistische Bischöfe bezeugt[32] und aufgrund der Unterstützung, die der Donatismus bei den Unterschichten, besonders bei kaum romanisierten, halbnomadischen Saisonarbeitern fand,[33] trat zu der religiösen Komponente sehr bald noch eine soziale und ethnische hinzu, was den Konflikt weiter verschärfte und eine Lösung erschwerte.

Bei seinem ersten Versuch, innerkirchliche Angelegenheiten unter Einsatz der kaiserlichen Autorität zu regeln, hatte Constantin also vollständigen Schiffbruch erlitten. Dabei hatte er sich nur widerstrebend bereitgefunden, überhaupt selbst Stellung zu beziehen und anfänglich ganz auf innerkirchliche Institutionen gesetzt. Über die Ursache dieser auffallenden Zurückhaltung bei einem sonst in keiner Weise schüchternen Herrscher kann nur spekuliert werden. Vielleicht mahnten ihn die Erfahrungen mit der Christenverfolgung im Osten zur Vorsicht, und wahrscheinlich besaß er als früherer Soldat ohne höhere Bildung gar kein Interesse für verwickelte religiöse Streitfragen. Bei genauerem Hinsehen knüpfte Constantin – möglicherweise unbewusst – aber nur an eine alte (und bewährte!) römische Tradition an, die, wie wir im Kapitel 1 gesehen haben, eine Einmischung in religiöse Angelegenheiten ohne zwingende Notwendigkeit vermied – bis sie im 3. Jahrhundert in Vergessenheit geriet.[34] Was nun das persönliche Interesse Constantins am Christentum angeht, so versucht uns Eusebios weis zu machen, dass Constantin nach seiner „Bekehrung" intensive theologische Studien betrieben und sich aktiv an den Diskussionen der Bischöfe beteiligt habe. Mancher moderne Gelehrte ist darauf hereingefallen,[35] doch zuverlässigere Quellen legen eindeutig das Gegenteil nahe. Eine Analyse der in den zum Donatistenstreit verfassten kaiserlichen Schreiben und Appelle belegt die Distanz des Kaisers zu den Inhalten des christlichen Glaubens. Von Christus ist dort nirgends die Rede, sondern lediglich von einer *summa divinitas*, einem *summus deus* und einem *omnipotens deus*, bestenfalls von einem *salvator*.[36] Dass er *Sympathien* für den christlichen Glauben und namentlich für die Gegner der aufrührerischen Donatisten empfand, die er einmal als *fratres* anredete, braucht nicht bezweifelt zu werden und wird durch andere Quellen bestätigt. Aber von einer Bekehrung oder auch nur ernsthaften Hinwendung des Kaisers zum christlichen Glauben – oder genauer gesagt, dem was er dafür hielt(!) – kann über 315 hinaus noch bis zum Jahre 321 keine Rede sein. Andererseits ist nicht zu leugnen, dass Constantin schon zur Zeit seiner Decennalienfeier nichts dagegen hatte, mit dem christlichen Gott in Verbindung gebracht zu werden. So ließ er sich auf einem 315 geprägten Silbermedaillon mit dem Christusmonogramm am Helmbusch abbilden, das allerdings nur für einen sehr kleinen, gewiss christlichen Empfängerkreis herausgegeben wurde. Seine finanzielle Unterstützung für die Christen und die Kirchenbauten hielten an, um 320 entstand in Rom die Basilika für Petrus und Marcellinus.[37] Von einer gesetzliche Privilegierung der Christen sollte man dagegen noch nicht sprechen. Bei der Befreiung des Klerus von der Übernahme staatlicher und kommunaler Verpflichtungen, den *munera publica*, die Constantin wohl 319 aussprechen ließ, scheint es sich eher um eine Gleichstellung des christlichen mit dem heidnischen Sakralpersonal gehandelt zu haben.[38] Ab dem Juli 321 wurde der christlichen Kirche das Recht zugestanden, ungeschmälert Erbschaften anzunehmen und zeitgleich wurde die religiös begründete Sonntagsruhe eingeführt, ausgenommen für unerlässliche Tätigkeit etwa in der Landwirtschaft, wobei der Ruhetag aber ausdrücklich als *Sonntag* (*dies solis*), und nicht etwa als Tag des Herrn bezeichnet wird.[39] Hier sind wir wieder beim Sonnenglauben Constantins angelangt, und in der Tat wird die Anhänglichkeit des Kaisers an den Sonnengott durch den numismatischen Quellenbefund belegt, denn der Sonnengott dominiert bis 321 die Münzprägung des Kaisers und die Sonne hat in der offiziellen Rhetorik als Metapher für den Herrscher ihren Platz.[40] Noch bis min-

Abb. 4: Sol Invictus-Madaillon von der Ostseite des Constantinbogens

destens 325 behauptete sich Sol Invictus als persönlicher Begleiter Constantins auf seinen Münzen und auch auf den Inschriften wird der Kaiser als *Invictus* in eine denkbar enge Beziehung zum Sonnengott (*Sol invictus*) gesetzt.[41]

Fragt man nach den Ursachen und Motiven für diese trotz negativer Erfahrungen langsam aber sicher wachsenden Sympathien Constantins für die christliche Kirche, so ist man wieder einmal weitgehend auf Spekulationen angewiesen. Eine Möglichkeit, die prochristlichen Neigungen des Kaisers zu erklären, wäre der Kontakt zu christlichen Bischöfen und Klerikern. Wenn auch Eusebios' Behauptungen über einen brüderlichen Umgang des Kaisers mit den Bischöfen mit größter Zurückhaltung aufzunehmen sind, so entbehren sie vielleicht doch nicht jeglicher Grundlage. Angesichts des Donatistenstreites war Constantin sicherlich auf kirchliche Berater angewiesen und diese wiederum konnten die Gelegenheit benutzen – und haben sie gegen die Donatisten zweifellos benutzt – den Kaiser in ihrem Sinne zu beeinflussen. Die gewachsene Zuneigung Constantins zum Christentum wäre also auf den gewachsenen christlichen Einfluss in der Umgebung Constantins zurückzuführen, der letztlich eine Folge innenpolitischer Notwendigkeiten war. Wir wissen nicht, wer den lateinischen Rhetor Lactanz, den Verfasser der Schrift *De mortibus persecutorum*, bei Constantin einführte. Jedenfalls machte ihn der Augustus spätestens 317 zum *tutor* seines ältesten Sohnes Crispus, um dessen Bildung und Ausbildung anzuleiten.[42] Damit war christlicherseits ein bedeutender Erfolg erzielt worden, denn man vermochte nun, auf die Erziehung der nächsten Herrschergeneration ganz unmittelbar Einfluss auszuüben.

Sieht man einmal von den gewachsenen Einflussmöglichkeiten christlicher Kleriker ab, so ist der Verdacht, dass die Kaiserin Fausta eine Rolle bei der Annäherung ihres Gatten an das Christentum gespielt hat, nicht ganz von der Hand zu weisen. Es fällt nämlich auf, dass diese ziemlich zeitgleich verlief mit einer Annäherung der beiden Eheleute. Scheint die Verbindung der Gatten zwischen 307 und 313 hauptsächlich auf dem Papier bestanden zu haben, was sich nicht zuletzt in der Kinderlosigkeit der Ehe ausdrückt, so hat sich das Verhältnis danach allmählich verbessert, auch wenn Constantin daneben zumindest eine außereheliche Beziehung unterhalten haben muß. Aus diesem Verhältnis stammte der zweite Sohn des Kaisers, Constantin Iunior, der im Februar 317 zu Arelate geboren wurde.[43] Zu diesem Zeitpunkt ging Fausta bereits mit dem dritten Kaisersohn, Constantius, schwanger, der im August 317 das Licht der Welt erblickte.⁴⁴ Sofern man nicht annimmt, dass es sich um eine Frühgeburt handelte, muss der Zeugungsakt noch in den Dezember des Jahres 316 fallen, woraus zwingend folgt, dass Fausta ihren Mann auf den Balkan begleitet hatte, sie scheint sich also damals gegen ihre anonyme Rivalin durchgesetzt zu haben. Um 323 gebar Fausta ihren zweiten Sohn, Constans,⁴⁵ und zu einem unbekannten Zeitpunkt auch noch eine Tochter namens Constantia,⁴⁶ was für einigermaßen regelmäßige eheliche Beziehungen während dieser Jahre spricht. Da Fausta die Tochter einer christlichen Mutter und mit großer Wahrscheinlichkeit christlich erzogen worden war, konnte sie die neugewonnene Nähe zu ihrem Gatten dazu nutzen, bei diesem Sympathien für die christliche Religion zu wecken. Von dem verbesserten Verhältnis zwischen Constantin und Fausta profitierte, wenn auch postum, sogar der beseitigte Maximian. Er wurde rehabilitiert und begegnet 317–318 als *divus Maximianus* auf von Constantin geprägten Münzen.⁴⁷

Angesichts des unübersehbaren Wohlwollens und der Akzeptanz, die Christen und der christliche Glaube in der engsten Umgebung des Kaisers gefunden hatten, drängt sich selbstverständlich die Frage auf, ob Constantin nicht schon um 315 oder wenig später innerlich die Wendung zum Christentum vollzogen hatte und lediglich als kluger Realpolitiker davor zurückschreckte, seine religiöse Wandlung an die große Glocke zu hängen, weil die große Mehrheit der Bevölkerung seines Reichsteils und namentlich wichtige Eliten wie die Senatsaristokratie nach wie vor dem Heidentum anhingen. Die Sol-Darstellungen seiner Münzprägungen ließen nach diesem Deutungsschema keine Rückschlüsse auf die wahre Einstellung des Kaisers zu, sondern wären ein Mittel gewesen, das Heer, bei dem der Sonnenglaube nach wie vor starken Rückhalt besaß, an sich zu binden. Auch die behutsame Art des Kaisers in der Gesetzgebung, die die Christen allmählich und nicht im Hau-ruck-Verfahren begünstigte, wäre dann als Ausdruck der Staatsklugheit zu interpretieren.⁴⁸ Gegen eine solche Interpretation muss freilich eingewendet werden, dass sie äußerst willkürlich und *ex eventu* bei der Deutung der

Quellenzeugnisse verfährt. Constantins Kirchenbauten wären demnach als Beweis seiner wahren Gesinnung zu bewerten, die Sol-invictus-Münzen dagegen lediglich als realpolitische *camouflage*. Darüber hinaus stört an dieser Theorie, dass sie nur zwei einander ausschließende Alternativen kennt. Entweder der Kaiser war noch Heide oder bereits Christ und es geht letztlich nur darum, den Zeitpunkt zu bestimmen, an dem der Heide zum Christen mutierte. Und noch ein Aspekt verdient in diesem Zusammenhang Beachtung: Auch wenn der Kaiser Christen in seiner Umgebung duldete und gelegentlich, wie im Falle des Lactanz, bevorzugte, so heißt das noch lange nicht, dass er irgendwie willens gewesen wäre, sich hinsichtlich seiner eigenen religiösen Vorstellungswelt bestimmen oder gar missionieren zu lassen, weder von seiner Frau noch von einem Kleriker. Ob er je das dauerhafte Interesse aufgebracht hat, in seiner Freizeit dem Religionsunterricht eines christlichen Priesters zu lauschen, sich gar über seine religiösen Irrtümer belehren zu lassen, darf meines Erachtens mit Fug und Recht bezweifelt werden. Ich denke vielmehr, dass es die Christen in Constantins Entourage klüglich vermieden haben, den Kaiser über die Unterschiede zwischen der Sonnenreligion und dem Christentum aufzuklären, sondern ihn in dem Glauben ließen, dass Christus, Sol und Summus Deus im Grunde genommen ein- und dasselbe seien. Das Christentum mochte dann lediglich als die angemessenste Form erscheinen, dieser obersten Gottheit Verehrung zu erweisen. So seltsam es auf Anhieb auch klingen mag: Constantin hat den Unterschied zwischen Christus und Sol bis zu seinem Tode nicht begriffen und, wie wir zum Schluss sehen werden, ein ganz eigenes Verständnis der Gestalt Christi entwickelt, das in der antiken Gottmenschentradition wurzelte, aber schwerlich mit dem christlichen Glauben vereinbar war.

Für die Zeit zwischen dem ersten und dem zweiten Krieg gegen Licinius fließt die Überlieferung wiederum spärlich. Wenn man von einem längeren Verweilen in Aquileia und Mailand im Sommer 318 absieht, hielt sich der Kaiser in diesen Jahren ausschließlich auf dem Balkan auf, besonders in den Residenzstädten Serdica und Sirmium.[49] Seine Geburtsstadt Naissus kam wohl seit 317 in den Genuss einer großzügigen Bautätigkeit, von der aber wegen der Zerstörungen infolge der Hunneneinfälle des 5. Jahrhunderts kaum mehr Spuren vorhanden sind; ein kaiserlicher Besuch in der Stadt ist indes lediglich einmal, im Juli 319 bezeugt.[50] Hauptzweck seiner Anwesenheit war selbstverständlich, die Verwaltung der dem Licinius abgewonnenen Provinzen zu ordnen, Kriegsschäden zu beseitigen und die Verteidigung zu organisieren, wobei vor allem Letzteres nicht ganz einfach gewesen zu sein scheint.[51] Lediglich über ein Ereignis aus jenen Jahren haben wir durch Zosimos nähere Kunde, nämlich den Sarmatenkrieg des Jahres 322. Gemäß der Darstellung dieses Autors hätten die Sarmaten unter ihrem König Rausimodus die Donau überquert und mit der Belagerung einer nicht namentlich genannten, aber durch eine starke Garnison verteidigten Stadt begonnen. Noch während der Belagerungskämpfe sei Constantin mit seinem Heer erschienen und habe die Belagerer im Rücken gefasst und aufgerieben. Zur Vergeltung drangen die Römer anschließend über die Donau vor und setzten den Feinden, die sich auf einen bewaldeten Hügel geflüchtet hatten, nach und schlugen sie vernichtend, dabei habe auch Rausimodus den Tod gefunden. Der Rest des Volkes habe sich unterworfen, worauf die Römer mit zahlreichen Gefangenen zurückgekehrt seien. Soweit Zosimos.[52] Sein Bericht ist allerdings, gelinde gesagt, nicht über jeden Zweifel erhaben. Bei den Sarmaten handelte es sich um ein Reitervolk, das normalerweise nicht als unter einer monarchischen Führung stehend geschildert wird. Auch ihre Flucht auf einen bewaldeten Hügel will zu Reiterkriegern nicht recht passen und bei Rausimodus handelte es sich ausweislich des Codex Theodosianus um einen Gotenfürsten.[53] der Verdacht erscheint darum als begründet, dass Zosimos (oder bereits seine Quelle?) hier Ereignisse aus Kämpfen gegen die Goten mit dem Sarmatenkrieg zu einem einzigen Konflikt kontaminiert hat.[54] Aus einem Gedicht des Poeten Optatianus erfahren wir, dass sich der Sarmateneinfall gegen Niederpannonien richtete, bei dem von ihnen bestürmten Stützpunkt handelte es sich um das Kastell Campona am Ufer der Donau. Optatian bestätigt auch

195

den Gegenstoß über die Donau,[55] doch wie die Kämpfe gegen Rausimodus damit in Zusammenhang stehen, ob er etwa den Sarmateneinfall nutzte, um seinerseits Raubzüge zu unternehmen und ob er noch 322 oder erst 323 gezüchtigt wurde, bleibt ungewiss.[56]

Im Westen residierte seit 318 der Caesar Crispus in Trier. Das Zurücklassen eines minderjährigen Sohnes als Repräsentanten der väterlichen Herrschaft barg freilich beträchtliche Risiken, wie das Schicksal des Saloninus im 3. Jahrhundert deutlich macht. Als Sohn und Stellvertreter des Gallienus am Rhein zurückgelassen, wurde er von seinen Untergebenen unter der Führung des Postumus ermordet, der sich dann für fast zehn Jahre als Kaiser in Gallien und Britannien behaupten konnte. Alles hing demnach davon ab, dass Constantin seinem Sohn loyale Unterführer und Beamte an die Seite stellte und diese nach Möglichkeit effektiv überwachen ließ. Im vorliegenden Falle scheint Constantin jedoch keinen Missgriff getan zu haben. Crispus konnte bis 323 unangefochten „regieren". Militärisch wurde er – oder genauer gesagt seine Generale – zunächst nicht auf die Probe gestellt, die väterlichen Terrormaßnahmen wirkten hier sicherlich noch nach, auch war der Krieg gegen Licinius kurz gewesen. Erst im Jahre 320 kam es zu neuen Kämpfen mit den Franken, die die Römer als Erfolg verbuchten. Von einem „ungeheuren Sieg" (*ingens victoria*) weiß der Panegyriker Nazarius im folgenden Jahre zu berichten, doch hat es den Anschein, dass die Auseinandersetzungen lokal begrenzt blieben.[57] Münzen verkünden uns für 323 einen Sieg über die Alemannen, doch sind uns Einzelheiten nicht überliefert.[58]

Der kalte Frieden zwischen Constantin und Licinius hielt auf dem Papier für etwas mehr denn sechs Jahre. Doch bereits im Frühjahr 321 wurde der erneute Bruch der herrscherlichen Eintracht offenkundig, als Constantin Licinius und seinen Sohn Licinianus Licinius, die in diesem Jahr den Konsulat bekleideten, absetzte und durch die Caesaren Crispus und Constantin (II.) ersetzte. Seitdem erkannten beide Reichshälften jeweils unterschiedliche Konsuln an.[59] Ein vermutlich noch im

März 321 gehaltener Panegyricus des Rhetors Nazarius zu Ehren Constantins und seiner Söhne Crispus und Constantin Iunior übergeht den Licinius völlig und betont statt dessen ganz und gar den Gedanken der Erbfolge innerhalb der constantinischen Dynastie.[60] Was Constantin zu diesen Schritten veranlasst hatte, wissen wir nicht. Für Licinius jedenfalls bedeuteten sie einen unübersehbaren Fingerzeig, wessen er sich seitens seines Noch-Mitaugustus zu versehen hatte und man fragt sich, warum Constantin seinem Gegenspieler diese Warnung zukommen ließ, Jahre bevor er seine Rüstungen beendet hatte. Zu bedenken ist in diesem Zusammenhang jedoch Folgendes: Der Krieg gegen Licinius erforderte umfassende Vorbereitungen, die schwerlich über einen längeren Zeitraum verborgen bleiben konnten. Licinius würde in jedem Falle lange vorher gewarnt sein, und möglicherweise setzte Constantin auf eine allmähliche Eskalation, um seinen Gegner Schritt für Schritt ins Unrecht zu setzen. Ab 321 rüsteten also beide Seiten für den Krieg, nicht nur zu Lande, sondern auch zur See. Weil Constantin zu der Erkenntnis gekommen war, dass ein Sieg über Licinius die Unterstützung einer Flotte erforderlich machte, ließ er zu Thessalonike, das ihm als Basis diente, zunächst einen neuen Hafen anlegen, der groß genug war, seine Kampf- und Transportgeschwader aufzunehmen; die Schiffe ließ er in den Hafenstädten Griechenlands, besonders zu Athen, in großer Zahl auf Stapel legen.[61] Jenseits der Grenzen blieb Licinius nicht müßig, als er davon erfuhr und unternahm seinerseits enorme Anstrengungen, um seinem Gegner zu Lande wie zur See gewachsen und nach Möglichkeit überlegen zu sein.[62]

Doch der Krieg wurde noch auf andere Weise vorbereitet. Dem Honigmond zwischen Licinius und der christlichen Bevölkerung war keine Dauer beschieden. In seiner Selbstdarstellung und Herrschaftslegitimation knüpfte Licinius mehr und mehr an das Vorbild Diocletians an. Ostentativ gebärdete er sich als Iovier und stellte den Jupiter Optimus Maximus als seinen besonderen Schutzgott heraus. Wenn man Eusebios Glauben schenken will, dann schwenkte Licinius voll und ganz auf die Linie der Christenverfolger ein und beabsichtigte mit immer neuen Unterdrückungsmaßnahmen nichts Geringeres als die Ausmerzung des christlichen Glaubens.[63] Man glaubt gerne, dass der „Iovier" Licinius im Gegensatz zu Constantin dem christlichen Glauben keinerlei persönliche Sympathien entgegenbrachte. Dass er aber tatsächlich geplant hätte, die Christenverfolgung seiner Vorgänger, die er einst selbst als sinnlos beendet hatte, wieder aufzunehmen, darf als mehr denn unwahrscheinlich gelten. Bei Licht besehen scheinen sich seine Maßnahmen auf bestimmte Bereiche konzentriert zu haben, die ihm in sicherheitspolitischer Hinsicht als bedenklich erschienen. So wollte er seinen Hof und das Heer – wohl eher die Heeresführung – von Christen säubern und Versammlungen der Bischöfe innerhalb seines Reichsteils verhindern. Letztere Maßnahme trieb er schließlich so weit, dass er den Bischöfen überhaupt jeden Kontakt untereinander verbieten ließ. Offenbar, um gefährliche innerstädtische Zusammenrottungen unter dem Deckmantel von Gottesdiensten zu verhindern, ordnete er an, dass derartige Abhaltungen grundsätzlich außerhalb der Stadtmauern stattzufinden hätten, wegen der besseren Durchlüftung, wie es in der offiziellen Begründung hieß. Andere Schikanen ließen sich leicht als Maßnahmen zur Förderung der allgemeinen Sittsamkeit hinstellen, etwa, wenn Frauen untersagt wurde, gemeinsam mit den Männern die Messe zu besuchen oder von einem Mann religiöse Unterweisungen zu empfangen. Um schließlich die Anziehungskraft des Christentums auf Nichtchristen entscheidend zu vermindern, verbot Licinius die Sozial- und Armenfürsorge.[64] Welchem Zweck dienten all diese Bedrückungen? Eine Rolle spielte gewiss, dass Licinius sich ebenso wie Constantin im Donatistenstreit mit innerchristlichen Gegensätzen konfrontiert sah. Kaum der staatlichen Verfolgung entronnen, begannen sich die Christen untereinander zu befehden. Anders als in Afrika allerdings erhitzte im Osten bereits die schwerwiegende Frage nach der geheimnisvollen Natur Christi – war er nun Gott, Mensch oder beides in einem? – die Gemüter, entzweite landauf, landab die christlichen Gemeinden und brachte Unruhe in die Provinzen. Das war nun das letzte, was Licinius brauchen konnte und der Fehlschlag der Vermittlungsbemühungen des Bischofs Eusebios von Nikomedia (nicht zu verwechseln mit dem Kirchengeschichtsschreiber Eusebios von Caesarea!) scheint ihn veranlasst zu haben, gegen die Christen insgesamt, salopp ausgedrückt, schwerere Geschütze aufzufahren.[65] Dieser sogenannte Arianismusstreit reicht aber als Erklärung für die umfassenden christenfeindlichen Maßnahmen nicht aus, kein Geringerer als der Kirchengeschichtsschreiber Sozomenos bestätigt uns, dass ein hoher Geistlicher wie der Bischof Eusebios von Nikomedia noch um 319 großes Ansehen am Kaiserhofe genoss.[66] Hier müssen noch andere, schwerwiegendere Motive im Spiel gewesen sein. In religiöser Hinsicht hatte sich Licinius als Iovier persönlich festgelegt auf ein Bekenntnis, das für die Christen prinzipiell inakzeptabel war. Dagegen hatte Constantin eine solche Festlegung vermieden und darüber hinaus den Christen auf vielfältige Weise sein Wohlwollen bewiesen, wenn man einmal von den Donatisten absieht, und auch gegenüber diesen wurden alle Verfolgungen von dem Augenblick an beendet, von dem ab der Kriegsausbruch gegen seinen Rivalen auf absehbare Zeit bevor stand. Darum nimmt es nicht Wunder, dass Licinius dem Christentum zunehmend mit Misstrauen begegnete und in den Christen eine potentielle „Fünfte Kolonne Constantins" (B. Bleckmann) erblickte.[67] Im Prinzip scheint Constantin das durchaus ähnlich gesehen zu haben, jedenfalls versäumte er nicht, unter den im Osten so zahlreichen Christen für sich Stimmung zu machen. Weil Licinius es seinen christlichen Soldaten und Beamten keinesfalls ersparen wollte oder konnte, an den staatlichen Opferfeiern zugunsten seines göttlichen Übervaters teilzunehmen, und dabei auch massiven Druck ausübte,[68] ließ Constantin 323 einen Erlass publizieren, der allen, die Christen gegen ihren Willen zur Teilnahme an Opferzeremonien zwang, die Prügelstrafe androhte.[69] Gewiss konnte dieses Edikt im Osten im Augenblick noch keine Gesetzeskraft erlangen, aber man konnte dafür sorgen, dass es im Machtbereich des Licinius bekannt wurde. Um seine christenfreundliche Grundhaltung noch mehr zu betonen, ließ Constantin für die bevorstehende Auseinandersetzung auch ein neues, christliches Feldzeichen entwerfen, das sogenannte *Labarum*, das uns Eusebios beschrieben hat. Es handelte sich um ein erweitertes, prächtig verziertes vexillum; über der Querstange, die das Fahnentuch mit dem Brustbild des Kaisers und seiner Söhne hielt, war in einem goldenen Kranz das Christusmonogramm eingearbeitet. Zum Schutz des Feldzeichens wurde laut Eusebios eine eigene Garde von 50 Soldaten auserlesen.[70] Trotz der so unterschiedlichen religiösen Präferenzen der beiden Kontrahenten wäre es unsinnig anzunehmen, dass Constantin den Krieg gegen Licinius nur notgedrungen begonnen habe, um den armen Christen im Orient zu helfen, oder den Konflikt gar als Kreuzzug verstanden habe. Dass Eusebios Derartiges behauptet, nimmt nicht Wunder, eher schon die Bereitwilligkeit mancher Gelehrter, ihm in dieser Beziehung Glauben zu schenken.[71]

Ein an sich nebensächliches Ereignis führte im Jahre 323 zum offenen Bruch. Gotische Raubscharen überschritten die Donau und plünderten in Moesien und Thrakien. Da die mobilen Streitkräfte des Licinius noch im Orient standen, konnten sie in diesem Fall nicht rasch wirksam Abhilfe schaffen. Constantin nutzte die Gunst der Stunde. Er marschierte in das Gebiet des Licinius ein und zwang die Goten nach der Darstellung des Anonymus Valesianus zu einem Friedensschluss und zur Herausgabe ihrer Gefangenen. In dieser Handlungsweise sah Licinius einen Eingriff in seine herrscherlichen Rechte und eine Verletzung der bestehenden Vereinbarungen, zweifellos mit Recht, und er wurde in diesem Sinne bei Constantin vorstellig. Dem Text des Anonymus ist zu entnehmen, dass für eine gewisse Zeit ein diplomatischer Notenwechsel zwischen beiden Parteien stattfand, aber vermutlich waren sich die Kontrahenten von vornherein darüber im Klaren, dass die Würfel gefallen waren und es jetzt nur noch darum ging, den jeweils anderen öffentlich ins Unrecht zu setzen.[72] Einmal mehr gewährt der Anonymus Valesianus einen Einblick in die constantinische Propaganda, wenn er Licinius offen beschuldigt, den Goteneinfall durch die Vernachlässigung der Grenzverteidigung heraufbeschworen zu haben[73] und bemerkt, die Vorhaltungen des Licinius seien bald kriecherisch, bald hochfahrend gewesen, sodass sie zu Recht (*merito*) den Zorn Constantins erregt hätten. Auch die üblichen Vorwürfe an die Adresse des Licinius: Habgier, Mord und Frauenschändung fehlen nicht.[74] Kurzum, der Mann war ein Tyrann und Constantin natürlich der Befreier vom Tyrannen. Wir brauchen indes nicht zu befürchten, dass ihm Licinius in seiner Propaganda etwas schuldig blieb. Ein Fragment des sogenannten *Continuator Dionis* beweist es. Dort lesen wir, dass Licinius in seinem Herrschaftsbereich von Constantin herausgegebene Goldmünzen, die in Abbildung und Legende seinen Sarmatensieg priesen, als „barbarische Machwerke" einziehen und umprägen ließ, womit er seinen Rivalen seinerseits zum Tyrannen, zum unrechtmäßigen Herrscher stempelte.[75]

Der Leser wird sich vielleicht fragen, warum Constantin die Abwesenheit der licinianischen Truppen im Jahre 323 nicht dazu ausgenutzt hat, um zumindest die verbliebenen europäischen Provinzen seines Rivalen unter seine Kontrolle zu bringen und das umso mehr, da er längst zum Kriege entschlossen war und es bislang wahrlich nicht an Skrupellosigkeit hatte fehlen lassen. Die Antwort dürfte sein, dass seine Rüstungen zum damaligen Zeitpunkt noch nicht endgültig abgeschlossen waren und er deshalb kein Risiko eingehen wollte. Wahrscheinlich hielt er es auch von Anfang an für vorteilhaft, die Masse des gegnerischen Heeres nach Thrakien zu locken, um dann zu versuchen, seine Verbindungen nach Kleinasien abzuschneiden. Darüber hinaus hätte eine aggressive, eindeutig gegen Licinius gerichtete Vorgehensweise ihn als den Kriegstreiber erscheinen lassen, und dies wollte Constantin ganz offensichtlich vermeiden.

Im Frühsommer 324 versammelten die verfeindeten Augusti ihre Streitkräfte in Thrakien, um die endgültige Entscheidung auszufechten. Einzig Zosimos gibt uns einen Überblick über ihre Streitkräfte: gegen 200 Dreißigruderer und über 2 000 Transportschiffe hätten Constantin zur Verfügung gestanden, dazu ein Landheer von 120 000 Mann zu Fuß plus 10 000 Reiter und seemännisches Personal. Sein Gegner habe über 150 000 Infanteristen und 15 000 Reiter „aus Phrygien und

Kappadokien" geboten, dazu eine Flotte von 350 Trieren, von denen die „Ägypter" und „Phöniker" jeweils 80, die kleinasiatischen „Ionier und Dorer" 60, die „Zyprer" 30, die „Karer" 20, die „Bithynier" 30 und die „Libyer" 50 gestellt hätten. Wir begegnen hier wieder jener archaisierenden, auf Herodot zurückgehenden Terminologie, die schon beim Heereskatalog des Maxentius aufgefallen ist.[76] Fraglos hat sie Zosmios von seiner Quelle übernommen, irgendeine Realität entspricht ihr nicht mehr. Nicht ganz einfach ist eine Bewertung der Zuverlässigkeit dieser Angaben. Grundsätzlich lässt sich feststellen, dass beide Seiten wohl in der Lage gewesen wären, Heere in der mitgeteilten Größe aufzustellen, wenn man für die Gesamtstreitmacht des Imperiums einen Umfang von ca. 400 000 Soldaten schätzt, was als realistisch erscheint. Allerdings hätte eine Mobilisierung von Feldheeren in der Stärke, die Zosimos angibt, eine weitgehende Entblößung der Grenzen erfordert und muss schon deswegen mit Skepsis aufgenommen werden. Bei den Zahlen für das Landheer fällt überdies auf, dass das Verhältnis zwischen Reiterei und Fußtruppe mit 1:12 bzw. 1:10 als für die Reiterei zu ungünstig erscheint, als dass man sie ohne Vorbehalte akzeptieren dürfte. Grundsätzlich waren Truppenmassierungen von 100 000 Soldaten oder gar mehr schon aus logistischen und führungstechnischen Gründen nicht zu handhaben – entsprechende Strukturen sind erst in napoleonischer Zeit entwickelt worden. Die Zahlen des Zosimos sind also für die dann tatsächlich gegeneinander in die Schlacht geführten Heere von vornherein wertlos. Betrachtet man die Angaben im Einzelnen, so erscheint auf jeden Fall die Angabe von nur 10 000 Reitern und Matrosen im Heere Constantins als zu gering. Selbst wenn man annimmt, dass hier jeweils 10 000 Kavalleristen und Marinepersonal gemeint sind, bleibt zumindest die Anzahl der Seeleute problematisch, da allein 200 Dreißigruderer 6 000 Mann an den Riemen benötigten, wozu noch weitere Besatzungsmitglieder (Steuerleute ec.) hinzuaddiert werden müssen. Demnach hätten für mehr als 2 000 Transporter weniger als 4 000 Mann Besatzung zur Verfügung gestanden, was als völlig unglaubwürdig gelten kann. Fazit: mit den von Zosimos überlieferten Zahlen ist nicht viel anzufangen. Man kann ihnen bestenfalls entnehmen, dass beide Seiten zu Lande wie zur See ungewöhnlich große Streitkräfte versammelt hatten, wobei Licinius, der ja den volkreichen Osten regierte, immer noch eine gewisse zahlenmäßige Überlegenheit besessen haben dürfte.[77]

Eine Bemerkung verdienen noch die von Zosimos genannten Schiffstypen. Constantins Schiffe werden als Triakontoren und Pentekontoren,[78] Dreißigruderer bzw. Fünfzigruderer bezeichnet, die des Licinius als Trieren, Dreiruderer also, in denen die Ruderer über drei Ebenen verteilt angeordnet waren. Man hat daraus auf eine technische Innovation Constantins geschlossen, auf die Einführung eines leichten, beweglichen und seetüchtigeren Schiffstyps, dem dann die schwerfälligeren Trieren zum Opfer gefallen sein sollen.[79] Eine solche Annahme ist nicht gerechtfertigt, man muss sich in diesem Falle davor hüten, den Autor beim Wort zu nehmen. Der Terminus „Triere" bezeichnete lediglich das Kriegsschiff schlechthin und die Erwähnung von Triakontoren und Pentekontoren in der Flotte Constantins besagt bestenfalls, dass es sich nicht um Polyeren (Schiffen mit mehreren Reihen Ruderen), sondern um Moneren (Einruderer) handelte.[80] Gut möglich, dass die Schiffe des Licinius zahlreicher und zumindest teilweise größer gebaut waren als die Constantins, aber für eine technische Überlegenheit der Kriegsschiffe des Letzteren fehlt jeder stichhaltige Beleg.[81]

Laut Zosimos, dem wir einmal mehr den detailliertesten Bericht verdanken, und dem Anonymus Valesianus bezog Licinius wiederum gestützt auf die Basis Adrianopel eine Abwehrstellung, während Constantin seinen Stützpunkt Thessalonike verließ und zum Fluss Hebros (Maritza) marschierte, wo er auf das Heer seines Gegners stieß.[82] Aufgrund einer Notiz des Anonymus Valesianus kann man indes schließen, dass seine anfänglich verfolgte Strategie keineswegs vorsah, die Streitkräfte des Licinius im Frontalangriff zu stellen, wie er es im Jahre 316 getan hatte. Dort heißt es nämlich:

Constantin sandte den Caesar Crispus mit einer großen Flotte aus, um Asien zu erobern, dem trat aber seitens des Licinius Amandus in gleicher Weise mit einer maritimen Streitmacht in den Weg.[83]

Mit anderen Worten: Constantin beabsichtigte ursprünglich, die Masse der feindlichen Streitkräfte in Ostthrakien zu binden, um dann in einem amphibischen Unternehmen dessen rückwärtige Verbindungen abzuschneiden. Aufgrund der Vorbereitungen des Licinius jedoch, der sich mittels einer hinreichend großen eigenen Flotte geschützt hatte, scheiterte dieses Vorhaben schon im Ansatz. Darum blieb Constantin keine andere Wahl, als den Stier bei den Hörnern zu packen, das heißt einen direkten Angriff auf die Position des Gegners am Hebros zu unternehmen. Es ist bezeichnend für die aggressive Strategie und den Wagemut Constantins, dass er das Risiko auf sich nahm. Laut Zosimos dehnte sich die Linie des Licinius über 200 Stadien (ca. 37 km) vom dem Hügelland oberhalb von Adrianopel bis zur Einmündung des Nebenflusses Tonoseeios in den Hebros aus. Dadurch wurde es Licinius natürlich erschwert, bei einem eventuellen Durchbruch rasch mit hinreichenden Reserven zur Stelle zu sein. Zwecks Täuschung seines Rivalen ließ Constantin an der engsten Stelle des Flusses mit viel Getöse Übergangsvorbereitungen treffen, indem er Baumstämme und anderes Brückenbaumaterial herbeizuschaffen befahl. Indessen versammelte er Anfang Juli an einer anderen Stelle in der Deckung von Hügeln und Wäldern ein starkes Korps für den tatsächlichen Angriff. Unter dem Schutz von 5 000 Bogenschützen setzte er sodann überraschend über und zersprengte die nichts ahnenden Truppen des Licinius. Angeblich wurde die entscheidende Attacke von nur achtzig Reitern eingeleitet, denen Constantin mit zwölf Kavalleristen vorangaloppierte,[84] doch reflektiert diese Darstellung sicher zum guten Teil die constantinische Propaganda. Andererseits wird ein persönlicher Anteil des Kaisers an dem Kampf vom Anonymus Valesianus bestätigt, von dem wir erfahren, dass Constantin dabei am Schenkel verwundet wurde.[85] Wie dem auch sei, am Endergebnis der Schlacht kann kein Zweifel bestehen, auch wenn die Verlustmeldungen für das Heer des Licinius – nach Zosimos allein 34 000 Tote[86] – vorsichtig ausgedrückt, stark übertrieben klingen. Offenbar vermochte Licinius lediglich, einen Teil seiner Truppen halbwegs geordnet nach Byzanz zurückzuführen, während andere Einheiten abgeschnitten wurden oder zurückblieben und zu Constantin überliefen.[87]

Den ersten Akt der Auseinandersetzungen hatte Constantin für sich entschieden, aber Licinius war noch nicht vernichtet. Er hielt immer noch den Brückenkopf Byzanz, wo ihn seine nach wie vor ungeschlagene Flotte versorgen und unterstützen konnte. In dieser Situation hatte Constantin keine andere Wahl als mit der Belagerung von Byzanz zu beginnen. Ein Erdwall wurde aufgeführt und mit Türmen bestückt, um die Verteidiger auf den Mauern aus der Höhe beschießen zu können, aber substanzielle Fortschritte wurden damit nicht erzielt. Im Gegenteil, es hat den Anschein, dass Constantins Heer sehr bald unter Versorgungsengpässen zu leiden begann, da der Nachschub nach wie vor auf dem Landweg herangeführt werden musste.[88] Einzig ein Sieg zur See würde die Wende zugunsten eines der Kontrahenten bringen. Auf der Gegenseite sah sich Licinius in seiner Bedrängnis zu einer Notmaßnahme gezwungen. Weil er offensichtlich alle Hände voll zu tun hatte, Byzanz und den Bosporus zu verteidigen und seine Truppen auf kleinasiatischem Boden zu reorganisieren, konnte er die Sicherung des Hellesponts nicht persönlich überwachen. Um sich die Loyalität der zu diesem Behufe zu detachierenden Truppen nebst der ihres Befehlshabers zu versichern, ernannte er seinen *magister officiorum* (den Leiter der Hofverwaltung und Befehlshaber der Leibgarde) namens Martinianus zum Augustus – nicht zum Caesar, wie die literarischen Quellen behaupten. Gut möglich, dass Martinianus diese Ernennung angesichts der kritischen militärischen Lage mit gemischten Gefühlen aufnahm. Schließlich hatte das Schicksal des unglücklichen Valens deutlich gemacht, was auch ihm im Falle einer Niederlage blühte. Aber wenn dem so war, half das alles nichts, es blieb nur übrig, die Zähne zusammenzubeißen und alles Erdenkliche zu tun, um die Niederlage abzuwenden. Martinianus akzeptierte den Augustustitel und schlug sein Hauptquartier zu Lampsakos am Hellespont auf.[89]

Die Flotte Constantins stand, wie schon erwähnt, unter dem nominellen Oberbefehl des Caesars Crispus, doch hatten das tatsächliche Kommando namentlich nicht genannte Admirale inne, da Crispus als Flottenbefehlshaber keine wirkliche Erfahrung besaß.[90] Hinsichtlich des Verlaufs der nun zu behandelnden Kämpfe sind wir im Wesentlichen wieder auf die Darstellung des Zosimos angewiesen, die dieser aus seiner Quelle (oder seinen Quellen?) kompilierte. Demnach brachen die Constantinianer von ihrem Stützpunkt Thessalonike auf und versammelten ihre Schiffe am Eingang des Hellespontes. Dort beschlossen die Admirale, vorerst nur mit einem Teil ihrer Flotte, 80 Schiffen, einen Kampf zu beginnen, wie Zosimos schreibt, wegen der Enge der Gewässer. Vom Anonymus Valesianus hingegen erfahren wir, dass die nun folgende Auseinandersetzung bei Kallipolis (Gallipoli) stattfand. Demnach durchfuhr das constantinische Geschwader den Hellespont und bezog an dessen Einmündung in das Marmarameer Aufstellung. Amandus seinerseits trat ihnen mit 200 Schiffen entgegen und lieferte den Constantinianern eine Seeschlacht. Da diese aber ihre Flanken durch die Meerengen gesichert hatten, konnte Amandus nicht zur Umfassung ansetzen und auch seine zweieinhalbfache Übermacht nicht zur Geltung bringen. Zosimos berichtet von einem beträchtlichen Durcheinander bei den Licinianern und es ist absolut möglich, dass sich deren Schiffe mit ihrem Dran,g an den Feind zu kommen, in der Enge gegenseitig behinderten. Trotzdem fiel in dem Treffen keine Entscheidung, angeblich wurde der Kampf erst bei Einbruch der Dunkelheit abgebrochen. Dazu will allerdings nicht recht passen, dass sich die Schiffe Constantins über eine Entfernung von immerhin ca. 60 Kilometer nach Elaious an der Südspitze des thrakischen Chersonnesos zurückzogen, wo sie der bislang zurückgehaltene Rest ihrer Flotte erwartete. Wenn das stimmt, dann wäre die Seeschlacht für die Constantinianer eher ungünstig verlaufen, denn sie mussten ihr strategisches Ziel, zum Bosporus durchzubrechen, zunächst einmal aufgeben. Alternativ müsste man annehmen, dass die Angabe des

Anonymus Valesianus, das Treffen habe bei Kallipolis stattgefunden, fehlerhaft wäre, und statt dessen die Version des Zosimos bevorzugen, der die Schlacht an den Eingang des Peloponnes verlegt.[91] Dem widerspricht allerdings das Verhalten des Amandus. Der hatte mit seiner Flotte in dem Hafen Aiantion auf der kleinasiatischen Seite Unterschlupf gefunden, bot aber am nächsten Tag von neuem die Schlacht an. Zu seinem Ärger musste er jedoch feststellen, dass sich seine Gegner inzwischen wesentlich verstärkt hatten; falls die von Zosimos überlieferten Zahlen stimmen, dann müssen die beiden Flotten nun in etwa gleich stark gewesen sein. Um den Zustand zahlreicher Schiffe des Amandus war es freilich nach den Kämpfen des vorausgegangenen Tages sicher nicht mehr zum besten bestellt und so nimmt es nicht Wunder, wenn der Admiral des Licinius zögerte, die Entscheidung zu erzwingen. Bezeichnenderweise unternahmen aber auch die Befehlshaber Constantins keinen Versuch, das Kriegsglück aufs Neue zu erproben. War diese Zurückhaltung von militärischer Notwendigkeit aufgrund der erlittenen Verluste und der Stärke des Feindes oder von weiser Zurückhaltung angesichts einer den erfahrenen Seeleuten vertrauten Wetterlage diktiert? Laut Zosimos hatte seit Tagesanbruch ein starker Nordwind geblasen, der um die Mittagszeit in einen Südsturm umschlug, der nun die Flotte des Licinius erfasste. Zahlreiche Schiffe strandeten oder scheiterten an Klippen, andere wiederum versanken in den Fluten. Auf 130 Schiffe und 15 000 Mann werden die Verluste der Licinianer beziffert, und der Rest scheint zersprengt worden zu sein, jedenfalls soll der Admiral Amandus nurmehr vier Schiffe bei sich gehabt haben, als er sich nach dem asiatischen Ufer flüchtete.[92] *„Flavit Jehova et dissipati sunt"* könnte man wie später die holländischen Calvinisten angesichts des Untergangs der spanischen Armada (1588) sagen, aber eigenartigerweise machten weder Constantin noch seine späteren christlichen Apologeten von diesem Sturm, der doch als sichtbares Zeichen göttlichen Eingreifens und also göttlicher Gunst gedeutet werden könnte, irgendwelches Aufhebens. Ganz im Gegenteil scheint Constantin alles getan zu haben um die Rolle des Sturms zu verschleiern und die Vernichtung der feindlichen Flotte ganz als das Werk des Caesars Crispus hinzustellen.[93] Nach dem Bericht über die Katastrophe der licinianischen Seestreitmacht wird die Darstellung des Zosimos einigermaßen unverständlich. Einsichtig erscheint das Handeln der Constantinianer: sie zogen nun Transportschiffe an sich und fuhren zum Bosporus, wo sie Constantins Belagerungsheer mit dringend benötigtem Nachschub versorgten und Byzanz abzuschneiden versuchten. Über die Gegenseite heißt es, dass Licinius vor der Niederlage zur See einen Teil seiner Truppen von Europa nach Asien hinübergeschafft habe. Bezieht sich das auf die Operationen, die Amandus geleitet hatte, unmittelbar bevor er sich der Flotte Constantins entgegenstellte? Man sollte es annehmen, aber nach dem Zeugnis des Zosimos musste Licinius noch über 150 Schiffe in Reserve verfügen, die er für den Fährverkehr – der im Übrigen nicht unbedingt Kriegsschiffe erforderte – einsetzen konnte. Als noch rätselhafter erscheint die Bemerkung, dass die Fußtruppen des Licinius nicht einmal den Anblick der feindlichen Flotte hätten ertragen können sondern sich einiger Schiffe bemächtigten, mit denen sie nach Elaious gefahren wären, also zu einem Stützpunkt der sich in Constantins Hand befand. Wir können lediglich mutmaßen, dass Teile des feindlichen Heeres und der Flotte angesichts der Erfolge Constantins zu diesem überliefen. Gehörten sie vielleicht zum Korps des Martinianus? Der aber behauptete sich nach wie vor in Lampsakos, wie Zosimos uns an anderer Stelle versichert.[94]

Ungeachtet aller Siege Constantins zu Lande und zur See hielt die Besatzung des Licinius immer noch in Byzanz aus. Ihr Augustus hatte unterdessen mit der Masse der ihm verbliebenen Truppen am gegenüberliegenden Ufer bei Chalkedon Stellung bezogen, um jegliche Anlandung seines Rivalen zu verhindern. Laut dem Anonymus Valesianus hatte er noch einmal größere Verstärkung erhalten, und zwar ausgerechnet von den Goten unter ihrem Fürsten Alica. Falls diese Mannschaften jetzt erst zu ihm stießen, muss zumindest das Schwarze Meer noch von der Flotte des Licinius kontrolliert worden sein, um die Goten auf dem Seeweg heranzuführen, da die Landverbindung abgeschnitten war. Möglich wäre auch, dass die Goten von Beginn am beim Heer des Licinius standen und sich der Niederlage bei Adrianopel durch rechtzeitigen Rückmarsch hatten entziehen können. Jedenfalls wird ihre Anwesenheit auch durch eine andere Quelle bestätigt, die belegt, dass Constantin ihr Vorhandensein nutzte, um die gegnerische Streitmacht als Barbarenhaufen anzuprangern.[95] Das änderte indes nichts daran, dass ein endgültiger Sieg nur zu erringen war, wenn es ihm gelang, auf das kleinasiatische Ufer überzusetzen und die seinem Gegner noch verbliebenen Streitkräfte entscheidend zu schlagen, bevor sie womöglich erneut verstärkt werden konnten. Ungeachtet aller technischen Neuerungen gehört das Anlanden einer Armee am Strande im Angesicht des Feindes bis heute zu den schwierigsten militärischen Operationen überhaupt und Constantin sah sich trotz der mittlerweile erzielten Seeherrschaft vor so gewaltige Probleme gestellt, dass sie ihn von einem direkten Ansturm Abstand nehmen ließen. Statt dessen ließ er schnellfahrende Schiffe als Landungsfahrzeuge ausrüsten und damit seine Truppen zum Heiligen Vorgebirge an der Schwarzmeermündung transportieren, das etwa 200 Stadien, also einen strammen Tagesmarsch, von Chalkedon entfernt liegt. Dort konsolidierte er seinen Brückenkopf durch Besetzung der umliegenden Höhenzüge.[96] Nun befand sich Licinius im Zugzwang, denn Constantins Heer drohte ihn von seinen rückwärtigen Verbindungen abzuschneiden. Ihm blieb keine andere Wahl als die noch am Hellespont stehenden Verbände unter Martinianus abzuziehen und sich mit allen verfügbaren Soldaten seinem Rivalen erneut entgegenzustellen. Dieser war unterdessen bereits von seinem Landungskopf aus losmarschiert und stellte Licinius bei der Stadt Chrysopolis unweit von Chalkedon, wo die letzte Schlacht des Bürgerkrieges geschlagen wurde. Wirklich zuverlässige Einzelheiten über den Kampfverlauf sind uns nicht überliefert, lediglich eine Quelle deutet an, dass es Constantin gelang den Gegner zu überflügeln. Mehrere Autoren schreiben davon, dass die Schlacht in ein veritables Gemetzel ausartete, das auf beiden Seiten zahlreiche Opfer forderte; glaubt man Eusebius, dann kam sogar die dem Labarum zugeteilte Wache nicht ohne Verluste davon. Auf insgesamt 25 000 Mann beziffert der Anonymus Valesianus die Zahl der Toten im Heer des Licinius, auf gar 100 000 beliefen sie sich laut Zosimos, was nun ganz gewiss als weit übertrieben gelten kann. Der Rest wurde zersprengt und ergab sich am folgenden Tag; Licinius selbst gelang es, sich mit wenigen tausend Mann nach Nikomedia zu retten. Damit war die Entscheidung gefallen. Constantin hatte gesiegt, denn ein neues Heer vermochte sein Gegenspieler nicht mehr ins Feld zu schicken.[97]

Unmittelbar nach der Schlacht von Chrysopolis ergaben sich das bis dahin noch unbezwungene Byzanz und auch Chalkedon den siegreichen Truppen Constantins. Sein Schwager Licinius beurteilte seine Lage jetzt selbst als aussichtslos und schickte zwei Tage später seine Gemahlin Constantia ins Feldlager ihres Bruders, um Verhandlungen aufzunehmen. Bedingungen konnte der Besiegte jetzt nicht mehr stellen: Er hatte dem Kaisertum ebenso zu entsagen wie sein Hilfsaugustus Martinianus. Licinius selbst wurde gezwungen, öffentlich als Bittsteller vor Constantin zu erscheinen, seinen Purpurmantel zu übergehen und den Sieger als seinen Kaiser und Herrn anzureden. Dafür wurde beiden das Leben geschenkt, freilich nur auf Widerruf, wie sich nur zu bald herausstellte. Licinius wurde als Privatmann nach Thessalonike gebracht, Martinianus nach einem namentlich nicht genannten Ort Kappadokiens (Zentralkleinasien) verbannt.[98] Schon im folgenden Jahr wurden beide an ihren Verbannungsorten erdrosselt. Über die Gründe machen unsere Gewährsleute höchst widersprüchliche Angaben. Constantin habe verhindern wollen, dass sein Schwager wie einst sein Schwiegervater Maximian gegen ihn konspiriere, schreibt der Anonymus Valesianus, behauptet aber gleich darauf, dass die Initiative von Constantins eigenen Soldaten ausgegangen sei, die in tumultuarischer Form die Hinrichtung gefordert hätten.[99] Eutrop und Zosimos stimmen dagegen überein, dass die Hinrichtung unter Bruch der 324 geleisteten Eide geschehen sei, und Orosius teilt uns ähnlich wie der Anonymus mit, dass Licinius habe sterben müssen, damit er nicht wie einst Maximian heimlich gegen Constantin konspiriere.[100] Der Mord wird also als ein präventiver Akt erklärt, obwohl Beweise für eine Verschwörung noch gar nicht vorlagen. Bei dem Kirchenhistoriker Sokrates, dem Goten Iordanes und den Byzantinern Theophanes und Zonaras finden sich noch genug weitere Hinweise auf die Art und Weise, mit der Constantin die Morde zu bemänteln und zu rechtfertigen suchte. Licinius, heißt es da, habe sich um die Unterstützung der Barbaren, das heißt der Goten, bemüht, um den Krieg gegen Constantin zu erneuern; laut Zonaras wäre ihm um ein Haar die Flucht zu seinen Bundesgenossen gelungen und derselbe Autor gar will wissen, dass nicht Constantin das Todesurteil gefällt habe, sondern der Senat zu Rom.[101] Eusebios schließlich tischt uns die Version auf, dass Licinius überhaupt nicht begnadigt worden sei, sondern mit seinen Helfershelfern „nach Kriegsrecht" (νόμῳ πολέμου) hingerichtet wurde.[102] Nicht zuletzt das Durcheinander unterschiedlicher Rechtfertigungen, die ersichtlich auf den Täter zurückgehen, lässt keinen Zweifel daran, dass es sich um kaltblütige und wohlkalkulierte politische Morde handelte. Man darf davon ausgehen, dass Constantin nie die Absicht hatte, Licinius und Martinianus am Leben zu lassen. Die scheinbare Begnadigung diente wie schon im Falle seines Schwiegervaters Maximian einzig dazu, wieder einmal seine Milde, seine *clementia Caesaris*, zu demonstrieren und die Gründe, die für beider Beseitigung verbreitet wurden, sollten belegen, dass die Hingerichteten sich dieser Milde nicht als würdig erwiesen hatten. Doch damit nicht genug, der Mörder ging noch einen Schritt weiter. Im Jahr darauf (326) ließ er den elfjährigen Licinianus Licinius, seinen eigenen Neffen, umbringen. Dieser Mord an einem jeglichen Thronanspruches beraubten, hilflosen Kind hat schon bei Zeitgenossen Abscheu erregt, wie das Zeugnis Eutrops beweist und kann schwerlich mit einer von Licinianus ausgehenden Bedrohung, etwa als Bannerträger einer heidnischen Reaktion erklärt werden.[103] Möglicherweise steht dieses Verbrechen nicht unmittelbar mit dem Schicksal des Licinius in Zusammenhang, sondern mit der innerfamiliären Katastrophe des Jahres 326, von der wir im folgenden Kapitel erfahren werden. Ein älterer Sohn des Licinius, der einer unehelichen Verbindung mit einer Sklavin entstammte, wurde am Leben gelassen, allerdings als Staatssklave und als solcher ist er noch 336 in Africa bezeugt. Kennzeichnend für seine elende Lage kann gelten, dass er sich ihr im selben Jahr durch Flucht zu entziehen versuchte, doch ohne Erfolg: Er wurde wieder eingefangen und zur Zwangsarbeit in den kaiserlichen Webereien zu Karthago verurteilt.[104] Gleichfalls am Leben bleiben durfte Constantia, die Ex-Frau des gescheiterten Augustus und Halbschwester Constantins. Sie gelangte sogar wieder zu Ehren und begegnet um 326/7 als *nobilissima femina* und der Hafen der Stadt Gaza erhielt, in den Rang einer selbstständigen Stadt erhoben, ihren Namen.[105] Wie sie persönlich den Mord an ihrem Gatten und namentlich den an ihrem Söhnchen aufnahm, überliefern uns die Quellen nicht.

Im Jahre 324 hatte Constantin sein seit spätestens 310 verfolgtes Ziel erreicht: Er war zum unumschränkten Alleinherrscher des römischen Imperiums aufgestiegen. Der Ablauf der Ereignisse zeigt, dass er nie die Absicht hatte, sich auf Dauer mit Licinius zu verständigen. Im ersten Anlauf freilich hatte er sich mit einem Teilerfolg zufrieden geben müssen, da das beiderseits gescheiterte Intrigenspiel ihm aus seiner Sicht keine andere Wahl ließ als seinen Rivalen zu überfallen, ehe dieser sich für die Auseinandersetzung gerüstet hatte. Aber Constantin erwies sich als lernfähig: Beim zweiten licinianischen Krieg überstürzte er nichts, sondern bereitete sich umfassend auf die Auseinandersetzung vor. Obwohl Licinius seinerseits als Militär über beträchtliche Erfahrungen verfügte und seine Rücksichtslosigkeit in der Vergangenheit hinreichend unter Beweis gestellt hatte, ließ er sich von seinem Gegenspieler allzu oft den Schneid abkaufen. Fast stets lag die Initiative, ob politisch oder militärisch, bei Constantin, der dabei auch vor der Inkaufnahme großer persönlicher Risiken nicht zurückschreckte. Im zweiten Krieg kamen ihm darüber hinaus seine umfangreichen, geduldigen und methodischen Vorbereitungen zugute, die ihm ein ausreichendes Maß an strategischer und taktischer Flexibilität sicherten. Sicher hatte Constantin im Falle des Sturms, der ihm die Seeherrschaft bescherte, auch Glück gehabt. Insgesamt aber muss man seinen Erfolg seiner Überlegenheit als Feldherr zuschreiben. Ob sich der Sieg angesichts des

Umstandes, dass ein großer Teil der mobilen Streitkräfte des Reichsostens aufgerieben worden waren, für das Imperium als ein Sieg á la Pyrrhus erweisen musste, würde die Zukunft zeigen.

Kapitel 6
Ich und sonst keiner:
Die Zeit der Alleinherrschaft

Die Alleinherrschaft hatte Constantin errungen, aber das Imperium befand sich bei Licht besehen in vieler Hinsicht wieder in der Situation, aus der Diocletian es hatte retten wollen. *Ein* Mann herrschte, wie zu Augustus' Zeiten, aber wie wollte er in Zukunft das Gespenst der Usurpationsgefahr bannen? Zwar schienen die Grenzen für den Moment gesichert, doch wie sich die schweren Verluste namentlich der Orientarmee auswirken würden, konnte man 324/25 keineswegs absehen und die Gefahr gleichzeitiger Invasionen an mehreren Fronten bestand nach wie vor. Gewiss, Constantins christenfreundliche Politik war geeignet, das Verhältnis zwischen dem Staat und der vor allem im Osten so großen christlichen Bevölkerungsgruppe zu entspannen. Stattdessen war jedoch die Rivalität der verschiedenen christlichen Gruppen und Glaubensrichtungen untereinander zu einem derartigen Problem geworden, dass sie die Kaiser früher oder später zur Parteinahme zwingen musste; Maxentius, Licinius und auch Constantin selbst hatten dies bereits zu spüren bekommen. Was die soziale und wirtschaftliche Lage an ging, so bestanden die alten Probleme unvermindert fort, wenn irgendetwas, dann hatten die Bürgerkriege mit ihrem enormen Finanzbedarf und den mit ihnen einhergehenden „Kollateralschäden" (wie man das heutzutage nennt) die Bedrängnisse verstärkt und nicht etwa vermindert. Wir werden auf den folgenden Seiten sehen, wie Constantin all diese Schwierigkeiten anging.

Hinsichtlich der Usurpationsgefahr hielt Constantin auch als Alleinherrscher an der Praxis fest, seine Söhne im Caesarenrang als Repräsentanten seines Kaisertums in Reichsteilen einzusetzen, in denen er nicht persönlich präsent sein konnte. Von den inhärenten Risiken einer solchen Vorgehensweise ist schon die

Abb. 5a: Constantin mit dem Christusmonogramm am Helm

Abb. 5b: Constantin und Sol Invictus

Rede gewesen, doch aus Constantins Blickwinkel hatte sie sich bislang bewährt und er konnte hoffen, die Generale und Mitarbeiter seiner Söhne auch weiterhin so effektiv zu überwachen, dass ein erfolgreicher *Coup d'Etat* ausgeschlossen schien. Über die Möglichkeit einer Militärrevolte hinaus barg das gewählte Verfahren indes noch eine andere Gefahr: Die Söhne mussten untereinander einig sein und sich damit abfinden, dass alle wesentlichen Entscheidungen vom Vater gefällt wurden. Was aber, wenn einer der Söhne anfing, wider den väterlichen Stachel zu löcken, oder sich gar – in bester väterlicher Tradition – zum Alleinherrscher berufen fühlte und es darum nicht einsah, zugunsten seiner Brüder auf irgendwelche Kompetenzen zu verzichten? Die im wahrsten Sinne des Wortes mörderische Rivalität der Söhne des Septimius Severus, Caracalla und Geta, konnte hier als Warnung dienen und auch Constantin wurde nur allzu bald mit diesen Fragen konfrontiert. Doch greifen wir an dieser Stelle nicht vor.

Was die zerschlagene Orientarmee anging, so blieb Constantin keine andere Wahl als die entstandenen Lücken in den Beständen so rasch wie möglich aufzufüllen. Das aber erwies sich als nicht so einfach. Grundsätzlich bestand im *Imperium Romanum* nach wie vor die Wehrpflicht, das heißt jeder freie, waffenfähige Bürger konnte zum Wehrdienst herangezogen werden. In der Realität freilich hatte sich das römische Heer schon in der Endphase der Republik zu einer Freiwilligenarmee entwickelt, in der, wie wir bereits bemerkt haben, Soldaten aus bestimmten, ländlichen Regionen des Reiches stark überrepräsentiert waren. Normalerweise scheint der Zustrom von Freiwilligen den Erfordernissen einer regelmäßigen Ergänzung durchaus genügt zu haben.[1] Wenn jedoch der Verlust von Zehntausenden von Soldaten in kurzer Zeit ausgeglichen werden musste, sah die Sache anders aus. Bereits vor dem zweiten Krieg gegen Licinius hatte sich Constantin wegen seines dringenden Bedarfs an Rekruten veranlasst gesehen, die Verpflichtung von Söhnen gedienter Soldaten zu betonen, auf Anforderung ins Heer einzutreten und ihnen mit der zwangsweisen Übernahme der curialen *munera* gedroht, falls sie etwa versuchen sollten, durch Selbstverstümmelung dem Wehrdienst zu entgehen² und in Notfällen blieb keine andere Wahl, als auf die altbekannte Aushebung, den *dilectus*, zurückzugreifen.³ Abgesehen davon scheint schon seit Diocletian die Pflicht zur Rekrutenstellung wie eine Steuer gehandhabt worden zu sein, indem man in den Provinzen den Städten und Großgrundbesitzern nach Maßgabe ihrer Größe (bzw. der Größe ihres Besitzes) die Stellung bestimmter Rekrutenkontingente auferlegte. Dabei stand es dem Staate frei, sich pro Rekrut eine Ablösesumme in Gold auszahlen zu lassen (das sogenannte *aurum tironicium*), der Betrag wurde im späteren 4. Jahrhundert immerhin auf 30 Goldstücke (*solidi*) festgesetzt.⁴ In der 324/25 obwaltenden Situation dürften Rekruten ohne Zweifel vordringlicher gewesen sein als Geld. Mittel- und längerfristig hat Constantin das Problem des Heeresersatzes gemeistert, wobei ihm zugute kam, dass die auswärtigen Völker sich weitgehend ruhig verhielten und nicht die Mobilisierung größerer Eingreifarmeen nötig machten.

Die nächste Schwierigkeit, der sich der Kaiser zuwenden musste, betraf die inneren Zerwürfnisse in der Ostkirche, die bereits Licinius zu schaffen gemacht hatten. Der sogenannte Arianismusstreit, entzündete sich, wie bereits angedeutet, an der Frage nach der Natur Christi, der Frage nach dem Verhältnis zwischen Gott und Mensch in ein- und derselben Person. An sich waren das Gottmenschentum und der Tod eines Gottes inklusive Wiederaufstehung dem antiken Menschen durchaus altvertraute Dinge und bis zum Auftreten des Christentums hören wir nie davon, dass sie Anlass zu tiefschürfenden theologischen oder philosophischen Diskussionen über die Vereinbarkeit von göttlicher und menschlicher Natur gegeben hätten. Herakles alias Hercules etwa war zu seinen Lebzeiten durchaus ein Mensch gewesen und weilte erst seit seinem Tode bei den Göttern im Olymp, während sein Schatten gleich dem anderer Verstorbener in der Unterwelt besichtigt werden konnte, wie uns Homer bezeugt.⁵ Alexander der Große wiederum hatte sich schon als Mensch zu der Einsicht durchgerungen, dass man in ihm einen veritablen Gott vor sich habe. Aus dieser Erkenntnis heraus hatte er für sich die geziemenden kultischen Ehren gefordert – und erhalten. Ganz ähnlich hatten später die römischen Kaiser gehandelt, obwohl das innere Überzeugtsein von der eigenen Göttlichkeit längst nicht bei allen so groß war wie bei Alexander.[6] Gelegentlich regten die lebenden Menschen erwiesenen göttlichen Ehren Spötter (die finden sich immer und überall) zu sarkastischen Bemerkungen an, doch die meisten Zeitgenossen nahmen sie mit einem Achselzucken als eine Selbstverständlichkeit hin, ohne sich über deren theologische Implikationen irgendwie den Kopf zu zerbrechen.[7] Beim Christentum als einer Schriftreligion mit früh entwickelter Dogmatik sah das anders aus. Bereits im 2. Jahrhundert hatte die Frage nach der geheimnisvollen Natur Christi die Gemüter erhitzt und war im (wenigstens bei Katholiken und orthodoxen Christen) noch heute gültigen Sinne entschieden worden: In Christus fanden sich göttliche und menschliche Natur gleichwertig vereint und er war „eines Wesens mit dem Vater", wie es im Glaubensbekenntnis heißt. Etwa um das Jahr 318 trat nun zu Alexandria in Ägypten der Presbyter Arios mit der Auffassung an die Öffentlichkeit, dass Christus, „der Sohn" keineswegs mit Gott, „dem Vater" wesensgleich, sondern lediglich ein nachgeordnetes Geschöpf des Gottvaters sei. Mit anderen Worten: Arios hatte Schwierigkeiten mit der Dreifaltigkeit (der Einheit von Vater, Sohn und Heiligem Geist) und vertrat eine Lehrmeinung, die sich stark dem Monotheismus näherte. Wir können hier aus Platzgründen (und um die Geduld des Lesers nicht über Gebühr zu strapazieren) nicht auf die verwickelte Vorgeschichte des von Arios begründeten arianischen Christentums eingehen.[8] Nur soviel sei gesagt, dass der vorgesetzte Bischof des Arios, namens Alexander, sich schließlich gezwungen sah, seinen Presbyter fallen zu lassen und zu exkommunizieren. Selbstverständlich half das nur wenig, wenn überhaupt. Obwohl Arios in Alexandria das Feld räumen musste, fand er sich mitnichten mit seiner Exkommunikation ab, sondern ging jetzt außerhalb Ägyptens mit seinen Überzeugungen hausieren, wo er offenbar schon während der vorangegangenen Diskussionen durch Sendschreiben das Feld bereitet hatte.[9] Seine volkstümliche Art und seine mitreißenden Predigten gewannen ihm vielerorts Anhänger. Auch Angehörige des höheren Klerus ließen sich von Arios gewinnen, vielleicht nicht zuletzt deshalb, weil diese zu der Einsicht gelangten, dass ein Christentum arianischer Prägung den monotheistisch gesinnten „Heiden" leichter zu vermitteln wäre als die katholische Version. Zu seinem wichtigsten Anhänger wurde bezeichnenderweise der Bischof Eusebios von Nikomedia, der östlichen Kaiserresidenz, dem es gelang, den damals noch regierenden Licinius für Arios einzunehmen. Mit kaiserlicher Unterstützung bestätigte eine bithynische Synode dessen Lehrmeinung,[10] doch ließen sich dadurch wiederum seine Widersacher nicht beeindrucken. Alexander veranlasste eine eigene, ägyptische Synode, die ihrerseits Arios als Häretiker verdammte. Der Streit war noch in vollem Gange, als Constantin durch seinen Sieg über Licinius zum alleinigen Herrscher aufstieg. Trotz oder womöglich gerade wegen seiner schlechten Erfahrungen im Donatismusstreit drang der neue Augustus des Gesamtreiches auf eine rasche, innerkirchliche Entscheidung des Konfliktes. Erste Vermittlungsbemühungen blieben jedoch nicht nur ohne Erfolg, sondern verschärften die Auseinandersetzungen sogar noch. Bischof Hosius (oder Ossius) von Corduba, der Constantin vielleicht schon im Donatistenstreit beraten hatte, war im Auftrag Constantins nach Alexandria gereist, um den Streit beizulegen, doch anstatt sich für einen Ausgleich einzusetzen, ließ er sich rasch in den Konflikt hineinziehen und zwar als Parteigänger Alexanders.[11] Trotz dieses deprimierenden Auftaktes und den Erfahrungen mit den Donatisten gab Constantin nicht auf. Unter offiziellem kaiserlichem Vorsitz und mit kaiserlicher Unterstützung wurde schon im Jahre 325 ein gesamtkirchliches Konzil nach Nikäa in Bithynien einberufen, an dem rund 250 Bischöfe des Westens wie des Ostens teilnehmen konnten. Das Auftreten Constantins auf diesem Konzil, wie es uns Eusebios überliefert hat, straft übrigens die frühere Behauptung dieses Autors Lügen, dass der Kaiser mit den Bischöfen von Gleich zu Gleich verkehre. Ganz im Gegenteil wusste Constantin bei dieser Gelegenheit vorzüglich den Abstand zu wahren und verzichtete auch keineswegs auf die Anwesenheit von Angehörigen der Leibgarde.[12] Über eine ganze Anzahl strittiger Fragen wurde auf dem ökumenischen Konzil verhandelt: Die einheitliche Festlegung des Ostertermins und die Normen für die Priesterweihe, von der Selbstentmanner (zwecks Abtötung fleischlicher Gelüste) ausgeschlossen wurden, über Bestimmungen für unter dem Druck staatlicher Verfolgungen abgefallene Schäflein sowie für übergetretene Heiden. Und für Frauen im Kirchendienst galt von nun ab die Regel: wir müssen draußen, das heißt im Laienstand bleiben.[13] Dessen ungeachtet blieb die Auseinandersetzung mit den Lehren des Arios das bedeutendste Problem und hier fällte das Konzil eine, wie es schien, eindeutige Entscheidung: Es verwarf die Ansichten des Arios über die Natur Christi als Häresie und bestätigte die Wesenseinheit des Vaters mit dem Sohn und des letzteren göttliche und zugleich menschliche Natur („Gezeugt, nicht geschaffen, eines Wesens mit dem Vater", um noch einmal das Glaubensbekenntnis zu zitieren). Es bleibt unklar, in wieweit Constantin dabei im Hintergrund mitgewirkt und für möglichst vermittelnde Formulierungen gesorgt hatte; jedenfalls unterstützte er die Entscheidung der Geistlichkeit durch seine weltliche Autorität: Arios wurde festgenommen und nach Illyrien deportiert, seine Schriften mussten ausgeliefert und verbrannt werden.[14] Wer allerdings meint, der Handlungsweise des Kaisers liege eine persönliche Überzeugung zugrunde, irrt. Seine spätere Annäherung an den Arianismus beweist, dass Constantin im Jahre 325 überhaupt nicht begriffen hatte, um was es eigentlich ging, zumindest in theologischer Hinsicht. Dafür spricht noch ein weiteres Indiz: In seiner auf Lateinisch vor den Bischöfen gehaltenen Rede, von der uns Eusebios eine Zusammenfassung in griechischer Sprache gibt, ist von Christus – um dessen Natur es sich bei den Diskussionen schließlich handelte – expressis verbis nie die Rede, lediglich von Gott dem Erlöser, vom Gewaltigsten und vom höchsten Gott,[15] sämtlich Formulierungen, die Christen wie Heiden gleichermaßen verwenden konnten.

Während des Konzils mag sich Constantin noch der Illusion hingegeben haben, er könne die Einheit der Kirche wieder herstellen und den unseligen Streitigkeiten, die sich rasch zu einer formidablen Bedrohung des inneren Friedens entwickeln konnten, mit ein bisschen Druck seinerseits sowie gutem Willen von Seiten der übrigen Beteiligten ein Ende machen, doch es kam – quod erat exspectandum – ganz anders. Schon auf dem Konzil selber hatte ein Gegner des Arios, der Metropolit von Antiochia namens Eustathios, mit seiner eigenen Auslegung der Wesensgleichheit die große Mehrheit der übrigen Bischöfe – und damit automatisch auch den Kaiser – vor den Kopf gestoßen und war seinerseits unter Häresieverdacht geraten, weil seine Ansichten der Irrlehre der sogenannten Sabellianer (sie propagierten die *Identität* von Vater und Sohn) bedenklich nahe kamen. Zwei Jahre später setzte ihn dann eine Synode unter dem Vorsitz des Eusebios von Caesarea (dem Kirchengeschichtsschreiber) ab, allerdings nicht wegen theologischer Verirrungen, sondern wegen unsittlichen Lebenswandels. Der Kaiser gab seine Zustimmung und verbannte Eustathios nach Thrakien.[16] Die Arianer ihrerseits gaben sich nach Nikäa keineswegs geschlagen, sondern ersannen zum Ärger der Orthodoxen eine höchst eigenwillige *interpretatio ariana* des nikäanischen Glaubensbekenntnisses, die ihren damals verfemten Ansichten entsprach.[17] Darüber hinaus hatten sich arianerfreundliche Bischöfe wie Eusebios von Nikomedia und Theognis von Nikäa geweigert, der Exkommunikation des Arios zuzustimmen. Auch in diesen Fällen sah sich Constantin zu persönlichem Eingreifen veranlasst, zumal ihm Eusebios noch zusätzlich wegen seiner „kriminellen Vergangenheit" als theologischer Ratgeber des Licinius verdächtig war. Beide wanderten gleichfalls in die Verbannung.[18] Indes braucht der Leser sich um Eusebios von Nikomedia keine Sorgen zu machen, denn ihn ließ – wie so manchen Höfling unserer Tage – das Glück ebensowenig im Stich wie sein ganz offensichtlich bemerkenswertes Geschick, mit Kaisern umzugehen und ihre Gunst zu gewinnen, wie sich nur allzu bald herausstellte.

Aber noch sind wir nicht so weit. Im Jahre 326 ereignete sich im innersten Zentrum der Macht, im Kaiserhause selbst eine Katastrophe, die vermutlich viel weitere Kreise zog, als es uns die Quellen mit ihren dürftigen Berichten andeuten. Zosimos lässt sich darüber folgendermaßen vernehmen:

Wie bereits erwähnt, hatte er (sc. Constantin) Crispus, seinen Sohn, zur Würde eines Caesars erhoben; nun geriet dieser in Verdacht, mit seiner Stiefmutter Fausta Umgang zu haben, und deshalb ließ ihn Constantin ohne jede Rücksicht auf das Naturrecht beseitigen. Helena, die Mutter des Kaisers, war tiefbetrübt über eine solch furchtbare Gewalttat und härmte sich sehr über die Hinrichtung des jungen Mannes, doch gleich als wollte er ihr Trost gewähren, heilte Constantin das Übel mit einem noch größeren: er befahl nämlich, ein Bad zu überhitzen und Fausta dorthin zu bringen, worauf man sie nur noch als Leiche hinaustrug.[19] (Übersetzung O. Veh)

An der Hinrichtung des Crispus kann es keinen Zweifel geben, sie erfolgte laut Ammianus Marcellinus in Pola zu Istrien wohl noch im Frühsommer 326, als Constantin sich auf dem Weg nach Rom befand.[20] Ebensowenig steht der kurz darauf erfolgte Tod der Fausta infrage. Hinsichtlich der Motive für die Exekutionen herrschte schon in der Antike Unklarheit. Crispus sei auf den Urteilsspruch seines Vaters hin (*patris iudicio*) getötet worden, aus welchem Grunde sei ungewiss (*incertum qua causa*), lässt sich Aurelius Victor lapidar vernehmen.[21] Philostorgios wiederum kennt die gleiche Skandalgeschichte wie Zosimos, bringt aber noch mehr Details:

Es heißt nämlich, dass die Urheberin des Mordes an Crispus seine Stiefmutter Fausta mit ihrer verliebten Raserei gewesen sei. Als sie nämlich in Liebe zu dem Jüngling entflammt war und von ihrer Leidenschaft überwältigt wurde, da versuchte sie ihn anfänglich mit vielen Worten zum fleischlichen Umgang zu verführen. Weil aber jener sich überaus abweisend verhielt und nicht einmal auch nur zu dem bloßen Gedanken fähig war und es deutlich wurde, dass er niemals nachgeben werde, da verbrannte die Frau im Feuer ihrer Begierden. Und weil sie nicht erlangte, was sie wünschte, unternahm sie einen Anschlag auf das Objekt ihrer Begierden, indem sie ihre Liebe in Hass wandelte. Wegen der Unerfülltheit ihres Verlangens erzürnt, erhob sie den Mord an dem Unwilligen zur Heilung ihres Leidens … Sie überzeugte ihren Mann, den eigenen Sohn zu töten.[22]

Und über das Ende der Fausta heißt es:

Sie wurde nämlich wiederum von einer Begierde erfasst und zwar zu einem der kaiserlichen Kundschafter, die die Römer cursores zu nennen pflegen und auf frischer Tat ertappt. Auf Geheiß ihres Mannes verlor sie ihr Leben …[23]

Wie Zosimos überliefert auch Philostorg, dass Fausta in einem überhitzten Bad erstickt wurde und dies ist das einzig glaubwürdige Detail der ganzen Erzählung. Nicht erst in der neuzeitlichen Regenbogenpresse, sondern bereits in der Antike war die unerlaubte Neigung alternder Frauen zu jüngeren Männern, von Müttern zu ihren Stiefsöhnen literarisch thematisiert worden. Nicht ohne Grund bemüht Philostorg selbst in diesem Zusammenhang die tragische Dreiecksgeschichte zwischen Theseus, seinem Sohn Hippolytos und der Stiefmutter Phädra;[24] darüber hinaus zeigt die Geschichte starke Anklänge an die alttestamentliche Erzählung von Josef und der Frau des Potiphar. Charakteristischerweise leitet Philostorg seinen Bericht mit einem „Man sagte" (φασίν) ein und kennzeichnet ihn dadurch als ein sogenanntes *Legomenon*, ein Hörensagen, für dessen Richtigkeit der Autor keine Gewähr übernehmen will. Haben wir es hier also mit einem literarischen Konstrukt zu tun, das ursprünglich constantinfeindliche Kreise in die Welt setzten, um das plötzliche Ableben der Fausta kurz nach der Hinrichtung des Crispus in einem böswilligen Sinne zu erklären? In der Tat wäre die ganze Angelegenheit für uns viel einfacher, wenn man annehmen könnte, dass Fausta nicht eines gewaltsamen, sondern eines natürlichen Todes starb, Herz- und Kreislaufschwächen sind ja keine neuzeitlichen Phänomene. Dem war aber nicht so. Von Inschriften erfahren wir, dass nicht bloß Crispus, sondern auch Fausta der *damnatio memoriae* verfiel, der Verfluchung des Andenkens. Beider Namen wurden in den Inschriften ausgetilgt, ihre Statuen und Abbilder zerstört.[25] Wir werden uns also die Mühe machen müssen, die Motive aller in den Quellen genannten Hauptakteure an den ebenso dramatischen wie undurchsichtigen Ereignissen des Jahres 326 zu erörtern: die des Crispus, der Fausta, der Helena und die Constantins.

Fausta wie Helena trugen seit Ende 324 den Augustatitel. Während die Ernennung der Fausta als der kaiserlichen Gemahlin durchaus zu verstehen ist, gibt diejenige der Helena zur Verwunderung Anlass, da der Mutter Constantins rund 18 Jahre lang jegliche öffentliche Rolle verwehrt geblieben war. Handelte es sich bei der doppelten Augustakür um den Ausdruck einer Rivalität zwischen den beiden Frauen und um einen Beweis für den fortdauernden großen Einfluss der Helena auf ihren Sohn? Oder wollte Constantin mit der Erhebung seiner Mutter zur Augusta lediglich seine kaiserliche Abstammung betonen, weil er annahm, die niedrige Abstammung seiner Mutter und die Tatsache, dass sie lediglich die zeitweilige Konkubine seines Vaters gewesen war, sei mittlerweile aus dem Bewusstsein der Öffentlichkeit verschwunden?[26] Obwohl er sich hier täuschte, scheint letztere Erklärung die wahrscheinlichere, denn wir haben keinen Grund anzunehmen, dass Fausta im Wettbewerb um das Ohr Constantins von Helena ausgestochen wurde. Die Genese der Katastrophe legt zumindest bis zum Tode des Crispus das Gegenteil nahe. Crispus, der älteste Sohn Constantins, war zum Zeitpunkt seines Untergangs etwas über zwanzig Jahre alt und der Einzige der drei Brüder, der aufgrund seiner jahrelangen Tätigkeit als Caesar über eine gewisse praktische Erfahrung in Regierung, Verwaltung und Kriegführung verfügte. Sein Verhältnis zum Vater scheint zumindest bis zum Jahre 324 problemlos gewesen zu sein, obwohl Constantin den Sohn sicherlich an der kurzen Leine hielt.[27] Dagegen dürfte sich die Beziehung des Crispus zu seiner Stiefmutter Fausta von vornherein problematisch gestaltet haben. Sie war die Tochter eines ehemaligen Kaisers, die legitime Ehefrau Constantins, seit 324 auch offiziell Inhaberin des Augusta-Titels, und hatte ihrem Mann zwei Söhne geboren, von denen aber noch keiner im regierungsfähigen Alter stand. Constantin selbst war kein junger Mann mehr, er hatte im Jahre 326 die fünfzig überschritten. Obwohl er noch körperlich leistungsfähig gewesen sein mag, stand er somit in einem Alter, das ein Ableben aus natürlichen Gründen innerhalb der nächsten zehn Jahre durchaus als möglich erscheinen ließ. Wer sollte ihn dann beerben? Crispus würde in einem solchen Falle um die Dreißig sein und damit in dem Alter, in dem sein Vater selbst auf den Thron gelangt war. Außerdem hätte er als Caesar Zeit und Gelegenheit gehabt, sich selbst eine Gefolgschaft von hohen Militärs und Beamten aufzubauen, die seinen Thronanspruch stützen konnten. Constantius, der älteste Sprössling der Fausta, aber würde noch keine zwanzig Jahre zählen und damit viel eher von seiner Umgebung abhängig sein und dies galt auch für seinen nur wenige Monate älteren Halbbruder Constantin. Es ging demnach bei näherem Hinsehen nicht nur um die Frage, wer auf dem Thron sitzen würde, sondern auch, ob der regierende Kaiser nicht eines Tutors bedurfte und dies würde im Falle eines Kaisers Constantius II. mit großer Wahrscheinlichkeit die Augusta Fausta sein. Darüber hinaus muss noch folgender Aspekt berücksichtigt werden: Constantin hatte vier Söhne. Wie sollte die Macht nach seinem Tode unter ihnen aufgeteilt werden? Würden nach dem Vorbild der Tetrarchie die beiden ältesten *Augusti* und die beiden jüngeren ihnen als *Caesares* nachgeordnet sein, so mussten sich die leiblichen Söhne der Fausta als Kaiser zweiten Ranges bescheiden und wären letztlich von der Gnade ihrer Brüder abhängig gewesen, was kaum im Sinne der Kaiserin gewesen sein kann. Diese hatte also schwerwiegende Gründe, zumindest die Ausschaltung ihres ältesten Stiefsohnes zu wünschen, was quasi automatisch auf dessen Beseitigung hinauslief. Crispus seinerseits war sich darüber vermutlich im Klaren. Dass die Großmutter Helena in diesem Zwist die Partei ihres ältesten Enkels ergriff, darf man vermuten, vielleicht hatte sie ihm nach dem Verschwinden der Minervina als eine Art Ersatzmutter gedient. Wie sie grundsätzlich zu ihrer Schwiegertochter stand, ob sie in ihr von vornherein eine Nebenbuhlerin um die Gunst ihres Sohnes gesehen hat, wissen wir nicht, aber dass das Verhältnis zwischen der Kaisertochter und der ehemaligen Dirne nicht frei von unterschwelligen Spannungen war, kann man sich vorstellen. Wenn alle diese Überlegungen zutreffen, dann herrschte im Kaiserhaus also ein mehr oder weniger offener Konflikt um die Thronfolge zwischen Crispus auf der einen und der ihre leiblichen Söhne Constantius und Constans favorisierenden Fausta auf der anderen Seite. Und Fausta blieb ganz offensichtlich nicht ohne Erfolg, wie die Caesarerhebung ihres Sohnes Constantius bereits im November 324 beweist. Ohne Zweifel hat Crispus diese Ernennung mit einem langen Gesicht quittiert, denn trotz seiner herausgehobenen Rolle im zweiten Liciniuskrieg sah er seine Position als Caesar jetzt in ihrer Bedeutung erheblich gemindert, ein Affront, der ihn veranlasst haben muss, sich über seine zukünftige Position im Reiche ernsthafte Sorgen zu machen. Man kann demnach annehmen, dass der Zwist schon eine Zeitlang virulent war, als die Situation im Frühsommer 326 eskalierte. War es Fausta damals gelungen, durch ständige Vorstellungen den Gemahl endgültig auf ihre Seite zu ziehen und seine Zustimmung zur Beseitigung des Crispus zu erreichen? Dazu will freilich die kurz darauf eingetretene Kehrtwende des Kaisers und die Ermordung der Fausta schlecht stimmen. Da die von den Quellen überlieferten sexuellen Avancen der Kaiserin in das Reich der Legende verwiesen werden müssen, bleibt nur ein nachvollziehbarer Grund für die Tötung des Crispus übrig: Constantin fühlte sich von seinem Sohn unmittelbar bedroht. Keineswegs braucht man anzunehmen, dass Crispus ernsthaft eine Verschwörung angezettelt hatte, aber angesichts der unmissverständlichen Position seiner Stiefmutter dürfte er von seinem Vater zumindest bindende Zusagen für die Regelung der Thronfolge in seinem Sinne gefordert haben. Eine solche Haltung ist an sich nicht unverständlich, aber was Constantin an einem derartigen Ansinnen überaus unangenehm berührt haben wird, ist der Umstand, dass schon zu seinen Lebzeiten ganz unverhohlen Pläne für „Die Zeit nach Constantin" geschmiedet wurden, dass sich da womöglich schon jemand über den Zeitpunkt seines Ablebens Gedanken gemacht hatte. „Frühe erforscht der Sohn die Todesstunde des Vaters", so beschreibt Ovid ein Charakteristikum des Eisernen Zeitalters[28] und in der Tat dürfte ein derartiger

Verdacht der Schlüssel zum Verständnis der Reaktion Constantins sein. Auch noch ein anderer Aspekt tritt hinzu. Der Streit um die Nachfolge konnte den Kreisen der Militärs, Beamten und Höflingen am Kaiserhof schwerlich verborgen geblieben sein und eine Reihe von ihnen hatte sich offenbar veranlasst gesehen, selbst Position zu beziehen und auf einen künftigen Augustus namens Crispus gesetzt, dessen Enttäuschung über die Zurücksetzung durch den Vater womöglich bewusst ausnutzend. Das jedenfalls legen einige verstreute Zeugnisse nahe. Eutrop überliefert uns, dass Constantin außer Crispus, Fausta und Licinianus noch etliche andere Freunde töten ließ;[29] Aurelius Victor bringt den Untergang des Crispus mit einem rasch niedergeschlagenen Aufstand eines gewissen Calocerus auf Zypern in Zusammenhang und Sokrates weiß von einem kaiserlichen Protector, der in den Verdacht geriet, an einer Verschwörung beteiligt zu sein und daraufhin fliehen musste.[30] Gewiss bleibt der genaue Kontext dieser Einzelnachrichten ungewiss, aber sie deuten doch immerhin an, dass die Affäre erheblich weitere Kreise zog, als es Zosimos und Philostorg suggerieren. Dass Crispus allem Anschein nach bereits eine Entourage von kaiserlichen *amici*, darunter offenbar auch Militärs, um sich geschart hatte, musste erst recht dazu geeignet sein, das väterliche Misstrauen zu schüren. Eine solche Situation konnte nun Fausta ausnützen, indem sie den Stiefsohn als potentiellen Vatermörder und Usurpator verleumdete, und es kann wohl keinen Zweifel darüber geben, dass sie es getan hat. Aus der brutalen Reaktion Constantins geht hervor, in welche Unsicherheit ihn die Situation stürzte. Nicht bloß Crispus wurde nach dem Zeugnis Eutrops beseitigt, sondern der elfjährige Licinianus Licinius gleich mit. Möglicherweise war Fausta hier zu weit gegangen, indem sie nun auch die Kaiserschwester Constantia gegen sich aufbrachte, vielleicht ergaben auch die – selbstverständlich unter der Folter stattfindenden – Verhöre angeblicher Komplizen des Crispus nicht die erwarteten Ergebnisse. Jedenfalls richtete sich der Zorn Constantins jetzt unvermittelt gegen seine Frau, wobei die Einflüsterungen seiner Mutter Helena und sehr wahrscheinlich die seiner Halbschwester Constantia, die sich ihres Kindes beraubt sah, das Ihre getan haben werden. Überdies wird dem Kaiser vermutlich klar geworden sein, dass der Ehrgeiz seiner Frau auch vor seinem zweiten Sohn, dem noch minderjährigen Constantin, am Ende nicht haltmachen werde, weil er als Einziger einer alleinigen Herrschaft ihrer leiblichen Kinder noch im Wege stand. Dass Faustas Verhältnis zu Constantin von Beginn an belastet gewesen war, haben wir bereits dargelegt. Sobald Constantin sich überzeugt hatte, beziehungsweise überzeugt worden war, dass Fausta nur darum gegen Crispus gehetzt hatte, um einem ihrer beiden eigenen Söhne, einem Enkel seines Feindes Maximian(!) den Thron zu sichern, schlug er unerbittlich zu. Aus der für Fausta bestimmten Todesart, das Ersticken im Bade, lässt sich ableiten, dass ihr Gemahl sie ursprünglich in aller Stille und ohne großes Aufsehen auf die Seite zu schaffen beabsichtigte. Dann aber ließ er die *damnatio memoriae* über sie verhängen und sorgte zugleich dafür, dass die Art ihres Todes durchsickerte.[31] Eine solche Widersprüchlichkeit und offensichtliche Planlosigkeit des kaiserlichen Handelns deutet ebenso wie die Brutalität seiner „Strafmaßnahmen" die Erschütterung an, die Constantin ganz persönlich durch die Kabalen in seiner nächsten Umgebung erfuhr. Obwohl die Geschehnisse nach außen hin weitgehend vertuscht wurden, zeitigten sie doch Auswirkungen auf das Gemüt des Kaisers; so kann die Verleihung des Ranges einer *Nobilissima femina* an seine Halbschwester als Ausdruck seiner Reue über den Mord am kleinen Licinianus gedeutet werden. Und in der Tat: Für jemanden, der sich als der persönliche Liebling des *omnipotens deus* verstand, müssen diese Katastrophen im innersten Familienkreis wie ein Schock gewirkt haben. So ist es sicher kein Zufall, dass heidnische Autoren wie Zosimos seine Annäherung an das Christentum überhaupt erst mit diesen Ereignissen erklären, während christliche Apologeten diese Ansicht selbstverständlich energisch dementieren.[32] Trotzdem entbehrt die heidnische Version nicht jeglicher Grundlage, denn die verstärkte persönliche Hinwendung des Kaisers zum Christentum, mit ersten explizit antiheidnischen Maßnahmen, von denen noch die Rede sein wird, fällt erst in die Jahre nach den Morden. Die christlichen Würdenträger, mit denen der Kaiser in der Folgezeit in Berührung kam, werden ihm jedenfalls versichert haben, dass der liebe Gott (der christliche natürlich!) ihm keineswegs seine Gunst entzogen hatte, eine andere Ansicht hätte Constantin auch schwerlich geduldet. Das Gemüt der alten Helena ließ sich möglicherweise schwerer beruhigen. Sie sah sich zu einer Art demonstrativer Pilgerreise ins Heilige Land veranlasst, die mit überaus großzügigen Spenden und Schenkungen einherging. Hier trieb sie wohl die Hoffnung, die augenscheinlich verlorene Gunst des „Höchsten Gottes" für ihren Sohn und sich zurückzugewinnen. In der späteren christlichen Überlieferung wurde sie bei dieser Reise zur Stifterin der Grabeskirche und – durch ihre angebliche Auffindung des „Heiligen Kreuzes" (also jenes hölzernen Martergestells, an dem Jesus selbst zu Tode gekommen sein soll) – zur Begründerin der Christlichen Archäologie, doch in Wahrheit war sie weder das eine noch das andere.[33] Anzumerken bleibt noch, dass Fausta keineswegs für alle Ewigkeit der *damnatio memoriae* verfallen blieb. Ihr Sohn Constantius II. wenigstens hat sich seiner Mutter auch öffentlich wieder erinnert und selbst der alte Maximian fiel nicht völlig der Vergessenheit anheim,[34] ein Hinweis darauf, dass der Sohn dem Vater die Beseitigung der Mutter nie verziehen hat. Und auch in der engsten Umgebung wollten sich selbst nach dem Untergang des Crispus und der Fausta nicht alle mit der kaiserlichen Vorgehensweise abfinden: Der heidnische Höfling und Philosoph Sopater aus Apamea wagte sich mit seiner Kritik zu weit vor und machte es dadurch christlichen Widersachern um den *praefectus praetorio* Ablabius leicht, ihn als unsicheren Kantonisten und potentielle Gefahr hinzustellen. Um 330 wurde Sopater hingerichtet; das Heidentum sah in ihm seinen Märtyrer.[35]

Aber zunächst einmal verhalfen die Morde im Kaiserhaus Constantin zu ganz handgreiflichen Problemen mit der stadtrömischen Bevölkerung. Eigentlich hatte er in Rom sein zwanzigjähriges Herrschaftsjubiläum gebührend feiern wollen, aber die Festlichkeiten wurden ihm gründlich verleidet. Dafür wird man indes kaum die Ereignisse im Kaiserhaus allein verantwortlich machen können. Wie wir gesehen haben, knüpfte Constantin nach seinem Sieg über Maxentius durchaus an dessen Politik gegenüber der stadtrömischen Aristokratie an, doch schon nach dem ersten Krieg gegen Licinius verlor diese Gruppe für ihn zunehmend an Bedeutung, seit er sich vornehmlich auf der Balkanhalbinsel aufhielt. „Mein Rom ist Serdica" soll er schon damals gesagt haben und dieses *dictum* – ob historisch oder nicht – spiegelt vermutlich den Eindruck wider, den die italische Senatorenschicht in jenen Jahren von ihm gewann. Das Wissen darum, dass es eine bevorzugte Rolle Roms als Kaiserresidenz und damit zugleich eine besondere Stellung der stadtrömischen Aristokratie im Imperium unter Constantin nicht geben werde, musste diese konservative Schicht zwangsläufig dem Kaiser entfremden. Allem Anschein nach geriet schon der feierliche Einzug in Rom, den Constantin wohl in demonstrativer Begleitung seiner beiden bislang unter Verschluss gehaltenen Halbbrüder Dalmatius und Iulius Constantius vollzog – die Einheit der kaiserlichen Familie sollte ostentativ betont werden – zu einem Desaster. Statt mit dem erwarteten Jubel sah sich der Kaiser mit Buh-Rufen und Schmähungen konfrontiert. Dabei blieb es nicht. Graffiti tauchten auf (dergleichen gab es schon in der Antike), die Constantin ganz unverhohlen des Verwandtenmordes ziehen.

> Wer will nach dem goldenen Zeitalter Saturns suchen?
> Unseres ist gar von Juwelen, aber ein neronisches![36]

War die Erwähnung der Juwelen eine Anspielung auf das von Constantin öffentlich getragene juwelenverzierte Diadem? Einerlei, der Vergleich mit Nero, dem Bruder- und Muttermörder und Christenverfolger konnte Constantin kaum gleichgültig sein, auch ist anzunehmen, dass die Verbalinjurien der stadtrömischen Bevölkerung noch wesentlich weiter gingen, als es uns die ganz spärliche Überlieferung berichtet.[37] Besondere Bedeutung gewinnt der Rombesuch im Zusammenhang mit den Ereignissen, die sich bei den traditionellen Opferfeiern auf dem Kapitol abspielten. Lassen wir an dieser Stelle wieder Zosimos zu Wort kommen:

> Als jedoch das herkömmliche Fest herannahte, in dessen Verlauf das Heer zum Kapitol hinaufsteigen und die tra-

ditionellen Riten erfüllen musste, da bekam Constantinus Angst vor den Soldaten und beteiligte sich an der Feierlichkeit. Der Ägypter ließ ihn aber von einer Erscheinung wissen, die brüsk die Besteigung des Kapitols rügte; daraufhin hielt sich der Kaiser von der heiligen Handlung fern und erregte so den Hass des Senates und des Volkes gegen sich.[38] (Übers. O. Veh)

Mit den „traditionellen Riten" kann nur das Staatsopfer für Jupiter Optimus Maximus gemeint sein, während sich hinter dem „Ägypter" anscheinend der Bischof Hosius von Corduba verbirgt, unter dessen unheilvollen Einfluss Constantin nach seinen Verwandtenmorden geraten sein soll, jedenfalls wenn man der heidnischen Geschichtsinterpretation Glauben schenken will. Nun stand Constantin als Anhänger des Sonnengottes, des „höchsten Gottes", dem Kult des Jupiter Optimus Maximus, der der Schutzgott seines größten Rivalen Licinius gewesen war, ohnehin eher gleichgültig gegenüber und man braucht durchaus nicht die Einbläsereien eines christlichen Bischofs für seine Handlungsweise verantwortlich zu machen. Zosimos bestätigt ausdrücklich, dass die Feierlichkeiten stattfanden, der Kaiser sich aber von ihnen zurückzog, was wohl fortgesetzten Schmähungen aus den Kreisen der Zuschauer zu verdanken war und nicht einer grundsätzlichen Ablehnung der Opferhandlungen. Constantin verließ die Stadt offensichtlich im Zorn, denn er hat sie seitdem nie mehr betreten. Seine neue Hauptstadt wurde Konstantinopel.

Mit den Erfahrungen des Jahres 326 steht der Ausbau des alten Byzanz zur neuen Kaiserstadt Konstantinopel freilich nicht in Zusammenhang. Dieser wurde bereits vor 326, jedenfalls noch vor dem Untergang des Crispus und der Fausta begonnen. Überhaupt scheint sich Constantin längst vor 324 mit dem Gedanken getragen zu haben, eine neue Residenzstadt zu gründen, die seinen eigenen Namen führen sollte; Serdica wurde erwogen, anscheinend auch Thessalonike und Chalkedon, nahe dem Schauplatz seines Sieges über Licinius.[39] Keine dieser Städte kam Byzanz an strategischer Bedeutung gleich, das am Übergang von Europa nach Asien gelegen war, die Zufahrt zum Schwarzen Meer beherrschte und nicht nur über einen Hafen, sondern überdies über ein ertragreiches Hinterland verfügte, was die Versorgung enorm erleichtern musste.[40] Der stets gefährdeten Donaufront lag Byzanz nahe, von der Ostgrenze war es nicht übermäßig weit entfernt, obwohl bei Auseinandersetzungen mit den Sāsāniden im 4. Jahrhundert immer noch Antiochia seinen Platz als Hauptbasis und Kaiserresidenz behauptet hat. Während des letzten Krieges mit Licinius hatte Constantin ausreichend Gelegenheit gehabt, die besonderen Vorteile von Byzanz kennenzulernen und es wundert darum nicht, wenn die Entscheidung für die neue Residenz auf diese Stadt fiel. Vom Anonymus Valesianus wie von Eutrop erfahren wir, dass Constantin seine neue Hauptstadt von vornherein dem alten Rom gleichstellen wollte, in den meisten Belangen wenigstens.[41] So erhielt die Stadt alles, was eine Kaiserresidenz benötigt, in besonders prächtiger Ausführung, versteht sich: einen Kaiserpalast, von dem selbst der Heide Zosimos einräumt, dass er fast so schön gewesen sei wie der zu Rom; ein riesiges Forum und selbstverständlich eine Pferderennbahn, ein Hippodrom. Bei den Statuen und sonstigen Kunstgegenstände, mit denen Byzanz ausgeschmückt wurde, handelte es sich allerdings meist nicht um Neuschöpfungen, sondern um Spolien, die man von überall her zusammengetragen hatte.[42] Abschied zu nehmen gilt es von der Vorstellung, dass Constantin seine neue Hauptstadt von vornherein als christliches Gegenstück zu Rom konzipiert und aufgebaut habe, wie Eusebios suggeriert. Die heidnischen Tempel des alten Byzanz blieben offenbar bestehen und was die Neubauten angeht, so scheint es, dass Constantin die Unterschiede zwischen Heidentum und Christentum keineswegs geläufig waren, wenn er etwa in Tempel- bzw. Kirchenbauten Statuen und Bildwerke heidnischer Gottheiten wie die der Göttermutter Rhea und der Fortuna aufstellen ließ, wie Zosimos überliefert.[43] Auch die riesige Constantinstatue, die den Kaiser als Sonnengott darstellte, passt schlecht zum christlichen Glaubensverständnis, sie wirft freilich ein grelles Licht auf das Selbstbild und die tatsächlichen religiösen Überzeugungen des Herrschers. Seitens der Untertanen wurde diese Selbsterhöhung

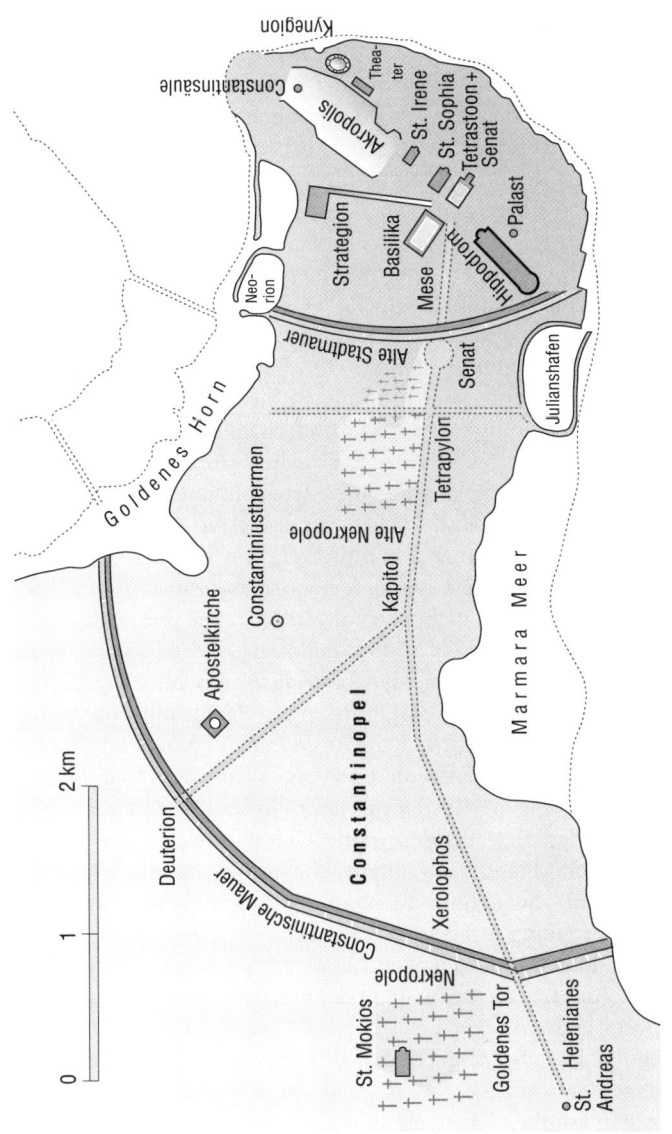

Abb. 6: Das alte Byzanz und die Stadt Constantins

jedoch durchaus nicht kritisiert, ganz im Gegenteil: Von Philostorg erfahren wir, dass selbst Christen noch lange Zeit nach Constantins Hinscheiden vor der Kaiserstatue Opfer darbrachten und um den Beistand des göttlichen Herrschers flehten; Constantin würde es gefreut haben.[44] Zum „christlichen Rom" ist die Stadt Constantins erst in den auf sein Ableben folgenden Jahrzehnten allmählich geworden.

Das zu Konstantinopel gewordene Byzanz wurde nicht nur erheblich vergrößert und mit einem prächtigen und kostspieligen Bauprogramm beglückt, es wurde auch in rechtlicher und verwaltungstechnischer Hinsicht dem römischen Vorbild angepasst. Konkret bedeutete das, dass Byzanz, oder Konstantinopel, wie es seit der Einweihung hieß, nicht mehr der Provinzialverwaltung unterstand, sondern einen eigenen Stadtpräfekten erhielt.[45] Die einzige Einschränkung gegenüber dem alten Rom betraf ausgerechnet den konstantinopolitanischen Senat: Er wurde ausdrücklich nur als *senatus secundi ordinis*, als Senat zweiten Ranges, konstituiert, wie uns der Anonymus Valesianus versichert, seine Angehörigen erhielten den Rang von *viri clari*[46] und nicht den von *clarissimi*, wie er eigentlich den Senatoren zustand. Natürlich benötigte die stark vergrößerte Stadt eine gegenüber der bisherigen erheblich vermehrte Bevölkerung und Constantin sparte nicht mit materiellen Anreizen, um Menschen zur Ansiedlung in Konstantinopel zu veranlassen. Für Senatoren und Angehörige des Hofes ließ der Kaiser auf eigene Kosten prächtige Wohnsitze errichten, oder er gab den Betreffenden große Geldsummen, damit sie sich selber ein Haus nach ihrem Geschmack bauen konnten.[47] Ärmeren Bevölkerungsschichten winkte eine kostenlose Brotverteilung in Form von kleinen Weizenbroten, wie sie in Rom üblich war, und auch Besserverdienende sollten profitieren: Für Hausbesitzer winkte der sogenannte *panis aedium*, eine Brotspende, die an den Besitz von Gebäudeeigentum in der neuen Hauptstadt gebunden war.[48] Nun mag sich der Leser fragen, warum jemand, der sich ein Haus in Konstantinopel leisten konnte, ausgerechnet mit der Aussicht auf ein paar kostenlose Brötchen geködert werden musste. Zu berücksichtigen ist hier aber, dass dieses Anrecht bei Lebensmittelknappheiten und Teuerungen eine Art Rückversicherung darstellte, die dem Betreffenden Zugang zu einem kostenfreien Grundnahrungsmittel gewährte. Und wo das alles nichts half, da half Constantin mit ein bisschen staatlichem Zwang nach. So wurden sämtliche Pächter von Staatsgütern in den Diözesen Asiana und Pontica gesetzlich verpflichtet, Grundeigentum in Konstantinopel zu erwerben.[49] Trotzdem ließ sich eine Einwohnerschaft natürlich nicht innerhalb weniger Jahre quasi aus dem Boden stampfen, auch wenn Constantin laut dem Anonymus Valesianus aus allen Himmelsrichtungen Neubürger in seine Stadt zog. Wie man anhand der für die Lebensmittelversorgung aufzuwendenden Getreidemengen ermittelt hat, besaß Konstantinopel noch um die Mitte des 4. Jahrhunderts erheblich weniger Einwohner als Rom.[50] Auch erwies es sich aller kaiserlichen Fürsorge ungeachtet als nicht ganz einfach, Angehörige der Senatsaristokratie als „Senatoren zweiten Ranges" für die neue Hauptstadt zu gewinnen, da dies von vielen Kandidaten zu Recht als Degradierung empfunden wurde. Besonders die stadtrömischen Senatoren hielten sich offensichtlich zurück, während man vermuten kann, dass sich am ehesten solche Aristokraten zu einem Umzug bewegen ließen, die hauptsächlich im Osten begütert waren.[51] Ausbau und Ausschmückung der neuen Residenzstadt, nicht zu vergessen die finanziellen bzw. materiellen Anreize für Neubürger verschlangen jedenfalls Unsummen Geldes. Glaubt man dem Anonymus Valesianus, so ver(sch)wendete Constantin für „seine Stadt" nahezu den gesamten Staatsschatz, nebst den laufenden kaiserlichen Einnahmen.[52] Damals genauso wie heute hatte letztlich der Steuerzahler für die staatliche Bauwut mit ihren persönlicher Eitelkeit und Großmannssucht entsprungenen Prestigeobjekten aufzukommen. Für einen Mann wie Constantin waren finanzielle Erwägungen nebensächlich, wenn es um die Verherrlichung seiner kaiserlichen Person ging; man gönnt sich ja sonst nichts. Allen Anstrengungen zum Trotz scheint Konstantinopel noch zu einem beträchtlichen Teil unfertig gewesen zu sein, als die Stadt am 11. Mai 330 offiziell ihrer Bestimmung übergeben wurde.[53] Überdies war man in der Eile offenbar nicht immer mit der gebotenen Sorgfalt zu Werke gegangen, denn es fanden sich schon bald Beweise für „Pfusch am Bau", wie Zosimos nicht ohne Genugtuung notiert: Manche Bauwerke seien schon nach kurzer Zeit wieder eingestürzt, weil sie auf die Schnelle und darum mangelhaft aufgeführt worden seien.[54]

Während seine neue Hauptstadt ausgebaut wurde, beschäftigte sich Constantin mit einer Reihe von Reformprojekten, deren wichtigstes das Heer betraf. Lassen wir wieder einmal Zosimos zu Wort kommen, der massive Kritik an der constantinischen Heeresreform übt:

> Constantinus traf aber auch noch eine weitere Maßnahme, die es den Barbaren erlaubt, ungehindert in das den Römern untertänige Land einzudringen. Dank der Fürsorge Diocletians war nämlich das Römerreich an allen seinen Fronten auf die bereits von mir erwähnte Art und Weise mit Städten, Verteidigungsanlagen und Türmen versehen worden und hatte das gesamte Heer dortzulande seine Garnisonen. So war es den Barbaren eine Unmöglichkeit, einzudringen, da ihnen überall eine Streitmacht entgegentreten konnte, stark genug, die Angreifer zurückzuschlagen. Auch dieser Sicherung setzte Constantin ein Ende, indem er den Großteil der Soldaten aus den Grenzgebieten abzog und in die Städte verlegte, die einer Hilfe nicht bedurften. Dadurch beraubte er die von den Barbaren bedrohte Bevölkerung der nötigen Unterstützung und lastete den friedlichen Städten all die Unordnung auf, wie sie eben vom Militär ausgeht. Die Folge ist, dass nunmehr zahllose Orte verödet daliegen. Bei den Soldaten hingegen, welche sich jetzt dem Besuch von Schaustücken und dem Wohlleben hingaben, sorgte er für Verweichlichung und schuf so, kurz gesagt, selbst den Anfang und streute den Samen für den Untergang des Staatswesens, worunter wir heute noch zu leiden haben.[55] (Übers. O. Veh)

Was der Autor hier skizziert, ist der Übergang von einer linearen vor allem in den Grenzprovinzen konzentrierten Verteidigung zu einem mehr in die Tiefe gegliederten Abwehrsystem, wie es für die Spätantike seit der Regierungszeit Constantins charakteristisch ist. Um die Veränderungen besser zu verstehen, müssen wir zeitlich ein wenig ausholen. Obwohl dem Kaiser Augustus der Gedanke einer kaiserlichen Reservearmee durchaus nicht fremd war,[56] begann unter ihm dennoch die Entwicklung, die das römische Heer im Verlauf eines Jahrhunderts zu einem Verbund von Grenzarmeen werden ließ. Die einzelnen Legionen samt den ihnen beigegebenen Hilfstruppen standen vorzugsweise entlang der großen, als Reichsgrenze geltenden Flussläufe disloziiert, nämlich an Rhein, Donau und Euphrat. Eine solche Truppenverteilung besaß unbestreitbare Vorteile, vor allen Dingen in logistischer Hinsicht. Vermittels der Flussschifffahrt konnten die Legionen ohne größere Schwierigkeiten versorgt werden, und auch die Verlegung größerer Truppenteile wurde auf diese Weise erleichtert. Den auswärtigen Völkern wurde eine schlagkräftige Streitmacht in unmittelbarer Nähe der Grenzen vorgeführt, was zweifellos eine Zeitlang einen abschreckenden Effekt gehabt hat. Andererseits sind die inhärenten strategischen und taktischen Nachteile dieses grenznahen Verteidigungssystems nicht zu übersehen. Bei größeren Krisen und Invasionen fehlte es an einer mobilen Eingreifarmee, eine solche musste vielmehr erst zeitraubend gebildet werden, indem man von allen Ecken und Enden Detachmente der Grenzarmeen zusammenzog. Schlimmer noch: hatten die Angreifer erst einmal die durch Truppen geschützte Grenzzone hinter sich gelassen, standen ihnen riesige unverteidigte oder bestenfalls schwach geschützte Räume zur Ausplünderung offen, wir haben dies bei der Beschreibung der Situation in Gallien bereits dargelegt. Constantin war keineswegs der erste Kaiser, der die Mängel der linearen Verteidigung erkannte. Bereits Septimius Severus hatte wieder den Kern einer kaiserlichen Reservearmee geschaffen, indem er die Mannschaftsstärke der Prätorianer stark erhöhte und eine neu aufgestellte Legion, die II. Parthica, in den Albanerbergen nahe Rom stationierte, und unter der Regierung des Gallienus scheint erstmals eine kaiserliche Zentralarmee geschaffen worden zu sein, deren Hauptquartier in Mailand lag, allerdings sind die Einzelheiten wegen der Spärlichkeit der Quellen ungewiss.[57] Diocletian ging dann wieder zu einer hauptsächlich grenzgestützten Abwehr über. Mit den Mängeln der linearen Verteidigung einher ging der Umstand, dass das aus der frühen Prinzipatszeit überkommene System der Heeresorganisation längst nicht mehr der Bedrohungssituation entsprach. Das römische Heer war seit der Zeit der Republik in Legionen gegliedert, Großverbänden, die spätestens seit Augustus eine Sollstärke von etwa 6 000 Soldaten aufwiesen, unterteilt in zehn Kohorten; seit Septimius Severus betrug ihre Anzahl nicht weniger als 33.[58] Freilich stellte sich schon im ersten Jahrhundert heraus, dass diese Legionen meist viel zu schwerfällig waren, um geschlossen eingesetzt werden zu können. Darum schied man im Kriegsfall vielfach aus ihnen mobilisierte Abteilungen aus, sogenannte Vexillationen, die meist 1 000, seltener 2 000 Legionäre umfassten und die nach Beendigung des Krieges wieder zu ihren Stammeinheiten in die grenznahen Lager zurückkehrten.[59] Aufgrund der dauernden Bedrohungen an vielen Fronten seit der Mitte des 3. Jahrhunderts wurden zahlreiche Vexillationen ihren Stammlegionen dauerhaft entzogen, dazu oft in räumlich weit entfernten Regionen eingesetzt und begannen daher ein Eigenleben zu führen. Die Legion klassischen Typs hörte in der zweiten Hälfte des 3. Jahrhunderts endgültig zu existieren auf und bereits Diocletian scheint daraus die Konsequenz gezogen zu haben, indem er selbst neu aufgestellten „Legionen" nur noch eine erheblich verminderte Sollstärke zugestand; eine grundlegende Neuorganisation der Legion als Verband hatte er aber nicht unternommen. Auch noch in anderer Hinsicht war die Legion seit der augusteischen Zeit Veränderungen unterworfen. Ursprünglich nur aus schwerbewaffneter Infanterie zusammengesetzt, hatte sie sich seit dem frühen 2. Jahrhundert zu einem gemischten Verband entwickelt, in dem neben schwerem und leichtem Fußvolk auch Bogenschützen vereinigt waren. Die Bedeutung des Pilums, des charakteristischen römischen Wurfspeers, ging immer mehr zurück zugunsten einer kürzeren, leichteren Wurfwaffe (*lancea*) mit größerer Reichweite und eines massiven Speers mit starker Stahlspitze, das kurze Schwert (*gladius*) machte der längeren *spatha* Platz; der sehr kurze, breite Dolch (*pugio*) wurde durch ein Kurzschwert veränderten Typs (*semispatha*) ersetzt. Ebenso verschwand der gewölbte, rechteckige Schild zugunsten eines flachen Ovalschildes, der Schienenpanzer wurde vom Schuppen- und Kettenpanzer abgelöst, der attische Helm mit Stirnbügel kam außer Gebrauch.[60] Man sieht, dass der römische Soldat der diocletianischen und constantinischen Zeit hinsichtlich seiner Bewaffnung und Ausrüstung kaum mehr Ähnlichkeiten mit jenem Typ des Legionärs aufwies, wie er von der Traian- und Marcussäule, aus zahlreichen Sandalenfilmen und den *Asterix*-Heften einem breiten Publikum vertraut ist.

Wenn Zosimos schreibt, dass Constantin einen Großteil der Soldaten von den Grenzen abzog, so besagte das keineswegs, dass die dortigen Städte ohne Schutz blieben. Sie verfügten nach wie vor über Garnisonen, die zur Selbstverteidigung ausreichten. Bei feindlichen Einfällen konnten sie der Landbevölkerung als Fluchtburgen dienen und außerdem als grenznahe Nachschubbasen und logistische Stützpunkte für größere Armeen. Da die Nachbarvölker (mit Ausnahme der Sāsāniden) noch über keine entwickelte Belagerungstechnik verfügten, waren diese Städte vor Erstürmung auch relativ sicher. Hinter den Grenzgarnisonen wurden an zentralen Knotenpunkten Einheiten eines grundsätzlich mobilen Heeres bereitgestellt, die nicht mehr an feste Standlager gebunden, sondern in den Städten kantoniert waren. Im Falle feindlicher Durchbrüche hatten diese beweglichen Einheiten als eine „strategische Feuerwehr" in Aktion zu treten. Hinsichtlich des solcherart entstandenen Feldheeres (*comitatenses*) – im Unterschied zum ortsfesten „Territorialheer" (*limitanei*) – wird man differenzieren müssen zwischen denjenigen Abteilungen der kaiserlichen Zentralarmee, die den Kaiser auf allen Feldzügen begleiteten und deshalb zumeist in der Nähe der jeweiligen Residenzstadt untergebracht wurden und solchen Einheiten, die unter dem Kommando der *duces* und der noch höher gestellten *comites* lediglich regional beweglich waren, aber die kaiserliche Hauptarmee verstärkten, wenn sie Feldzüge in der jeweiligen Region unternahm.[61] Namentlich für die kaiserliche Zentralarmee bedingte diese Organisation natürlich einen häufigeren Wechsel der Quartiere. In der Praxis bedeutete das, dass die Soldaten oft bei Privatleuten untergebracht wurden und die Klagen des Zosimos über die unangenehmen Begleiterscheinungen dieses Verfahrens sind grundsätzlich berechtigt, wie uns zahlreiche andere Quellen bestätigten. Besonders wenn sie sich auf dem Durchmarsch befanden, nahmen viele Soldaten die günstige Gelegenheit wahr, sich am Eigentum ihrer Quartierwirte zu vergreifen und gelegentlich auch an diesen selber.[62] Weit weniger begründet ist die Behauptung des Autors, dass die Soldaten durch das Stadtleben verlottert worden seien. Sicher, die Städte boten eine Vielzahl von Komfort und Verlockungen, die das Leben in einem Zelt- oder Hüttenlager auf dem Lande nicht bieten konnte, aber die von Zosimos (und schon von anderen vor ihm)[63] beklagten Zerfallserscheinungen durch den Kontakt mit dem Stadtleben spiegeln in erster Linie die traditionelle, ideologisch befrachtete römische Wertschätzung für das einfache, bäuerliche Leben auf dem Lande wider, dessen negativen Gegenentwurf folgerichtig das Dasein in der sittenverdorbenen Metropole darstellte. Mit der Bildung eines Feldheeres ging die Neuorganisation der Legionen und Auxilien desselben einher. Zwar existierten *legiones* und *auxilia* dem Namen nach weiter, doch wiesen beide eine einheitliche Struktur, Sollstärke und Bewaffnung auf und werden in den Quellen häufig schlichtweg als *numeri* (Einheiten, auf deutsch vielleicht am ehesten durch „Regiment" zu übersetzen) angesprochen. Ihr Mannschaftssoll lag wahrscheinlich bei ca. 800 Soldaten: Schwerbewaffnete, Leichtbewaffnete und Bogenschützen.[64] Der einzige nachweisliche Unterschied zwischen Legionen und Auxilien bestand darin, dass in den „Hilfstruppen" auch Nichtbürger aufgenommen wurden: Kriegsgefangene, von Fremdvölkern vertraglich gestellte Rekruten und Freiwillige von jenseits der Grenzen. Manche der *legiones* bezeugten durch ihren Namen noch ihre ursprüngliche Abstammung von Vexillationen altberühmter Legionen der Prinzipatszeit, so etwa die *Primani* oder die *Minervii*, hervorgegangen aus der *Legio I Italica* bzw. der *I Minervia*, der alten Bonner „Hauslegion".[65] In den Grenzgarnisonen finden wir vielfach noch die Reste der alten Besatzungseinheiten, Legionen, Kohorten und Alen (Reitereinheiten) vor. Sie wurden von den Reformen offensichtlich nicht erfasst und dienten, freilich in stark verminderter Stärke, weiterhin als Besatzungseinheiten. Entgegen den Behauptungen des Zosimos hat sich dieses neue, von Constantin eingeführte System bewährt. Wenn wir die Klagen dieses Autors über dessen angeblich verhängnisvolle Folgen lesen, so müssen wir berücksichtigen, dass Zosimos dabei die Ereignisse des 5. Jahrhunderts vor Augen hat, namentlich die mit den Invasionen des Hunnenkönigs Attila einhergehenden Verwüstungen. Diese haben aber nichts mit falschen strategischen Dispositionen des römischen Imperiums zu tun, sondern mit einer gegenüber den bisherigen Feinden verbesserten Organisation des Attila-Heeres, namentlich mit einer wirkungsvollen Belagerungstechnik zu tun, darüber hinaus vermutlich mit taktischen Fehlern der römischen Generale.

Mit der strategischen Umorientierung ging auch eine grundsätzliche Reform der Kommandostruktur einher. An die Spitze des Feldheeres wurden jeweils Oberbefehlshaber der Reiterei und des Fußvolkes gestellt, die *magistri equitum* bzw. *magistri peditum*. Dadurch, dass jedem *magister* (Heermeister) grundsätzlich nur eine Waffengattung unterstand, konnte einer Usurpationsgefahr vorgebeugt werden, doch dabei beließ es Constantin nicht. Die Befugnisse der *magistri* blieben rein militärischer Natur, während alle Belange der Steuererhebung und der Heeresversorgung in den Zuständigkeitsbereich der Prätorianerpräfekturen fielen. Der Kaiser schuf deren vier: die Präfekturen des Orients, des Illyricum, Italiens und Galliens.[66] Den *praefecti praetorio* unterstanden keine militärischen Einheiten mehr, aber ihre Zuständigkeit für die Bezahlung und die Logistik des Heeres sicherte ihnen dennoch beträchtlichen Einfluss auf die militärischen Operationen.[67] Insgesamt hat sich dieses neue Kommandosystem ebenfalls bewährt. Es schaltete die Usurpationsgefahr zwar keineswegs aus, verminderte sie aber beträchtlich, da die Vorbereitungen zu einem Umsturz sich nunmehr zwangsläufig umständlicher gestalten mussten und die Gefahr der Entdeckung entsprechend wuchs.

Nicht so einfach ist zu beurteilen, in wieweit Constantin der sogenannten „Barbarisierung des römischen Heeres" Vorschub geleistet hat.[68] Wir haben bereits gesehen, dass Constantin, dem Beispiel Maximians und wahrscheinlich dem seines Vaters folgend, schon vor 312 in größerem Umfang Germanen in das Heer aufnahm. Das galt aber vor allem für die ihm damals zur Verfügung stehende Gallienarmee. Auf dem Balkan und im Orient scheint er hingegen ganz überwiegend Reichsbürger rekrutiert zu haben. Freilich blieben die Aufstiegsmöglichkeiten germanischer Heeresangehöriger nicht mehr auf die Mannschafts- und unteren Offiziersdienstgrade beschränkt, sondern es scheinen ihnen unter Constantin auch höhere Chargen offengestanden zu haben, wofür ihn sein Neffe Julian später nicht ohne Chuzpe tadelte.[69] Leider ist es uns nicht möglich, Karrieren von hohen Offizieren germanischer Abstammung unter Constantin zu verfolgen. Zur Vorsicht mahnt hier jedoch der Umstand, dass zur Übernahme hoher Kommandoposten ein beträchtlicher Grad an Romanisierung nötig war, der nicht innerhalb weniger Jahre und quasi so nebenbei erreicht werden konnte. Keinesfalls ist davon auszugehen, dass sich unter Constantin übelriechende Barbaren im Zottelfell im kaiserlichen Kriegsrat herumlümmelten. Mit folgendem Phänomen ist jedoch zu rechnen: Seit den Erfolgen Maximians gegen die Germanen in den späten achtziger Jahren des 3. Jahrhunderts, waren immer wieder größere Gruppen germanischer Gefangener auf Reichsboden angesiedelt und in den Militärdienst übernommen worden. Constantin konnte Mitte der zwanziger Jahre des 4. Jahrhunderts nicht nur auf diese Veteranen zurückgreifen, sondern schon auf eine nachgewachsene Generation. Namentlich bei letzterer dürfte schon bald ein Grad an sprachlicher und kultureller Assimilation erreicht worden sein, der ihre Angehörigen auch für höhere und hohe Positionen qualifizierte. Dem konservativen Römer mochten sie weiterhin als Germanen erscheinen, aber ihrem kulturellen Niveau und Selbstverständnis nach konnten sie durchaus als Römer gelten, auch wenn sie sich ein gewisses Sonderbewusstsein bewahrt haben mochten.[70] Glaubt man Eusebios, so sah sich das Heer schon unter Constantin einem massiven Christianisierungsdruck ausgesetzt. Selbst den heidnischen Soldaten habe er die Heiligung des Sonntages zur Pflicht gemacht, an dem sie wie die Christen ein in lateinischer Sprache verfasstes Gebet an den „alleinigen Gott" aufzusagen gehabt hätten. In Wirklichkeit handelte es sich bei der Christianisierung der Streitkräfte um einen langwierigen Prozess, der unter Constantin erst einen vorsichtigen und keineswegs mit Zwang verbundenen Anfang nahm; vor allem im Reichswesten blieb die Masse der Soldaten nach wie vor heidnisch.[71]

Ebenfalls offen bleibt, ob Constantin das römische Heer vergrößert hat. Vor dem zweiten licinianischen Krieg befanden sich die Streitkräfte des Imperiums aufgrund der wechselseitigen Rüstungen ganz gewiss auf einem sehr hohen zahlenmäßigen Niveau, aber nach Kriegsende hatte Constantin, wie schon angedeutet, einige Mühe, die erlittenen Verluste auszugleichen. Zwar trägt eine Reihe von Legionen seinen Namen, was sie als unter seiner Herrschaft gegründet ausweist, doch es muss mit der Möglichkeit gerechnet werden, dass diese Einheiten zumindest teilweise aus zerschlagenen Legionen des Liciniusheeres gebildet wurden, weshalb nicht automatisch auf eine Vergrößerung der Streitkräfte geschlossen werden kann. Mehr als höchstens 400 000 Mann haben die römischen Streitkräfte meines Erachtens auch während Constantins Alleinherrschaft nicht gezählt.[72]

Neben dem Heer wurde auch der kaiserliche Hof in gewissem Ausmaß neu organisiert, wobei nicht immer deutlich wird, welche Neuerungen originär auf Constantin zurückgehen und was er bereits von Diocletian übernahm. An der Spitze der Hofverwaltung stand nun der *magister officiorum*, der einzige nicht dem Heer zugehörige hohe Funktionär, der militärische Verbände befehligte, nämlich die kaiserliche Leibwache, die sogenannten *scholae palatinae*. Diese Garde scheint unter Constantin wenigstens vier, wenn nicht fünf berittene *numeri* (1 600– 2 500 Mann maximal, bei 400–500 Gardereitern pro *schola*) umfasst zu haben und war damit deutlich schwächer als die alte, aufgelöste Prätorianergarde, sie brauchte allerdings auch nicht länger als Kern einer kaiserlichen Eingreifarmee zu dienen.[73] Außer den *scholae palatinae* hatte der *magister officiorum* noch die *schola* der *agentes in rebus* unter sich, militärisch organisierte kaiserliche Sonderbeauftragte, die als Kuriere eingesetzt wurden und die Staatspost beaufsichtigten, darüber hinaus aber – und das scheint von Beginn an ihre wichtigste Aufgabe gewesen zu sein – ein effektives Korps von Spitzeln bildeten, die im staatlichen Auftrag und unerkannt im Imperium herumreisten und ihren kaiserlichen Herrn über bedenkliche Entwicklungen auf dem Laufenden hielten.[74] Unklar bleibt, ob Constantin das Amt des *quaestor sacri palatii* einführte; Zosimos behauptet Derartiges, doch ist sein Zeugnis nicht über jeden Zweifel erhaben und vor der Mitte des 4. Jahrhunderts ist kein solcher Beamter namhaft zu machen. Aufgabe des *quaestors sacri palatii* war die schriftliche Formulierung aller kaiserlichen Entscheidungen und Edikte.[75] Einige Zeit nach Constantins Tod, im Jahre 345, taucht ein neuer Hofbeamter auf, der *comes sacrarum largitionum*. Seinem Titel nach besaß er lediglich die Aufsicht über das kaiserliche Spendenwesen, zu dem auch die an die Soldaten gezahlten Donative gehörten. De facto handelte es sich um den obersten Finanzbeamten des Imperiums, der die Funktionen des *rationalis* aus der diocletianischen Zeit übernommen hatte. Ob es sich bei diesem Amt um eine Innovation Constantins handelte, ist ungewiss, doch muss mit der Möglichkeit gerechnet werden.[76] Das gleiche gilt für den *comes rei privatae* (oder auch *rerum privatarum*), der im Jahre 340 erstmals nachgewiesen werden kann. Ihm unterstand der kaiserliche Privatbesitz, wozu die riesigen Krondomänen gehörten.[77] Der *magister officiorum*, der *quaestor sacri palatii* und die beiden *comites* bildeten offiziell den engsten Kreis des kaiserlichen Gefolges, des *sacer comitatus*. Sie gehörten auch dem kaiserlichen Staatsrat an, dem *sacrum consistorium* (Consistorium von lat. *consistere* = zusammenstehen gebildet, denn in Gegenwart des Kaisers durfte man sich keinesfalls setzen; sitzen tat nur der Kaiser) und besaßen den Titel eines *comes primi ordinis*, der auch an andere regelmäßige Teilnehmer an den Ratsversammlungen (von „Sitzungen" können wir ja nicht sprechen) des Consistoriums verliehen werden konnte. Darüber hinaus führte Constantin auch die Titel eines *comes secundi* und *tertii ordinis* ein, deren Inhaber häufig zu Sonderaufträgen in der Reichsverwaltung herangezogen wurden, regelmäßige Teilnehmer am Staatsrat waren sie indes nicht.[78] Überhaupt scheint Constantin am Titelwesen seine besondere Freude gehabt zu haben. Für Mitglieder der kaiserlichen Familie reserviert blieb der Rang eines *nobilissimus* bzw. einer *nobilissima femina*. In den letzten Jahren seiner Herrschaft grub der Kaiser den längst außer Gebrauch gekommenen Titel eines *patricius* wieder aus, der zunächst einzelnen Auserwählten aus der engsten Umgebung des Herrschers vorbehalten blieb. Sein erster bekannter Träger ist ein gewisser Optatus, ein ehemaliger Grammatiklehrer und früherer Höfling des Licinius, der auch bei Constantin in hoher Gunst stand und von dem der Hofklatsch wissen wollte, er verdanke seine Erhebung zum *patricius* einzig seiner schönen Frau.[79] Constantins Reformeifer beschränkte sich indes nicht auf die Organisation des Hofes. Auch das offizielle kaiserliche Habit hat er um das juwelengeschmückte Diadem erweitert, das wahrscheinlich anlässlich der Zwanzigjahresfeier seiner Herrschaft im Jahre 326 erstmals der Öffentlichkeit vorgestellt wurde.[80]

Hinsichtlich der kaiserlichen Einstellung zum Hofzeremoniell kommen wir nicht umhin festzustellen, dass Constantin zu Prunk und zu pompöser Repräsentation seiner kaiserlichen Person neigte und sich auch für Lobhudeleien überaus zugänglich erwies. Jedenfalls sah sich Eusebios von Caesarea veranlasst, derartigen Beschuldigungen entgegenzutreten, indem er versicherte, der Kaiser habe einmal jemanden nur deshalb zurechtgewiesen, weil er ihn über alle Maßen lobte.[81] Doch Constantin ließ es nicht beim Lobpreis seiner eigenen Taten bewenden. Einer fragmentarisch erhaltenen, nicht eindeutig zu identifizierenden Quelle zufolge setzte er auch die Leistungen seiner Vorgänger herab:

> Constantin wünschte, die Werke seiner Vorgänger zu verkleinern, und er versuchte, deren Tugenden durch Zunamen ins Lächerliche zu ziehen. Augustus nannte er ein Schätzchen des Glücks, Traian ein Mauerunkraut, Hadrian eine Malerwerkstatt, Markus lachhaft, Severus – (Übers. B. Bleckmann).[82]

Der Text bricht jäh ab, aber er wirft doch ein grelles Schlaglicht auf das offen zur Schau gestellte, übertriebene Selbstgefühl des

Kaisers und läßt die Atmosphäre von Schmeichelei und Kriechertum ahnen, die er um sich schuf.

Um die enormen Summen aufzubringen, die die Heeresreorganisation und namentlich die Baumaßnahmen verschlangen, verfiel Constantin auf ein altbewährtes Mittel, das naturgemäß schon in der Antike bei den Betroffenen auf wenig Begeisterung stieß und das uns heute geradezu als der Inbegriff fiskalpolitischer Einfallslosigkeit erscheint: er zog die Steuerschraube an. Vor allem Leute, die über regelmäßige Geldeinnahmen verfügten, wurden zu zusätzlichen Leistungen herangezogen und auch für die Spitzenverdiener ersann der Kaiser neue Abgaben. Bei der von Constantin neueingeführten sogenannten *collatio lustralis* handelte es sich um eine alle fünf Jahre veranstaltete Vermögensabgabe, die Handwerkern, Händlern und Gewerbetreibenden auferlegt wurde; sie war in Gold oder Silber zu entrichten, weshalb sie auch den griechischen Namen Chrysargyron erhielt. Unser Gewährsmann Zosimos schreit speziell über diese Steuer Zeter und Mordio, sie habe dazu geführt, dass Eltern ihre Kinder der Prostitution ausliefern mussten, nur um den Steuereintreibern die veranschlagten Summen aushändigen zu können. Man braucht das nicht generell in Abrede zu stellen, dass es solche Fälle gegeben hat, der springende Punkt ist im vorliegenden Falle jedoch der, dass die Abgabe auch von Prostituierten eingetrieben wurde, sie fielen selbstredend unter die Kategorie „Gewerbetreibende". Spezieller Zweck dieser Steuer scheint es gewesen zu sein, den Aufwand für die alle fünf Jahre fälligen Donative an das Heer zu bestreiten. Ihre Unbeliebtheit besonders bei der städtischen Bevölkerung steht außer Frage und in der Tat scheint die Belastung namentlich für kleine Handwerker und Händler drückend gewesen zu sein.[83] Dieser Einsicht konnten sich Constantins Nachfolger nicht verschließen: rund fünfzig Jahre später 374 wurde der von der *collatio* verursachte Steuerdruck insofern gemildert, als dass man Handwerker in ländlichen Gebieten eine Steuerbefreiung gewährte; unter Kaiser Anastasios, der ansonsten eine höchst erfolgreiche Fiskalpolitik betrieb, wurde sie schließlich abgeschafft.[84] Mit der Einführung der *collatio lustralis* war jedoch das

Maß der steuerpolitischen Grausamkeiten noch nicht erfüllt. Selbst die ganz Reichen, die Decurionen und sogar die Angehörigen des Senatorenstandes wurden vermittels neuer Steuern zusätzlich zur Kasse gebeten. Laut Zosimos erließ Constantin die Verfügung, dass künftig überall im Reich die Inhaber der lokalen Magistraturen prätorischen Rang erhalten sollten. Für diese kaiserliche Gunst hatten sie sich durch Zahlung einer Geldsumme erkenntlich zu zeigen. Es liegt auf der Hand, dass dadurch die Mitarbeit in der städtischen Selbstverwaltung noch unattraktiver wurde und der Drang, sich einer solchen Aufgabe zu entziehen, und sei es durch Flucht oder Auswanderung, wuchs.[85] Den Senatoren schließlich erlegte Constantin die sogenannte *collatio glebalis* oder auch *follis* auf, eine von der Größe des Landbesitzes abhängige Zusatzsteuer. Gemessen an den in unseren Tagen propagierten und praktizierten steuerpolitischen Glaubenssätzen muss eine solche staatliche Handlungsweise nachgerade als pervers erscheinen, doch ein reicher Unternehmer, der diese Zeilen liest, hat keinen ernsthaften Grund, in Zukunft nachts schweißgebadet aufzuwachen ob des furchtbaren Schicksals, das ihm unter Constantin dem Großen gedroht hätte. Weil das römische Steuersystem nicht progressiv war, wurden speziell die großen Vermögen weit unterdurchschnittlich belastet und dem entspricht, dass die mittels der *collatio glebalis* erzielten Einnahmen außerordentlich gering waren; es lohnte sich auch im 4. Jahrhundert, ein reicher Mann zu sein. Immerhin: im Unterschied zur *collatio lustralis* wurde die *collatio glebalis* nicht wieder abgeschafft.[86] Die enormen Steuerlasten, die er seinen Untertanen aufbürdete, trugen Constantin schon bei den Zeitgenossen den Ruf der Habsucht ein, und zwar in solchem Ausmaß, dass sich Eusebios in seiner Constantinvita wiederum bemühte, hier gegenzusteuern: der Kaiser sei vielmehr bemüht gewesen, die Steuern zu senken, das von ihm überlieferte Beispiel eines Nachlasses von 25 Prozent betraf aber nur die Grundbesitzer und vermochte den negativen Gesamteindruck, der sich von seiner Fiskalpolitik festsetzte, nicht zu mindern.[87]

Im Verein mit den von Licinius erbeuteten Geldern erlaubten es Constantin die wachsenden staatlichen Steuereinnahmen in Edelmetall, Goldmünzen in größerem Umfang zu prägen. Der von ihm herausgegebene *solidus* wog 4,5 Gramm, das entsprach dem zweiundsiebzigsten Teil eines römischen Pfundes (324 Gramm, also nicht mit unserem Pfund zu verwechseln!). *Solidus* (lat. „Der Feste" „Solide"), – der Name erscheint sicher zu Recht als ein Programm, mit dem Constantin das Vertrauen der Untertanen in die staatliche Münzprägung wieder herstellen wollte. Das ist ihm auf mittlere und lange Sicht auch gelungen, denn der Solidus blieb hinsichtlich seines Gewichtes und seines Feingehaltes bemerkenswert lange stabil, erst um die Mitte des 11. Jahrhunderts(!) kam es zu einem Verfall. Allerdings sind die wirtschaftlichen und sozialen Auswirkung durchaus zwiespältig gewesen. Eine Goldwährung konnte aufgrund ihres viel höheren Wertes die Silbermünze in ihrer Bedeutung für den Wirtschafts- und Handelsverkehr nicht ersetzen – auch heutzutage geht wohl kaum jemand mit 500-Euro-Scheinen ins Lebensmittel- oder Haushaltswarengeschäft. Darüber hinaus hatte die Einführung des Goldstandards zur Folge, dass der Wert des Goldes gegenüber den anderen Edelmetallen überproportional anstieg – und damit stiegen auch die Preise, die in Münzen aus geringerem Metall zu entrichten waren. Durch die Einführung des *solidus* wurden folglich diejenigen gesellschaftlichen Gruppen begünstigt, die über großen Goldbesitz verfügten oder ihn sich jederzeit leicht beschaffen konnten, also letztlich nur eine kleine Oberschicht.[88]

Werfen wir jetzt einen Blick auf die wichtigsten von Constantin erlassenen Gesetzte. Über die gesetzgeberische Tätigkeit des Kaisers fällte Eutrop das folgende Urteil:

> „Er erließ viele Gesetze, von denen einige gut und gerecht, die meisten überflüssig und etliche schwer erträglich waren."[89]

Es wäre freilich ein Irrtum, wollte man aus diesen Worten auf einen gesetzgeberischen Aktionismus und eine allumfassende kaiserliche Regelungswut schließen. Das Gesetzgebungsverfahren verlief nämlich ganz anders, als wir es heute gewohnt sind. Bei den kaiserlichen „Gesetzen" handelte es sich nämlich genau genommen um Edikte, die automatisch Gesetzeskraft besaßen. Zumeist wurden sie erst als Reaktion auf konkrete Nachfragen hoher Funktionäre erlassen, die sich an den Kaiser wandten, um zu erfahren, wie in bestimmten Fällen zu entscheiden bzw. vorzugehen sei.[90] Sie waren also vornehmlich am Einzelfall orientiert und nicht das Ergebnis eines legislativen Prozesses, an dessen Ende eine kaiserlich sanktionierte Grundsatzentscheidung stand. Deshalb konnte zu bestimmten Aspekten des staatlichen und öffentlichen Lebens eine verwirrende Vielfalt unterschiedlicher oder gar widersprechender kaiserlicher Erlasse existieren; die Sammel- und Redaktionstätigkeit, die unter den Kaisern Theodosius II. (408–450) und Justinian (527–565) vorgenommen wurde, hatte nicht zuletzt den Zweck, diesen Wirrwarr zu beseitigen. Im Rahmen dieser Biographie kann man natürlich nicht jedes einzelne von Constantin überlieferte Gesetze besprechen und kommentieren, auf einige besonders interessante und folgenschwere Aspekte muss indes eingegangen werden.[91]

Zahlreiche uns erhaltene Edikte des Kaisers befassen sich mit der Schwierigkeit, die Angehörigen des Decurionenstandes zu öffentlichen Leistungen heranzuziehen. Wir haben bereits gesehen, dass Constantin deren Belastungen durch seine fiskalischen Maßnahmen noch erhöht hatte und infolgedessen versuchten mehr und mehr Angehörige der lokalen Oberschichten, sich den ungeliebten *munera* zu entziehen, und sei es durch Umzug in eine andere Stadt. Dem versuchte der Kaiser durch einen Erlass vom 25. Dezember 325 einen Riegel vorzuschieben, indem er bestimmte, dass ertappte Flüchtlinge künftig in zwei Städten die entsprechenden Lasten zu übernehmen hätten: in ihrer Geburtsstadt und in dem Ort, den sie sich freiwillig auserkoren hatten.[92] Viel genutzt hat es offensichtlich nicht, denn die Decurionenflucht blieb eines der drängensten Probleme des Imperiums, wie eine Flut von Erlassen der Nachfolger Constantins beweist. Der Niedergang des Decurionenstandes ließ sich dadurch freilich nicht aufhalten. Die traditionelle städtische Selbstverwaltung wurde darum von den Kaisern immer mehr eingeschränkt und schließlich abgeschafft zugunsten eines Stadtregiments der Bischöfe und einer kleinen Gruppe vom Kaiser ernannter Beamter, die sich in der Regel aus Personen rekrutierte, die vor Ort Vermögen und Einfluss besaßen, aber nicht notwendig Mitglieder des althergebrachten Ratsherrenstandes sein mussten.[93] Fraglos liegen die Wurzeln dieser Entwicklung bereits in der vorconstantinischen Zeit, aber Constantin hat den Niedergang durch seine unbarmherzige Fiskalpolitik ohne Zweifel beschleunigt. Auch eine andere, zahlenmäßig viel umfangreichere gesellschaftliche Gruppe musste die Unnachgiebigkeit Constantins erfahren: am 30. Oktober des Jahres 332 erließ der Kaiser die Verfügung, dass jeder, der wissentlich einen fremden, d. h. bereits einem anderen Grundbesitzer verpflichteten Pächter (*colonus*), auf seinem Besitz aufnimmt, diesen nicht bloß zurückzugeben habe, sondern auch die ausgefallenen Pachtleistungen des Flüchtlings erstatten müsse. Wenn bei Pachtbauern Fluchtgefahr bestünde, so sei es gestattet, sie wie Sklaven in Eisen zu legen.[94] Sinn und Zweck dieses Gesetzes sind klar: unbebautes Land bedeutete eine Minderung des staatlichen Steueraufkommens und diese galt es um jeden Preis zu vermeiden. Für den Pächter bedeutete der Erlass eine erhebliche Minderung seiner sozialen und rechtlichen Situation, sie wurde der des Sklaven angenähert, und wenn die Schollenbindung auch noch nicht explizit eingeführt wurde, so bereitete das Gesetz sie zumindest vor.[95] Mochte das Gesetz auch dazu beitragen, die kaiserlichen Kassen zu füllen, so hatte es doch längerfristig einen Nebeneffekt, der zweifellos nicht zu den Intentionen Constantins gehörte. Weil die Stellung des Grundbesitzers gegenüber seinen Pächtern jetzt erheblich gestärkt war, sahen sich nicht wenige *coloni* veranlasst, in Zukunft ganz auf ihren Patron zu setzen, in der Erwartung, dass dieser sie vor staatlicher Bedrückung schützen werde. Das konnte soweit gehen, dass sich vormals Freie bewusst in Abhängigkeit begaben, um kaiserlichem Zwang zu entgehen. Auf verschärfte Zugriffsmöglichkeiten setzte Constantin auch in anderen Fällen, wo er staatliche Interessen tangiert sah. Gleich acht Gesetze befassen sich mit den *navicularii*, den Schiffseignern, die mit ihren Frachtern für die Getreideversorgung der großen Metropolen, vor allem Roms, tätig waren und aufgrund dieses Engagements Steuervorteile genossen. Auch sie wurden nun nachdrücklich in die Pflicht genommen, und zwar dergestalt, dass die Verpflichtung untrennbar mit ihren steuerbefreiten Gütern verbunden wurde. Wer immer diesen Besitz übernahm, der hatte für die Versorgung der Stadt tätig zu sein.[96] Einige bemerkenswerte Erlasse Constantins betreffen das Strafrecht, doch ist es schwierig, hier eine Leitidee festzustellen. So wurde die Kreuzigung laut Aurelius Victor offiziell abgeschafft, sie scheint aber dennoch gelegentlich vorgekommen zu sein; jedenfalls wurde sie anscheinend von Constantin selbst im Falle des zyprischen Aufrührers Calocerus verhängt, vielleicht geschah dies noch vor der Verhängung des Verbotes, für die Victor kein Datum nennt.[97] Nachweislich untersagt wurde, Strafgefangene ständig in Dunkelhaft zu halten, und es liegt auf der Hand, dass man in der Forschung gern christliche Einflüsse für diese Maßnahme – und erst Recht für die Abschaffung der Kreuzigung – verantwortlich macht.[98] Um eine generelle Humanisierung des Strafvollzuges war es Constantin indes nicht zu tun, denn er sanktionierte das sogenannte Säcken, d. h. das Einnähen des Delinquenten in einen Sack, um ihn anschließend zu ertränken.[99] Gleich zwei Gesetze aus dem Jahr 326 beschäftigen sich mit Ehebruch, das erste davon sprach ausgerechnet Bedienerinnen in Kneipen bei außerehelichen Fehltritten von Strafverfolgung frei, das andere setzte fest, dass bei Verdacht auf Ehebruch nur von Verwandten Anklage erhoben werden durfte.[100] Vermutet wurde ein Zusammenhang mit der Crispus- und Faustakatastrophe, doch fällt es schwer, hier irgendeinen Zusammenhang zu entdecken; auch dass der Kaiser einem verstärkten öffentlichen Bedürfnis nach Hebung der Sittsamkeit habe entgegenkommen wollen, leuchtet nicht recht ein, weil das erste Gesetz bei bestimmten Personengruppen durchaus Milde walten läßt, während das zweite die Möglichkeiten selbsternannter Tugendwächter, sich in das Intimleben ihrer Mitmenschen einzumischen, eindeutig beschneidet. Nach all diesen meist unerfreulichen Beispielen der gesetzgeberischen Tätigkeit Constantins wollen wir ein positives Exempel nicht außer acht lassen, das „Ärzte, Grammatiker und andere Professoren der *litterae*" betrifft: ihnen wurde Steuerfreiheit auf den Besitz in ihren Heimatgemeinden gewährt.[101]

Lässt man all diese Reformen und gesetzgeberischen Maßnahmen Revue passieren, so wird man festhalten müssen, dass nur das Heer und der Hof nach einem neuen und durchdachten Konzept reorganisiert wurden. Auswahl und Planung der neuen Hauptstadt erfolgten bei Licht besehen nach dem Vorbild Diocletians und seiner Herrscherkollegen, nur war bei Constantin alles ins Monströse verzerrt. Hatten sich die Tetrarchen mit dem Ausbau und der Ausschmückung bestehender Städte begnügt, wollte Constantin gleich eine neue Stadt, die natürlich seinen Namen trug und die in ihrer Planung und Anlage zumindest den Zeitgenossen stark überdimensioniert erscheinen musste.[102] Die Steuerpolitik des Kaisers diente einzig zu dem Zweck, den enormen Geldbedarf für Heer, Hof und Hauptstadt zu decken. Wo das Anziehen der Steuerschraube kontraproduktive Auswirkungen zeitigte, wie etwa im Falle der Decurionen, da wurde eben vermittels neuer Gesetze der staatliche Zwang noch verstärkt. Der typische Militär, ist man versucht zu sagen, der glaubt, alles auf dem Kommandoweg regeln zu können ohne sich über wirtschaftliche und soziale Zusammenhänge Gedanken zu machen. Hier dürfen wir Constantin jedoch nicht zu streng beurteilen, denn bezüglich seiner Mentalität und seinem geistigen Horizont kann sich Constantin, wenn überhaupt, nur wenig von den übrigen Soldatenkaisern unterschieden haben.

Ein letzter Aspekt seiner Politik darf nicht unerwähnt bleiben, weil er uns einen Einblick in die Persönlichkeit des Kaisers gestattet. Es ist uns kaum möglich, den Einfluss zu bestimmen, den seine militärischen und zivilen Mitarbeiter auf seine Maßnahmen gehabt haben, ja wir kennen vielfach nicht einmal deren Namen. Besonders frappierend macht sich das bei den Streitkräften bemerkbar, deren Führungspersonal uns fast völlig unbekannt bleibt. Ohne Zweifel war dies von Constantin gewollt, der sich allein in den Vordergrund stellte und bestenfalls Angehörige seiner Familie, seine Söhne zumeist, an seiner Stelle offiziell agieren ließ. Die Namen seiner Generale, die in

Wirklichkeit für seine unerfahrenen oder gar noch unmündigen Söhne die Operationen leiteten und auch dem Kaiser selbst zur Seite standen, bleiben unerwähnt und sind für uns selbst in nach seinem Tode verfassten Quellen kaum greifbar.[103] Auf dem zivilen Sektor ist die Situation keine wesentlich andere. Wir kennen zwar Namen, wie zum Beispiel den des Sopater, des Ablabius und des Optatus, aber sie bleiben für uns, um mit Goethe zu sprechen, „schwankende Gestalten", über deren tatsächliche Rolle uns kaum etwas bekannt wird.

Am 11. Mai 330 wurde Konstantinopel offiziell seiner Bestimmung übergeben und war seitdem, obwohl noch unfertig, Constantins Residenz. Strategisch gesehen erwies sich die Wahl als vorteilhaft, wie der Gotenkrieg des Jahres 332 bewies. Unmittelbarer Anlass dieses letzten von Constantin geführten Krieges war nicht ein direkter Angriff auf Reichsgebiet, sondern eine Auseinandersetzung zwischen Sarmaten und Goten. Da erstere in einem Vertragsverhältnis zum Imperium standen, wandten sie sich hilfesuchend an den Kaiser. Dieser hatte seit 325 durch umfangreiche Befestigungsmaßnahmen an der Donau und vor allem durch den Bau einer gewaltigen steinernen Donaubrücke bei Oescus (Raum Gigen, Bulgarien), die einen befestigten Brückenkopf auf dem nördlichen Donauufer einschloss, die Grenze gegenüber den Goten nicht bloß gesichert, sondern sich auch verbesserte Möglichkeiten für eine Offensive in gotisches Gebiet geschaffen.[104] Die Goten hatten demnach Gründe, sich bedroht zu fühlen und trachteten mit ihrem Vorgehen gegen die mit dem Imperium verbündeten Sarmaten vielleicht primär danach, sich einer Gefahr für ihre Westflanke zu entledigen. Aus der berechtigten Sorge, dass ein gotischer Erfolg das Gleichgewicht nördlich der Donau zum Nachteil des Imperiums verändern würde, entschloss sich Constantin zu einem außerordentlich massiven Eingreifen. Ein Heer unter dem nominellen Befehl des Caesars Constantin (II.) überschritt die Donau und nahm gemeinsam mit den Sarmaten den Kampf gegen die Goten auf. Constantin selbst scheint sich währenddessen südlich der Donau im Raum Marcianopel (Dobrich, Nordostbulgarien) aufgehalten zu haben, vermutlich um etwaige gotische Gegenangriffe an dieser Stelle aufzufangen. Einzelheiten über den Verlauf der Kämpfe werden nicht überliefert, doch deuten zwei Indizien die grundlegende römische Strategie an. Dem Anonymus Valesianus zufolge wurden die Goten nicht zuletzt von Kälte und Hunger aufgerieben und die Consularia Constantinopolitana vermeldet, dass der Sieg des Caesars Constantin (II.) über die Goten am 20. April 332 verkündet wurde.[105] Erneut hatte Constantin auf einen Frühjahrsfeldzug gesetzt, wohl zu einem Zeitpunkt, da die Wintervorräte weitgehend verbraucht waren und die Frühjahrsaussaat noch nicht erfolgt war. Wir brauchen also keine große Feldschlacht zwischen den Goten auf der einen und Römern und Sarmaten auf der anderen Seite anzunehmen, eher ist von einer konsequenten Verwüstung der gotischen Siedlungsgebiete auszugehen. Von Hungersnot bedroht fanden sich die Goten sehr rasch bereit, einen Frieden zu römischen Bedingungen zu akzeptieren. Sie stellten Geiseln, darunter den Sohn des Ariaricus aus königlichem Geschlecht. Der Friedensschluss des Jahres 332 sollte über Jahrzehnte hinweg die Lage an der Donau auf eine für das Imperium sichere Grundlage stellen, indem er eine Bedrohung seitens der Goten, des potentiell gefährlichsten Gegners, ausschaltete und die vormaligen Widersacher in ein Vertragsverhältnis zum Imperium zwang, das auch die Stellung von Hilfstruppen beinhaltete.[106]

Allerdings hatte der römisch-sarmatische Honigmond keinen langen Bestand, wofür unerwünschte Auswirkungen des Gotensieges verantwortlich waren. Ursprünglich hatte die Führung der Sarmaten bei einer zahlenmäßig vergleichsweise kleinen Kriegerschicht gelegen, doch unter dem Druck der gotischen Bedrohung war diese Schicht gezwungen gewesen, ihre Hörigen zu bewaffnen. Schon im Jahre 334 erhielt sie dafür die Quittung, als sich die zahlenmäßig weit überlegenen Abhängigen gegen ihre bisherigen Herren erhoben und diese vertrieben. Constantin griff nicht direkt ein, sondern nahm lediglich große Teile der Unterlegenen im Reich auf; andere sarmatische Gruppen flüchteten nach Westen zu den benachbarten Vandalen und Quaden, wo sie ein gefährlicher Unruhefaktor blieben.[107]

Während Constantin in der Außenpolitik unter Anwendung traditioneller römischer Methoden das Glück hold blieb, geriet er innen- und religionspolitisch immer mehr in christliches Fahrwasser. Mochte er schon seinen Sieg über Licinius, bei dem er ja ein christliches Feldzeichen mit sich geführt hatte, als Beweis für Richtigkeit des Christentums akzeptiert haben, das heißt als Beweis dafür, dass der christliche Gott mit dem von ihm verehrten höchsten Gott, als dessen Günstling er sich ja verstand, identisch war, so hat die Crispus-Fausta-Katastrophe ihn, wie wir gesehen haben, noch tiefer ins christliche Lager getrieben. Wann es zu ersten Maßnahmen gegen das Heidentum kam, ist ungewiss. Eusebios berichtet uns von einem Gesetz, dass den Götzendienst im ganzen Reich verbot und auch das Aufstellen von Götterbildern untersagte, um die Heiden zur Konversion zu zwingen. Hier dürfte es sich aber um nachträgliches christliches Wunschdenken handeln, denn diese Behauptung steht nicht nur im Widerspruch zu einem von Eusebios überlieferten, wohl authentischen Schreiben Constantins, in denen der Kaiser den Heiden ausdrücklich eine rechtliche Gleichstellung zugesteht, wir wissen auch aus einer anderen Quelle, dass unter Constantin der Opferdienst nicht beeinträchtigt wurde und schließlich hat der Kaiser selbst in seiner neuen Hauptstadt Götterbilder aufstellen lassen, wie uns Zosimos und an anderer Stelle Euseb höchstpersönlich bestätigt.[108] Weitere, wiederum von Eusebios überlieferte antiheidnische Maßnahmen sind dagegen ernster zu nehmen. So seien auf Constantins persönliche Weisung das Heiligtum der Aphrodite im phönizischen Aphaka (heute im Libanon) zerstört worden, und auch dem Tempel des Asklepios (lat. Äskulap) zu Aigai in Kilikien (in der südlichen Türkei) sei dieses Schicksal widerfahren.[109] Schließlich habe Constantin auch im phönizischen Heliopolis (Baalbek, Libanon) den Aphroditetempel als ein Zentrum der Unzucht abreißen lassen, um seine dortigen Untertanen zur Sittsamkeit zu erziehen. Hinter der Aphrodite verbirgt sich in diesem Falle die semitische Göttin Astarte, zu deren Kult die Tempelprostitution als integraler Bestandteil gehörte, das heißt, der Tempel diente zugleich als Bordell, dessen Einnahmen dem Heiligtum zugute kamen.[110] Man wird sich fragen müssen, ob in all diesen Fällen wirklich Constantin der Urheber der Verfolgungsmaßnahmen war, oder ob sich dahinter nicht die Eigeninitiative übereifriger Statthalter verbarg, die hofften, dass der Kaiser solche Zerstörungsakte positiv aufnehmen werde. Die einigermaßen gewundenen Formulierungen des Eusebios speziell im Falle des Astarteheiligtums legen nahe, dass von seiten Constantins nicht mehr vorlag als eine Aufforderung, mit derart auch von Griechen und Römern als anstößig empfundenen religiösen Praktiken in Zukunft aufzuhören.[111] Wer immer auch dahintersteckte, in einer Hinsicht brauchen wir uns keinerlei Illusionen hinzugeben: die Vorgänge von Aphaka, Aigai und Heliopolis müssen als Fingerzeig dafür aufgefaßt werden, wessen sich die Heiden seitens des Christentums zu versehen hatten. Hatten die Christen einstmals selbst Toleranz für sich eingefordert, so zeigten sie nicht die geringste Neigung, diese selber auszuüben, sobald sie das staatliche Wohlwollen auf ihrer Seite wussten, die geifernden Tiraden, mit denen Eusebios die Vorgänge kommentiert, belegen es. Das Problem übereifriger Funktionäre, die mit einem gewaltsamen Vorgehen gegen die Heiden auf sich aufmerksam zu machen versuchten, beleuchtet eine andere Auswirkung der constantinischen Religionspolitik, die wie keine andere den kommenden Sieg des Christentums einleitete. Opportunistische Karrieristen hatten begonnen, auf die christliche Karte zu setzen, um ihr Vorwärtskommen im Dienste des Imperiums zu fördern, und zwar in solchem Ausmaß, dass Constantin sich nach Aussage des Eusebios schließlich selbst gezwungen sah, gegen den Ansturm der frisch Konvertierten einzuschreiten, um die Spreu vom Weizen zu sondern.[112]

Moderne Historiker, die der Religionspolitik Kaiser Constantins positiv gegenüberstehen und den Sieg des Christentums begrüßen, haben zumeist einen Wermutstropfen zu schlucken, der die allmähliche Annäherung des Kaisers an den zu Nikäa verketzerten Arianismus betrifft. Von der Rückberufung des Eusebios von Nikomedia war schon die Rede, beinahe zeitgleich wurde dem verfemten Arios aufgrund eines kaiserlichen Gnadenerlasses die Rückkehr gestattet. Dem widersetzte sich ab Mitte 328 leidenschaftlich der Nachfolger des Alexander, der neue Bischof von Alexandria namens Athanasios, er sollte zum entschiedensten und auf lange Sicht schließlich siegreichen Widersacher des Arianismus werden. Vorerst blieb er jedoch ohne Erfolg. Der versierte Höfling Eusebios von Nikomedia gelangte nach seiner Rückkehr wieder zu Gnaden und zu beträchtlichem Einfluss, auch zu anderen arianerfreundlichen Bischöfen wie Eusebios von Caesarea stand Constantin in gutem Einvernehmen und schließlich unterstützte auch die Halbschwester des Kaisers, Constantia, die Sache der Arianer.[113] Allerdings verlief deren Vormarsch am kaiserlichen Hofe nicht geradlinig, die Auseinandersetzungen zwischen Anhängern und Gegnern des Arianismus hielten dort noch mehrere Jahre an. Um 335 jedoch hatten sich die Arianer endgültig durchgesetzt. Athanasios wurde ins Exil gezwungen und Arios auf zwei Synoden, zu Jerusalem und Tyros, auch innerkirchlich rehabilitiert. Letzterer überlebte seinen Triumph nicht lange, denn er starb schon im folgenden Jahr zu Konstantinopel, einer arianerfeindlichen Tradition zufolge auf einem öffentlichen Abort, nachdem er zuvor noch vom Kaiser in Privataudienz empfangen worden war.[114] Wie ist nun die allmähliche Hinwendung Constantins zu den Lehren des Arios zu erklären? War es katholisch-orthodoxer Starrsinn von Fanatikern vom Schlage des Athanasios, der den Kaiser ins Lager der offensichtlich kompromissbereiten Arianer trieb, weil ihm der innerkirchliche Frieden so über alles am Herzen lag?[115] Es mag sein, dass derartige Erwägungen eine Rolle gespielt haben, der Hauptgrund dürfte jedoch ein ganz anderer gewesen sein. Zu Recht hat man an den Lehren des Arios festgestellt, dass ihnen zufolge die Gottessohnschaft nicht grundsätzlich auf die Person Jesu Christi beschränkt blieb, sondern dieser Status auch für andere Menschen erreichbar war.[116] Dieser spezielle Aspekt muss es gewesen sein, der Constantin für den Arianismus einnahm. Der Kaiser, der seinen Vater als *divus*, als göttliches Wesen hinstellte, der sich selbst schon zu seinen Lebzeiten göttliche Eigenschaften zuschrieb und sich als leibhaftigen Gott preisen ließ, den selbst die Christen Lactanz und Eusebios von Caesarea als eine Art unmittelbaren Abgesandten des Himmels in übermenschliche Sphären beförderten, sah seine geheiligte

Person ganz in den Kategorien des antiken Gottmenschentums als eine Art Zwischenwesen, das – wie Jesus Christus – schon als Mensch dem göttlichen Bereich angehört.[117] Es ist, gelinde gesagt, wenig wahrscheinlich, dass Constantin in seiner Umgebung Menschen duldete, die dieser Auffassung widersprachen, und das vermochte Eusebios von Nikomedia vermutlich zugunsten des Arios und seiner Anhänger auszunutzen. Constantin hatte sich seine ureigene Version vom Christentum zurecht gemacht, die seinem eigenen Göttlichkeitsanspruch entsprach und christliche Hofschranzen vom Schlage eines Eusebios überzeugten ihn davon, dass es damit seine Richtigkeit habe. Den Einwand, dass die tapferen Bekenner des Christentums, die die Martern der Henkersknechte Diocletians standhaft ertragen hatten, ob eines solchen kaiserlichen Irrglaubens, einer derart blanken Blasphemie, empört aufgeschrieen und den Kaiser coram publico des Ketzertums geziehen hätten, kann man guten Gewissens zurückweisen. Nach den erlebten Verfolgungen müssen die meisten Christen froh gewesen sein, unter einem Kaiser zu leben, der ihren Glauben unterstützte, und das tat Constantin zweifellos. Da galt es die kaiserliche Gunst nicht leichtfertig aufs Spiel zu setzen, und das umso mehr, als es bei den innerchristlichen Auseinandersetzungen entscheidend darauf ankam, den Kaiser auf seiner Seite zu wissen. Wie gefährlich es sein konnte, sich die kaiserliche Gunst zu verscherzen, hatten zumindest zeitweilig die Donatisten erfahren müssen. Fanatiker wie Arios und Athanasios, die für ihre persönlichen Überzeugungen unbeirrt einstanden und dafür den Zorn des Kaisers in Kauf nahmen, waren chancenlos oder benötigten wie Arios die Unterstützung von geschmeidigen Taktierern wie Eusebios von Nikomedia, um sich durchzusetzen. Es führt kein Weg an der Erkenntnis vorbei, dass Constantin an der christlichen Lehre nur insoweit persönlich interessiert war, wie sie seinem eigenen Göttlichkeitsanspruch entgegen kam, beziehungsweise diesen zu unterstützen schien. Die Kirche wiederum sah er als ein nützliches, weil gut organisiertes Medium an, seinen Anspruch im Imperium zu verbreiten, weshalb er sie allen anderen Religionen vorzog und tatkräftig förderte. Ihre Vertreter taten gut daran, wenn sie diese verstiegenen Vorstellungen des Kaisers bestätigten oder wenigstens dazu schwiegen und Constantin als einen christlichen Herrscher durchgehen ließen, selbst wenn sie sein eigenartiges Verständnis vom Christentum mit dem christlichen Glauben für unvereinbar ansahen. Deswegen einen Konflikt mit dem Kaiser heraufzubeschwören, hätte weder der Kirche noch dem Kaiser genützt.

Kapitel 7
Auf Alexanders Spuren: Letzte Pläne, Tod und das Schicksal der Dynastie

Alexander der Große, der selbsternannte Gottmensch, hat auf viele Herrscher der Antike einen fatale Anziehungskraft ausgeübt. Sein (nebenbei bemerkt nicht völlig gerechtfertigter) Ruf als genialer Feldherr und Welteroberer setzte etlichen Monarchen und Militärs – hellenistischen Herrschern und Feldherrn der römischen Republik ebenso wie später römischen Kaisern – einen Floh ins Ohr, der ihnen unablässig eingab: „Was Alexander konnte, das kannst du auch."[1] Bei der fixen Idee blieb es zumeist nicht. Gnaeus Pompeius, Marcus Licinius Crassus, Gaius Iulius Caesar, Marcus Antonius, die Kaiser Traian und Caracalla, sie alle hatten mit großangelegten Orientfeldzügen in Alexanders Fußstapfen treten wollen. Einzig Pompeius war mit beträchtlichen Eroberungen im Vorderen Orient ein Erfolg beschieden gewesen, der ihm bei Zeitgenossen den Beinamen *Magnus* („der Große") eintrug. Crassus, Marc Anton und Traian waren gescheitert, Caesar und Caracalla vor der Ausführung ihrer Vorhaben ermordet worden. Und doch blieb die Faszination, die Alexander ausübte, ungebrochen. Auch Constantin ist ihr im Laufe der Jahre offensichtlich in wachsendem Ausmaß erlegen. Die direkten Zeugnisse für diese Obsession sind spärlich: Vom Panegyriker des Jahres 310 wird Alexander einmal indirekt als „jener große König" erwähnt,[2] der Panegyriker des Jahres 313 zieht immerhin einen für Constantin günstigen Vergleich zwischen dem Kaiser und Alexander, weil Constantin gegen Maxentius weniger Truppen mobilisiert habe, als sie Alexander für gewöhnlich mit sich führte;[3] Nazarius kommt im Jahre 321 nicht mehr auf den großen Makedonen zu sprechen. Das scheint auf den ersten Blick zu der Auffassung im Widerspruch zu stehen, dass Constantin Leben und Taten Alexanders große Bedeutung als Messlatte für die Beurteilung der eigenen Person beimaß, aber es ist wohl kaum als

Zufall zu bewerten, dass der Athener Praxagoras, der um 335 eine Geschichte Constantins in zwei Büchern verfasste, vorher bereits als Verfasser einer sechsbändigen Alexanderbiographie hervorgetreten war, von der uns bis auf den Titel leider nichts mehr erhalten geblieben ist. Praxagoras ist es wohl gewesen, der Constantin erstmals in einem Geschichtswerk den Beinamen „der Große" (ὁ μέγας) verlieh.[4] Außenpolitisch lief die Orientierung am Vorbild Alexanders geradezu zwangsläufig auf einen großen Ostfeldzug gegen das neupersische Reich der Sāsāniden hinaus, zu dem sich Constantin spätestens 335 entschloss. In diesem Jahre erhob Constantin seinen Halbbruder Hannibalianus zum *rex regum Ponticarum gentium*, ein Titel, der laut der *Epitome de Caesaribus* eine Herrschaft über Armenien und die benachbarten Völker – gemeint sind wohl die im Kaukasus ansässigen Iberer und Albaner – beinhaltete.[5] Diese Ernennung deutet eines der Ziele an, die Constantin mit seinem Perserkrieg verfolgte: Armenien sollte einem genuin römischen Herrscher unterstellt und die Herrschaft der – längst christlichen (!) – Asarkidendynastie beendet werden. Über die Ursache, warum der Kaiser gegen die Sāsāniden ins Feld rücken wollte, teilt uns Eusebios lapidar mit, dass Constantin gesagt habe, ein Sieg über diese Feinde fehle ihm noch in seiner Sammlung – für einen Herrscher, der sich seit seinem Gotensieg als *ubique victor* (Sieger allerorten) oder gar als *victor omnium gentium* (Sieger über alle Völker) titulieren ließ, in der Tat ein schwerwiegendes Motiv.[6] Einen Grund zum Kriege hatten die Perser den Römern demnach nicht gegeben, denn der unter Diocletian geschlossene Friede dauerte noch an und kein römischer Autor beschuldigt im Ernst die Sāsāniden irgendwelcher Vertragsverletzungen.[7] Unterschwellig bestand die Rivalität der beiden Großmächte natürlich fort und es scheint, dass sich die Sāsāniden durch Expansion auf der arabischen Halbinsel bemühten, den Römern mit Hilfe abhängiger arabischer Stämme in der Südostflanke Schwierigkeiten zu verursachen. Die Römer konterten diese Versuche dadurch, dass sie ihrerseits ihre Kontrolle über die von den arabischen Nomaden durchzogenen Wüstensteppen soweit wie möglich ausdehnten.[8] Von Eusebios erfahren wir von einem diplomatischen

Verkehr zwischen dem Kaiser und dem Großkönig Sapor, doch leider teilt uns unser Gewährsmann nichts über die konkreten politischen Anliegen und Forderungen mit, außer dass er sich lang und breit darüber auslässt, wie sehr Constantin die christliche Bevölkerung im Perserreich am Herzen gelegen habe.[9] Zosimos seinerseits überliefert, dass sich der durch Intrigen der persischen Großen um den Thron gebrachte Sāsānidenprinz Hormisdas zu Constantin geflüchtet habe, und von diesem in allen Ehren aufgenommen worden sei, doch weiß er nichts von einem Zusammenhang mit dem geplanten Perserkrieg.[10] Man kann nur vermuten, dass sich Constantin gegenüber dem Perserkönig als Anwalt des Hormisdas aufspielte,[11] doch wenn es sich so verhielt, betraf dies eine rein innerpersische Angelegenheit, die die Römer überhaupt nichts anging. Aus all dem lässt sich nur der Schluss ziehen, dass der Krieg von Constantin aus Ruhm- und Großmannssucht mutwillig und planvoll vom Zaun gebrochen wurde. Wie einst der jugendliche Alexander wollte er gen Osten ziehen und die Perser unterwerfen. In wieweit Constantin eine territoriale Erweiterung des Reichsgebietes im Sinne hatte, wissen wir nicht. Aus dem Umstand, dass Armenien nicht unmittelbar eingemeindet werden sollte, kann gefolgert werden, dass auch das Sāsānidenreich grundsätzlich weiterbestehen sollte, vielleicht unter einem Großkönig Hormisdas als abhängiger Klientelstaat. Die Vorbereitungen zum Kriege wurden von Constantin mit der ihm eigenen Gründlichkeit vorgenommen, sie nahmen wenigstens zwei Jahre in Anspruch.

Allerdings: der Kaiser war kein junger Mann mehr wie weiland Alexander, sondern stand im Jahre 337 im dreiundsechzigsten Lebensjahr. Auch wenn man davon ausgeht, dass Constantin sich selbst noch frisch und rüstig fühlte und er keineswegs – wie einst der gichtgeplagte Septimius Severus in vergleichbarem Alter – auf Feldzügen in einer Sänfte mitgeschleppt werden musste: Ein Feldherr im Greisenalter konnte sehr rasch als unheilverkündendes Omen aufgefasst werden. Darum verwundert es nicht weiter, wenn Constantin Berichte über seine gute Gesundheit in Umlauf bringen ließ, von denen uns Eusebios einen Eindruck vermittelt.[12] Aber selbst wenn

Constantin sich seiner selbst so sicher fühlte, dass er im Frühjahr 337 noch nicht an eine Regelung der Thronfolge im Falle seines Ablebens dachte, so erforderte die vermutlich länger während Abwesenheit des Kaisers von den alltäglichen Regierungsgeschäften doch entsprechende Maßnahmen, um eine geordnete Regierung des Imperiums zu gewährleisten. Trug schon seit Ende 333 auch der dritte der überlebenden Constantinssöhne namens Constans den Caesartitel, so ernannte Constantin im Jahre 335 wohl zeitgleich mit Hannibalianus noch einen weiteren Caesar, nämlich Dalmatius, einen Sohn seines gleichnamigen Halbbruders.[13]

Nachdem er solcherart sein Reich geordnet hatte und die organisatorischen und logistischen Vorbereitungen abgeschlossen waren, brach Constantin Ende April oder Anfang Mai 337 zu dem geplanten Feldzug auf; seine Truppen hatten bereits begonnen, sich zu versammeln. Um die Sāsāniden niederzuwerfen, standen ihm zwei grundsätzliche strategische Möglichkeiten offen: Ein Vorstoß nach Mesopotamien direkt auf die Residenz des Großkönigs in Ktesiphon am Tigris oder aber ein Eindringen ins Perserreich durch die Hintertür über Armenien und Medien. Ein Vormarsch via Mesopotamien besaß den Vorteil, dass die Versorgung auch größerer Truppenverbände entlang des Euphrat und Tigris vermittels mitgeführter Transportschiffe vergleichsweise leicht bewerkstelligt werden konnte, doch stand dem der Nachteil gegenüber, dass den Sāsāniden ein entscheidender Schlag nicht zu versetzen war, selbst wenn die Einnahme Ktesiphons gelang, denn das eigentliche Machtzentrum des Perserreiches, der Sitz seiner personellen und materiellen Ressourcen befand sich ein gut Teil östlich des Tigris in der Persis und weiter nördlich in Medien.[14] Der erfolgversprechendere Weg war die Nordroute über Armenien, wie Aurelius Victor treffend anmerkte, auch wenn sie mit enormen logistischen Schwierigkeiten speziell für größere Heere verbunden war; der siegreiche Perserfeldzug des Galerius hatte dies zuletzt eindrucksvoll unter Beweis gestellt.[15] Auch Constantin beabsichtigte 337 ganz offensichtlich, dem Beispiel des Galerius zu folgen, das belegt neben der Ernennung des Hannibalianus der Weg, den er nach Osten einschlug.

Es sollte indes nicht mehr zu einem Feldzug kommen. Schon Anfang April, während des Osterfestes, war Constantin erkrankt. Nach einer Kur in den Bädern der Hauptstadt fühlte er sich immerhin soweit wiederhergestellt, dass er den Aufbruch nach Osten wagte, doch er kam nicht weit. Zu Schiff begab er sich über das Marmarameer nach Bithynien, doch sein Gesundheitszustand verschlechterte sich dermaßen, dass er sich bereits in Drepanon (ca. 25 km westlich Nikomedia), das er zu Ehren seiner um 329 gestorbenen Mutter in Helenopolis umbenannt hatte, genötigt sah, auf eine Weiterreise zu verzichten. Nicht einmal eine Rückkehr nach seiner Hauptstadt Konstantinopel blieb ihm vergönnt, statt dessen ließ er sich in eine Vorstadt Nikomedias bringen. Dort spendete ihm der arianische Bischof Eusebios, der sich von Beginn der Reise an in seinem Gefolge befunden zu haben scheint, kurz vor seinem Tode die Taufe.[16] Den Umstand, dass der Kaiser von einem Arianer das Sakrament empfing, hat schon der gleichfalls arianerfreundliche Kirchengeschichtsschreiber Eusebios von Caesarea zu vertuschen versucht, demzufolge die Taufe von „den Bischöfen" gespendet wurde, also von der Kirche insgesamt. Theophanes ging später so weit, den Bericht als Lüge zu verwerfen und die Legende von einer viel früheren Taufe des Kaisers durch den Bischof von Rom, „den Papst" Sylvester zu kolportieren,[17] was aber nichts an den Tatsachen ändert. An der grundsätzlichen Historizität des Taufaktes, den uns Eusebios von Caesarea überliefert hat, wird man keinen Zweifel hegen können, wenn auch längst nicht alle von unserem Gewährsmann in diesem Zusammenhang überlieferten Details Glauben verdienen.[18] Was Constantin zu diesem Schritt bewogen hat, muss letzten Endes offen bleiben. Die Annahme, er habe sich, obwohl innerlich längst Christ, erst darum auf dem Sterbebett taufen lassen, um der mit der Taufe verbundenen Sündenvergebung nicht durch in der Folgezeit begangene Sünden verlustig zu gehen, wirkt bei einem Mann, der sich selbst als eine Inkarnation des Göttlichen auf Erden sah, wenig überzeugend. Viel eher wird man annehmen müssen, dass er die Taufe als einen magischen Akt betrachtete, der ihm doch noch die ersehnte Genesung verschaffen und den – natürlich siegreichen – Perserkrieg ermöglichen sollte. In dieser Hoffnung wurde er freilich bitter enttäuscht: am 22. Mai 337, dem Pfingsttag, starb Constantin auf einem Landsitz in der Nähe von Nikomedia.[19] Wie überraschend dem Kaiser sein eigenes Hinscheiden kam, beweist der Umstand, dass er trotz der Schwere seiner Erkrankung bis zuletzt keine Regelung seiner Nachfolge getroffen hatte.

Der Leichnam des Kaisers wurde von der Leibwache in einem purpurbedeckten goldenen Sarg nach Konstantinopel gebracht und dort, angetan mit dem kaiserlichen Ornat, im Palast ausgestellt, wo ihm Generale und hohe Beamte noch einmal die Reverenz erwiesen.[20] Nach der Ankunft des zweiten Kaisersohnes Constantius in Konstantinopel ordnete dieser sogleich die Bestattung an, ohne noch das Eintreffen seiner Brüder abzuwarten, er selbst schritt dem Trauerzuge demonstrativ voran.[21] Seine letzte Ruhestätte fand der Verstorbene in der Apostelkirche zu Konstantinopel. Dort hatte er sich bereits eine Grablege herrichten lassen, in der Eusebios zufolge zwölf Särge standen, die die Särge der zwölf Apostel darstellen sollten. Bei dem in ihrer Mitte aufgestellten dreizehnten Sarg handelte es sich nicht etwa um denjenigen Christi, sondern um den des Kaisers. In der Forschung wurde das gern so interpretiert, dass sich Constantin als den dreizehnten Apostel verstanden habe.[22] Soll man das ernsthaft glauben? Nach allem, was wir bis jetzt über die religiösen Vorstellungen des Kaisers erfahren haben, kann man keinen Zweifel darüber hegen, dass Constantin sich nicht als zusätzlichen Apostel, sondern als christusgleiche Gestalt sah, als Gottmenschen und Erlöser.[23] Insofern ist es nur konsequent, dass auf nach seinem Tode geprägten Münzen seine Auffahrt in den Himmel dargestellt wurde und zwar auf durchaus konventionelle, das heißt heidnische Weise: Als Sonnengott fuhr er in einer Quadriga (einem von vier Pferden gezogenen Wagen) in den Himmel auf, um sich mit dem höchsten Gott zu vereinigen, dessen Hand sich ihm bereits entgegenstreckte.[24]

Alexander dem Großen wird auf dem Sterbebett das (natürlich fiktive) *dictum* zugeschrieben, er sehe gewaltige Leichenspiele zu seinen Ehren voraus, womit die mehr als zwanzigjährigen

Kriege seiner Generale, der Diadochen, um die Herrschaft in seinem Reich gemeint waren. Solche Dimensionen nahmen die Auseinandersetzungen um Constantins Erbe zwar nicht an, doch ging es nicht ohne beträchtliches Blutvergießen ab. Daran trug zunächst einmal der Umstand schuld, dass der Kaiser kein Testament hinterlassen hatte, das seine Nachfolge eindeutig regelte. Wohl wird in den Quellen dieser Umstand zumeist vertuscht, doch die verschiedenen Versionen, die sie anzubieten haben, lassen den wahren Sachverhalt peinlich deutlich hervortreten. Bei Eusebios von Caesarea, Sokrates und Sozomenos heißt es ausdrücklich, der Kaiser habe nur seinen drei Söhnen die Augustuswürde hinterlassen,[25] Eusebios fügt gleichwohl wenig später eine etwas andere Lesart hinzu: nach dieser war es auf einmal das Heer, dass die drei Kaisersöhne zu Augusti wählte,[26] was kaum nötig gewesen wäre, hätte eine Entscheidung des Verstorbenen vorgelegen. Eine grundsätzlich ähnliche, aber in den Details bemerkenswert abweichende Version bietet Philostorgios an: er behauptet, Constantin sei keines natürlichen Todes gestorben, sondern von seinen Halbbrüdern vergiftet worden, er habe aber höchstpersönlich noch vor seinem Ableben das Verbrechen bemerkt, die Bestrafung der Verbrecher angeordnet und die Ausführung demjenigen seiner Söhne übertragen, der zuerst bei seinem Leichnam eintreffe. Diese Verfügung habe der Bischof Eusebios von Nikomedia dann dem zweiten Sohn, Constantius übergeben, der, wie wir eben gesehen haben, als erster in Konstantinopel eintraf. Der Sachverhalt ist klar: Wir haben es mit einer arianerfreundlichen Überlieferung aus dem Umfeld des Constantius II. zu tun, die dessen nachfolgende Mordtaten rechtfertigen sollte.[27] Eutrop dagegen berichtet knapp aber ausdrücklich, dass Constantin die Herrschaft drei Söhnen und einem Bruder hinterlassen habe und ähnlich äußert sich die *Epitome des Caesaribus*.[28] Mit anderen Worten: Constantin ließ die Herrschaftsordnung zurück, die er zwecks seines Aufbruchs in den Perserkrieg geschaffen hatte, freilich ohne dabei an die Möglichkeit seines baldigen Hinscheidens zu denken. Über deren territoriale Details unterrichtet uns der Anonymus Valesianus: Constantin (II.) regierte in Gallien, Spanien und Britannien, Constantius (II.) über den

Orient, Constans über das Illyricum und Italien und Dalmatius den östlichen Balkanraum.[29] Genau genommen handelte es sich um eine neue Tetrarchie, bei der zwei der Noch-Caesaren ein eindeutiges Übergewicht über die beiden anderen besaßen: Constantius regierte den Osten und gebot damit über die größten materiellen und personellen Ressourcen, Constantin iunior besaß im Westen, dem ursprünglichen Herrschaftsgebiet seines Vaters und Großvaters, ebenfalls eine vergleichsweise starke Position, gegenüber der die Domänen des Constans und des Dalmatius an Bedeutung zurücktraten.[30] Die Frage war nun, ob den Söhnen und dem Neffen das gelingen würde, was der Vater unterlassen hatte: aus einem Provisorium eine lebensfähige Herrschaftsordnung zu schaffen. Wie wir schon gesehen haben, schaltete Constantius am schnellsten, wobei ihm wahrscheinlich seine räumliche Nähe zur Hauptstadt Konstantinopel zugute kam. Seine Handlungsweise bei der Beisetzung des Vaters, die nicht auf eine Demonstration der herrscherlichen Eintracht, sondern die Herausstellung der eigenen Person zielte, warf auf das Einvernehmen zwischen den Caesaren ein bezeichnendes Licht. Dennoch: vorerst wagte es keiner der vier, den Augustustitel anzunehmen, auch nicht Constantin (II.), der als rangältester Caesar zumindest protokollarisch den ersten Anspruch auf diese Würde besaß. Es blieb Constantius vorbehalten, durch sein brutales, aber entschlossenes Handeln eine Entscheidung herbeizuführen. Zu einem nicht genauer bekannten Zeitpunkt im Sommer 337 ließ er nicht nur den Caesar Dalmatius, sondern auch die meisten anderen Angehörigen der väterlichen Familie samt ihrem Anhang bei Hofe durch seine Soldaten ermorden. Dem Gemetzel fielen neben sämtlichen Halbbrüdern Constantins auch Persönlichkeiten wie Ablabius und Optatus zum Opfer, deren Aufstieg offenbar mit dem der Halbbrüder seit etwa 326 verbunden war. Laut Zosimos wurde der in Konstantinopel ansässige Iulius Constantius, der keinerlei Amt oder Titel besaß, das erste Opfer der Säuberungswelle, worauf die Morde an Dalmatius, Ablabius, Optatus und zuletzt an Hannibalianus gefolgt seien.[31] Es scheint indes, dass zuerst die in Konstantinopel anwesenden Personen beseitigt wurden, während Dalmatius, der vermutlich zu Thessalonike residierte, und Hannibalianus, der wohl ebenfalls außerhalb der Kaiserstadt weilte, erst kurz darauf den Tod fanden.[32] Zu den wenigen glücklichen Überlebenden zählten die Söhne des Iulius Constantius, die Halbbrüder Gallus und Iulian, ersteren ließ man angeblich nur deshalb am Leben, weil er gerade sterbenskrank schien, letzteren rettete wohl sein zartes Alter vor der Mordgier der Henkersknechte. Am 22. September 337 dann nahmen die drei Constantinssöhne zeitgleich den Augustustitel an. In der amtlichen Lesart wurde dieser Massenmord den Soldaten in die Schuhe geschoben, die sich einmütig dazu entschlossen hätten, keinen anderen als die Söhne Constantins als *Augusti* anzuerkennen. Man hat in diesem Zusammenhang in der Forschung darauf hingewiesen, dass zum damaligen Zeitpunkt alle drei Kaisersöhne noch junge Männer und folglich von ihrer Umgebung abhängig gewesen seien.[33] Das traf im Falle des etwa vierzehnjährigen Constans ganz gewiss zu. Allerdings ging die Initiative zu den Mordtaten weder von ihm noch von Constantin Iunior im fernen Gallien, sondern ganz sicher von Constantius aus. Wir sollten uns vor der Annahme hüten, dass der junge Mann von sich aus zu solchen Taten gar nicht fähig gewesen sei. Er hatte als Neunjähriger miterlebt, mit welcher Brutalität sein Vater gegen seinen ältesten Halbbruder und seine eigene Frau, Constantius' leibliche Mutter (!) vorgegangen war, als diese es wagten, des Kaisers Pfade zu kreuzen. Dass Angehörige seines militärischen und administrativen Umfeldes, ohne deren Unterstützung er nicht hätte handeln können, ihn zur Beseitigung seiner Verwandten erst angestiftet haben, liegt im Bereich des Möglichen; dass sie die Morde quasi über seinen Kopf hinweg anordneten, muss als mehr denn unwahrscheinlich gelten. Constantius und sein Anhang waren indes klug genug, ihr Handeln mit den Höfen der beiden Brüder, namentlich mit dem des Constans abzustimmen, Eusebios berichtet von Schreiben, die in diesem Zusammenhang hin und her gingen. Im September 337 trafen sich die drei Brüder an einem nicht namentlich genannten Ort in Pannonien, um die zukünftige Ordnung der Herrschaft zu vereinbaren.[34] Details über die Verhandlungen kennen wir nicht, doch lassen sich die Ergebnisse einigermaßen rekonstruieren. Man einigte sich dahingehend, dass alle drei Söhne, einschließlich des minderjährigen Constans, gleichrangige Augusti sein sollten. In territorialer Hinsicht wurde Constantin Gallien, Britannien, Spanien und Mauretanien zugesprochen, Constantius erhielt außer dem Orient einschließlich Ägyptens noch die Diözese Thrakien aus dem Gebiet des Dalmatius hinzu, während Constans Italien, das Illyricum einschließlich Griechenlands und Nordafrika zufielen.[35] Dabei fällt auf, dass die eigentlichen Gewinner der Beseitigung des Dalmatius die beiden Söhne der Fausta, Constantius und Constans waren, während Constantin der Jüngere praktisch leer ausging, da er nur erhielt, was er bereits besaß. Es scheint, dass sich die Faustasöhne über den Kopf ihres Halbbruders hinweg verständigt hatten und etwaige Ansprüche desselben auf territoriale Kompensation entschlossen zurückwiesen.

Eine Biographie Constantins wäre unvollständig, würde sie nicht noch in Kürze auf das Schicksal der von ihm begründeten Dynastie eingehen. Zwar besaß das Imperium seit dem Herbst 337 wieder drei reguläre *Augusti*, aber die Einigkeit zwischen ihnen hatte keinen langen Bestand. Der ausgebootete Constantin II. sann nämlich auf Rache und schritt im Jahre 340 zur Tat, indem er seinen Halbbruder Constans überfiel. Dabei machte ihm offenbar sein persönlicher Mangel an Vorsicht einen Strich durch die Rechnung, denn in der Nähe von Aquilea geriet er in einen Hinterhalt, stürzte vom Pferd und wurde erschlagen.[36] Damit fiel dem siebzehnjährigen Constans der gesamte Reichsteil seines Halbbruders wie eine reife Frucht in den Schoß. Auf lange Sicht wusste er sein Glück nicht zu nutzen. Immerhin gelang es ihm, oder genauer gesagt seinen Generalen, die westlichen Provinzen gegen Übergriffe der Germanen, der Picten und Scoten erfolgreich zu verteidigen. Durch seine Extravaganzen, darunter auch homosexuelle Eskapaden und vor allem durch seinen persönlichen Mangel an militärischen Führungsqualitäten entfremdete er sich jedoch nicht bloß das Heer, sondern auch die Spitzen der zivilen Verwaltung.[37] Die Unzufriedenheit nutzte ein hoher Offizier namens Magnentius zur Usurpation und so fand Constans im Jahre 350 auf der Flucht in den Pyrenäen den Tod. Das alte Gespenst der Militärverschwörungen war wieder auferstanden. Unterdessen sah sich Constantius im Osten in einen langwierigen, zermürbenden Konflikt mit den Sāsāniden verwickelt. Der Gefahr eines römischen Angriffs durch den Tod Constantins enthoben, sah sich der persische Großkönig Sapor veranlasst, seinerseits zur Offensive überzugehen und künftigen römischen Expansionsplänen durch die Besetzung Armeniens einen Riegel vorzuschieben. Zwar vermochte Constantius, Armenien schon im Jahre 338 zurückzugewinnen und die von Sapor vertriebene Asarkidendynastie zu reetablieren, doch blieb dies sein einziger größerer Erfolg in diesem Konflikt. Aufgrund der Erhebung des Magnentius und des Todes seines Bruders sah er sich 350 veranlasst, trotz der noch unentschiedenen militärischen Lage an der Ostfront mit einem großen Heer nach Westen zu ziehen, wo mittlerweile im Illyricum ein weiterer Thronprätendent namens Vetranio aufgetreten war. Es gelang Constantius, sich Vetranio ohne Kampf vom Halse zu schaffen und Magnentius im Jahre 351 bei Mursa in einer äußerst blutigen Schlacht zu besiegen; die endgültige Niederwerfung des Usurpators zog sich aber noch bis weit ins Jahr 353 hin.[38] Die entscheidende Schwächung der Westarmee machten sich Franken und Alemannen zunutze und machten innerhalb von drei Jahren die Erfolge, die seit dem ausgehenden 3. Jahrhundert erzielt worden waren, größtenteils wieder zunichte.[39] Zur militärischen Krise im Osten trat erneut eine im Westen hinzu, gleichzeitig häuften sich Usurpationen und Usurpationsversuche. Als Repräsentanten der kaiserlichen Gewalt im Orient hatte Constantius beim Aufbruch gegen Magnentius seinen Vetter Gallus – den älteren der überlebenden Söhne des Iulius Constantius zurückgelassen, der die Würde eines Caesars erhielt, aber streng von den Beauftragten des Augustus überwacht wurde. Als er versuchte, dagegen aufzubegehren und sich zumindest größere Handlungsspielräume zu verschaffen, wurde er 354 hingerichtet. Im folgenden Jahr nahm in Gallien der General Silvanus den Purpur, angeblich getrieben durch gegen ihn gerichtete Intrigen kaiserlicher Höflinge. Ihn brachte ein von Constantius entsandtes Geheimkommando, dem auch der Historiker Ammianus Marcellinus angehörte, binnen kurzem ohne Bürgerkrieg zur Strecke.[40] Da aber Constantius zur Bekämpfung der Germanen nicht in Gallien bleiben konnte – neue Schwierigkeiten mit den Sarmaten und der heftig wieder aufgeflammte Perserkrieg riefen ihn nach Osten – ernannte Constantius trotz der ernüchternden Erfahrungen mit Gallus dessen jüngeren Bruder Iulian zum Caesar, der der letzte Angehörige der constantinischen Dynastie auf dem Kaiserthron werden sollte. Iulian, unter kaiserlicher Aufsicht christlich erzogen, hatte sich bislang vorwiegend mit rhetorischen und philosophischen Studien beschäftigt und war dabei in den Bann der neuplatonischen Lehre geraten, der mystischsten und esoterischsten Variante des Heidentums, der er bald völlig verfiel. Doch war dies nur die eine Seite seiner von pathologischen Zügen nicht freien Persönlichkeit. Hinter der Maske des asketischen Gelehrten verbarg er eine zielbewusste Verschlagenheit und einen unbändigen Hass auf seinen Vetter Constantius, dem er die Ermordung seiner Verwandten nicht verzieh. Bis zum Jahre 361 hatte er sich durch seine – unter der Anleitung erfahrener Militärs und Verwaltungsbeamter durchaus erfolgreiche – militärische und administrative Tätigkeit in Gallien genügend eigene Erfahrungen und vor allem Rückhalt im Heer verschafft, um zum großen Schlag ausholen zu können: zu Lutetia (Paris) ließ er sich zum Kaiser ausrufen. Der unausweichliche Bürgerkrieg, der leicht katastrophale Auswirkungen für das Imperium hätte haben können, wurde nur durch den natürlichen Tod des Constantius, der keinen Erben hinterließ, verhindert. Als Kaiser wandte sich Iulian in aller Öffentlichkeit vom Christentum ab, was ihm in der christlichen Geschichtsschreibung den Beinamen Apostata („Der Abtrünnige") verschaffte. Sein hektischer und unkoordinierter Versuch einer heidnischen Restauration stieß jedoch auf größere Widerstände, als er erwartet hatte, obwohl es nicht zu offenen Empörungen kam. Nicht nur die Christen, sondern auch viele Heiden vermochten sich mit den Verstiegenheiten des Neuplatonismus nicht zu identifizieren und reagierten gleichgültig, befremdet oder gar ablehnend auf die kaiserlichen Bemühungen, wie nicht zuletzt das Beispiel des Ammianus Marcellinus deutlich macht.[41] Den wachsenden

Schwierigkeiten versuchte Iulian durch einen gewaltigen Befreiungsschlag zu entgehen: Er plante den immer noch fortdauernden Perserkrieg dadurch zu beenden, dass er an der Spitze eines riesigen Heeres ins Herz des Sāsānidenreiches vorstieß. Letztlich war auch er, wie schon sein Onkel Constantin, in den Bann der Faszination Alexanders geraten. Doch das schon im Ansatz verfehlte Unternehmen – entgegen allen Warnungen setzte Iulian den Hauptangriff durch Mesopotamien auf Ktesiphon an – endete mit einer Katastrophe. Am 26. Juni 363 wurde Roms letzter heidnischer Kaiser tödlich verwundet und sein vom Offizierskorps erkorener Nachfolger Iovian, bezeichnenderweise ein Christ, vermochte das in schwerste Bedrängnis geratene Heer nur dadurch zu retten, dass er dem Perserkönig Ostmesopotamien mit der wichtigen Metropole Nisibis abtrat.

Iulians heidnische Restaurationspolitik stieß unzweifelhaft auf ein Christentum, das seine Position in Staat und Gesellschaft seit dem Tode Constantins des Großen weiter ausgebaut und gefestigt hatte. Obwohl nicht getauft,[42] waren die Söhne des Kaisers doch unter christlichem Einfluss erzogen worden und sie förderten diese Religion, die ihnen zu einer Selbstverständlichkeit geworden war. Der Reichtum der Kirche wuchs, nicht zuletzt durch testamentarische Stiftungen und Schenkungen, gleichzeitig nahm die Zahl der Christen in hohen Positionen vor allem im Osten des Reiches weiter zu und erfasste immer mehr auch das Heer. Voraussetzung für eine Karriere im Staatsdienst wurde das christliche Bekenntnis jedoch keineswegs: Ein Heide wie der Rhetor Libanios erfreute sich gerade unter Constantius II. großen Ansehens. Die innerkirchlichen Auseinandersetzungen zwischen „Katholiken" (bzw. „Athanasianern"), Donatisten und Arianern, dauerten auch unter den Constantinsöhnen fort und erhielten noch dadurch eine zusätzliche politische Dimension, dass Constantius die Arianer unterstützte, während Constantin II. und vor allem Constans Athanasios ihre Unterstützung liehen, was zu Spannungen zwischen den Kaiserhöfen Anlass gab. Constantius tat noch ein Übriges: Er förderte die christliche Mission bei den Nachbarvölkern, namentlich bei den Goten, wo der arianische Bischof

Ulfilas (oder Wulfila; gotisch = Wölfchen) eine erfolgreiche Tätigkeit entfaltete. Seinen Missionserfolgen und seiner Übersetzung der Bibel ins Gotische (der *lingua franca* der Ostgermanen) war es zu danken, dass die ostgermanischen Völker das arianische Christentum annahmen, was später während der Völkerwanderungszeit, als sich im Imperium die „Katholiken" durchgesetzt hatten, verhängnisvolle Folgen zeitigte, da sich die ins Reich eingedrungenen Ostgermanen, namentlich die Vandalen und Ostgoten, religiös von der Masse der Reichsbevölkerung isoliert sahen. Ob es Iulian vermocht hätte, in religiöser Hinsicht die Uhr noch einmal auf das Jahr 312 zurückzudrehen, hätte er nur länger gelebt, muss bezweifelt werden. Seine Politik stieß, wie bereits bemerkt, auch deshalb auf so große Schwierigkeiten, weil die von ihm favorisierte Variante des Heidentums selbst für viele Heiden keine verlockende Alternative war; Versuche des Kaisers, bezüglich der Liturgie bestimmte Eigenarten des Christentums im heidnischen Opferdienst zu verankern, können letztlich als Indiz für die Aussichtslosigkeit von Iulians Unterfangen gedeutet werden. Aber hüten wir uns vor übereilten Schlüssen: Trotz der kurzen Regierungszeit des letzten heidnischen Kaisers hatten sich bereits hochgestellte Persönlichkeiten vom Christentum wieder abgewandt und bekannten sich zum Heidentum,[43] ein Beleg dafür, wie wenig gesichert die christliche Position auch ein Vierteljahrhundert nach Constantins Tod noch war.

Lassen wir es bei diesem Ausblick bewenden und kehren wir zu unserem nunmehr verstorbenen Protagonisten Constantin zurück, um seine Leistungen zu bewerten und ein Urteil über seine Persönlichkeit zu versuchen. Constantins Aufstieg zur Alleinherrschaft geht einher mit dem Zusammenbruch der Tetrarchie, mit der Kaiser Diocletian eine jahrzehntelange, existenzbedrohende Krise des Reiches abzuwenden gehofft hatte. Wir haben gesehen, dass das Scheitern des diocletianischen Systems nicht primär auf Constantins Konto ging. Das enthob diesen jedoch nicht der Aufgabe, anstelle der offenkundig ungeeigneten Tetrarchie Diocletians eine eigene Regierungs- und Nachfolgeordnung zu entwickeln, die einen Rückfall in die chaotischen Verhältnisse des 3. Jahrhunderts nach Möglichkeit ausschloss. Hier hat Constantin Zukunftsweisendes nicht geleistet. Zu seinen Lebzeiten stützte er sich auf seine zumeist noch minderjährigen Söhne, später auch auf andere enge Verwandte als von ihm völlig abhängige Repräsentanten seiner kaiserlichen Macht, eine Vorgehensweise, deren sich bereits Augustus bedient hatte. Ein solches familiengestütztes Herrschaftssystem besaß einen fundamentalen immanenten Mangel: Wie die Erfahrungen nicht nur im Imperium Romanum, sondern auch in anderen Reichen zur Genüge deutlich machen, erwiesen sich gerade Verwandte als ganz besonders illoyal.[44] Die Crispus- und Faustakatastrophe stellte nichts anderes als ein Menetekel dar für das, was nach Constantins Tod mit den dynastischen Morden beginnen, in den Bürgerkriegen zwischen Constantin und Constans, Constantius II und Iulian seine Fortsetzung finden und erst mit dem Tode Iulians als letztem, kinderlosen Angehörigen der Dynastie enden sollte. Zur Verschärfung der innerfamiliären Konflikte trug wesentlich Constantins Versäumnis bei, eine allgemein akzeptierte Nachfolgeregelung überhaupt zu hinterlassen, weil er, verblendet von seinen Perserfeldzugsplänen und höchstwahrscheinlich den Versprechungen christlicher Priester um Eusebios von Nikomedia, seinen bevorstehenden Tod nicht wahrhaben wollte. Ebensowenig wie Auseinandersetzungen zwischen seinen Söhnen und Angehörigen konnte Constantin die Gefahr außerfamiliärer Usurpationen bannen, wie vor allem die Erhebungen des Magnentius und Silvanus zeigen. Man muss allerdings zugeben, dass die von Constantin vorgenommene konsequente Trennung von Militär- und Zivilgewalt, die Aufsplitterung der Kommandos und die Überwachung durch einen effektiven Geheimdienst erfolgreiche Usurpationen und Verschwörungen sehr erschwerten.

Auf außenpolitischem Gebiet wiederum zeigte sich der Kaiser sehr erfolgreich, wenn es darum ging, Gefahren durch die Nachbarvölker zu bannen. Seine Leistungen liegen freilich mehr auf dem militärischen als auf dem politischen Sektor, auf dem er höchst konventionell die Schaffung einer Zone abhängiger, mit dem Imperium in einem Vertragsverhältnis stehender Randvölker betrieb. Das ist ihm mit massivem militärischen Druck vor allem an der Donaugrenze gelungen, am Rhein erwies er sich auf längere Sicht als weniger erfolgreich, wie die Schwierigkeiten bewiesen, die erst Constans und dann vor allem Constantius II. und Iulian mit Franken und Alemannen hatten. Sein nicht mehr zur Ausführung gelangter Versuch, auch das Sāsānidenreich in einen abhängigen Klientelstaat zu verwandeln, Armenien gar seinem Halbbruder als Königreich zuzuschanzen, knüpfte an die von Selbstüberschätzung und dem Beispiel Alexanders des Großen bestimmte Ostpolitik an, mit der bereits Traian Schiffbruch erlitten hatte und an der Iulian später zugrunde gehen sollte. Primäres Instrument constantinischer Außenpolitik war und blieb das Heer, und bei dessen Umstrukturierung hat der Kaiser Bedeutendes vollbracht: Seine Reformen betrafen die Ebene des Oberkommandos ebenso wie die der Einheiten im Felde, wie die Schaffung eines einheitlichen Infanterienumerus für das Feldheer zeigt. Seine Maßnahmen bestimmten für mindestens drei Jahrhunderte, bis zum Beginn des Mittelalters, die Struktur des spätantiken römischen bzw. frühbyzantinischen Heeres. Bewährt hat sich auch die constantinische Organisation des Hofes, auch sie wurde in der gesamten Spätantike nicht grundlegend verändert, bestenfalls erweitert und ergänzt. Noch stärker wirkte sich das von Constantin initiierte Titelwesen aus, das zu einem Markenzeichen des spätrömischen und dann des byzantinischen Staates werden sollte. Bereits unter der Regierung Justinians im 6. Jahrhundert war der Titel *patricius* zu einem Markenzeichen der alten senatorischen Oberschicht geworden und der *magister militum* befand sich auf dem Wege, aus einem militärischen Rang zu einer bloßen hohen Würde, dem μαγίστρος, zu werden, die der des *patricius* noch übergeordnet war und bis zur Titelinflation des 11. Jahrhunderts ihre hohe Stellung behaupten sollte.

Zwiespältig bleibt das Bild von Constantins finanz- und wirtschaftspolitischen Maßnahmen. Mit dem Solidus verhalf er dem Imperium wieder zu einer dauerhaft stabilen Währung, aber die ökonomischen und sozialen Auswirkungen der Einführung des Goldstandards sind keineswegs vorwiegend positiv gewesen, weil das Problem der Inflation dadurch nicht wirkungsvoll bekämpft werden konnte und gleichzeitig einer verschärften gesellschaftlichen Differenzierung in Arm und Reich, hoch und Niedrig Vorschub geleistet wurde. Constantins Fiskalpolitik diente nur dem einen Zweck: Geld für die eigenen ehrgeizigen Projekte in die Staatskassen zu bekommen. Dazu wurden vor allem die Decurionen rücksichtslos herangezogen; auf deren Versuche, sich den immer drückenderen Belastungen zu entziehen, reagierte der Kaiser mit verstärktem staatlichen Zwang, ohne sich um die Ursachen der Decurionenflucht Gedanken zu machen. Überhaupt wirkt seine Gesetzgebung vielfach widersprüchlich und erratisch, sie erscheint im Wesentlichen als von Erfordernissen des Augenblicks und nicht von großen Leitideen oder gar Visionen bestimmt.

Seiner persönlichen Präferenz nach war Constantin ein Anhänger des Sonnengottes, mit dem er sich in der Tradition des antiken Gottmenschentums bereits sehr früh persönlich identifizierte. Seine Religions- und Kirchenpolitik wird erst nach 313 durch eine erst langsame und zögerliche, seit 324 dann immer rascher fortschreitende Annäherung an das Christentum charakterisiert, das schließlich den Status einer vom Kaiser selbst favorisierten Religion erhielt. Diese Entwicklung war das Ergebnis einer fundamentalen Unkenntnis seitens des Kaisers hinsichtlich der Inhalte des christlichen Glaubens und einer wohlweißlichen Zurückhaltung christlicher Würdenträger, ihn über seine Irrtümer aufzuklären. Ganz im Gegenteil hat es den Anschein, dass namentlich seitens Eusebios' von Nikomedia Constantin ganz bewusst darauf hingewiesen wurde, dass besonders die arianische Version des Christentums den kaiserlichen Anspruch auf unmittelbare persönliche Teilhabe am Göttlichen unterstütze; die Annäherung Constantins an den zuvor mit seiner Billigung verketzerten Arianismus in seinen letzten Lebensjahren, seine Taufe durch einen Arianer findet hierin ihre Erklärung. Unter diesem Aspekt konnte Constantin die christliche Kirche als eine gutorganisierte Institution sehen, die ihm helfen würde, seinen eigenen göttlichen Anspruch im Reich zu verkünden. Allerdings war die Kirche nichts weniger als ein innerlich homogener, monolithengleicher Block, was der Kaiser zuerst im Donatistenstreit und dann im Konflikt zwischen „Katholiken" und Arianern erfahren musste. Diese Streitigkeiten nötigten den Kaiser zur Parteinahme, verstärkten aber gerade durch die Unmöglichkeit, sie durch einen kaiserlichen Machtspruch zu beenden, die Möglichkeiten zur christlichen Einflussnahme auf Constantin selbst, weil der Kaiser sich ein ums andere Mal gezwungen sah, mit kirchlichen Würdenträgern zu konferieren, um nach Auswegen zu suchen. Dass das Ziel des Kaisers wie auch seiner Nachfolger – sieht man einmal von Julian ab – die Herstellung eines einheitlichen, für alle akzeptablen Bekenntnisses war, bleibt unbestritten, nicht zu übersehen ist aber auch, dass christlicher Fanatismus diese gute Absicht von Anfang an vereitelte. Mit seiner Christianisierung verlor das Imperium überdies seine durch die Jahrhunderte grundsätzlich bewahrte und bewährte Toleranz, die die Ausbreitung des Christentums letzten Endes erst ermöglicht hatte und es muss großes Unbehagen erwecken, dass sich gerade diejenige antike Religion durchzusetzen vermochte, die sich als die intoleranteste erwies. Der christlichen Kirche zeigte Constantin den Weg: Den Herrscher und die Oberschicht galt es vor allem zu gewinnen, waren sie erst einmal von den Vorteilen des Christentums für sich selbst überzeugt, so würden sie mit ihrer Macht und ihrem Einfluss schon dafür sorgen, dass sich auch die Untertanen den christlichen Ansprüchen beugten. Dieses Bündnis zwischen Kirche(n) und Eliten hat sich nahezu 1500 Jahre lang bewährt. Erst mit dem Vordringen der Aufklärung im 18. Jahrhundert begannen die Kirchen, gleich welcher Konfession, ihren Zugriff auf die Führungsschichten zu verlieren und ein Jahrhundert später büßten sie mit der Ausbreitung demokratischen und sozialistischen Gedankenguts auch immer mehr ihren Einfluss auf die traditionell wenig gebildeten Unterschichten ein. Mit dem heutigentags feststellbaren rasanten Verfall demokratischer Strukturen zugunsten oligarchischer Regierungsformen, verbunden mit einem sozialen und mentalen(!) Abstieg großer Bevölkerungsteile gerade auch in den westlichen Ländern scheint nicht zuletzt die katholische Kirche wieder sehr stark auf die Eliten zu setzen und sich ihnen als Instrument der

Herrschaftssicherung anzubieten, gegen Macht- und Gewinnbeteiligung versteht sich.

Versuchen wir zum Schluss, trotz der Spärlichkeit unserer Quellen, die Persönlichkeit Kaiser Constantins so gut wie eben möglich zu ergründen. Wie wohl kein anderer Kaiser vor ihm hat Constantin sein inneres Wesen vor der Öffentlichkeit abgeschottet. Selbst sein Zornausbruch vor dem Gesandten des Licinius – die einzige glaubwürdige Nachricht, die wir von einer Gefühlsäußerung des Kaisers haben – wirkt sorgfältig kalkuliert und auf Einschüchterung bedacht; seine erhaltenen Porträtköpfe erwecken den Eindruck nicht von Lebendigkeit, sondern von maskenhafter Starre[45], und von seinem Sohn Constantius, der das väterliche Auftreten nachahmte, ist überliefert, dass er sich coram publico nicht einmal zu schnäuzen wagte und anlässlich eines Triumphzuges starr und unbeweglich geradeaus blickte.[46] Handelt es sich hier um den genuinen Ausdruck einer Persönlichkeit, der im Bewusstsein der eigenen Göttlichkeit Distanz ein natürliches Bedürfnis war, oder haben wir es hier mit einer bloßen Fassade zu tun, hinter der sich ein ganz anderer Mensch verbarg? Hinweise auf Letzteres fehlen nicht völlig. Constantins offenbar exzesssives Verlangen, seine eigene Person gelobt zu erleben, seine Anfälligkeit für Schmeichler, seine Unterdrückung der Leistungen seiner Umgebung, namentlich, aber längst nicht nur, der militärischen, seine Neigung, die Verdienste seiner Vorgänger herabzusetzen, gar lächerlich zu machen – all dies zeugt nicht eben von einem gefestigten Selbstbewusstsein, sondern kann als Indiz für eine innere Unsicherheit des Kaisers interpretiert werden. Auch seine wahrscheinlich übertriebene Reaktion im Falle der Crispus-Fausta-Katastrophe deutet in diese Richtung. Ein Schlüssel zu Constantins Wesen liegt wohl in dem Umstand verborgen, dass er einen Großteil seiner Jugend ohne Vater verbrachte, dass sein Vater seine Mutter und ihn verließ und sich einer anderen Frau zuwandte, die ihm den Kaiserthron eintrug. Obwohl er somit der Sohn eines Kaisers war und dank väterlicher Protektion am Kaiserhofe Dienst tat, deutete doch lange Zeit nichts darauf hin, dass er seinem Vater Constantius je würde auf den Thron folgen können. Er blieb ein Soldat auf der mittleren Offizierslaufbahn, womöglich misstrauisch beäugt von seiner Umgebung und ohne gesicherte Aussichten für seine spätere Karriere. Gelang es ihm nicht, den Vater zu beerben, so konnte ihm die kaiserliche Abstammung leicht zum Verhängnis werden; das Schicksal, das er später seinem kleinen Neffen Licinianus bereitete, wurzelte vielleicht in dieser selbst durchlittenen Existenzangst. Sein Aufstieg vom Tribun zum Caesar erschien ihm womöglich selbst so wunderbar und unerwartet, dass er ihn sich nicht anders als durch das hilfreiche Eingreifen eines Gottes erklären konnte, als dessen wahrer Abkömmling er sich fortan sah.

Dem widerspricht nicht, dass Constantin persönliche Tapferkeit besaß und sich bis zu seiner letzten Krankheit robust und ausdauernd zeigte. Überhaupt brillierte er in allen militärischen Belangen, wo weitere Charakterzüge zutage treten: Wirklichkeitssinn und ein Blick für das Wesentliche, für strategische und auch politische Zusammenhänge, dazu Geduld und Systematik, was die Vorbereitungen zur Ausführung seiner Pläne anging, gepaart mit Schnelligkeit und brutaler Rücksichtslosigkeit bei deren Realisierung. Er muss zweifelsohne zu den großen Feldherrn Roms gerechnet werden, auch wenn sich seine militärische Befähigung vorwiegend in Bürgerkriegen erwies. Erst ganz zum Schluss hat ihn das Augenmaß verlassen, als ihn das Bewusstsein seiner Erfolge, verbunden mit Eitelkeit und dem Einfluss seiner servilen Umgebung dazu verleitete, Alexander den Großen nachzuahmen und einen Perserkrieg vom Zaune zu brechen. Als Kehrseite der genialen militärischen Begabung tritt indes zutage, dass Constantins geistiger Horizont zeit seines Lebens beschränkt blieb. Hier unterschied er sich in nichts von x-beliebigen anderen Soldatenkaisern. Im Militärdienst aufgestiegen und durch Bürgerkriege an die Alleinherrschaft gekommen, glaubte Constantin, alles auf dem Kommandowege, und wenn das nichts half, mit Gewalt durchsetzen zu können, ohne sich der Widersprüche in der eigenen Politik bewusst zu werden. Seine geistige Beschränktheit zeigt sich gerade auch darin, dass er vom Wesen des Christentums so gut wie nichts begriff und sich entgegen den Beteuerungen des

Eusebios auch gar keine Mühe gab, den Inhalt dieser Religion zu erfassen. Aber wie es so geht: gerade in diesem intellektuellen Defizit liegt die wesentliche Ursache dafür, dass Constantin der christlichen Kirche auf den Leim ging.

Anmerkungen

Einleitung
Eine neue Constantinbiographie und ihre Quellen

1. Nämlich die von B. Bleckmann, M. Clauss, K. Piepenbrink und H. Brandt; auf dem angloamerikanischen Buchmarkt erschien zuletzt die Biographie von Odahl.
2. Zur Person des Autors s. Creed, Lactantius XXV-XXVII.
3. S. K. Groß-Albenhausen – M. Fuhrmann (ed., trad. et com.), S. Aurelius Victor, Die römischen Kaiser. Liber de caesaribus, Zürich – Düsseldorf 1997, 151–170; zu den Breviarien und ihrer Vorgeschichte s. Mehl, Geschichtsschreibung 159–167.
4. Zu Eutrop s. Mehl, Geschichtsschreibung 165, der eine deutliche Zweiteilung des Werkes konstatiert: behandelten die Bücher 1-6 Kriege und Schlachten, so seien die „Bücher 7–10 biographisch und überdies anekdotischangelegt" darin der Tradition folgend, die sich seit dem ersten Jahrhundert etabliert habe.
5. Fest. 30.
6. Schlumberger, Epitome 1–5; 71–77.
7. S. König, Origo 1–30.
8. Zu Orosius s. Mehl, Geschichtsschreibung 192–198.
9. Zu Zosimos s. Mehl, Geschichtsschreibung 172–175; vgl. Hunger, Literatur 285–290.
10. Zur Person des Petrus (Petros) s. PLRE III B 994–998 s. v. Petrus 6; zu seinem Werk s. Hunger, Literatur 300–301.
11. Hunger, Literatur 328–329.
12. P. Speck, Das geteilte Dossier. Beobachtungen zu den Nachrichten über die Zeit des Herakleios und die seiner Söhne bei Theophanes und Nikephoros (ΠΟΙΚΙΛΑ ΒΥΖΑΝΤΙΝΑ 9) Bonn 1988, 499–502 hält den „Theophanes" lediglich für ein bis zur lateinischen Übersetzung durch Anastasius Bibliothecarius nicht kompiliertes Dossier von Nachrichten unterschiedlichster Provenienz.
13. Zu Theophanes s. grundsätzlich Hunger; Literatur 334–338.
14. Zu Zonaras vgl. Hunger, Literatur 416–418.
15. S. vor allem Barnes, Constantine passim; Millar, Emperor 205: „… perhaps our most valuable source for the activities of any emperor."
16. Eus. vita Const. 1,11,1; s. dazu Mehl, Geschichtsschreibung 184–191.

17 S. J. Bidez, Philostorgius. Kirchengeschichte. Mit dem Leben des Lucian von Antiochien und den Fragmenten eines arianischen Historiographen, 3. bearbeitete Auflage von Friedhelm Winkelmann, Berlin 1988, CVII-CXLIII

18 S. Tac. ann. 1,8,4. In Parenthese sei angemerkt, dass nach den gleichen Maßgaben wie in der Antike – bewusst oder unbewusst – bis heute Lobreden auf Personen des öffentlichen Lebens konzipiert werden. Journalisten und anderen Hofsängern sei daher das Studium der antiken Vorbilder wärmstens ans Herz gelegt, es kann ihren stilistischen Fähigkeiten nur zugute kommen.

19 S. H. U. Wiemer, Libanios und Julian. Studien zum Verhältnis von Rhetorik und Politik im vierten Jahrhundert n. Chr. (Vestigia 46) München 1995, 367–376.

20 Zu ihnen vgl. Hunger, Literatur 120–121.

21 S. Demandt, Spätantike 162–163.

22 S. etwa Brandt, Konstantin 19.

Kapitel 1
Der Weg in die Krise: Kaisertum und Kaiserreich von Augustus bis Numerian

1 S. dazu Tac. ann. 1,3,7 dessen knappe Analyse bis heute unübertroffen bleibt.

2 Christ, Kaiserzeit 243–249.

3 S. Cass. Dio 68,23,1; vgl. bereits Tac. hist. 2,5,1; 11,3; zum Adoptivkaisertum im Allgemeinen und zur Regierung Traians s. Christ, Kaiserzeit 285–292; 293–314.

4 SHA Hadr. 10,2–6; s. allgemein Christ, Kaiserzeit 314–329.

5 S. Christ, Kaiserzeit 329–349.

6 S. dazu A. R. Birley, Septimius Severus. The African Emperor, London 1988, 89–128; zusammenfassend Christ, Kaiserzeit 600–607.

7 Cass. Dio 77,15,2.

8 Cass. Dio 79,3,2; M. P. Speidel, Neckarschwaben 154 u. T. 23.

9 Cass. Dio 80,1,1–2,4.

10 Zu den Soldatenkaisern s. M. Sommer, Die Soldatenkaiser, Darmstadt 2004, 27–67.

11 Zum Senatorenstand s. Bleicken, Verfassungs- und Sozialgeschichte I 277–294; Christ, Kaiserzeit 401–410; speziell zu Pertinax s. SHA Pert. 1,1. 4–2,5.

12 S. Cass. Dio 60,21,1–5.
13 Vgl. dazu die sarkastische Bemerkung des Cassius Dio (68,29,1).
14 S. Millar, Near East 121–141.
15 Zu Neuaufstellungen und zum Verschwinden alter Legionen s. die Tabelle bei Le Bohec L'armée 26.
16 Zu Palmyra s. Millar, Near East 319–336; U. Hartmann, Das palmyrenische Teilreich (Oriens und Occidens 2) Stuttgart 2001 passim.
17 Zur Preisgabe des sogenannten Decumatenlandes s. U. Nuber, der Verlust der obergermanisch-raetischen Limesgebiete und die Grenzsicherung bis zum Ende des 3. Jahrhunderts, in Vallet – Kazanski, L'armée 101–108.
18 S. Ios. bell. Iud. 2,282–283; 386.
19 S. Bleicken, Verfassungs- und Sozialgeschichte II 55–67.
20 Suet. Claud. 18,2–19.
21 Bleicken, Verfassungs- und Sozialgeschichte II 67–76; Christ, Kaiserzeit 493–506.
22 Zur monetären Entwicklung s. zusammenfassend Bleicken, Verfassungs- und Sozialgeschichte II 69–71; 78.
23 S. SHA Aurelian. 9,6–7; Probus 4,5–6; vgl. Amm. 22,4,9.
24 S. dazu Y. Le Bohec, Gallien et l'encadrement sénatorial de l'armée romaine, Réma 1 (2004) 123–132.
25 Zu der Entwicklung s. zusammenfassend Bleicken, Verfassungs- und Sozialgeschichte I 297–302.
26 Zu den Decurionen vgl. Christ, Kaiserzeit 385–396.
27 Als in dieser Hinsicht bezeichnend kann Apul. met. 3,27,4–4,27,3; 7,1,1–13,5 gelten.
28 Tac. ann. 14,17,1; s. grundsätzlich MacMullen, Enemies 167–191.
29 Vgl. Tac. ann. 15,38,7; s. auch das sogenannte Eparchenbuch Leos des Weisen (19,3 [706–712- Koder])aus dem 10. Jahrhundert, das zwar die Verhältnisse des mittelalterlichen Konstantinopel im Auge hat, jedoch durchaus Vergleichsmaterial bietet.
30 Zu Berührungspunkten zwischen der Magie und speziell den Mysterienreligionen s. Graf, Schadenzauber 89–107.
31 Suet. Tib. 14,4; 62,3.
32 Lukian, Alexander; s. auch MacMullen, Enemies 58–63; vgl. 128–162.
33 Zu Plotin s. F.-P. Hager, Plotin, in O. Höfe (Hg.) Klassiker der Philosophie I: Von den Vorsokratikern bis David Hume, München 1981, 137–150.
34 Zum sogenannten Bacchannalienskandal, der hohe Wellen schlug s. Liv. 39,8,3–18,7.
35 Vgl. Plut. Pompeius 52,3
36 Vgl. Suet. Claud. 25,5.
37 S. Hom. Il. 11,488–491.

38 Zur religiösen Entwicklung vgl. Christ, Kaiserzeit 562–569; Vogt, Niedergang 71–82; zu Konsum, Sex und Alkohol als schon dem antiken Menschen vertrauten Narkotika für innere Leere und Daseinsangst s. bes. Petron. 34,6–10; 41,10–12; 43,8. Man sieht, dass die mentalen Probleme und Hilfsmittel des Menschen in der römischen Kaiserzeit mutatis mutandis denen unserer Zeitgenossen nicht unähnlich waren. Unbekannt blieb in der Antike der Wirklichkeitsverlust als Massenphänomen, der heutzutage unter dem Einfluss der massenmedialen Reizüberflutung zu einem großen Problem geworden ist.

39 Abgesehen davon, dass bereits die Schriftkundigkeit auf die Zugehörigkeit zu einer sozial gehobeneren Schicht hinweist, ist in dieser Hinsicht Mt 4,13 bezeichnend, wo von einem Umzug Jesu von Nazareth nach Kapharnaum berichtet wird. Ein Verlassen der Heimatgemeinde und die Ansiedlung an einem anderen Ort war in der Antike nur den Wohlhabenderen ohne größere Schwierigkeiten möglich. Für den Ärmeren bedeutete ein Verlust der Heimat oft genug den wirtschaftlichen und sozialen Ruin, weil Beziehungen verwandtschaftlicher oder freundschaftlicher Natur, die beim Aufbau einer neuen Existenz hilfreich sein konnten, außerhalb des Geburtsortes nicht existierten. Wenn Jesus wirklich imstande war, als Wanderprediger ganz Galiläa zu durchziehen, wie Mt 4,23 behauptet wird, belegt dies deutlich, dass er – wie später der Apostel Paulus – zur Bestreitung seines Lebensunterhaltes auf die Ausübung eines Berufes nicht angewiesen war. Zuwendungen von Anhängern sind nicht auszuschließen, ja durchaus wahrscheinlich, setzen aber bereits eine gewisse Anerkennung als Prediger und religiöser Führer voraus, die zumindest in der Anfangszeit noch nicht vorausgesetzt werden kann, selbst wenn man in Rechnung stellt, dass der privaten Gastfreundschaft damals eine weit größere Bedeutung zukam, als dies heute der Fall ist, zumindest im westlichen Kulturkreis (vgl. Mt. 9,9–10). Darüber hinaus enthalten die Evangelien mehrere Hinweise darauf, dass Jesus wohlhabend genug war, um seine Anhänger zu bewirten und freizuhalten, s. etwa Mark. 2,15; 6,36–37.

40 Jo 2,15; bewaffneter Anhang: Lk. 22,38. 49–50.

41 Vgl. Ios. bell. iud. 2,261–263.

42 Hier gilt grundsätzlich das bereits für Jesus Gesagte. Die Bildung und die weiten Reisen des Paulus legen Zeugnis ab für seine Zugehörigkeit zu einer gehobenen Gesellschaftsschicht. Obwohl er ein Handwerk (Zeltmacher) erlernt hatte, übte er diesen Beruf offensichtlich nicht aus.

43 Zum Entfremdungsprozess zwischen Christentum und Judentum s. Dassmann, Kirchengeschichte I 63–70.

44 Iul.ep.84 (Bidez), 430 C-D.

45 Zusammenfassend Christ, Kaiserzeit 572–575.
46 Zum Isiskult s. christ, Kaisrzeit 567–570; Bleicken, Verfassungs- und Sozialgeschichte 130–131.
47 S. bes.Cass.Dio 80,9,1–17,1.
48 S. Berrens, Sonnenkult 57–138.
49 Zu den Anfängen des Herrscherkultes bleibt grundlegend Chr. Habicht, Gottmenschentum und griechische Städte (Zetemata 14) 2. Auflage München 1970 passim, bes. 3–5; 17–36; zu Flamininus s. K. Christ, Krise und Untergang der römischen Republik, Darmstadt 1984, 40.
50 Zur Entwicklung speziell unter Augustus s. Clauss, Herrscherkult 54–75.
51 Vgl. Plin. ep. 96,3.
52 Apg 19,23–40.
53 Suet. Claud. 25,4.
54 Dassmann, Kirchengeschichte I 97.
55 Tac. ann. 15,44,2–5; zur neronischen Verfolgung s. Dassmann, Kirchengeschichte I 97–99.
56 Plin. ep. 10,96,3–6; 97,1–2.
57 In Parenthese sei angemerkt, dass trotz einiger anderslautender Aussagen in manchen Quellen weder Alexander Severus noch Philippus Arabs (244–249) Christen gewesen sind, s. dazu ausführlich Girardet, Wende 18–26.
58 S. Christ, Kaiserzeit 660–661; Dassmann, Kirchengeschichte I 107–113; dort 111–113 zur Rolle des Martyriums.

Kapitel 2
Diocletian und die Tetrarchie:
Das römische Reich als Sanierungsfall

1 Die Anfänge dieser Clique reichen bis in die Zeit des Kaisers Probus (276–282) zurück, wenn SHA Prob. 22,3 zuverlässig ist; vgl. auch ILS 8929; s. dazu König Origo Constantini 62. Auch Carus, der Probus dann als Kaiser beerbte, hätte demnach dazugehört.
2 Aurel. Vict. Caes. 38,6–39,1. 13–14; Gegen eine Mitschuld des Diocletian wie auch des Aper am Tode Numerians wendet sich Kolb, Tetrarchie 12–17; er bleibt aber ebenfalls weitgehend auf Vermutungen angewiesen.

³ Kontakte werden durch SHA Prob. 22,3 nahegelegt, doch ist die Aussage – wie so viele Infomationen der Historia Augusta – nicht über jeden Zweifel erhaben.

⁴ Aurel. Vict. Caes. 39,17–18; das Vertrauensverhältnis hebt auch Lact. mort. pers. 8,1 hervor; zur Herkunft des Maximian s. ferner (Ps.-)Aurel. Vict. epit. Caes. 40,10. Das Datum der Caesarerhebung (13.12.285?) erörtert ausführlich Kolb, Tetrarchie 23–41.

⁵ Die Motive Diocletians diskutiert Williams, Diocletian 43–45; die starke Position Maximians betont mit Recht Kolb, Tetrarchie 42–43.

⁶ Zu den Ereignissen s. zusammenfassend Williams, Diocletian 47–49; Demandt, Spätantike 47. Zur Wahl der Schutzgötter s. Clauss, Herrscherkult 189–195.

⁷ Die handstreichartige Kür des Constantius, die keineswegs im Sinne Diocletians sein konnte, hat mit überzeugenden Argumenten I. König, Die Berufung des Constantius Chlorus und des Galerius zu Caesaren, Chiron 4 (1974) 567–576 herausgearbeitet. Gegen König wendet sich Kolb, Tetrarchie 77–87; 108–109, der von einer „sorgfältigen Planung Diocletians" (op. cit. 80) bei der Ernennung der Caesares ausgeht, ohne wirklich überzeugen zu können. Vor allem bietet Kolbs These keine Erklärung für die zwar latente, doch unübersehbare Rivalität namentlich zwischen Galerius und Maximian.

⁸ Vgl. bereits Stein, Bas-empire 79.

⁹ Zu Carausius und seiner Usurpation s. ausführlich Casey, Carausius passim, bes. 39–54; zu seiner Niederwerfung s. auch Kuhoff, Diokletian 137–138; 152.

¹⁰ Die Revolten werden summarisch aufgelistet von Aurel. Vict. Caes. 39,22–23; Eutr. 9,22,1.

¹¹ Die Kontinuität in der Entwicklung des Hofzeremoniells wird besonders von Alföldi, Repräsentation passim betont, der sich mit Recht gegen das angebliche orientalische Vorbild ausspricht, s. ibid. 6–25; zusammenfassend auch Demandt, Spätantike 53–54.

¹² Zu den Kämpfen vgl. Kuhoff, Diokletian 77–81.

¹³ Pan. 6(7),6,3–4; Eutr. 9,23; vgl. dazu Kuhoff, Diokletian 214–215.

¹⁴ S. Demandt, Spätantike 51 u. A. 31.

¹⁵ Eutr. 9,24; Fest. 25; Amm. 14,11,10; 23,5,11.

¹⁶ Aur. Vict. Caes. 39,33–37; Eutr. 9,25,1; Fest. 14; 25; Petrus Patricius fr. 13–14 Müller (FHG IV 188–189); zum Perserkrieg s. Williams, Diocletian 78–86; Kuhoff, Diokletian 164–181.

¹⁷ Lact. mort. pers. 7,2; zur Absurdität dieser Behauptung s. zuletzt Kuhoff, Diokletian 450.

¹⁸ Die Zahl der unter der Tetrarchie neuaufgestellten Legionen diskutiert Kuhoff, Diokletian 453–464, der auf 28 Legionen kommt; Lewin, Confini tardoantichi 147 beziffert die Neuaufstellungen auf 25 Legionen. Ob es sich hier tatsächlich sämtlich um Neuschöpfun-

gen gehandelt hat, wage ich zu bezweifeln. Offenbar wurden teilweise bereits bestehende Einheiten umbenannt, s. Veg. mil. 1,17,2.
[19] Ähnlich auch Kuhoff, Diokletian 451–452.
[20] Zum angeblichen strategischen „Paradigmenwechsel" unter Diocletian s. bes. das einflussreiche Werk von E. N. Luttwak, The Grand Strategy of the Roman Empire. From the First Century A.D. to the Third, Baltimore – London 1976, 127–190.
[21] Vgl. Zos. 2,34,1; vgl. auch Williams, Diocletian 91–101; der die konservativen Elemente in der diocletianischen Strategie durchaus einräumt.
[22] Zu den Waffenfabriken s. Not dign. or. 11,18–39; occ. 9,16–39; Joh. Mal. 237,9–12 Thurn weiß nur von drei *fabricae* zu berichten, die von Diocletian gegründet wurden.
[23] S. dazu ausführlich Kuhoff, Diokletian 329–381; zusammenfassend Demandt, Spätantike 54–55.
[24] Lact. mort. pers. 7,4.
[25] Jones, Later Roman Empire 430.
[26] Lact. mort pers. 7,6–7.
[27] Vgl. Karl Kraus, Die letzten Tage der Menschheit II 11; III 6, wo diese Verhältnisse einen unübertrefflich prägnanten dichterischen Ausdruck gefunden haben.
[28] S. bes. MT Praef. 14 Lauffer; Meißner, Preisedikt 82–84.
[29] Von einem Erfolg des Ediktes geht mit guten Argumenten Meißner, Preisedikt 95–100 aus, der annimmt, dass das Schwarzhandelsproblem von der Administration in den Griff zu bekommen war. Zur Möglichkeit einer umfassenden Überwachung der Märkte und Preise s. Cod. Theod. 14,4,2.
[30] Lact. mort. pers. 10,1–5; Eus. HE 8,2,4.
[31] Lact. mort. pers. 10,6–11,8.
[32] Eus. vita Const. 3,52; Vogt, Constantin 248; König, Origo Constantini 63.
[33] Lact. mort. pers. 12,1–5; Eus. HE 8,2,3–4.
[34] Eus. HE 8,3,5.
[35] Lact. mort. pers. 14,1–7.
[36] Eus. HE 8,6,8.
[37] Eus. HE 8,2,5; 3,2–3.
[38] Lact. mort. pers. 15,7; Eus. vita Const. 1,13.

Kapitel 3
Von Naissus nach Nikomedia: Constantins Familie, Jugend und beruflicher Werdegang

1 S. Eus. vita Const. 4,53; vgl. 1,5,1; Eutr. 10,8,2; Aur. Vict. Caes. 41,16; (Ps.-)Aur. Vict. epit. Caes. 41,15; Sokr. 1,39,1; 40,3; Zon. 13,4 (III 187,2–3 Dindorf); zum Filocalcus-Kalender s. CIL I p. 302.

2 Geboren zwischen 270 und 288: Clauss, Konstantin 19; Demandt, Spätantike 62; geboren zwischen 272 und 285: Brandt, Constantin 21; geboren um 288: Seeck, Untergang I 47; ein Geburtsjahr um 284/85 favorisiert König, Origo Constantini 65 (ibd. 63–65 eine Diskussion der älteren Literatur); für das Jahr 273 tritt Barnes, New Empire 40 ein; vgl. auch Lenski, Constantine 59, der eine Festlegung vermeidet. Das Richtige bei Bleckmann, Konstantin 17.

3 Auf die Unvereinbarkeit der Karriere Constantins mit einem späten Geburtsdatum verweist mit Recht Barnes, New Empire 40.

4 Diese Ansicht wurde gelegentlich geäußert, s. König, Origo Constantini 65; Vogt, Constantin 137; 139–140.

5 Geboren in Naissus: Anon. Vales. I 2; s. dort auch zur constantinischen Bautätigkeit.

6 Zur niederen Herkunft des Constantius s. Iul. mis. 348 D; zu seiner Laufbahn s. Anon. Vales. I 1; dazu König, Origo Constantini 57–59; Barnes, New Empire 35–36; speziell zum protector s. H.-J. Diesner, RE Suppl. XI (Stuttgart 1968) 1118–1119 s. v. protectores (domestici); Schmitt, Infanterienumerus 100 u. A. 84–85.

7 Zur niederen Herkunft der Helena s. Anon. Vales. I 2; Ambros. obit. Theod. 42; zum Vorwurf der Prostitution s. Georgius Monachus II 484,23–24 de Boor. In diesem Zusammenhang muss erwähnt werden, dass Kellnerinnen einen denkbar niedrigen sozialen Status besaßen, den Constantin interessanterweise auch rechtlich ausdrücklich bestätigte, indem er ihnen den außerehelichen Geschlechtsverkehr erlaubte, weil ihnen „die Niedrigkeit ihrer Lebensführung die Befolgung des Gesetzes (über Ehebruch) nicht gestattet", s. Cod. Theod. 9,7,1. Ein solches Gesetz erklärt sich am besten durch die Annahme, dass viele dieser Kellnerinnen auch der Prostitution nachgingen. Zu ihrem Alter s. die Diskussion bei König, Origo Constantini 60–61 mit Quellen und Literatur, der aber letztlich auch nur auf die Aporie hinweisen kann. Meine Annahme, sie sei jünger als Constantius gewesen, bleibt bloße Vermutung.

8 Dass Constantius Geliebte und Kind finanziell abgesichert hatte, folgt aus dem Umstand, dass diese gemeinsam in Naissus leben konnten

und Constantin dort Schulunterricht erhielt, s. Anon. Vales. I 2. Zur gesellschaftlichen Inakzeptanz von Frauen, die im Ruf standen, Dirnen gewesen zu sein vgl. die gehässigen Vorwürfe gegen Theodora, die Frau Kaiser Iustinians bei Prok. an. 9,1–34.

9 Die uneheliche Abstammung Constantins bezeugen Oros. 7,25,16: … *concubina Helena* … ; Zos. 2,8,2 und Georgius Monachus II 484, 23 de Boor: … ἐκ πορνείας … ; Zon. 13,1 (III 172,11–13 Dindorf); vgl. Eutr. 10,2,2: … *obscuriore matrimonio* …; letzterer Autor kolportiert freilich auch die Version von der legalen Ehe, s. ibd. 9,22,1: … *uxores* …; ähnlich Anon. Vales. I 1; Aur. Vict. Caes. 39,25; (Ps.-)Aur. Vict. epit. Caes. 39,2; Theophanes 18,12 de Boor; s. auch CIL X 678; vgl. aber ILS 708; 709. Dass es sich bei den Behauptungen, dass Helena die rechtmäßig angetraute Ehefrau des Constantius gewesen sei, um constantinische Propaganda handelt, betont zu Recht König, Origo Constantini 61; s. auch Bleckmann, Konstantin 16; Clauss, Konstantin 19; Brandt, Konstantin 28. Die gegenteilige Ansicht, wie sie sich bei Barnes, New Empire 36 findet, überzeugt weit weniger; vgl. auch Leadbetter, Illegitimacy 78–80.

10 Zu fehlenden Nachweisen für das Vorkommen des Namens Constantin s. A. Každan, ODB I 498 s. v. Constantine.

11 Zur Bildung Constantins s. Anon. Vales. I 2; Eus. vita Const. 1,19,2; zu fehlenden Griechischkenntnissen ibd. 3,13,1; vgl. Theod. hist ecc. 1,13,1; s. auch Amm. 15,13,2. Man darf diese Aussagen nicht überbewerten. Gewiss hat Constantin während seiner militärischen Laufbahn, die ihn im fast rein griechischsprachigen Osten festhielt, genügend Griechisch gelernt, um sich unterwegs, auf Märkten, in Kneipen und Bordellen verständlich zu machen. Die Sprache des Militärs und auch des Hofes war freilich Latein, er hat also auch im Osten in einem überwiegend lateinischsprachigen Umfeld gelebt. Zur Schulbildung Constantins s. zuletzt Lenski, Constantine 60, der deren Niveau meines Erachtens überschätzt.

12 Anon. Vales. I 2; Praxagoras, FHG IV 2.

13 Zur militärischen Laufbahn s. Pan. 7(6),5,3; Lact. mort. pers. 18,10; Anon. Vales. I 2–3; „enger militärischer Mitarbeiter" des Diokletian: Bleckmann, Konstantin 41; s. auch Brandt, Konstantin 29.

14 Zu Minervina s. (Ps.-)Aur. Vict. epit. Caes. 41,4: … *Minervina concubina* …; auf niedere Herkunft deuten auch Zos. 2,20,2 und Zon. 13,2,27 hin. Eine rechtsgültige Ehe, wie sie Barnes, Constantine 31 und Nixon in Nixon – Rodgers 195 A. 10 annehmen, ist angesichts der Quellenlage abzulehnen; dass Constantins Selbstdarstellung Derartiges behauptet hat (Pan. 7[6],4,1), belegt lediglich sein Interesse, den wahren Sachverhalt zu verschleiern.

15 Pan. 7(6),6,1–7,2.

16 Zu den Halbgeschwistern Constantins s. Anon. Vales. I 1; Eutrop. 9,22,1; Oros. 7,25,5; vgl. Theophanes 18,13–14; 19,1–7 de Boor wo nur die männlichen Geschwister erwähnt werden. S. dazu grundsätzlich den Überblick bei König, Origo Constantini 62–63.
17 Zum Heidentum Constantins s. Euseb. vita Const. 2,47,1; speziell zur Christenverfolgung s. 2,50–53.

Kapitel 4
Jeder gegen jeden: Der Zusammenbruch des diocletianischen Herrschaftssystems

1 Eutr. 10,1,1; 2,1; Aur. Vict. Caes. 40,1; (Ps.-)Aur. Vict. epit. Caes. 40,1; Zos. 2,8,1. Das Datum überliefert Lact. mort. pers. 19,1.
2 Illyrische Abstammung: Aur. Vict. Caes. 40,1; zu Severus s. Anon. Vales. I 9; zu Maximinus s. Lact. mort pers. 18,13–14 ; 19,6; (Ps.-)Aur. Vict. epit. Caes. 40,1; Zos. 2,8,1.
3 Eutr. 10,2,1: *Galerius …cum Italiam quoque, sinente Constantio, administrationi suae accessisse sentiret, Caesares duos creavit, Maximinum, quem Oriente praefecit, et Severum, cui Italiam dedit.* Weniger zuverlässig ist Zos. 2,8,1, wo eine einvernehmliche Ernennung suggeriert wird.
4 Zu den Herrschaftsbereichen s. Anon. Vales. I 5; 9; Eutr. 10,1,1; die Aussagen widersprechen sich hinsichtlich der Zuordnung Spaniens und Afrikas, s. dazu die ausführliche Diskussion bei König, Origo Constantini 79–82.
5 Eutr. 10,1,2–3; Theophanes 10,19–25 de Boor; Anon. Vales. I 9.
6 Lact. mort. pers. 20,1 : *Nam Constantium quamvis priorem nominari esset necesse, comtemnebat, quod et natura mitis esset et valitudine corporis impeditus.*
7 ILS 646.
8 Lact. mort. pers. 18,1.
9 Lact. mort. pers. 18,9–19,6.
10 Dass die leiblichen Söhne niemals grundsätzlich von der Thronfolge ausgeschlossen wurden, betont zu Recht Stein, Bas-empire 68.
11 Aur. Vict. Caes. 40,2.
12 Lact. mort pers. 21,1–24,9.
13 Anon. Vales. I 2–4.
14 Aur. Vict. Caes. 40,2; (Ps.-)Aur. Vict epit. Caes. 41,2; Zos. 2,8,2–3.
15 Lact. mort. pers. 24,5; zur rein sachlichen Unmöglichkeit der Fluchtgeschichte s. überzeugend König, Origo Constantini 74; grundsätzlich ablehnend auch Barnes, Constantine 27.

16 Anon. Vales. I 4; zum möglichen Reiseweg s. auch König, Origo Constantini 72. Severus bereits in Italien: Lact. mort. pers. 24,5; Anon. Vales. I 4.
17 Zum Wiedersehen und Pictenfeldzug s. Anon. Vales. I 4; zur Datierung des Feldzuges s. Kolb, Tetrarchie 135. Der geschwächte Gesundheitszustand des Constantius braucht einer persönlichen Feldzugsteilnahme nicht zu widersprechen. Rund 90 Jahre früher war auch Septimius Severus trotz schwerer Krankheit gegen die Picten gezogen s. Cass. Dio *Epit.* 77,13,4. Zur größere Gefechte vermeidenden Kampfesweise der Picten s. Cass. Dio *Epit.* 77,13,1–2; Herodian. 3,14,4–10.
18 Eus. vita Const. 21,2: … τὸν κλῆρον τῆς βασιλεία νόμῳ φύσεως τῷ τῇ ἡλικίᾳ προάγοντι τῶν παίδων παραδούς …; zur Anwesenheit der Geschwister s. Eus. vita Const. 21,1–2; Zos. 2,9,1.
19 Eus. vita Const. 22,1–2.
20 Die einmütige Zustimmung der in Eboracum Versammelten betont neben Eusebios auch Aurelius Victor (Caes. 40,4) und die *Epitome de Caesaribus* (41,3); die Unterstützung des Heeres heben Eus. HE 8,13,14; Iul. or. 1,6,1–3 Bidez und Anon. Vales. I 4 hervor. Zosimos (2,9,1) dürfte nicht grundsätzlich falsch liegen, wenn er schreibt, dass bei der Gewinnung der Soldaten auch Geld im Spiel war (vgl. auch Iul. or. 1,6,7–10 Bidez); allerdings ist seine a.a.O. gemachte Behauptung inakzeptabel, dass die Initiative zur Erhebung Constantins allein von den Leibgarden ausging.
21 (Ps.-)Aur. Vict. epit. Caes. 41,3.
22 Zum Problem der Germanisierung s. u. Kap. 6.
23 Eus. vita Const. 22,1.
24 Anon. Vales. I 4: … *Caesar creatus*; Zos. 2,9,1: … τὴν τοῦ Καίσαρος ἀξίαν αὐτῷ περιέθεσαν.
25 Eutr. 10,2,2: … *creatus est imperator* …; Aur. Vict. Caes. 40,4 und (Ps.-)Aur. Vict. epit. Caes. 41,3 … *imperium capit*; der Begriff *imperator* suggeriert freilich eine Erhebung zum Augustus.
26 Pan. 7(6),5,3; ILS 681–682.
27 Lact. mort pers. 25,5. Auf die Schwäche der Position des Galerius verweisen König, Origo Constantini 78; Clauss, Konstantin 21–22; Bleckmann, Konstantin 43.
28 S. etwa das Verhalten des Julian Apostata nach seiner Usurpation: Amm. 21,8,2–3; 9,1–8.
29 Lact. mort. pers. 25,1–3.
30 Die Angaben über den Aufenthaltsort Maximians nach seinem Rücktritt schwanken, laut Eutr. 10,2,3; Zos. 2,10,2 und der Suda 1156, hielt er sich in Lukanien (Süditalien) auf; nach Lact. mort. pers. 26,7 in der Campania. Letzteres ist für die der Usurpation unmittelbar vorangehende Zeit vorzuziehen, da die Nähe der Campania zur

Stadt Rom es ihm leichter machte, die folgenden Ereignisse in seinem Sinne zu beeinflussen.

31 Zu Maxentius' Elternhaus s. (Ps.-)Aur. Vict. epit. Caes. 40,12; zum Geburtsdatum s. die Diskussion bei König, Origo Constantini 82; den einzigen vagen Hinweis bietet Pan. 10(2),14,1; der vollständige Namen findet sich bei ILS 666.

32 Einen Mangel an Ehrgeiz und an väterlicher Protektion nimmt König, Origo Constantini 83 an; s. dagegen aber mit guten Gründen Kolb, Tetrarchie 140. Die Ehe mit Valeria Maximilla wird von zahlreichen Quellen bestätigt, s. PLRE I 571 s. v. M. Aur. Val. Maxentius mit Nachweisen.

33 Den Aufenthaltsort überliefert (Ps.-)Aur. Vict. epit. Caes. 40,2; vgl. Eutr. 10,2,3.

34 Zos. 2,9,2–3; Lact. mort. pers. 26,1–3; Eutr. 10,2,3; Aur. Vict. Caes. 40,5; Anon. Vales. I 6; Oros. 7,28,5; das Datum folgt aus Lact. mort. pers. 44,4.

35 Barnes, Constantine 29–30 sieht in den drei namentlich genannten Mitverschwörern die Tribunen der drei städtischen Kohorten. Die Teilnahme der *II Parthica* ist nicht explizit gesichert und kann lediglich aus Aur. Vict. Caes. 40,25 gefolgert werden.

36 Zum Niedergang der Prätorianer seit der Mitte des 3. Jahrhunderts s. generell Durry, Cohortes Prétoriennes 392; zum niedrigen Mannschaftsstand der Kohorten im Jahre 306 s. Lact. mort. pers. 26,3. ... *milites pauci* ...; eine Verminderung der prätorianischen Kohorten durch Diocletian berichtet Aurelius Victor (Caes. 39,47), diese kann aber nicht die Zahl der Kohorten an sich betroffen haben, die nach wie vor zehn betrug, (s. AE 1961, 240), sondern die Mannschaftsstärke der einzelnen Einheiten, wie dies A. Chastagnol, Deux chevaliers de l' époque de la Tétrarchie, AncSoc 3 (1972) 226 mit Recht vermutet hat.

37 Vgl. dazu die detaillierte Schilderung des Tacitus (hist. 1,24,1–26,2) über die Vorbereitung der Usurpation Othos im Jahre 69, bei der die Prätorianer gleichfalls die führende Rolle spielten.

38 Eine Diskussion des älteren Forschungsstandes findet sich bei König, Origo Constantini 83–85; s. auch Barnes, Constantine 29–30; Demandt, Spätantike 63; Clauss, Konstantin 22; Durry, Cohortes Prétoriennes 392–393. Einen wesentlichen Anteil des Maximian an der Usurpation nimmt Kuhoff, Sieg 133 A. 14 an; Die Annahme, dass Maxentius sich selbst nach dem Ausbruch von Unruhen den Prätorianern als Kaiserkandidat angeboten habe (so König [op. cit.] 84), überzeugt schon deshalb nicht, weil eine solche Handlungsweise seitens der Prätorianer völlig unverständlich gewesen wäre. Sie hätte automatisch einen Bürgerkrieg bedeutet, in dem die zahlenmäßig geschwächte Garde unter einem völlig unerfahrenen Anführer ohne

Aussicht auf Unterstützung durch größere Heereseinheiten hätte kämpfen müssen.

39 CIL VIII 21021.
40 Lact. mort. pers. 26,4.
41 RIC VI 367–371; Barnes, Constantine 30.
42 Lact. mort. pers. 26,6. 8; Zos. 2,10,1; Anon Vales. I 6; 9.
43 Lact. mort. pers. 26,8–9; Zos. 2,10,1; vgl. Eutr. 10,2,4; Anon. Vales. I 6; 9. Aur. Vict. Caes. 40,7.
44 Lact. mort. pers. 26,7.
45 Zum Ende des Severus s. Lact. mort. pers. 26,10–11, Zos. 2,10,2; Anon. Vales. I 10; (Ps.-)Aur. Vict. epit. Caes. 40,3; Aur. Vict. Caes. 40,7; Eutr. 10,2,4.
46 Zur Diskussion s. die gegensätzlichen Standpunkte bei Paschoud, Zosime 196 und Schlumberger, Epitome 190 u. A. 33; dort die ältere Literatur. Gegen Paschoud, der für die Version des Zosimos (Tod bereits unterwegs) eintritt, ist eine vorherige Internierung nicht allzu weit von Rom entfernt vorzuziehen, s. auch König, Origo Constantini 101–102.
47 Lact. mort. pers. 27,1.
48 Heinen, Trier 95–210.
49 Zur relativ geringen Stärke der angreifenden Gruppen s. Schmitt, Kriegführung 428–431.
50 Zur außenpolitischen Situation an der Rheinfront, dem Charakter der germanischen Kriegführung und den Optionen der römischen Außenpolitik s. Schmitt, Kriegführung 418–423; 437–441; Barceló, Auswärtige Beziehungen 12–13; 21–22.
51 Zu den fränkischen Invasionen s. Pan. 7(6),4,2; 6(7),10,2; 11,3–6; 4(10),16,5–6; vgl. Eutr. 10,3,2, der den Frankensieg und spätere Erfolge gegen die Alemannen im selben Atemzug nennt. Den Gegenschlag Constantins erwähnt Pan. 6(7),12,1; zum Zeitpunkt s. Barceló, Auswärtige Beziehungen 13–14; 164 (= A. 17). Dass der Panegyriker des Jahres 307 nichts von dem Feldzug weiß, sagt für eine Datierung freilich nichts, da dieser nur mit einer sehr kurze Zusammenfassung der kriegerischen Taten Constantins aufwartet; zudem ist Barcelós Datierung des Panegyricus auf den März 307 verfehlt (s. u.). Die Namen der fränkischen Anführer nennt Pan. 6(7),11,5; Nazarius (Pan. 4[10],16,5) sprach später nur noch von … *Ascarico et comite suo* …, woraus die größere Bedeutung des Ascaricus klar hervorgeht. Gefangennahmen germanischer Könige waren selten, selbst in der siegreichen Schlacht von Straßburg, an der mehrere Kleinkönige teilnahmen, geriet nur ein einziger in römische Hand, s. Amm. 16,12,1. 59–61. Die begrenzten Dimensionen der damaligen Auseinandersetzungen betont Barceló, Auswärtige Beziehungen 13.

52 Zur Behandlung der gefangenen Fürsten s. Pan. 6(7),10,2–11,6; bes. 10,2–7; Eutr. 10,3,2; vgl. 7(6),4,2; 4(10),16,6. Eine solche Härte war später jedenfalls unüblich, s. Amm. 16,12,65–66; 21,4,5–6; vgl. 14,2,1. Eine Einstellung Kriegsgefangener ins Heer speziell durch Constantin überliefert Zos. 2,15,1.

53 Lact. mort. pers. 27,2.

54 Anon. Vales. I 6; zur Lage von Intermana s. König, Origo Constantini 87.

55 Anon. Vales. I 10; (Ps.-)Aur. Vict. epit. Caes. 40,3. Die Maxentiuspropaganda über den Tod des Severus findet sich noch beim anonymen Chronographen des Jahres 354 (Chron. Min. I 148,31).

56 Zum Italienfeldzug des Galerius s. Anon. Vales. I 6–7; Lact. mort. pers. 27,2–6; Aur. Vict. Caes. 40,9; Zos. 2,10,3; die wahren Ursachen der Katastrophe werden lediglich bei Lactanz und dem Anonymus zwischen den Zeilen sichtbar; s. aber M. van Creveld, Supplying War. Logistics from Wallenstein to Patton, Cambridge 1977, 5–39; 44–61 zu den grundsätzlichen logistischen Problemen einer nichtmechanisierten Kriegführung.

57 Den Ansehensverlust des Galerius deuten die hämischen Bemerkungen des Lactanz (mort. pers. 27,7–8) an. Ernennung des Licinius zum Augustus: Aur. Vict. Caes. 40,8; (Ps.-)Aur. Vict. epit. Caes. 40,2; Eutr. 10,4,1; Anon. Vales. I 13; Oros. 7,28,11; vgl. Lact. mort. pers. 29,2; Zos. 2,11; zu Monat und Tag s. die Consularia Constantinopolitana, Chron. Min. I 231. Die Ernennung des Licinius erfolgte nicht erst im folgenden Jahre, in Carnutum, wie eine durch Lactanz, Zosimos und die Consularia Constantinopolitana repräsentierte Tradition behauptet, sondern bald nach dem gescheiterten Italienzug und ging allein auf die Initiative des Galerius zurück, wie die übrigen Quellen deutlich machen.

58 S. Lact. mort. pers. 28,2–4; Eutr. 10,3,1; Zu Tertullus s. Barnes, New Empire 116.

59 Pan. 7(6),4,1.

60 Pan. 7(6),5,3: *Cuius tanta maturitas est ut, cum tibi pater imperium reliquisset, Caesaris tamen apellatione contentus expectare malueris ut idem te qui illum declararet Augustum. Siquidem ipsum imperium hoc fore pulchrius iudicabas, si id non hereditarium ex successione creuisses, sed uirtutibus tuis debitum a summo imperatore meruisses.*

61 Vgl. Pan. 7(6),7,2–4.

62 Pan. 7(6),10,1–12,8.

63 Pan. 7(6),5,1; s. auch Grünewald, Constantinus 39–41.

64 Zur Aufnahme unter die Herculier s. Pan. 7(6),8,2; zum eher kühlen Verhältnis Konstantins zur Iovier – Herkulierideologie s. Brandt, Konstantin 35.

65 Die Weigerung Constantins, militärisch gegen Maxentius vorzugehen, überliefert explizit Zos. 2,10,7; zum Alemannenfeldzug s. Eutr. 10,3,2. Die Krankheit des Galerius schildern Lactanz (mort. pers. 33,1–10), Eusebios (HE 8,16,4–5) und Orosius (7,28,12); doch fällt ihr akuter Ausbruch nach übereinstimmenden Zeugnissen erst ins Jahr 310 (s. Lact. mort. pers. 33,1; Eus. HE 8,16,1).

66 Zum Ägyptenfeldzug und der Usurpation des Alexander s. Zos. 2,12,1–3.

67 Eus. HE 8,13,15.

68 Zur Konferenz von Carnutum s. Lact. mort. pers. 29,1–2; Zos. 2,10,4–5; (Ps.-)Aur. Vict. epit. Caes. 39,6; Consularia Constantinopolitana 308 (Chron. min. I 231); Pan. 6(7),14,6; 16,1; vgl. ILS 659; zur Verschlechterung des Verhältnisses zwischen Galerius und Licinius auf der einen und Maximinus Daia auf der anderen Seite s. Lact. mort. pers. 32,1–4. Für die Vermutung, dass Maximian an der Konferenz als Vertrauensmann und Sprecher Constantins teilgenommen habe (so Nixon in Nixon – Rodgers, Panegyrici 239 A. 66) fehlen ersnthafte Hinweise.

69 Pan. 6(7), 15,1. Daraus den Schluss zu ziehen, dass Maximian in Carnutum der Sachwalter Constantins gewesen sei (so Nixon in Nixon – Rodgers, Panegyrici 239 A. 66) geht m. E. zu weit, da jeglicher Beleg dafür fehlt.

70 Zu den chronologischen Problemen s. die Diskussion bei Nixon in Nixon – Rodgers, Panegyrici 212–214 der trotz einiger Bedenken für das Jahr 310 als das der Katastrophe Maximians eintritt, ohne wirklich überzeugen zu können.

71 Das unwürdige Ende betont Lact. mort. pers. 30,5; Eus. HE 8,13,15; zum Selbstmord durch Erhängen vgl. ferner Plut. *Antonius* 70,4–5. Wie ein politisch oder militärisch gescheiterter Römer zu handeln hatte, belegen vor allem die Selbstmorde der Protagonisten der Bürgerkriegszeit wie der des jüngeren Cato, des Brutus oder des Marcus Antonius. Ihr Beispiel wirkte in die Kaiserzeit fort, wie die Beispiele des Varus (Vell. 2,119,3; Cass. Dio 56,23,5) oder des 162 von den Parthern geschlagenen Severianus belegen (Lukian., *Quomodo historia conscribenda sit* 21; 25).

72 Der Germanen- (Alemannen-?)krieg lässt sich lediglich aus der Inschrift ILS 664 erschließen, die für das Jahr 310 einen Sieg über nicht namentlich genannte Feinde berichtet, vgl. Demandt, Spätantike 64. Zu Galerius s. Lact. mort. pers. 33,1.

73 Zur Hungersnot und zum Ausbruch von blutigen Unruhen in Rom s. den Chronographen des Jahres 353 (Chron. min. I 148,33–34); Zos. 2,13; vgl. Eus. vita Const. 1,36,2; Zum Afrikafeldzug s. Aur. Vict. Caes. 40,18–19; Zos. 2,14,2–4; außer Volusianus erwähnt Zo-

74 simos auch einen sonst nicht bekannten Zenas als Führer des Expeditionskorps; vgl. dazu auch Paschoud, Zosime 203–204.
74 Zu den innerchristlichen Querelen in Rom und dem Eingreifen des Maxentius s. zusammenfassend Barnes, Constantine 38–39; Demandt, Spätantike 66; zu seiner Christenfreundlichkeit s. Eus. HE 8,14,1, wo dies freilich auf Heuchelei zurückgeführt wird; die entsprechende heidnische Tradition findet sich noch in Spuren bei Zos. 2,13, wo u. a. erwähnt wird, dass es unter den Soldaten des Maxentius Christen gab.
75 Die Möglichkeit, dass Maxentius Christ gewesen ist, verneinte wohl zu Recht zuletzt Girardet, Konstantinische Wende 34–36.
76 Aur. Vict. Caes. 40,24; zum Bauprogramm s. 40,26.
77 Pan. 6(7),13,1; CIL XIII 8502; vgl. Barceló, Auswärtige Beziehungen 14–15; die Errichtung des Brückenkopfes hat nichts mit einer nostalgischer Beschwörung imperialer Eroberungspolitik zu tun, wie Stallknecht, Aussenpolitik 33 suggeriert.
78 Pan. 6(7),2,1–3. 5.
79 Großonkel: Anon. Vales. I 1; Großvater: Theophanes 18,11–12 de Boor.
80 Lact. mort. pers. 33,11–36,2; 43,2–4; Zu einem positiven Urteil hinsichtlich der mutmaßlichen strategischen Überlegungen des Maxentius und Maximinus Daia kommt mit Recht Kuhoff, Mythos 140–142.
81 RIC VI 382; Lact. mort. pers. 43,4; Zos. 2,14,1; beide Autoren sehen in Maxentius die treibende Kraft zum Kriege.
82 Zos. 2,15,1–2.
83 Vgl. Paschoud, Zosime 204–205.
84 Pan. 12(9),3,3.
85 Durry, Cohortes Prétoriennes 88 A. 4.
86 Dass Severus' Armee den Kern der Streitkräfte des Maxentius ausmachte, bestätigt neben Lactanz (mort. pers. 44,2) auch der Panegyriker des Jahres 313 (Pan. 12[9],3,4) und er bezeichnet diese Armee als groß (a.a.O.). 25 000 Mann für ein aus Italien entsandtes Heer überliefert Ammian für das Jahr 357 (16,11,2) während gleichzeitig die mobilen Streitkräfte in Gallien mit 13–15 000 beziffert werden (vgl. Amm. 16,12,2; Lib. or. 18,49).
87 Eine Überschätzung des germanischen Elementes findet sich vor allem bei Hoffmann, Bewegungsheer I 135–155; zu Constantins Heer vgl. auch Elton, Warfare and the Military 326–327.
88 Speziell zur *XXII Primigenia* s. CIL XIII 8502; Abteilungen der II Parthica, IV Flavia und VII Claudia hatten sich im Heer des Carausius und später des Allectus befunden (s. Casey, Carausius 92) und wurden nach dem Untergang des Letzteren wahrscheinlich ins Heer des Constantius eingegliedert; zu den Cornuti, deren Bedeutung durch

die Friese des Constantinsbogens hervorgehoben wird s. Hoffmann, Bewegungsheer I 132–135. Gegenüber Hoffmanns Versuchen (Bewegungsheer I 155–159), die Zahl der Auxilien in Constantins Heer zu bestimmen ist große Skepsis angebracht, s. C. Zuckermann, Les «Barbares» romains: au sujet de l'origine des auxilia tétrarchiques, in: Vallet – Kazanski, L'armée 17–20.

89 Pan. 12(9),3,3;5,1–2; vgl. Anon. Vales. I 16; Amm. 16,11,2; Zos. 3,10,2.
90 Herodian. 8,2,1–2; 5,1–9.
91 Zu einem ähnlichen Ergebnis kommt Clauss, Konstantin 34; vgl. auch Brandt, Konstantin 43, der Constantins Aussichten vielleicht etwas zu negativ beurteilt. Grundsätzlich ist zu sagen, dass in der Forschung die Stärke von Maxentius' Heer immer wieder stark überschätzt wurde und wird s. Vogt, Constantin 158; Barnes, Constantine 305 A. 135, die beide die Angabe des Panegyrikers für verlässlich halten; vgl. auch Christ, Kaiserzeit 738; Odahl, Constantine 99–100; 104–15. Zu Schätzungen des beiderseitigen Kräftepotentials s. auch Kuhoff, Mythos 143–144 u. A. 47, dessen extreme Skepsis ich allerdings nicht teile.
92 Pan. 12(9),5,4–6,1; 4(10),21,1–3; 22,2. Der Zeitpunkt des Feldzugsbeginnes kann lediglich vage aus dem Umstand geschlossen werden, dass die Überrumpelung der Maxentianer vollständig glückte. Eutr. 10,4,3: … *quinto … imperii sui anno* … bestätigt lediglich, dass der Feldzug vor dem 25. Juli begonnen wurde.
93 Pan. 12(9),6,2–5; 4(10),22,1–24,7. Für Constantins Heer verlief der Kampf indes nicht unblutig, wie einige Grabsteine deutlich machen, s. Mennella, La campagna 360–361. Zur Panzerreiterei als Stilelement der Rhetorik s. O. Harl, Die Kataphraktarier im römischen Heer – Panegyrik und Realität, Jahrbuch des Römisch-Germanischen Zentralmuseums Mainz 43 (1996) 601–627; vgl. auch Hoffmann, Bewegungsheer I 269–270; 277.
94 Pan. 12(9),7,1–7.
95 Pan. 12(9),7,8.
96 Zu Ruricius Pompeianus s. PLRE I 713 s. v. Ruricius Pompeianus 8.
97 Zum Kampf um Verona, dessen Einzelheiten natürlich hypothetisch bleiben müssen s. Pan. 12(9),8,1–10,5; 4(10),25,3–26,5; Anon. Vales. I 12; Nixon in Nixon – Rodgers, Panegyrici 308–309, bes. A. 58–60; Odahl, Constantine 103–104.
98 Pan. 4(10),27,1–2.
99 Vgl. Pan. 12(9),14,5–6; 15,1.
100 Dass Maxentius riesige Vorräte hatte anlegen lassen, bestätigt Pan. 12(9),16,1.
101 S. Prok. BG 1,16,1–24,5; 2,4,1–20.

[102] Laut Pan. 12(9),15,3 eilte Constantin nach der Einnahme Oberitaliens geradezu zur Befreiung Roms; der Panegyriker hat aber zuvor bereits angedeutet (Pan. 12[9],15,1), dass Constantin zunächst einmal mit einer Gegenoffensive des Maxentius rechnete.

[103] Der negative Einfluss der römischen Sommerhitze auf Gesundheit und Moral gallischer und germanischer Soldaten ist besonders für das Heer des Vitellius im Jahre 69 bezeugt, s. Tac. hist. 2,93,1. Zur Trunksucht der germanischen Soldaten vgl. Tac. Germ. 22,1; 23. Amm. 22,12,6.

[104] CIL XI 4085; 4787; AE 1982, 258; zu diesen Inschriften s. A. Scheithauer – G. Wesch-Klein, Von Köln-Deutz nach Rom? Zur Truppengeschichte der Legio II Italica Divitensium, ZPE 81 (1990) 229–236.

[105] Zum Ort des Lagers s. Zos. 2,16,1 und Kuhoff, Mythos 156–157.

[106] Pan. 12(9),14,3; 16,1–2; 4(10),28,1; Eus. HE 9,9,1–4; vita Const. 36,1–37,2; Lact. mort. pers. 44,8–9, Zos. 2,16,1; vgl. Hdt. 1,53,3.

[107] Lact. mort. pers. 44,7; Zos. 2,17,1.

[108] Die wichtigsten literarischen Quellen für die Schlacht sind Pan. 12(9),16,3–17,3; 4(10),28,4–30,3; Zos. 2,16,2–4; Aur. Vict. Caes. 40,23; Anon. Vales. I 12; s. auch Lact. mort. pers. 44,9 ; Eus. HE 9,9,5–8; vgl. vita Const. 1,38,1–5; Theophanes 14,7–11 de Boor; Eutr. 10,4,3; L'Orange – Gerkan, Tafel 10b; 11a-b; Grundlegend zur Schlacht ist die Untersuchung von Kuhoff, Mythos 148; 153–162, bes. 159–161.

[109] Pan. 4(10),29,5–6; zur Position des Befehlshabers s. Amm. 31,13,8–9.

[110] Grundlegend ist Bleicken, Konstantin passim, bes. 23–52, der sich zu Recht gegen eine Bekehrung im Jahre 312 ausspricht; ähnlich bereits Gregoire, Bekehrung 199–207; lediglich skeptisch äußern sich Bleckmann, Konstantin 58–66; Clauss, 35–41. Die entgegengesetzte Ansicht vertritt vehement Girardet, Althistorische Überlegungen 26–45, der eine Hinwendung Constantins zum Christentum schon seit dem Frühjahr 311 annimmt; der Sieg an der Milvischen Brücke unter dem Christusmonogramm habe den Kaiser im Grunde nur endgültig von der Richtigkeit des von ihm eingeschlagenen Weges überzeugt; ähnlich Piepenbrink, Konstantin 37–42; s. auch Brandt, Konstantin 53–59; Vogt, Constantin 161–165. Völlig unkritisch zeigen sich u. a. Barnes, Constantine 43; Odahl, Constantine 105–108; ähnlich Lenski, Constantine 71–72. Nach Rosen, Cor regum 252–253 geht die Widersprüchlichkeit der Berichte hinsichtlich einer Konversion vor allem auf Constantin selbst zurück, der sich nach alter Herrschertradition über seine persönlichen Vorlieben und Gefühle nicht habe äußern wollen. Hinsichtlich ihrer religiösen Vorlieben äußerten sich die römischen Kaiser jedoch wenig zurückhal-

tend, auch wenn sie ihren Präferenzen nicht auf die extreme Weise eines Elagabal Ausdruck verliehen. Constantin selbst zeigte sich in dieser Hinsicht keineswegs verschlossen, wie nicht zuletzt der Constantinsbogen beweist (s. dazu u.)

[111] Unsterbliche Götter: Pan. 6(7),1,5; 2,2; 8,2; Divus Constantius: Pan. 6(7),4,2; 7,2; 8,2; 7(6),3,3; 14,3; Fortuna: Pan. 6(7),3,3; 7(6),10,1; Dea Roma: Pan. 7(6),10,5; Hercules: ILS 681; Iupiter: Pan. 6(7),8,5; 7(6),12,6–8.

[112] Pan. 6(7),21,4.

[113] Pan. 7(6),14,3.

[114] Pan. 6(7),22,1: praesentissimus hic deus; s. dazu Clauss, Herrscherkult 196–197 mit weiteren Quellen; Clauss (a.a.O.) betont das Vorbild des Kaiserkultes.

[115] Lact. mort. pers. 44,5–6: *Commonitus est in quiete Constantinus, ut caeleste signum dei notaret in scutis atque ita proelium committeret. Fecit ut iussus est et transversa X littera, summo capite circumflexo, Christum in scutis notat. Quo signo armatus exercitus capit ferrum.*

[116] Eus. vita Const. 1,27,1–28,1.

[117] Eus. vita Const. 1,28,2.

[118] Eus. vita Const. 1,29.

[119] Eus. vita Const. 1,31,1. Beim *vexillum* handelte sich um eine römische Standarte, an deren Schaft oben eine Querstange angebracht war, von der ein nahezu quadratisches Fahnentuch herabhing, s. L'Orange – Gerkan, Konstantinbogen T 15a.

[120] Schilde: L'Orange – Gerkan, Konstantinbogen T. 8; 9a; 10b; 11b; 13b. Vexillum: T. 15.

[121] L'Orange – Gerkan, Konstantinbogen T. 7b

[122] S. L'Orange – Gerkan, Konstantinbogen 66 u. T. 8a; zum Sol-Medaillon s. op. cit. 162 u. T. 38a.

[123] Zur Spärlichkeit der Zeugnisse speziell im 4. Jahrhundert s. Tomlin, Christianity 25–26. Zu Erklärungsversuchen für das Monogramm s. Gregoire, Bekehrung 206–207; Bleicken, Konstantin 26–28, die beide auf das altbekannte, vor allem durch Münzabbildungen belegte *Vota Publica*-Symbol verweisen, das Lactanz einfach als Christusmonogramm gedeutet haben kann. Im Gegensatz dazu nehme ich an, dass das ChiRho von vornherein einen christlichen Hintergrund hatte und auch von Anfang an so verstanden wurde, seine geringe Verbreitung spricht in dieser Hinsicht für sich. Vgl. dazu auch die Figur bei Porfyrius Optatianus carm. 8; das Gedicht wurde erst nach 324 verfasst.

[124] S. u. Kap. 5.

[125] Pan. 12(9),2,4–5.

[126] ILS 694.

[127] Auf den Verzicht eines Ganges zum Kapitol beruft sich vor allem Girardet, Althistorische Überlegungen 30–36; er folgt hier der Ansicht von J. Straub, Konstantins Verzicht auf den Gang zum Kapitol, in ders., Regeneratio Imperii, Aufsätze über Roms Kaisertum und Reich im Spiegel der heidnischen und christlichen Publizistik, Darmstadt 1972, 100–118. Der genannte Aufsatz wurde ursprünglich im Jahre 1955 veröffentlicht.

[128] Für die Echtheit der von Eusebios überlieferten Vision spricht sich u. a. Kraft, Religiöse Entwicklung 22–25 aus, der auch auf Constantins angebliche Nähe zur Gnosis verweist (op. cit. 110). Es genügt hier, auf die Schlacht von Cremona im Jahre 69 zu verweisen, die zum großen Teil nachts stattfand und bei Tagesanbruch noch unentschieden war. Als die Soldaten der im Heer Vespasians kämpfenden *legio III Gallica*, die längere Zeit in Syrien gestanden hatte, die aufgehende Sonne wahrnahmen, wähnten sie den Sonnengott auf ihrer Seite und griffen trotz ihrer Erschöpfung noch einmal energisch an, s. Tac. hist. 3,24,3–25,1.

[129] Pan. 12(9),18,2–3; 4(10),31,4; Anon. Vales. I 12; Zos. 2,17,1.

[130] Cod. Theod. 15,14,3–4

[131] Zos. 2,17,2; Pan. 12(9),19,3; 20,4; 4(10),31,4; 32,6–7; Eus. vita Const. 1,41,3.

[132] S. Pan. 12(9),3,4–7; 14,1–15,1; 19,1–20,3; Anon. Vales. I 12.

[133] Zur Behandlung des Senats s. Pan. 12(9),20,1–2; zu Volusianus s. PLRE I 976–978 s. v. C. Ceionius Rufius Volusianus 4.

[134] Zum Schicksal der Prätorianer s. Zos. 2,17,2; Aur. Vict. Caes. 40,25; zur II Parthica vgl. Amm. 20,7,1; Not. Dig. or. 36,30; zur Eingliederung der maxentianischen Soldaten s. Pan. 12(9),21–2–3.

[135] Zum Treffen von Mailand s. Lact. mort. pers. 45,1; Anon. Vales. I 13; die Abtretung zumindest der westlichsten Donauprovinzen folgt aus Pan. 12(9),21,3.

[136] Zum Toleranzedikt s. Lact. mort. pers. 41,1–13.

[137] Lact. mort. pers. 45,2–47,6; 48,1; 49,1–7; Aur. Vict. Caes. 41,1.

[138] Lact. mort. pers. 50,1–51,2.

[139] S. etwa Clauss, Constantin 21; Christ, Kaiserzeit 731–732; vgl. Bleckmann, Konstantin 43.

Kapitel 5
Es kann nur einen geben: Constantin, Licinius und der Kampf um die Alleinherrschaft

1. Bis zum 10. März ist Constantin in Mailand nachweisbar, s. Cod. Theod. 10,8,1. Ende Mai befand er sich in Trier s. Barnes, Constantine 65.
2. S. dazu Pan. 12(9),22,3–4. Auffallen muss hier, dass der anonyme Panegyriker des Jahres 313 überliefert (Pan. 12,22,3), die Franken hätten sich für ihren geplanten Einfall Führer ausgewählt (*lectis eruptionis auctoribus*). Dies kann ein Hinweis darauf sein, dass diejenigen Kleinkönige, die mit dem Imperium Verträge abgeschlossen hatten, diese für sich auch einhielten, aber ihr Volk nicht daran hindern konnten oder wollten, unter anderen Anführern das Kriegsglück zu versuchen. Möglicherweise wollte man seitens der Römer die alten Vertragspartner nicht in ihrer Stellung gefährden und hat deshalb auf Vergeltungsmaßnahmen verzichtet; vgl. die Erwähnung von unterwerfungsbereiten befreundeten Königen bei Pan. 12(9),23,2, doch bleibt der Zusammenhang unklar.
3. Pan. 12(9),22,5–23,3. Welchen Anteil die Generale des Kaisers an diesem Erfolg hatten, lässt der Redner bezeichnenderweise im Dunkeln. Bei den Angreifern hat es sich wahrscheinlich um Alemannen gehandelt, wie numismatische Zeugnisse nahe legen, s. Barceló, Auswärtige Beziehungen 18–20, der das Schweigen der literarischen Quellen damit erklärt, dass die Siege auf das Konto von Constantins Unterführern gingen.
4. S. Eus. vita Const. 1,46, doch sind sie Aussagen überaus allgemein gehalten und erlauben entgegen Barnes, New Empire 72 keine exakte chronologische Einordnung.
5. Eus. vita Const. 1,48; eine Eintrübung des Verhältnisses nimmt Vogt, Constantin 183 an, doch die Belege fehlen. Constantins damaliger Aufenthalt in Rom scheint vom Hochsommer bis zum Frühherbst 315 gedauert zu haben, s. Barnes, New Empire 72–73.
6. Lact. mort. pers. 48,13; vgl. Eus. HE 10,5,2–17.
7. ILS 696; 8942.
8. Anon. Vales. I 14–15.
9. Zur Auswahl steht auch ein Constantius, der im Jahre 315 als *praeses Sardiniae* bezeugt ist (Cod. Theod. 8,5,1); für ihn entschied sich zuletzt König, Origo Constantini 113, s. dort auch zur Forschungsdiskussion. Die Annahme, dass Constantin einen untergeordneten Beamten mit einer derart wichtigen Mission betraute, scheint mir

indes unhaltbar. Hier ist Constantins Halbbruder, der ja zugleich der Schwager des Licinius war, der geeignetere Kandidat. Dass Constantius ansonsten von Constantin weitgehend kaltgestellt wurde (Lib. or. 1,434) widerspricht dem meines Erachtens nicht.

10 Dass der Willen Constantins zur Alleinherrschaft letztlich für den Konflikt verantwortlich war, bestätigt ganz unbefangen Eutrop (10,4,5).

11 Zos. 2,18,1.

12 Dass der Krieg nicht 314, sonder 316 stattfand, wird heute überwiegend akzeptiert, zur Quellen- und Forschungsdiskussion s. ausführlich König, Origo Constantini 119–123; vgl. Paschoud, Zosime 210–212; Barnes, Constantine 67; Bleckmann, Konstantin 82; Clauss, Konstantin 44; Brandt, Konstantin 72; Odahl, Constantine 163–164; zur gegenteiligen Ansicht s. Seeck, Untergang 159–160; 505–508.

13 Oder war das Umstürzen der Statuen am Ende das Werk von Provokateuren im Sold Constantins, um Licinius öffentlich ins Unrecht zu setzen? Der Umstand, dass solche Zerstörungsakte nur aus einer Stadt dicht an der Grenze überliefert werden, gibt jedenfalls zu denken. Wenn ein solcher Verdacht begründet sein sollte, bedeutet dies, dass Licinius vor Abschluss seiner Rüstungen keinen offenen Bruch riskieren wollte.

14 Anon. Vales. I 16; Zos. 2,18,2; (Ps.-)Aur. Vict. epit. Caes. 41,5; zur Identifizierung von Cibalae mit Vukovar s. bereits Seeck, Untergang 505 (A. 21); zuletzt König, Origo Constantini 123.

15 Falls der von der Consularia Constatinopolitana (Chron. min. I 231) für die Schlacht überlieferte Tag und Monat, nämlich der 8. Oktober korrekt sind, hätte Constantin einen Herbstfeldzug unternommen, was – zumal angesichts der Größe der zu bewältigenden Aufgabe – für Licinius in der Tat überraschend gewesen sein kann, da große Feldzüge in der Regel im Frühling oder Sommer begonnen wurden. Die Datumsangabe bezieht sich allerdings auf das Jahr 314. Wenn Constantin wirklich am 29. September 316 noch in Verona weilte, wie Barnes, Constantine 67 u. A. 46 aus allerdings unsicherer Quelle folgert, dann hatte er seine Armee in wahren Gewaltmärschen gen Osten gehetzt. Eine prinzipiell richtige Beurteilung der constantinischen Strategie findet sich bereits bei Seeck, Untergang I 158–159.

16 Zos. 2,18,2.

17 Zos. 2,18,3–4.

18 Anon. Vales. I 16.

19 Anon. Vales. I 17; Zos. 2,19,1.

20 Anon. Vales. I 17: … *tetendit Daciam* (sc. Licinius). Dass Constantin die direkte Verfolgung des Licinius übernahm, bestätigt Zosimos (2,19,1).

21 RIC VII, 644,7; 706,19; vgl. Petrus Patricius fr. 15 Müller (FHG IV 190). Die meisten literarischen Quellen titulieren Valens dagegen übereinstimmend lediglich als Caesar, s. Anon. Vales. I 17; (Ps.-)Aur. Vict. epit. Caes. 40,2; Zos. 2,19,2; 20,1. Ob Valens vor seiner Ernennung zum Augustus noch kurzfristig Caesar war, ist nicht zu klären. Zu den Motiven des Licinius s. Seeck, Untergang 162; Vogt, Constantin 173; König. Origo Constantini 127.

22 Zu den Verhandlungen von Philippopolis s. Anon. Vales. I 17; ein Spielen auf Zeit seitens des Licinius nehmen u. a. Seeck, Untergang I 162; Bleckmann, Konstantin 81 an; zur Berücksichtigung des Valens s. König, Origo Constantini 128.

23 Zur Schlacht auf dem Campus Ardiensis s. Anon. Vales. I 17–18; Zos. 2,19,2–3; Petrus Patricius fr. 15 Müller (FHG IV 189). Zur Lokalisierung des Schlachtfeldes s. H. Gregoire, Deux champs de bataille: Campus Ergenus et Campus Ardiensis, Byzantion 13 (1938) 564 u. A. 5; zum Datum (wohl im November 316) s. Paschoud, Zosime 209.

24 Anon. Vales. I 18: *fatigatis bello et itinere militibus, missus deinde Mestrianus legatus pacem petiit, Licinio postulante et pollicente se imperata facturum.*

25 Petrus Patricius fr. 15 Müller (FHG IV 189–190)

26 Petrus Patricius fr. 15 Müller (FHG IV 190)

27 Anon. Vales. I 18; Aur. Vict. Caes. 41,6; (Ps.-)Aur. Vict. epit. Caes. 41,4; Eutr. 10,4,5; Soz. 1,6,6; Zos. 2,20,1–2; Petrus Patricius fr. 15 Müller (FHG IV 190); zum Datum s. Consularia Constantinopolitana (Chron. min. I 232)

28 Aur. Vict. Caes. 41,6; ähnlich Zon. 13,1 (III 174,20–23 Dindorf) AE 1969/70 375 b; Bleckmann, Konstantin 82.

29 Eus. vita Const. 1,42,2–43,3.

30 Zur Laterankirche s. zuletzt Brandt, Konstantin 86–88; Odahl, Constantine 151–154.

31 Zum Donatismusstreit s. zusammenfassend Demandt, Spätantike 462–463; Bleicken, Constantin 44–47.

32 Aug. ep. 93,43.

33 Diese wurden als sogenannte Circumcellionen bekannt, die Bedeutung dieses Begriffs ist umstritten s. Demandt, Spätantike 463 und A. 28.

34 Bleicken, Constantin 45 betont, dass es sich bei dem gewählten Verfahren um „ein Novum in der Verwaltung des Sacrum" gehandelt habe; zur staatlichen Zurückhaltung bei religiösen Querelen vgl. aber o. Kap. 1. Zu den Motiven Constantins s. Bleicken, op. cit. 45–46.

35 Eus. vita Const. 1,32,1–3; 44,1–3; s. etwa Barnes, Constantine 57–58; bes. Odahl, Constantine 139.

36 S. die Analyse von Bleicken, Constantin, 48–50; vgl. Cod. Theod. 16,2,5, wo von der *catholica secta* die Rede ist.

37 Brandt, Konstantin 86; 88; Odahl, Constantine, 155–156.
38 Cod. Theod. 16,2,2; die Datierung dieser Maßnahme ist umstritten, sie wird auch bereits in das Jahr 313 verlegt, s. etwa Bleicken, Constantin 51. Das Gesetz führte dann sogleich zu einem regen Missbrauch, weil viele mit der Behauptung, sie seien Kleriker oder durch Übertritt in den Klerus den ungeliebten *munera* zu entziehen versuchten, s. Cod. Theod. 16,2,3 vom Juli 320.
39 Cod. Theod. 2,8,1; 16,2,4.
40 Berrens, Sonnenkult 158–161.
41 S. Grünewald, Constantinus 96–97; Brandt, Konstantin 95.
42 Creed, Lactantius. XXVII.
43 Zos. 2,20,2.
44 Das genaue Geburtsdatum des Constantius war offenbar der 7. August 317 s. PLRE I 226 s. v. Fl. Iul. Constantius 8 mit Quellen.
45 Zum Geburtsjahr des Constans s. (Ps.-)Aur. Vict. epit. Caes. 41,23, der ihm bei seinem Tode im Jahre 350 ein Alter von 27 Jahren gibt, andere Quellenaussagen, die ihm dreißig Lebensjahre geben, sind offensichtlich gerundet und wenig zuverlässig, s. PLRE I 220 s. v. Fl. Iul. Constans 3.
46 Zu Constantina s. PLRE I 222 s. v. Constantina 2.
47 RIC VII 7, 180, 252, 310, 394, 429, 502; zu möglichen Gründen und Implikationen der Rehabilitation s. Grünewald, Constantinus 122–124.
48 Zu dieser Auffassung s. bes. Brandt, Konstantin 89–96; s. auch Berrens, Sonnenkult 162.
49 Barnes, New Empire 73–75.
50 Zur constantinischen Bautätigkeit in Naissus s. Anon. Vales. I 2; vgl. König, Origo Constantini 66. Kaiserliche Anwesenheit in Naissus: Cod. Theod. 2,15,1; 2,16,2.
51 Einen akuten Rekrutenmangel deutet Cod. Theod. 7,22,1 an.
52 Zos. 2,21,1-3.
53 S. Tac. hist. 1,79,1- 4; Amm. 17,12,1–3. 9–11. Die Sarmaten pflegten sich laut Ammian (17,12,5. 7) bei Bedrängnis über schwer zugängliche Gebirgstäler zu verstreuen, wobei sie grundsätzlich beweglich zu bleiben versuchten. Die Schilderung des Zosimos lässt eher an eine germanische Fluchtburg denken, s. etwa Amm. 27,10,9. Zu Rausimodus s. Cod. Theod. 7,1,1.
54 S. Paschoud, Zosime 213; Barceló, Auswärtige Beziehungen 51.
55 Porfyrius Optatianus, carm. 6,18.
56 Barceló, Auswärtige Beziehungen 51, vermutet den Abschluss eines *foedus* zwischen Constantin und den Sarmaten, bei dem die Sarmaten die Stellung von Hilfstruppen zusagten. Angesichts des bevorstehenden Krieges gegen Licinius erscheint diese Annahme als durchaus verlockend.

57 Pan. 4,17,1–2; dazu Barceló, Auswärtige Beziehungen 17–18.
58 RIC VII 196. Porfyrius Optatianus carm. 10,27–29 schreibt von Verträgen, die der siegreiche Crispus den Besiegten auf ihre Bitten hin gewährt haben soll.
59 Barnes, New Empire 95–96; Odahl, Constantine 172.
60 Pan. 4,3,4–4,5; zur Datierung s. Nixon in Nixon – Rodgers, Pangeyrici 338.
61 Zos. 2,22,1. 3.
62 Zos. 2,22,1.
63 S. bes. Eus. vita Const. 1,56,1–2.
64 Zu den christenfeindlichen Maßnahmen des Licinius s. Eus. vita Const. 1,51,1–54,2; vgl. HE 10,8,10–11.
65 S. Seeck, Untergang I 168–170.
66 Soz. 1,15,9.
67 Zu den Motiven des Licinius s. Bleckmann, Konstantin 82–84.
68 Eus. vita Const. 1,54,1.
69 Cod. Theod. 16,2,5.
70 Eus. vita Const. 1,31,1–3; 2,8,1–2.
71 Eus. vita Const. 2,3,1–2. Den angeblichen Kreuzzugscharakter des 2. Licinianischen Krieges hob zuletzt vehement Odahl, Constantine 174–177 hervor: "Thus, the second civil war between Constantine and Licinius can rightfully be called a 'religious crusade' or a 'holy war' between classical paganism and the Christian religion." (Odahl, op. cit. 177). Ganz ähnlich bereits Seeck, Untergang I 180.
72 Zum Goteneinfall s. Anon. Vales. I 21; Barceló, Auswärtige Beziehungen 52–53, ob es Constantin gelang, sich gotische Unterstützung für den bevorstehenden Krieg gegen Licinius zu sichern, wie Barceló, op. cit. 53 annimmt, muss angesichts gotischer Hilfeleistungen für Licinius (s. u.) bezweifelt werden. Zu den Beschwerden des Licinius und den anschließenden Verhandlungen s. Anon. Vales. I 21–22; dass deren Ergebnis von vornherein feststand, legt Anon. Vales. I 23: *Rupta iam pace utriusque consensu … * nahe.
73 In den Zusammenhang des Propagandakrieges gehört sicher auch der Erlass Constantins vom 28. April 323, der jeden mit dem Tode bedrohte, der den Barbaren mittels verbrecherischer Machenschaften (*scelerata factione*) die Möglichkeit gebe, auf Reichsboden Beute zu machen, s. Cod Theod. 7,1,1.
74 Anon. Vales. I 22. Lediglich die Beschuldigung des Alkoholmissbrauchs fehlt, doch sollte man daraus nicht etwa den Schluss ziehen, dass Licinius Abstinenzler war.
75 Continuator Dionis fr. 14 Müller (FHG IV 199); König, Origo Constantini 147.
76 Zos. 2,22,1–2; vgl. Hdt. 7,89,1–94.

77 In der Forschung wurden die Zahlen des Zosimos vielfach akzeptiert, s. Seeck, Untergang 175–176; zuletzt König, Origo Constantini 150; Odahl, Constantine, der sie für leicht übertrieben hält, ohne sich näher mit dem Problem auseinander zu setzen.

78 Triakontoren: Zos. 2,22,1; 23,3; Pentekontoren: Zos. 2,24,1. Die Lesung ... πεντεκοντόρων ... wurde bereits von Mendelssohn massiv in Zweifel gezogen (s. den textkritischen Apparat zu der Stelle) und von Paschoud in seiner Edition zu τριακοντόρων emendiert. Aus sachlichen Erwägungen, d. h. dem Vergleich mit 2,22,1 und 23,3, ist eine solche Korrektur jedoch nicht zwingend. Die Erwähnung der Fünfzigruderer dürfte eher darauf zurückzuführen sein, dass Zosimos' Vorlage wesentlich detaillierter war als der auf uns gekommene, kompilierte Bericht. Dass unser Autor 2,22,1 lediglich Dreißigruderer erwähnt, lässt sich mit einer Nachlässigkeit beim Zusammenfassen seiner Quelle erklären.

79 So H. D. L. Viereck, Die römische Flotte, Herford 1975, 71. Hervorgehoben werden muss in diesem Zusammenhang, dass die Triere vom späten 6. Jahrhundert v. Chr. an von der Triere abgelöst worden war (wie später die Triere vom Vier- und Fünfruderer), vgl. Hdt. 3,39,3; 6,8,1–2. Die technische Überlegenheit lag demnach auf Seiten der Triere.

80 S. Reddé, Mare nostrum 112; 122–123.

81 Zu den von den Römern seit der augusteischen Zeit verwendeten Schiffstypen s. Reddé, Mare nostrum 114–117.

82 Zos. 2,22,3; Anon. Vales. I 24.

83 Anon. Vales. I 23: ... *Constaninus Caesarem Crispum cum grandi classe ad occupandum Asiam miserat, cui de parte Licinii similiter cum nav<al>ibus copiis Amandus obstabat.*

84 Zos. 2,22,4–6; zum Datum s. Cod. Theod. 7,20,1.

85 Anon. Vales. I 24.

86 Zos. 2,22,7.

87 Zos. 2,23,1,

88 Zur Belagerung von Byzanz s. Zos. 2,25,1; zum Nachschubmangel vgl. Zos. 2,24,3.

89 Zur Erhebung des Martinianus s. Anon. Vales. I 25; Aur. Vict. Caes. 41,9 ; (Ps.-)Aur. Vict. epit. Caes. 41,6 ; Zos. 2,25,2. Den Augustustitel bezeugen RIC VII 608, 45–47; 645,16.

90 Zos. 2,23,3; dass das Kommando des Crispus nur nomineller Natur war, erkannte schon Seeck, Untergang I 178–179.

91 Diese Ansicht vertritt König, Origo Constantini 157–158. Dagegen spricht, dass Amandus laut Zosimos (auf den König sich stützt) von den Verstärkungen für Constantins Flotte überrascht wurde. Dies hätte schwerlich der Fall sein können, hätte die Schlacht am Eingang

des Hellespontes stattgefunden. Das Richtige schon bei Seeck, Untergang 179.
92 Zos. 2,24,1–3.
93 S. Anon. Vales. I 26.
94 Zos. 2,26,2.
95 Anon. Vales. I 27; Philostorgios 181,13–15; 30–31 Bidez.
96 Zos. 2,26,1.
97 Anon. Vales. I 27; Zos. 2,26,2–3; Eus. vita Const. 2,9,1–4; Philostorgios 181,18–182,5 Bidez; Sokrat. 1,4,2.
98 Anon. Vales. I 28–29; Zos. 2,28,1; Zon. 13,1 (III 174,31–175,2 Dindorf)
99 Anon. Vales. I 29. Vom Erdrosseln schreibt Zosimos (2,28,2), laut Theophanes (20,7 de Boor) erfolgte die Hinrichtung durch das Schwert, das heißt durch Enthauptung.
100 Eutr. 10,6,1; Zos. 2,28,2; Oros. 7,28,20; vgl. auch Soz. 1,7,5.
101 Sokrat. 1,4,4, Iord. Get. 111; Theophanes 20,5–8 de Boor; Zonaras (13,1 [III 175,2–13 Dindorf]) überliefert freilich mehrere Versionen über das Ende des Licinius, ohne eine eindeutige Entscheidung zu fällen.
102 Eus. vita Const. 2,18.
103 Zum Mord s. Eutr. 10,6,2; Hier. chron. 231,7–9 Helm. König, Origo Constantini 187 erklärt das Verbrechen an Licinianus Licinius aus der „aus der Überlegung heraus, dass er als Exponent der Constantin-Gegner (Heiden?) gefährlich werden könnte."
104 Cod. Theod. 4,6,2; 6,6,3.
105 RIC VII 571,14; Eus. vita Const. 4,38.

Kapitel 6
Ich und sonst keiner: Die Zeit der Alleinherrschaft

1 Zum Heeresersatz und zur Verfügbarkeit von Rekruten s. ausführlich Nicasie, Twilight of Empire 85–94.
2 Cod. Theod. 7,22,1.
3 Vgl. Tac. ann. 13,35,2; Oros. 7,33,1–2.
4 Zur „Rekrutensteuer" s. Nicasie, Twilight of Empire 94–95; zuletzt J.-M. Carrié, Le système de recrutment des armées romaines de Dioclétien aux Valentiniens, in Le Bohec – Wolff, L'armée 371–387, bes. 386–387 ; vgl. Amm. 31,4,4; Sokrat. 4,34,5; zur Summe s. Cod. Theod. 7,13,7.

5 Hom. Od. 11,601–604.
6 Zu Alexander dem Großen s. Bosworth, Alexander 278–290.
7 Im Falle des Gottes Alexander hatten ein paar Spötter zu lästern gewagt, s. Plut. mor. 219 E; 842 D.
8 S. dazu immer noch ausführlich Seeck, Untergang III 381–393.
9 Das deutet Theod. hist. eccl. 1,2,11 an.
10 Soz. 1,15,9–10.
11 Kraft, Religiöse Entwicklung 91.
12 Eus. vita Const. 3,10,1–5; 15,1–2.
13 S. zusammenfassend Demandt, Spätantike 73.
14 Eus. vita Const. 3,6,1–23 Sokrat. 1,13,11–14,7; Soz. 1,16,1–17,5; Theod. hist. ecc. 1,7,1–22,1.
15 Eus. vita Const. 3,12,2–3. 5.
16 Sokrat. 1,24,1–8;
17 Sulpicius Severus, chronica 2,40,1.
18 S. dazu Bleckmann, Konstantin 105.
19 Zos. 2,29,2.
20 Amm. 14,11,20; entgegen dem Zeugnis des Zosimos (2,29,2) war Constantin noch nicht in Rom eingetroffen; s. Seeck, Untergang III 429–430.
21 Aur. Vict. Caes. 41,11.
22 Philostorgios 15,10–16; 16,3–7 Bidez.
23 Philostorgios 16,17–20.
24 Philostorgios 16,10–13 Bidez.
25 ILS 708; 710.
26 Zu den Motiven Constantins s. Brandt, Konstantin 145–146.
27 Auch als Caesar in Gallien wurde er wiederholt an den väterlichen Hof auf dem Balkan zitiert, s. Barnes, New Empire 83.
28 Ov. met.148: *filius ante diem patrios inquirit in annos*. Die oben gegebene Übersetzung stammt von H. Breitenbach.
29 Eutr. 10,6,3: *primum necessitudines persecutus, egregium virum filium et sororis filium, commodae indolis iuvenem, interfecit, mox uxorem, post numeros amicos*.
30 Sokrat. 1,13,4.
31 Rosen, Cor regum 250–251 macht dagegen als mögliche Quellen solcher Interna aus dem innersten Zirkel des Kaiserhauses „schwatzhafte und geldgierige Höflinge" aus. Im Falle einer *damnatio memoriae* erscheint dies jedoch als wenig wahrscheinlich.
32 S. Zos. 2,29,3–4; Soz. 1,5,1–2.
33 Zur „Pilgerfahrt" der Helena s. Eus. vita Const. 3,41,2–43,5; Brandt, Konstantin 147–149.
34 Iul. or. 1,4,15,10–13; 5,30–34 Bidez.
35 Zur Sopateraffäre s. Zos. 2,40,3; Soz. 1,5,1–5; zu seiner Person s. PLRE I 846 s. v. Sopater 1, das Datum seines Todes ist ungewiss.

36 Sidon. ep. 5,8,2.
37 S. Brandt, Konstantin 121.
38 Zos. 2,29,5.
39 S. dazu Dagron, Naissance 29–30; der Baubeginn fällt möglicherweise schon in den Herbst 324, s. Mango, Développement 23.
40 Zur alten Stadt Byzanz und ihren Dimensionen s. Mango, Développement 13–21; zur Versorgungslage s. Herz, Lebensmittelversorgung 304.
41 Anon. Vales. I 30; Eutr. 10,8,1.
42 Zos. 2,31,1–3.
43 Zos. 2,31,2–3; den angeblichen christlichen Grundcharakter der Stadt behauptet Eus. vita Const. 48,1–2. Zu den heidnischen Tempeln des alten Byzanz s. Mango, Développement 18.
44 Philostorgios 28,4–8 Bidez; zu der Statue vgl. Thümmel, Denkmäler 181–182.
45 Zum Sonderstatus Constantinopels s. Cod. Theod. 14,13: *De iure italico urbis Constantinopol(itanae)*; zum Stadtpräfekten s. Sokrat. 2,41,1.
46 Anon. Vales. I 30.
47 Zos. 2,31,3; Soz. 2,3,4.
48 Zum *panis aedium* s. ausführlich Herz, Lebensmittelversorgung 314–319.
49 Novellae Theodosiani 5,1,1.
50 S. Herz, Lebensmittelversorgung 306–311, zum schwierigen Problem der Einwohnerzahl s. auch Dagron, Naissance, 520–530.
51 Zur Unlust der Senatoren s. bes. Them. or. 3,57 (I 67,12–15 Downey); Dagron, Naissance 123.
52 Anon Vales. I 30: … *divitias multas largitus est, ut prope in ea omnes [thesauros] regias facultates exhauriret.*
53 Chr. pasch. 529,11–18 Dindorf; Iul. or. 1,6,17–19 Bidez.
54 Zos. 2,32,1.
55 Zos. 2,34,1–2.
56 Tac. ann. 4,5,3.
57 S. dazu Nicasie, Twilight of Empire 35–38.
58 Zur Organisation der kaiserzeitlichen Legionen s. zuletzt Le Bohec, L'armée 68–70; die genaue Sollstärke ist in der Forschung bis heute umstritten, Le Bohec (op. cit., 24–25) gibt ihr nur 5000 Fußsoldaten. Ein Überblick über die seit Augustus aufgestellten Legionen findet sich bei Cass. Dio 55,23,2–24,4.
59 S. dazu grundsätzlich R. Saxer, Untersuchungen zu den Vexillationen des römischen Kaiserheeres von Augustus bis Diokletian (Epigraphische Studien 1) Köln 1967, bes. 117–125; Le Bohec, L'armee 30–31.

60 Zu dieser Entwicklung s. Schmitt, Infanterienumerus 105–106; und ausführlich E. Wheeler, The Legion as Phalanx in the Late Empire (I), in Le Bohec – Wolff, L'armée 309–358; ders. The Legion as Phalanx in the Late Empire Part II, Réma 1 (2004) 147–175; speziell zu Änderungen in der Bewaffnung und Ausrüstung s. M. C. Bishop – J. C. N. Coulston, Roman Military Equipment, London 1993, 109–182; S. Janniard, *Armati, scutati* et la catégorisation des troupes dans l'Antiquité tardive, in Le Bohec – Wolff, L'armée 389–390

61 Vgl. Nicasie, Twilight of Empire 20–22.

62 Vgl. Cod. Theod. 7,9,1–4; SHA Aurelian. 7,3–5.

63 S. etwa Sall. Catil. 11,5–8; Tac. ann. 13,35,1.

64 Schmitt, Infanterienumerus 93–103.

65 S. Amm. 16,12,49; Not. dign. or. 6,45 (*Primani*); 9,37 (*Minervii*).

66 Zos. 2,33,1–2.

67 Vgl. Anm. 16,12,14.

68 Die Durchsetzung des römischen Heeres mit Reichsfremden, speziell Germanen wurde in der Vergangenheit oft stark überbewertet, s. jetzt Nicasie, Twilight of Empire 97–107; vgl. H. Elton Warfare in Roman Europe AD 350–425, Oxford 1996, 136–152.

69 Anm. 21,12,25.

70 Vgl. etwa die ins 5. Jahrhundert datierte metrische Grabinschrift eines römischen Soldaten fränkischer Abstammung aus Aquincum (Budapest), (CE 620), der von sich sagt: *Francus ego cives, Romanus miles in armis* (Fränkischer Bürger bin ich, ein römisch'scher Soldat in Waffen). Zum ethnischen Sonderbewusstsein, bei dem es sich durchaus nicht um ein spätantikes Phänomen handelt s. auch Cass. Dio 76,12,3; Speidel, Neckarschwaben 154–162.

71 Eus. vita Const. 4,19–20,2; dazu Tomlin, Christianity 26–27; Elton, Warfare and the Military 336.

72 Vgl. Elton, Warfare and the Military 331.

73 Zum Umfang der *scholae* vgl. Not. dign. oc. 9,4–7; s. auch Clauss, magister officiorum 13; 40–41; zuletzt Elton, Warfare and the Military 328. Sie traten im Grunde die Nachfolge der *equites singulares Augusti* an, einer etwa 1000 Mann starken Truppe kaiserlicher Gardereiter, die zuletzt unter Maxentius gekämpft hatten und infolgedessen aufgelöst worden waren.

74 S. Clauss, magister officiorum 23–32; vgl. Amm. 16,8,9.

75 Zos. 5,32,6; Jones, Later Roman Empire 104; 1086 A. 57.

76 Zum *comes sacrarum largitionum* s. Demandt, Spätantike; Jones, Later Roman Empire 105 ; erstmalige Erwähnung: Cod. Theod. 11,7,5.

77 Demandt, Spätantike 239–240; erste Erwähnung: Cod. Theod. 12,1,30.

78 S. Eus. vita Const. 4,1,2 ; dazu Jones, Later Roman Empire 104–105.

79 Zu Optatus s. Liban. or. 42,26–27; PLRE I 650 s. v. Flavius Optatus.

80 Zum Diadem s. Chr. pasch. 529,18–20 Dindorf; es war bereits in der vorconstantinischen Zeit gelegentlich aufgetreten, s. Alföldi, Repräsentation 266–267.
81 Eus. vita Const. 4,48; zur kaiserlichen Prunkliebe s. auch Iul. symp. 335 B; vgl. Alföldi, Repräsentation 169–170.
82 Excerpta de sententiis fr. 191 Boissevain.
83 Zur *collatio lustralis* s. Zos. 2,38,2–4; Jones, Later Roman Empire 110; 871; zur Unbeliebtheit dieser Steuer s. bes. Lib. or. 46,22–23.
84 Jones, Later Roman Empire 871.
85 Zos. 2,38,4.
86 Zos. 2,38,4; Jones, Later Roman Empire 110.
87 Eus. vita Const. 4,2–3; s. dagegen Iul. symp. 335 B; Zos. 2,38,1–4.
88 Zum *solidus* und seinen Auswirkungen s. Jones, Later Roman Empire 107–109; G. Depeyrot, Economy and Society, in Lenski, Constantine 237–240.
89 Eutr. 10,8,1: *Multas leges rogavit, quasdam ex bono et aequo, plerasque superfluas, nonnullas severas ...*
90 Vgl. dazu Millar, Emperor 252–259.
91 Zu einer detaillierteren Analyse und der Frage nach christlichen Einflüssen s. zuletzt Piepenbrink, Konstantin 100–115, die widersprüchlichen Ergebnisse sprechen für sich.
92 Cod. Theod. 12,1,12.
93 Zum Niedergang der Decurionen s. J. H. W. G. Liebeschuetz, The Decline and Fall of the Roman City, Oxford 2001, 104–123, bes. 104–109.
94 Cod. Theod. 5,17,1
95 Die Schollenbindung wurde erst seit dem letzten Drittel des 4. Jahrhunderts ausdrücklich gesetzlich verankert, wobei regional zeitliche Unterschiede zu zu konstatieren sind, in Ägypten scheint sie nicht vor dem 5. Jahrhundert eingeführt worden zu sein, s. dazu Demandt, Spätantike 331.
96 S. Cod. Theod. 13,5,1–8; zu der komplizierten Materie s. Herz, Lebensmittelversorgung 234–242.
97 Zur Abschaffung der Kreuzigung s. Aur. Vict. Caes. 41,4; zur Kreuzigung des Calocerus s. Caes. 41,12; doch wurde er einer anderen Tradition zufolge verbrannt, s. Georgius Cedrenus I 519,14–15 Bekker. Zu späteren Fällen s. Amm. 27,2,9.
98 Cod. Theod. 9,3,1; s. dazu Demandt, Spätantike 77–78.
99 Cod. Theod. 9,15,1.
100 Cod. Theod. 9,7,1–2.
101 Cod. Theod. 13,3,1.
102 Vgl. Philostorgios 21,12–24 Bidez; Zos. 2,35,1; Bleckmann, Konstantin 111–112.

[103] Ammian bezeichnet einmal (26,9,4) den unter Constantius II. einflussreichen General Arbitio als Constantiniani ducis, was darauf hindeutet, dass er bereits unter Constantin eine hohe Stelle im Heer einnahm, doch bleibt sein damaliger Rang ebenso unklar wie seine Leistungen; laut Ammian (15,2,4) begann er seine Laufbahn als gemeiner Soldat; zu ihm s. PLRE I 94 s. v. Flavius Arbitio 2.

[104] Zum Brückenbau s. Chr. pasch. 527,16–17 Dindorf; Wolfram, Goten 64.

[105] Anon. Vales. 31; Consularia Constantinopolitana ad annum 332 (Chron. min. I 234).

[106] S. Iul. or. 1,7,25–31 Bidez; Anon. Vales. 31–32; Eutr. 10,7,1; Fest. 26; Oros. 7,28,29; Iord. Get. 112; dazu Barceló, Auswärtige Beziehungen 54–56; Wolfram, Goten 65–66 und B. Brockmeyer, Der Große Friede 332 n. Chr. Zur Außenpolitik Konstantins d. Großen, Bonner Jahrbücher 187 (1987) bes. 92–95; 97–98.

[107] Eus. vita Const. 4,6,1; Anon. Vales. 32; Aur. Vict. Caes. 41,13; Barceló, Auswärtige Beziehungen 56–57; Wolfram, Goten 66–67.

[108] Angebliches Verbot des Götzendienstes: Eus. vita Const. 2,45,1; 47,1; Bestätigung der Gleichstellung: 2,56,2. Die Fortdauer der Kulthandlungen bestätigt Libanios (or. 30,37). Götterstatuen in Konstantinopel: Zos. 2,31,2–3; Eus. vita Const. 3,54,2. Ein vorübergehendes unter dem Einfluss christlicher „Falken" im Herbst 324 erlassenes und bald widerrufenes Verbot des Götterdienstes anzunehmen, wie es Clauss, Konstantin 75–76 tut, halte ich für unnötig. Kein heidnischer Autor beschuldigt Constantin eines derart massiven Eingriffs in das religiöse Leben, mit dem er sich vor allem im Reichswesten – abgesehen von Afrika – die Masse der Bevölkerung entfremdet hätte.

[109] Eus. vita Const. 3,55,1–56,3.

[110] Eus. vita Const. 3,58,1–4; zur Tempelprostitution vgl. Hdt. 1,199,1–5.

[111] Vgl. Hdt. 1,199,1, der die Tempelprostitution als „beschämenste Sitte der Babylonier" bezeichnet.

[112] Eus. vita Const. 4,54,1–3.

[113] Soz. 1,27,2.

[114] Sokrat. 1,38,1–8; Soz. 1,29,4.

[115] Diese Ansicht vertritt Dassmann, Kirchengeschichte II/1, 56–57.

[116] Demandt, Spätantike 464.

[117] Zum Göttlichkeitsanspruch s. Clauss, Herrscherkult 196–198 mit Quellen; s. bes. Pan. 6(7),22,1; s. auch Lact. inst. 1,1,13; 7,26,11–13.

Kapitel 7
Auf Alexanders Spuren: Letzte Pläne, Tod und das Schicksal der Dynastie

1. Zu den verhängnisvollen Auswirkungen des Alexandermythos s. Bosworth, Alexander 181. Die größten Erfolge Alexanders waren im Wesentlichen das Werk seiner später von ihm beseitigten Generäle.
2. Pan. 6(7),17,2.
3. Pan. 12(9),5,1.
4. Praxagoras fr. 1 Müller (FHG IV 2–3) Praxagoras verfasste seine Alexanderbiographie nach eigener Angabe mit 31 Jahren, also als er noch vergleichsweise jung war (s. fr. 1 Müller [FHG IV 3]). Möglicherweise war es dieses Werk, das ihm den Auftrag zu einem Werk über die Taten Constantins verschaffte. Eine solche Annahme muss freilich Spekulation bleiben.
5. Anon Vales. I 35; (Ps.-)Aur. Vict. epit. Caes. 41,20: ... *Armeniam nationesque circumsocias*; zu Albanern und Iberern s. Wirth, Hannibalian 226–227.
6. Eus. vita Const. 4,56,1; Grünewald, Constantinus 136–140.
7. Dass Constantin den Krieg begann, bezeugt explizit Ammian (25,4,23), auch wenn die von ihm überlieferten Motive als unsinnig erscheinen. Erste persische Angriffe, die außer Armenien auch die mesopotamischen Provinzen betrafen, fallen erst in die Zeit nach dem Tode Constantins, s. Zon. 13,5 (III 188,26–29 Dindorf); Hier. chron. 234,18–19 Helm; vgl. Fest. 25–26. Römischerseits war man natürlich bemüht, die Perser ins Unrecht zu setzen, s. Philostorgios 26,5–7 Bidez, der den Krieg darauf zurückführt, dass Constantin von Rüstungen der Perser gegen ihn erfahren habe; zurückhaltender in dieser Hinsicht zeigt sich Eus. vita Const. 4,56,1, wo lediglich unbestimmt von „Bewegungen" der Sāsāniden die Rede ist. Derart schwammige Formulierungen sprechen für sich. Lediglich eine armenische Quelle, Faustos von Buzanta (3,21), berichtet von einem gescheiterten persischen Feldzug nach Armenien um das Jahr 334, doch handelt es sich hier ersichtlich um eine Doublette der Niederlage des Jahres 298, vgl. dazu Wirth, Hannibalian 210–216, der die Glaubwürdigkeit des Faustos gegen die deutlichen Aussagen der übrigen Quellen zu hoch ansetzt; mit Wirth eine Erneuerung des Vertrages von 298 im Jahre 335 anzunehmen, ist nicht erforderlich.
8. Zur Rivalität im arabischen Raum s. Wirth, Hannibalian 205–207; vgl. dazu die Inschrift AE 1948, 136 und M. P. Speidel, The Roman

Road to Dumata (Jawf in Saudi Arabia) and the Frontier Strategy of *Praetensione Colligare*, Historia 36 (1987), 213–219.
9. Eus. vita Const. 4,8; 57 (app. crit.).
10. Zos. 2,27,1–4; die Geschichte von der Flucht des Hormisdas erinnert an die Märchen aus Tausend und einer Nacht.
11. Sich als Sachwalter vertriebener Könige, Prinzen oder Prätendenten zu gerieren, war ein altes Mittel römischer Außenpolitik, das bereits unter Augustus und Tiberius gegenüber Parthien und Armenien angewandt wurde, s. Tac. ann. 2,1,1–4,3.
12. Zum greisen Feldherrn als schlechtem Omen s. Plut. Crassus 17,2–3; Tac. hist. 1,9,1; zu den Bulletins über die gute kaiserliche Gesundheit s. Eus. vita Const. 4,53.
13. Chantraine, Nachfolgeordnung 5.
14. Dies scheint Wirth, Hannibalian 217 zu übersehen. Mit einer Einnahme Ktesiphons war es eben nicht getan. Sie bedeutete bestenfalls einen Prestigeerfolg ohne wirkliche strategische Auswirkungen.
15. Aur. Vict. Caes. 39,34; an den logistischen Schwierigkeiten war einst der Partherfeldzug des Marcus Antonius gescheitert, der sich durch die schiere Größe seines Heeres selbst ein Bein gestellt hatte.
16. Eus. vita Const. 4,61,1–62,5; vgl. Aur. Vict. Caes. 41,16; Hier. chron. 234,3–10 Helm.
17. Theophanes 33,17–22 de Boor.
18. Viel zu unkritisch geht Odahl, Constantine 274–275 mit dem Eusebiustext um.
19. Eus. vita Const. 4,61,1–2; den Ort nennt Hier. chron. 234,9–10 Helm: ... *in Acyrone villa publica iuxta Nicomediam moritur* ... ; die genaue Lage ist nicht eindeutig zu identifizieren s. Odahl, Constantine 369 (A. 8).
20. Eus. vita Const. 4,66,1–67,3.
21. Eus. vita Const. 4,70,1–2.
22. S. vor allem Vogt, Constantin 244–245; zuletzt Lenski, Constantine 82. vgl. Odahl, Constantine 275–276.
23. So schon Brandt, Konstantin 165–166; ähnlich Clauss, Konstantin 97. Umso befremdlicher wirkt es, dass die beiden Gelehrten Constantin als Christen bezeichnen.
24. Eus. vita Const. 4,73; Clauss, Constantin 97–98 und Abb. 6.
25. Eus. vita Const. 4,63,3; Sokrat. 1,38,12–13; vgl. 39,3–4; Soz. 1,34,2.
26. Eus. vita Const. 4,68,1–3.
27. Philostorgios 26,7–27,4 Bidez; s. dazu Chantraine, Nachfolgeregelung 7.
28. Eutr. 10,9,1: *Is successores filios tres reliquit atque unum fratris filium*; (Ps.-)Aur. Vict. epit. Caes. 41,15: ... *liberis filioque fratris Delmatio Caesaribus confirmatis* ...
29. Anon. Vales. I 35.

30 Chantraine, Nachfolgeordnung 13–18 hält dies für eine von Constantin seit 335 intendierte Regelung der Herrschaft, er übersieht indes, dass Constantin für ihn selbst völlig überraschend starb. Ob Constantin II. eine Oberherrschaft ausüben oder mit Constantius II. gemeinsam als Augustus regieren sollte, bleibt völlig ungewiss.
31 Zos. 2,40,1–3; vgl. Liban. or. 18,31.
32 Vgl. Hier. chron. 234,16–17; 20–23 Helm.
33 S. etwa Wirth, Hannibalian 202.
34 Zu den Schreiben s. Eus. vita Const. 4,68,3; das Treffen in Pannonien überliefert lediglich Iul. or. 1,14,21–23 Bidez.
35 Den besten Überblick über die territorialen Regelungen gibt ausgerechnet die sehr späte Quelle Zonaras (13,5 [III 188,6–25 Dindorf]); s. dazu grundlegend Bleckmann, Bürgerkrieg 226–236.
36 Zon. 13,5 (III 188,29–189,24 Dindorf); Bleckmann, Bürgerkrieg 244–249.
37 S. St. Elbern, Usurpationen im spätrömischen Reich (Habelts Dissertationsdrucke, Reihe Alte Geschichte 18) Bonn 1984, 42.
38 Zur Usurpation des Magnentius und den damit verbundenen s. zusammenfassend Demandt, Spätantike 83–84.
39 Vgl. Amm. 16,3,1–3; 4,1–2.
40 Zum Untergang des Silvanus s. die lebendige Erzählung Ammians (15,5,1–33).
41 Vgl. etwa Amm. 23,5,8–14; 25,4,17.
42 Nur Constantius II. ließ sich beim Ausbruch des Bürgerkrieges mit Iulian taufen s. Sokrat. 2,47,3.
43 Der prominenteste Überläufer war Iulians gleichnamiger Onkel mütterlicherseits, s. PLRE I 470–471 s. v. Iulianus 12.
44 Vgl. B. Meißner – O. Schmitt, Einleitung, in: Meißner – Schmitt – Sommer, Krieg 13; A. Fuchs, War das neuassyrische Reich ein Militärstaat?, in: Meißner – Schmitt – Sommer, Krieg 51.
45 Vgl. Rosen, Cor regum 253.
46 Amm. 16,10,10–11.

Literaturverzeichnis

ALFÖLDI, Repräsentation = A. Alföldi, Die monarchische Repräsentation im römischen Kaiserreiche, Darmstadt 1970.
BARCELÓ, Auswärtige Beziehungen = P. A. Barceló, Roms auswärtige Beziehungen unter der Constantinischen Dynastie (306–363), (Eichstätter Beiträge, Abteilung Geschichte 3), Regensburg 1981.
BARNES, Constantine = T. D. Barnes, Constantine and Eusebius, Cambridge (Mass.) 1981.
BARNES, New Empire = T. D. Barnes, The New Empire of Diocletian and Constantine, Cambridge (Mass.) 1982.
BERRENS, Sonnenkult = St. Berrens, Sonnenkult und Kaisertum von den Severern bis zu Constantin I. (193–197 n. Chr.), (Historia Einzelschriften 185) Stuttgart 2004.
BLECKMANN, Konstantin = B. Bleckmann, Konstantin der Große, Reinbek 1996.
BLECKMANN, Bürgerkrieg = B. Bleckmann, Der Bürgerkrieg zwischen Constantin II. und Constans (340 n. Chr.), Historia 52 (2003) 225–250.
BLEICKEN, Verfassungs- und Sozialgeschichte = J. Bleicken, Verfassungs- und Sozialgeschichte des römischen Kaiserreiches, 2 Bde., 2. Auflage Paderborn et al. 1981.
BLEICKEN, Constantin = J. Bleicken, Constantin und die Christen (Historische Zeitschrift Sonderheft 15), München 1992.
BOSWORTH, Alexander = A. B. Bosworth, Conquest and Empire. The Reign of Alexander the Great, Cambridge 1988.
BRANDT, Konstantin = H. Brandt, Konstantin der Grosse, München 2006.
CASEY, Carausius = P. J. Casey, Carausius and Allectus: The British Usurpers, London 1994.
CHANTRAINE, Nachfolgeordnung = H. Chantraine, Die Nachfolgeordnung Constantins des Großen (Akademie der Wissenschaften und der Literatur, Mainz; Abhandlungen der Geistes- und Sozialwissenschaftlichen Klasse 1992,7) Stuttgart 1992.
CHRIST, Kaiserzeit = K. Christ, Geschichte der römischen Kaiserzeit. Von Augustus bis zu Konstantin, 2. Auflage München 1992.

CLAUSS, Magister officiorum = M. Clauss, Der magister officiorum in der Spätantike (4.–6. Jahrhundert) Das Amt und sein Einfluß auf die kaiserliche Politik (Vestigia 32) München 1982.

CLAUSS, Konstantin = M. Clauss, Konstantin der Große und seine Zeit, München 1996.

CLAUSS, Herrscherkult = M. Clauss, Kaiser und Gott. Herrscherkult im römischen Reich, München – Leipzig 2001.

CREED, Lactantius = J. L. Creed (ed. & tr.), Lactantius, De mortibus persecutorum (Oxford Early Christian Texts) Oxford 1984.

DAGRON, Naissance = G. Dagron, Naissance d'une capitale: Constantinople et ses institutions de 330 à 451, Paris 1974.

DASSMANN, Kirchengeschichte I = E. Dassmann, Kirchengeschichte I. Ausbreitung, Leben und Lehre der Kirche in den ersten drei Jahrhunderten, (Studienbücher Theologie 10) 2. Auflage Stuttgart 2000.

DASSMANN, Kirchengeschichte II/1 = E. Dassmann, Kirchengeschichte II/1. Konstantinische Wende und spätantike Reichskirche (Studienbücher Theologie 11,1) Stuttgart 1996.

DEMANDT, Spätantike = A. Demandt, Die Spätantike. Römische Geschichte von Diocletian bis Justinian. 284–565 n. Chr. (HdAW III.6) München 1989.

DURRY, Cohortes prétoriennes = M. Durry, Les cohortes prétoriennes, Paris 1938.

EDWARDS, Christianization = M. Edwards, The Beginning of Christianization, in Lenski, Age of Constantine 137–158.

ELTON, Warfare = H. Elton, Warfare and the Military, in Lenski, Age of Constantine 325–346.

GIRARDET, Althistorische Überlegungen = K. M. Girardet, Die Konstantinische Wende und ihre Bedeutung für das Reich. Althistorische Überlegungen zu den geistigen Grundlagen der Religionspolitik Konstantins des Großen, in Mühlenberg, Konstantinische Wende 9–122.

GIRARDET, Konstantinische Wende = K. M. Girardet, Die Konstantinische Wende. Voraus-setzungen und geistige Grundlagen der Religionspolitik Konstantins des Grossen, Darmstadt 2006.

GRAF, Schadenzauber = F. Graf, Gottesnähe und Schadenzauber. Die Magie in der griechisch-römischen Antike, München 1996.

GRÉGOIRE, Bekehrung = H. Grégoire, Die „Bekehrung" Konstantins des Großen, in H. Kraft (Hg.), Konstantin der Große (Wege der Forschung 131) Darmstadt 1974.

GRÜNEWALD, Constantinus = Th. Grünewald, Constantinus Maximus Augustus. Herrschaftspropaganda in der zeitgenössischen Überlieferung (Historia Einzelschriften 64), Stuttgart 1990.

HEINEN, Trier = H. Heinen, Trier und das Trevererland in römischer Zeit (2000 Jahre Trier I) Trier 1985.

HERZ, Lebensmittelversorgung = P. Herz, Studien zur römischen Wirtschaftsgesetzgebung. Die Lebensmittelversorgung (Historia-Einzelschriften 55) Stuttgart 1988.

HOFFMANN, Bewegungsheer = D. Hoffmann, das spätrömische Bewegungsheer und die Notitia Dignitatum (Epigraphische Studien 7, I–II) 2 Bde. Düsseldorf 1969.

HUNGER, Literatur = H. Hunger, Die hochsprachliche profane Literatur der Byzantiner. Erster Band: Philosophie-Rhetorik-Epistolographie-Geschichtsschreibung-Geographie, (HdAW XII. 5.1) München 1978.

JONES, Later Roman Empire = A. H. M. Jones, The Later Roman Empire 284–602. A Social, Economic and Administrative Survey, Oxford 1984.

KÖNIG, Origo Constantini = I. König, Origo Constantini. Anonymus Valesianus Teil I. Text und Kommentar (Trierer Historische Forschungen 11), Trier 1987.

KOLB, Tetrarchie = F. Kolb, Diocletian und die erste Tetrarchie. Improvisation oder Experiment in der Organisation monarchischer Herrschaft?, Berlin – New York 1987.

KRAFT, Entwicklung = H. Kraft, Kaiser Konstantins religiöse Entwicklung (Beiträge zur historischen Theologie 20) Tübingen 1955.

KUHOFF, Mythos = W. Kuhoff, Ein Mythos in der römischen Geschichte: Der Sieg Konstantins des Großen über Maxentius vor den Toren Roms am 28. Oktober 312 n. Chr., Chiron 21 (1991) 127–174.

KUHOFF, Diokletian = W. Kuhoff, Diokletian und die Epoche der Tetrarchie, Frankfurt (Main) et al. 2001.

LEADBETTER, Illegitimacy = B. Leadbetter, The illegitimacy of Constantine and the birth of the tetrarchy, in Lieu – Montserrat, Constantine 74–85.

Le BOHEC, L'armée = Y. Le Bohec, L'armée Romaine, 3. Auflage Paris 2002.

LE BOHEC – Wolff, L'armée = Y. Le Bohec – C. Wolff (Hgg.), L'armée Romaine de Dioclétien à Valentinien Ier. Actes du Congrès de Lyon (12–14 septembre 2002), (Collection du Centre d'Études Romaines et Gallo-Romaines Nouvelle série 26) Lyon 2004.

LENSKI, Age of Constantine = N. Lenski (Hg.), The Cambridge Companion to the Age of Constantine, Cambridge 2006.

LENSKI, Constantine = N. Lenski, The Reign of Constantine, in Lenski, Age of Constantine 59–90.

LEWIN, Confini tardoantichi = A. Lewin, Dall' Eufrate al Mar Rosso: Diocleziano, l'esercito e i confini tardoantichi, Athenäum 68 (1990) 141–165.

LIEU – Montserrat, Constantine = S. N. C. Lieu – D. Montserrat (Hgg.), Constantine. History, historiography and legend, London – New York 1998.

L'ORANGE – Gerkan, Konstantinsbogen = H.-P. L'Orange – A. v. Gerkan, Der spätantike Bilderschmuck des Konstantinbogens (Studien zur spätrömischen Kunstgeschichte 10) Berlin 1939.

MACMULLEN, Enemies = R. McMullen, Enemies of the Roman Order. Treason, Unrest, and Alienation in the Empire, Cambridge (Mass.) 1966.

MANGO, Développement = C. Mango, Le développement urbain de Constantinople (IVe – VIIe siècles), (Travaux et Memoires du Centre de Recherche d'Histoire et Civilisation de Byzance, Monographies 2), 2. Auflage Paris 1990.

MEHL, Geschichtsschreibung = A. Mehl, Römische Geschichtsschreibung. Grundlagen und Entwicklungen. Eine Einführung, Stuttgart 2001.

MEISSNER, Preisedikt = B. Meißner, Über Zweck und Anlaß von Diokletians Preisedikt, Historia 49 (2000) 79–100.

MENNELLA, La campagna = G. Mennella, La campagna di Costantino nell'Italia nord occidentale: la documentazione epigrafica, in Le Bohec – Wolff, L'armée 359–364.

MILLAR, Emperor = The Emperor in the Roman World, 2. Auflage London 1992.

MILLAR, Near East = F. Millar, The Roman Near East 31 BC – AD 337, Cambridge (Mass.) 1993.

MÜHLENBERG, Konstantinische Wende = E. Mühlenberg (Hg.), Die Konstantinische Wende, Gütersloh 1998.

NICASIE, Twilight of Empire = M. J. Nicasie, Twilight of Empire. The Roman Army from the Reign of Diocletian until the Battle of Adrianople (Dutch Monographs on Ancient History and Archaeology 19), Amsterdam 1998.

NIXON – Rodgers, Pangeyrici = C. E. V. Nixon – B. S. Rodgers, In Praise of Later Roman Emperors. The *Panegyrici Latini*. Introduction, Translation and Historical Commentary, Berkeley – Los Angeles – Oxford 1994.

ODAHL, Constantine = Ch. M. Odahl, Constantine and the Christian Empire, London – New York 2004.

PASCHOUD, Zosime = F. Paschoud, Zosime. Histoire nouvelle. Tome I (Livres I et II) Paris 1971.

PIEPENBRINK, Konstantin = K. Piepenbrink, Konstantin der Große und seine Zeit, Darmstadt 2002.

REDDÉ, Mare nostrum = M. Reddé, Mare nostrum. Les infrastructures, le dispositif et l'histoire de la marine militaire sous l'empire romain

(Biliothèque des Écoles Francaises d'Athènes et de Rome 260) Rom 1986.

ROSEN, Cor regum = K. Rosen, Cor regum inscrutabile. Eine quellenkritische Untersuchung zur Bekehrung Constantins des Großen, in P. Barceló – V. Rosenberger (Hgg.), Humanitas – Beiträge zur antiken Kulturgeschichte. Festschrift für Gunther Gottlieb zum 65. Geburtstag (Schriften der Philosophischen Fakultäten der Universität Augsburg. Historisch-sozialwissenschaftliche Reihe 65) München 2001.

SCHLUMBERGER, Epitome = J. Schlumberger, Die Epitome de Caesaribus. Untersuchungen zur heidnischen Geschichtsschreibung des 4. Jahrhunderts n. Chr. (Vestigia 18) München 1974.

SCHMITT, Infanterienumerus = O. Schmitt, Stärke, Struktur und Genese des comitatensischen Infanterienumerus, BJ 201 (2001[2004]) 93–111.

SCHMITT, Kriegführung = O. Schmitt, Kriegführung und tribale Gesellschaft, in B. Meißner – O. Schmitt – M. Sommer (Hgg.), Krieg – Gesellschaft – Institutionen. Beiträge zu einer vergleichenden Kriegsgeschichte, Berlin 2005, 417–444.

SEECK, Untergang, = O. Seeck, Geschichte des Untergangs der antiken Welt, 6 Bde., 4. Auflage Stuttgart 1921.

SPEIDEL, Neckarschwaben = M. P. Speidel, Neckarschwaben (*Suebi Nicrenses*), Archäologisches Korrespondenzblatt 20 (1990) 201–207.

STALLKNECHT, Außenpolitik = B. Stallknecht, Untersuchungen zur römischen Außenpolitik in der Spätantike (306–395), (Habelts Dissertationsdrucke Reihe, Alte Geschichte 7) Bonn 1969.

STEIN, Bas-empire = E. Stein, Histoire du Bas-empire I, Paris 1955.

THÜMMEL, Denkmäler = Die Wende Constantins und die Denkmäler, in Mühlenberg, Konstantinische Wende 144–185.

TOMLIN, Christianity = R. Tomlin, Christianity and the Late Roman Army, in Lieu – Montserrat, Constantine 21–51.

VALLET – Kazanski, L'armée = F. Vallet – M. Kazanski, L'Armée Romaine et Les Barbares du IIIe au VIIe siècle (Mémoires publiées par l'Association Française d'Archéologie Mérovingienne V) Paris 1993.

VOGT, Constantin = J. Vogt, Constantin der Große und sein Jahrhundert, 2. Auflage München 1960.

VOGT, Niedergang = J. Vogt, Der Niedergang Roms. Metamorphose der antiken Kultur, Zürich 1965.

WILLIAMS, Diocletian = St. Williams, Diocletian and the Roman Recovery, New York 1985.

WIRTH, Hannibalian = G. Wirth, Hannibalian. Anmerkungen zur Geschichte eines überflüssigen Königs, Bonner Jahrbücher 190 (1990) 201–232.

WOLFRAM, Goten = H. Wolfram, Geschichte der Goten, 2. Auflage München 1980.